MICROECONOMICS
標準 ミクロ経済学
第2版

永田 良・荻沼 隆・荒木一法

東洋経済新報社

はじめに

　本書の初版が2008年に刊行されてから，はや10年以上の歳月が流れました．この間，国の内外ではミクロ経済学に関する様々なテキストが刊行され，内容に工夫を凝らした良書も数多く出版されています．しかしながら本書はこの間，増刷の際に誤植等の訂正は行ったものの，内容の改訂はなされませんでした．

　私たちは本書を用いて，経済学入門を学んだ大学2年生を対象にした講義を行ってきました．その過程で私たちは，大学内外からの要望も相まって，ここはこうした方が良かったのではないかとか，一定の新しいトピックも加えるべきではないかといった思いを次第に募らせてきました．そこに東洋経済新報社から改訂版刊行の提案がなされ，これを機に内容を一新することで意見が一致しました．

　現在，ミクロ経済学はその内容の二分化がますます顕著になっています．すなわち，伝統的な完全競争市場を基礎とした価格理論と，ゲーム理論や情報の非対称性をもとにした戦略的理論の2つが大きな柱を構成しています．したがってミクロ経済学のテキストには，この2つの柱をバランスよく盛り込むことが要求されますが，それぞれの柱自体が多くのトピックスを含んでいるため，テキストとしては豊かな内容をわかりやすく伝えることが重要です．これらの要求にこたえるべく，著者たちは本書執筆にあたって大小様々な変更を加えて旧版を一新することにしました．

　まず大きな取り決めとして，1つの章に多くのトピックスを盛り込まないことにしました．

　目次をご覧になればわかる通り，本書が16の章から構成されているのはそのためです．これにより各章のボリュームは相対的に抑えられるので，読者の負担は軽くなるでしょう．このような小分類はしかし，相互にまったく独立というわけではありません．それらの間には相互に連関するものも当然あります．その関連性から中分類が可能となりますが，私たちはこの中分類についても多

くを盛り込むことをせず，原則2つ（場合によっては1つ）の章から構成するようにしました．そしてこの中分類を「部」という名前で明示しました．この分類方法により，各章の相互連関がわかりやすくなっていると思います．なお各章は初版の内容を並べ替えたというものではまったくなく，そのほとんどが新たに書き下ろされたものです．

　それから，旧版にあった「序章　ミクロ経済学を学ぶ：復習と展望」は割愛することにしました．本書はもとより入門書ではなく，これを読むためにはその前提としてミクロ経済学入門を学んでおく必要があります．入門書については多くの良書があります．それらをしっかり勉強してもらうことが重要で，その内容をかいつまんで説明する必要はないと判断しました．特に近年，東洋経済新報社から出版された『経済学入門（第3版）』（金子昭彦・田中久稔・若田部昌澄著，2015年）の「第Ⅰ部　ミクロ経済学」は本書の準備として十分な内容をもっていますので，本書の本文中でもしばしば前提知識の参考として使われています．

　旧版では各章末に付されていた演習問題は，本書では割愛していますが，代わりにより内容豊富な演習問題をインターネットを通じて参照できるようにしました．また同じく各章末に掲げていたさらに学習するための文献案内については，まとめて本書の最後に掲載しています．

　こうして数学付録まで含めて旧版の8割以上は書き直されましたので，第2版とはいえほぼ新著といってもよい改訂となりました．

　それでは以下に，新装なった本書の内容を簡単に説明しましょう．

　まず初めの3部6章では，伝統的な価格理論が扱われます．その全体は完全競争市場を前提としています．「第Ⅰ部　企業の理論」では，企業行動の2大要素である生産要素需要行動と生産物供給行動のうち後者に焦点を絞ることにして，第1章では，そのためにはどのような分析方法が効果的かを説明しました．そしてその分析方法に則って，第2章では，供給曲線に到達することを目標に供給行動を分析しました．「第Ⅱ部　家計の理論」では，家計の消費に対する需要行動に焦点を合わせます．多数の消費財を前提とするとき，家計の消費選択行為は選好関係に基づいて行われます．一方この選好関係には，一定の

条件の下でそれを表現する効用関数という便利な道具が付随することが知られています．多くのテキストでは，選好関係と効用関数が同時に用いられて需要行動が分析されますが，入門を学んだ者でもこの並行的説明は意外と荷が重いように思われます．そこで本書ではこの2つを切り離し，まず第3章で選好関係だけに基づいて需要行動の分析を行った後に，第4章で効用関数を使ってその分析を補完するという形を採りました．「第III部 競争市場の理論」では，価格メカニズムの働きを部分均衡分析と一般均衡分析に分けて説明します．個別市場における価格の働きを他の市場の影響を一定として分析する部分均衡分析は第5章で，すべての市場の相互依存関係を考慮して全市場の価格体系の働きを分析する一般均衡分析は第6章で説明されます．

　ここまでは完全競争市場を前提としています．この市場形態は，市場の本質的な働きを明らかにするために，いわば理想的モデルとして作り出されたもので，現実に起こる様々な状況を捨象しています．そこでこれ以降の6部10章では，見過ごされてきた重要なファクターを考慮して，現実世界で観察される様々な現象を分析します．それらのファクターの中でも特に重要なのが，経済主体間に起こる情報の非対称性と戦略的相互依存性です．「第IV部 不確実性」では，まず第7章で情報の非対称性を含む広い意味の不確実性を扱うためのツールとして期待効用理論が説明されます．続く第8章では，それを使って資産市場が分析されます．資産市場は，少なくとも本書と同じくらいのレベルの日本語のテキストではほとんど論及されることがないので，第8章の説明は読者にとっては大いに参考になると思います．一方，主体間の戦略的相互依存性を扱うためのツールはゲーム理論です．これが「第V部 ゲーム理論」の主題です．ゲーム理論は内容が豊富ですので，この部は理論を説明する1つの章（第9章）のみから構成されます．そしてこの理論を使った経済分析は，次の「第VI部 不完全競争」において行われます．そのうち第10章では独占市場と寡占市場が扱われ，第11章では製品差別化市場が議論されます．実はこれらは，ゲーム理論が体系化される前から経済学の中で重要なテーマとして扱われてきました．したがってゲーム理論の知識がなくても多くは理解可能ですが，ゲーム理論の出現で体系的な理解が可能になると同時に，よりきめ細かな状況を分析することができるようになりました．そのことはこれら2章の記述の端々で見

られるはずです.

　続く第Ⅶ部と第Ⅷ部では，情報の非対称性とゲーム理論の双方を使ったハイブリッド型の分析が行われます．まず「第Ⅶ部　オークション」では，オークションの基礎理論について論じます．オークションは1人の売り手の提供する商品を，多数の買い手が入札という方法を通じて購入するものです．ここでは基礎として，入札者の数が2人の場合を分析します．こうすることで，各入札者の最適行動をゲーム理論の枠組みで記述することが可能になります．ただし互いに相手の入札にあたっての当該商品の評価額については情報が不完全なため，それをどう考えていくかが問題となります．次の「第Ⅷ部　契約理論」では，取引を行う主体の間に情報の非対称性があるとき，情報をもたない主体がいかにして有利な契約を結ぼうとするのかを考えます．ここでは売買取引する主体が1人ずつの場合を中心に考えますが，そうすることで問題をゲームの形で記述することが可能になります．第13章では，売り手の提供する財に対し評価の異なる2つのタイプの買い手がいるとして，売り手は直面する買い手がどちらのタイプか事前にわからない場合，販売数量と販売代金の組み合わせをどう決めたらよいかが考察されます．第14章では，やはり買い手，売り手ともに1人ずつの場合を取り上げますが，ここでは扱われる財はサービスのようなもので，買い手は契約の後でそのサービスに対する売り手の遂行態度がどうなるかわからない場合を扱います．そして買い手がどのような契約を行うのがよいかを議論します．

　最後の「第Ⅸ部　市場の失敗」では，情報の非対称性や戦略的相互依存性とは別の観点から，完全競争市場がうまく機能しない場合を扱います．第15章では，需要・供給条件の特殊性から競争が維持できず自然に独占が成立する場合と，経済主体の行動が市場を通じないで他の経済主体の効用や利潤に影響を与える外部性の問題が議論されます．第16章では，社会的に必要な財でありながらその性質上市場で取引することが困難な財である公共財を取り上げます．そしてそれを社会に供給するとき，最適な供給とはどのような条件を満たしていなければならないか，その条件を満たすような供給量を実際に供給するにはどうしたらよいかといった問題を考えます．

以上が本書の内容です．そこでこの内容を踏まえて，本書をテキストとして使う皆さんのために，参考までに授業でカバーすべき範囲や順序などを記しておきましょう．まず通年（1年）の講義であれば，本書全体を第1章から順に押さえていくのがよいでしょう．半年の講義の場合は，第1章から第6章までの伝統的価格理論を優先し，さらに加えるとすれば第Ⅵ部の第10章と第11章を取り上げるのがよいでしょう．これにより市場メカニズムの基礎理論が理解されることになります．残りの第Ⅳ・Ⅴ・Ⅶ・Ⅷ・Ⅸ部はその基礎理論を前提とした応用編あるいは上級編として別枠で講じられるのがよいと思います．

　本書は3名の執筆者により書かれています．すなわち第Ⅰ部から第Ⅲ部までを永田が，第Ⅳ部から第Ⅵ部までを荒木が，そして第Ⅶ部から第Ⅸ部までを荻沼が担当しました．数学付録は旧版と同様，永田が執筆しています．本書ができるまでの間に私たちは何度も原稿をもちより，用語の統一，表現の一貫性，内容上の重複の有無など怠りなくチェックをしてきました．しかし思わぬ齟齬もないとは限りませんので読者の忌憚のないご批判，ご指摘を賜れば幸いと思います．

　最後に，本書の完成まで直接間接に多くの方々のお世話になりました．それらすべての皆さんのご助力に対して心から謝辞を述べたいと思います．とりわけ，早稲田大学大学院経済学研究科博士後期課程の小林伸君と芝正太郎君は，本書のすべての原稿を読み，読者の立場から詳細なコメントを寄せてくれました．これは私たちが最終稿を仕上げる上で非常に役立ちました．本書が，読者の皆さんにとって，いくらかでも読みやすいものになっているとすれば，彼らの大きな貢献であることを強調しておきたいと思います．また東洋経済新報社出版局の中山英貴氏には本書の企画から出版まで長い間お世話になりました．同氏は頻繁に編集会議を開いて，ややもすれば遅れがちな私たちの執筆を鼓舞してくれたばかりでなく，記号や用語の統一までご助力いただきました．同氏のご尽力に深く感謝申し上げます．

2019年2月

執筆者を代表して　永田　良

目　次

はじめに ………………………………………………………………………… iii

第 I 部　企業の理論

第 1 章　生産技術と企業行動　　3

1.1　生産技術 ………………………………………………………… 3
1.2　生産関数の性質 ………………………………………………… 5
1.3　企業行動 ………………………………………………………… 8
　　　費用最小化と費用関数／技術的限界代替率／利潤最大化／利潤関数
本章のまとめ ………………………………………………………… 17
補論　シェファードの補題 ………………………………………… 18

第 2 章　費用曲線と供給曲線　　21

2.1　短期の費用曲線と供給曲線 …………………………………… 21
　　　短期の総費用曲線と限界費用曲線／短期の供給の特殊性／短期の平均費用曲線／短期の供給曲線
2.2　長期の費用曲線と供給曲線 …………………………………… 29
　　　企業の拡張経路／短期費用と長期費用の関係／長期の費用曲線／長期の限界費用曲線と平均費用曲線／長期の供給曲線
2.3　個別供給曲線と市場供給曲線 ………………………………… 36
2.4　供給関数 ………………………………………………………… 37
本章のまとめ ………………………………………………………… 38
補論　ホテリングの補題 …………………………………………… 39

第 II 部 　家計の理論

第 3 章　選好と家計行動　43

- 3.1 選好関係 ·· 43
  消費集合と選好関係／選好関係の性質／無差別曲線／無差別曲線の凸性
- 3.2 家計の行動 ·· 49
  予算集合／需要の決定
- 3.3 所得・価格と需要量 ·· 52
  所得─消費曲線／エンゲル曲線／需要の所得弾力性／価格─消費曲線／個別需要曲線／市場需要曲線／需要の価格弾力性／需要曲線のシフト／粗代替財と粗補完財
- 3.4 代替効果と所得効果 ·· 63
  スルツキー分解／スルツキー分解の図解／代替財と補完財
- 本章のまとめ ·· 71

第 4 章　効用関数とその応用　73

- 4.1 選好関係と効用関数 ·· 73
  効用関数の存在／序数的効用関数／効用関数使用上の注意
- 4.2 効用最大化と支出最小化 ·· 80
  効用最大化と間接効用関数／ロアの恒等式／支出最小化と補償需要関数・支出関数
- 4.3 スルツキー方程式 ·· 84
  効用最大化と支出最小化の解の関係／価格効果の分析
- 4.4 消費者余剰 ·· 88
  準線形効用関数／消費者余剰の意味
- 本章のまとめ ·· 91
- 補論　ロアの恒等式 ·· 92

第III部 競争市場の理論

第5章 部分均衡　97

- 5.1 部分均衡と一般均衡 …… 97
- 5.2 均衡価格と安定性 …… 99
- 5.3 長期の均衡 …… 105
- 5.4 均衡価格の比較静学 …… 108
- 本章のまとめ …… 113

第6章 一般均衡　115

- 6.1 一般均衡のモデル分析 …… 115
  私有制経済とワルラス法則／一般均衡価格体系の決定
- 6.2 一般均衡価格体系を巡る問題 …… 120
  一般均衡価格体系の存在／均衡価格体系の性質
- 6.3 資源配分とその評価 …… 124
  資源配分／パレート基準／エッジワース・ボックス
- 6.4 一般均衡の効率性 …… 131
  純粋交換経済／オッファー曲線／厚生経済学の第2基本定理／生産経済
- 本章のまとめ …… 144
- 補論　一般均衡による資源配分はパレート最適か …… 145

第IV部 不確実性

第7章 期待効用理論　149

- 7.1 期待効用理論の概要 …… 149
  期待効用理論の誕生／不確実性とリスク／期待効用理論が支配的地位を築いた理由

7.2 期待効用理論の公理的基礎 ·· 152
　　不確実な選択肢の「くじ」による表現／4つの公理／VNM 型効用関数の存在／期待効用理論の含意に関する注意
7.3 期待効用理論に対する疑い ·· 158
　　アレのパラドックス／マッシーナによる解釈／代替的な説明
本章のまとめ ·· 166

第8章 リスクに対する態度と資産市場　167

8.1 VNM 型効用関数とリスクに対する態度 ······························ 167
　　リスク・プレミアム／絶対的リスク回避度と相対的リスク回避度
8.2 リスク細分化の効果とその限界 ·· 173
　　リスク細分（小口）化の効果／リスク細分化の限界
8.3 資本資産価格モデル ·· 177
　　概要と直観的な説明／CAPM の前提条件／資本市場線と投資信託定理／ベータと証券市場線
本章のまとめ ·· 186

第 V 部　ゲーム理論

第9章 ゲーム理論の基礎　189

9.1 分析対象と目的 ·· 189
9.2 戦略形とナッシュ均衡 ·· 190
　　戦略形ゲーム／戦略形の3つの要素／戦略の支配・被支配／ナッシュ均衡／拡張量販店ゲーム／弱支配と被支配戦略の繰り返し消去／混合戦略均衡とナッシュ均衡の存在
9.3 展開形と部分ゲーム完全均衡 ··· 202
　　展開形ゲーム／ゲームの木による表現／展開形ゲームの戦略とナッシュ均衡／参入ゲーム／部分ゲーム完全均衡／空脅しを含むナッシュ均衡／部分ゲーム完全均衡の妥当性に対する懸念
9.4 繰り返しゲーム ·· 210
　　有限回繰り返しゲーム／無限回繰り返しゲーム／フォーク定理
9.5 不完備情報ゲーム ··· 215

共有知識／不完備情報ゲームの戦略形とベイジアン・ナッシュ均衡
本章のまとめ……………………………………………………………… 219

第VI部 不完全競争

第10章 独占市場と寡占市場　　223

10.1 不完全競争市場の分析：産業組織論の新展開……………… 223
10.2 独占的企業の価格設定行動………………………………… 225
　　独占の基本モデル／独占企業の利潤最大化条件の意味／差別価格の諸形態／グループ別価格／価格メニューの提示／個別価格
10.3 クールノー（数量競争）・モデル……………………………… 235
　　クールノー・モデルとクールノー・ナッシュ均衡／均衡はなぜ実現するのか／クールノー・ナッシュ均衡の性質
10.4 ベルトラン・モデル………………………………………… 238
　　ベルトラン・モデルの均衡とベルトラン・パラドックス／パラドックスを解く／数量制約のもとでの価格競争
10.5 シュタッケルベルク・モデル……………………………… 241
本章のまとめ……………………………………………………………… 243
補論　クールノー・モデル……………………………………………… 244

第11章 製品差別化市場　　247

11.1 製品差別化の背景…………………………………………… 247
11.2 独占企業の製品差別化……………………………………… 248
　　ホテリング・モデル／独占企業の利潤最大化行動
11.3 製品が差別化された複占市場における価格競争…………… 253
　　ベルトラン・パラドックス再考／戦略的代替関係と戦略的補完関係／価格決定に時間差がある場合／戦略の信憑性
11.4 製品差別化競争……………………………………………… 259
　　ホテリング・モデルと最小差別化原理／差別化競争と価格競争の2段階モデル

本章のまとめ··264

第VII部 オークション

第12章 オークションとメカニズムデザイン 267

12.1 オークションとはどのようなものか··267
12.2 第1価格封印オークション··269
　　2人ゲームの場合／4人ゲームの場合／より一般的な場合
12.3 第2価格封印オークション··277
　　より一般的な場合／イギリス式オークションとオランダ式オークション
12.4 収入同値定理···284
12.5 メカニズムとしてのオークション···286
　　最適オークション／第2価格封印オークション
本章のまとめ··290
補論1　4人ゲームの表現と入札者n人のオークション··291
補論2　確率分布関数を用いる場合の期待値と期待利得··294
補論3　メカニズムデザイン··296

第VIII部 契約理論

第13章 スクリーニングとシグナリング 303

13.1 スクリーニング・ゲーム···303
13.2 スクリーニング···305
　　図による分析／数式による分析（モデル分析）
13.3 スクリーニング・ゲームの例··315
13.4 逆選択とシグナリング···320
　　シグナリング／認証検査

本章のまとめ ……………………………………………………………… 327

第14章　モラルハザードとモニタリング　329

14.1　モラルハザードのモデル ……………………………………………… 329
14.2　モラルハザードのいくつかの例 ……………………………………… 335
　　　保険契約の例／株主と経営者の例
14.3　モニタリング …………………………………………………………… 341
　　　本章のまとめ ……………………………………………………………… 345

第IX部　市場の失敗

第15章　収穫逓増と外部性　349

15.1　市場の失敗とはどのような現象か …………………………………… 349
　　　完備市場
15.2　収穫逓増 ………………………………………………………………… 352
　　　価格規制／その他の方法
15.3　外部性と直接規制 ……………………………………………………… 358
　　　直接規制
15.4　外部性と間接規制（経済的規制）…………………………………… 361
　　　課税・補助金政策／権利の市場の創設／権利の自由な売買／
　　　ネットワーク外部性／スノッブタイプ（負のネットワーク外
　　　部性）／2つのタイプの混合
　　　本章のまとめ ……………………………………………………………… 371

第16章　公共財と供給メカニズム　373

16.1　公共財とフリーライド問題 …………………………………………… 373
　　　地域の公園への投資
16.2　共有地の悲劇 …………………………………………………………… 377
16.3　公共財の最適供給条件とリンダール・メカニズム ………………… 380
　　　公共財の最適供給条件／リンダール・メカニズム

目次　xv

16.4　グローブス・メカニズム ………………………………… 385
本章のまとめ ………………………………………………… 388

数学付録 ……………………………………………………………… 389

さらなる学習のために …………………………………………… 417

Coffee Break

企業組織と利潤最大化 ……………………………………………… 9
ギッフェン財の検証 ………………………………………………… 68
基数的効用と序数的効用 …………………………………………… 78
比較静学の萌芽 …………………………………………………… 110
社会的厚生（アローの不可能性定理） ………………………… 130
エルスバーグのパラドックス …………………………………… 165
株式リスクプレミアムパズル …………………………………… 172
ネイサンの逆売り ………………………………………………… 218
ビール系飲料の多様化 …………………………………………… 263
リバースオークション（逆オークション） …………………… 300
共有地の問題 ……………………………………………………… 379

索引 …………………………………………………………………… 421

本書各章の演習問題は下記の URL で公開予定です．
https://str.toyokeizai.net/books/9784492315156/

ギリシア文字の読み方

小文字	大文字	読み方	小文字	大文字	読み方
α	A	アルファ	ν	N	ニュー
β	B	ベータ	ξ	Ξ	クシー
γ	Γ	ガンマ	o	O	オミクロン
δ	Δ	デルタ	π	Π	パイ
ε	E	エプシロン	ρ	P	ロー
ζ	Z	ゼータ	σ	Σ	シグマ
η	H	イータ	τ	T	タウ
θ	Θ	シータ	υ	Υ	ユプシロン
ι	I	イオータ	φ, ϕ	Φ	ファイ
κ	K	カッパ	χ	X	カイ
λ	Λ	ラムダ	ψ	Ψ	プサイ
μ	M	ミュー	ω	Ω	オメガ

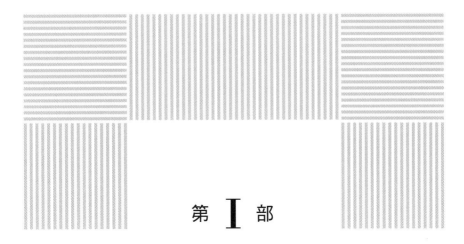

第 I 部

企業の理論

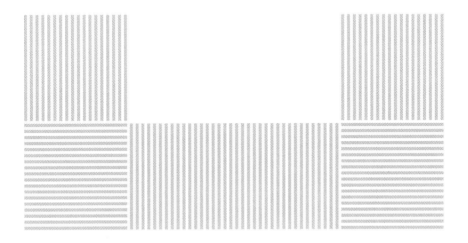

第 1 章　生産技術と企業行動

本章では多数の生産要素を用いて生産を行う企業の供給行動を効果的に分析するにはどのような視点からアプローチするのがよいかを学びます．鍵となるのは費用関数の概念です．それにより供給行動がどのように表現されるかを理解しましょう．

1.1　生産技術

　企業が行うことは言うまでもなく様々な生産要素を投入して様々な生産物を産出し社会に供給することです（ここで生産要素や生産物の中にはサービスも含まれます）．そこで企業の意思決定問題はそれぞれの生産要素をどれだけ投入し各生産物をどれほど生産・供給するかという問題に集約されます．本章ではまさにこの問題を考えていくわけですが，それを行う前に注意しなければならないのは投入と産出の技術的関係です．この関係は企業の意思決定とは独立にそのときの技術水準によって与えられていると考えるべきものです．その関係を一般的な表式で表すとすれば次のようになるでしょう．

$$(l_1, \cdots, l_m) \rightarrow (x_1, \cdots, x_n)$$

　ここで左側のかっこの中は m 種類の生産要素の投入量を表し，右側のそれは n 種類の生産物の産出量を表します．注意すべきは間の矢印（→）でこれは簡単に書かれていますが膨大な内容を含んでいます．というのはこれは何か決まった1つの生産要素の組を1つの生産物の組に関係づけているのではなく，考えられるあらゆる生産要素の組の1つ1つをそれに応じた生産物の組に結び付けるもので数学でいう関数の意味だからです．したがってより正確には，

$$(x_1, \cdots, x_n) = f(l_1, \cdots, l_m)$$

と表すべきです．こうして表された技術的投入―産出関係を**生産関数**（**production function**）と言います．上記のように多数の生産物を含む生産は**結合生産**（**joint production**）と呼ばれます．しかし本書では生産物が1種類の場合だけを扱うことにします．したがって生産関数は通常の実数値関数の形をとり，

$$x = f(l_1, \cdots, l_m)$$

となります．

『経済学入門』（第3版，金子昭彦・田中久稔・若田部昌澄著）では生産関数として生産要素が1種類の場合を主に扱いましたが，本書では要素が複数ある場合を扱います．ただし簡単のため複数のうちで最小の数である2を生産要素の種類としましょう．そしてその2つの要素投入量を記号で (l, k) と表すことにします．そこで本書で考える生産関数は次のようになります．

$$x = f(l, k)$$

生産要素を2種類としたことには実は大きな意味があります．経済学では企業の行動を分析する際，投入から産出に至る時間を**短期**（**short-run**）と**長期**（**long-run**）の2つに分けて考えます．前者はその投入水準を変えることのできない生産要素が存在する場合であり，後者はあらゆる生産要素の投入水準を変えることができる場合です．生産要素を2つにすることでこの短期・長期の区別を最も簡単に扱うことができるようになります．すなわち短期では l は変えられるが k は一定の値にとどまる一方，長期では l, k とも変えられるとするわけです．数学的に言えば短期では l は変数だが k は定数，長期では l, k とも変数として扱うわけです．

この短期・長期の区別は企業の意思決定問題を考えるときに留意しなければなりませんが，純粋に技術的な関係としての生産関数の性質を考える場合には2変数関数としての生産関数の全体像を把握しておく必要があります．次にそれを行いましょう．ただし分析上の便宜を図って，以下生産関数は連続かつ連

続微分可能と仮定します.

1.2 生産関数の性質

　直観的に考えれば生産技術は多様なので生産関数も様々でそれこそ企業ごとに違うとさえ言えそうな気がしますが，どの生産関数にも共通していると考えてよいような基本的な性質もあります．それは次のようなものです．

[性質1] 投入がなければ生産物は産出されません．これは自明です．生産関数を使ってこの性質を表せば $f(0,0)=0$ ということです．なお，l,k のどちらか一方が欠けても生産物は生産されないということもあるでしょう．その場合はたとえば $f(0,k)=0, k>0$ というように表されます．

[性質2] 生産要素の投入を増やせば生産量は増えるか少なくとも減ることはありません．これもほぼ自明です．生産関数を使ってこの性質を表せば次のようになります．

$$\frac{\partial f}{\partial l} \geqq 0, \quad \frac{\partial f}{\partial k} \geqq 0$$

ここで $\frac{\partial f}{\partial l}$ は l の限界生産力（**marginal product**），$\frac{\partial f}{\partial k}$ は k の限界生産力と呼ばれます．

[性質3] これは性質2をある意味で拡張した性質です．今たとえば (l,k) を $(10,15)$ 投入して得られる生産量が $(12,10)$ を投入して得られる生産量より小さくない（つまり大きいか等しい）としましょう．このとき $(12,10)$ という組み合わせから始めて $(10,15)$ という組み合わせに向かって投入量の組み合わせを変えて行ったら生産量は増加することはあっても減少することはないと考えられます．この性質を**準凹性**（**quasi-concavity**）と言います．生産関数を使ってこれを一般的に表せば次のようです．

$$f(l',k') \geqq f(l'',k'') \rightarrow f(\alpha l'+(1-\alpha)l'', \ \alpha k'+(1-\alpha)k'') \geqq f(l'',k''),$$
$$0 \leqq \alpha \leqq 1$$

ここで $(\alpha l' + (1-\alpha) l'', \alpha k' + (1-\alpha) k'')$（これは数学用語で 2 点 (l', k') と (l'', k'') の凸結合と呼ばれます）は α を 1 から始めて 0 に向かって変えていくことで (l', k') と (l'', k'') を結ぶ直線上の点を表すことになります．

以下の議論ではさらにこれを幾分強めた **狭義準凹性**（**strict quasi-concavity**）という性質が使われます．それは次の通りです．

$$f(l', k') \geqq f(l'', k'') \rightarrow f(\alpha l' + (1-\alpha) l'', \alpha k' + (1-\alpha) k'') > f(l'', k''),$$
$$0 < \alpha < 1$$

この性質を仮定する理由は後で説明します（準凹，狭義準凹については数学付録1.6を参照）．

ところで（狭義）準凹性には興味深い特徴があります．それは一方の変数を固定して1変数の関数としたときもこれらの性質は保存されることです．たとえば $f(l, k)$ が l, k に関し（狭義）準凹ならば k を一定 ($\bar{k}$) としたときの $f(l, \bar{k})$ も l に関して（狭義）準凹となります（証明は簡単ですので各自試みて下さい）．

［性質1］［性質2］と比べてこの3番目の狭義準凹性は一見特別なもののように思われるかもしれませんが，実は様々な投入—産出パターンを含む非常に一般的なもので，むしろ一般的すぎるのです．それを理解するために目で見てわかりやすいように $f(l, \bar{k})$ の場合について狭義準凹性を満たす関数のグラフを図1-1に例示してみましょう．なお，簡単のために $f(0, \bar{k}) = 0, \bar{k} > 0$ とします．

これらはすべて狭義準凹です．これでは生産効率に関してほとんどすべての場合を許容してしまいます．そこで私たちは経験則に照らして現実的な場合を絞り込むことにしましょう．それは次の性質として与えられます．

［性質4］ l および k の限界生産力は投入量の増加とともにやがては減少していきます．

投入量の増加と言っても［性質4］では限界生産力を考えているので一方の生産要素投入量は固定されていることに注意して下さい．

この性質により図1-1の中では b と d の場合のみが許容されることになります．b の方はすでに『経済学入門』で取り扱われましたがそれと比べ d の方

図1-1 狭義準凹 $f(l,\bar{k})$ の例

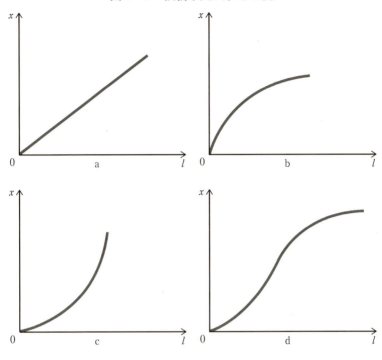

は奇妙な形をしています．しかしこの図を短期の場合と解釈するならば d は実はむしろ b より現実的です．というのは与えられた $\bar{k}$ のもとで l を増やしていくとき，始めのうちは l を効率的に $\bar{k}$ と組み合わせて使うことができるでしょうから，l の限界生産力は上昇していくと考えられます．しかし l がある程度まで増えると今度は一定の $\bar{k}$ が足かせとなり l の生産性は鈍り，その限界生産力はむしろ減少していくことでしょう．限界生産力は $f(l,\bar{k})$ のグラフの上では曲線上の各点での接線の傾きとして捉えられるので，短期という枠組みの中では S 字の形をした d の形状は一般的と考えられます．b の場合は『経済学入門』で扱われましたので，以下私たちは短期の場合を論じるときには S 字型の d を前提とすることにします．

　私たちは以上の 4 つの性質を仮定して議論を進めることにします．

1.3 企業行動

本章1節の冒頭に述べたように企業は与えられた生産技術のもとでそれぞれの生産要素をどれだけ投入し生産物をどれほど生産・供給するかという問題を解決することでその行動が決められます．その問題の解決のための基準は利潤の最大化です．利潤とは収入から費用を引いたものです．したがってその計算のためには当然のことながら生産物の価格（pとします）と生産要素l, kの価格（前者をw_1, 後者をw_2とします）が必要です．本章から第6章まではこれらの価格はすべて**完全競争市場**（**perfectly competitive market**）で定まり，したがって企業は価格を外から与えられたものとして受け取る**価格受容者**（**price taker**）であると想定します．また企業の生産物は完全競争市場で取引されるのですから，そこには同質の生産物を生産する小規模の企業が多数存在するわけで，以下の議論はその1つの代表企業に関するものであると理解する必要があります．さて，価格が与えられれば企業の利潤（πとする）は次のように表されます．なお当面短期，長期の区別は考慮しないでl, kを変数として扱うことにします．

$$\pi = px - (w_1 l + w_2 k)$$

したがって，企業の問題は次のように定式化することができます．

$$\max_{x, l, k} \pi = px - (w_1 l + w_2 k) \quad \text{s.t.} \quad x = f(l, k)$$

ここで s.t. という記号は subject to の略語でこの後に記される式が成り立つことを条件とするという意味です．これを数学的に解くことは難しくありません．しかしここではそれをせずに，この問題自体を少し違った角度で考えてみましょう．それは問題をあえて次のように2つに分けてみることです．1つは「利潤を最大にするには生産要素をどれだけ投入すべきか？」という問題，もう1つは「利潤を最大にするには生産物をどれだけ生産すべきか？」という問題です．実際は前者の問題が答えられれば生産関数を通じて後者の問題も直ちに答えられるのですが，強調したいのは今私たちが考えている企業の行動で関

心があるのは投入量の決定なのか，それとも生産量の決定なのかということです．これに引き続く家計の理論，市場の理論との関係でいえば実は重要なのは生産量の決定，つまり供給行動の方で投入量の決定は二の次なのです．企業の供給行動に焦点を合わせるならば投入量の決定は余分です．投入量の決定という迂回路を経ずに利潤を最大にする生産量を求めることができるならば，それに越したことはありません．そこで以下ではそれを試みてみましょう．

☕ Coffee Break　企業組織と利潤最大化

　この章では，企業は利潤を最大化するように生産を行う主体として扱います．しかし，実際のところ，この想定がなぜ可能になるかは，それほど明瞭ではなかったかもしれません．そこで，ここでは企業行動をもう少し詳しく考えることにしたいと思います．

　まず，利潤最大化ですが，これができるためにはどのような能力が必要でしょうか．この企業の産出量を x，生産する財の価格を p，x を生産するための費用を表す費用関数を $C(x)$ とすると，利潤は次のようになります（費用関数については以下の本文を参照して下さい）．

$$\pi(x) = px - C(x)$$

　この利潤を企業という主体が確実に計算できるためには，やや強い想定が必要となります．

　なぜなら，このような利潤を計算するためには，生産する財の価格 p が既知であるばかりでなく，その財の売買が生産要素の売買と同時にできる必要があるからです．これは，生産が瞬時に行われる（生産要素の投入と財の生産が同時）か，生産される財の先物市場（将来時点での財の取引を決めておく市場）が存在する，ことを意味します．

　もしそうでないとして，たとえば生産要素の購入の契約の時点が産出物の販売契約より早い時期になされたとしましょう．その場合は，どのような修正が必要になるでしょうか．

まず，費用 $C(x)$ を購入するための資金（資本）が必要になります．これは，その企業自身が用意するか，あるいは他の経済主体から借りる必要があります．つまり，資本に関する取引を行う市場が必要になります（このような取引は，主に金融理論などで扱われます）．

また，生産要素の購入時には，財の価格はまだ確定していないので，財の価格は不確実であるとして，予想利潤を計算することになります．

さて，ここまで扱ってきた企業は，利潤最大化行動をとる「自動機械」のような存在です．これは実際に皆さんが普段考えている企業とは，イメージが異なるかもしれません．なぜなら企業といっても千差万別で，もっと個性的な行動をとっているように考えている場合が多いからです．これは企業といってもその組織を構成する経営者やメンバー（社員），組織構成の違いなどによって，行動が異なっているように思えるからです（このような問題は，企業の内部組織を研究する経済学や経営学によってもっと詳しく考えられています）．

この本で扱う抽象的な企業でも，まったく経営者の活動が考えられていないわけではありません．経営者の活動は，経営者能力として扱われ，これはある種の生産要素であると考えられることになります．つまり，経営者に対する報酬は，生産要素の提供に対する対価として扱われ費用に含まれるのです（ですから，長期で利潤が 0 になっても，経営者が困ることはありません）．

経営者能力がいかなるものであるかについては，現在でも経済学者の間で意見の分かれるところかもしれません．もし，この能力の特異性が高いものであれば，その報酬は，特殊な土地やスポーツ選手などと同じように，レントとしての性格をもち，高いものになることもありうることになります．

費用最小化と費用関数

もし投入量の決定を始めに行えばそれにより最適な費用が決まります．したがって，投入量の決定を考えないとするならば費用の水準がどうなるかはわか

りません．そこで今，次のような問題を考えてみましょう．その水準は問わずにともかく費用がある値に与えられるとします．その決められた費用のもとで企業はどれほどの生産量を生産すればよいでしょうか？　このとき価格受容者として利潤の最大化を目指す限り企業はできるだけ多くの生産量を生産しようとするはずです．形式的に書けば企業は次の問題を解いて生産量を決定するはずです．

$$\max_{l,k} \quad x = f(l, k) \quad \text{s.t.} \quad w_1 l + w_2 k = C$$

ここにCは与えられた費用を表します．これは数学的には制約条件付き最適化問題と呼ばれる問題です（上述の利潤最大化問題もその1種です）．数学の分野ではこの種の問題を体系的に扱う領域ができていて，それは一般に数理計画法と呼ばれています．

そこでは様々な興味深い分析の方法が開発されていますが，ここで注目したいのはその中の双対分析と言われるものです．これは主問題に対してそれと形式的に密接に関係する双対問題という副次的問題を構成し，それらの間の解の関係を探ることで主問題に対する理解を深めていくものです．主問題から双対問題を作る方法には一定の規則があります．上の生産量最大化問題を主問題として双対問題を作ると次のようになります．

$$\min_{l,k} \quad C = w_1 l + w_2 k \quad \text{s.t.} \quad f(l, k) = x$$

見てわかる通り最大化問題が双対問題では最小化問題になり，主問題の目的関数が双対問題では制約式に，主問題の制約式は双対問題の目的関数になるのです．

言うまでもありませんがこの双対問題では制約式の中のxは定数とみなされる一方目的関数のCはただの被説明変数の扱いとなります．つまり一定の生産量をもたらす最小費用を求めるというのが双対問題の意味するところです．ここでこの双対問題を解くとします．このとき重要なのが$f(l, k)$の狭義準凹性です．それを説明するには問題を図解するのが有効です．そのために横軸にl，縦軸にkをとった座標系を考えましょう．図1-2を見て下さい．

ここで与えられたxに対し$f(l, k) = x$を満たす(l, k)の軌跡を図の中に描い

図1-2 一定の x をもたらす最小費用の決定

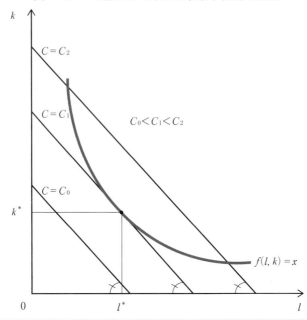

てみましょう．このとき得られる曲線は x に対する**等量線**（isoquant curve）と呼ばれます．実は $f(l,k)$ が狭義準凹であることと等量線が図のように原点に向かって強い凸形をなすことは同値であることが知られています（ちなみにただの準凹関数ではそうはいきません）．

一方，目的関数の方は線形ですのでどんな C の値に対してもそれをもたらす (l,k) の軌跡は傾きが $-\dfrac{w_1}{w_2}$ の直線となります．これらの直線は C に対する**等費用線**（isocost curve）と呼ばれ C の値が大きければ右上方に，小さければ左下方に位置します．そこで $f(l,k)=x$ を満たす (l,k) の中で費用が最小となる点はそこを通る等費用線（すなわち傾きが $-\dfrac{w_1}{w_2}$ の直線）ができるだけ下方に位置するものでなければなりません．それは等量線が傾き $-\dfrac{w_1}{w_2}$ の直

線と接するところで実現します．原点に向かって強い凸形をなす曲線であればそのような直線と必ず1点で接するはずで，図1-2ではそれが(l^*, k^*)で示されています．こうして$f(l,k)$が狭義準凹であれば費用を最小にするlとkは必ず1つに定められるのです．

技術的限界代替率

ところで等量線の各点での接線の傾きの絶対値は（lのkに対する）**技術的限界代替率**（**marginal rate of technical substitution**, MRTS）と呼ばれます．そこで$f(l,k)$が狭義準凹であれば技術的限界代替率はlの増加とともに単調に減少していきます．そして費用を最小にする(l^*, k^*)のところでは

$$\text{技術的限界代替率}(\text{MRTS}_{l,k}) = \text{要素価格比}\left(\frac{w_1}{w_2}\right)$$

という関係が成り立っていなければなりません．

なお技術的限界代替率については，単に等量線への接線の傾きというだけでなく生産関数との関係でもう少しはっきりとした意味を与えることができます．等量線は$f(l,k)=x$を満たす(l,k)の組み合わせの軌跡でした．この軌跡をもたらすlとkの関係を関数$k=k(l)$の形で捉えるとしましょう．すると当然$f(l,k(l))=x$という式が成り立たねばなりません．そこでこの両辺をlで微分してみましょう．すると右辺は定数ですので次が得られます．

$$\frac{\partial f}{\partial l} + \frac{\partial f}{\partial k}\frac{dk}{dl} = 0$$

これより$-\dfrac{dk}{dl} = \dfrac{\partial f/\partial l}{\partial f/\partial k}$が得られます．この左辺は関数$k=k(l)$のグラフにおける接線の傾き（負）にマイナス符号をつけてプラスにしたものですからまさに等量線に対する接線の傾きの絶対値に他なりません．つまり技術的限界代替率そのものです．したがって，この式から**技術的限界代替率は限界生産力の比に等しい**（MRTS $= \dfrac{\partial f/\partial l}{\partial f/\partial k}$）ことがわかります．

【例題 1-1】
　上では双対問題としての費用最小化問題を解くのに図を用いたのですが，変数の数が多くなると図解には頼れなくなります．そこで一般の場合にも通用するラグランジュ乗数法を使って同じ問題を解きなさい（なおラグランジュ乗数法については詳しくは数学付録4.3を参照して下さい）．

【解説】
　問題は，

$$\min_{l,k} \quad C = w_1 l + w_2 k \qquad \text{s.t.} \quad f(l,k) = x$$

なのでまずこの問題のラグランジュ関数を作る．それは次の通りである．

$$L(l, k, \lambda) = w_1 l + w_2 k + \lambda(x - f(l,k))$$

これを l と k および λ について最小化する．そのための条件はそれぞれの変数に関する偏微分係数が0となることなので次のように与えられる．

$$\frac{\partial L}{\partial l} = w_1 - \lambda \frac{\partial f}{\partial l} = 0$$

$$\frac{\partial L}{\partial k} = w_2 - \lambda \frac{\partial f}{\partial k} = 0$$

$$\frac{\partial L}{\partial \lambda} = x - f(l,k) = 0$$

問題の解はこれらの条件を満たすものでなければならない．
　このうちの始めの2つの式から λ を消去すると次の式が得られる．

$$\frac{\partial f/\partial l}{\partial f/\partial k} = \frac{w_1}{w_2}$$

上で示したように限界生産力の比は技術的限界代替率に等しいのでこの式は，

$$\text{MRTS}_{12} = \frac{w_1}{w_2}$$

> が成り立たねばならないことを示す．これはまさに図解で得た条件に他ならない．

さてこうして求められた (l^*, k^*) ですが当然のことながら，始めに一定とされた x の値が変われば違った値になります．そこで x をパラメータと見ればこれらは x の関数と見ることができます．つまり $l^* = l(x), k^* = k(x)$ と表せます．一方，最小費用は $w_1 l^* + w_2 k^*$ ですからこれも x に依存し，$w_1 l(x) + w_2 k(x)$ と表すことができます．こうしてどの x の水準についてもそれをもたらす最小費用が確定します．この x 対最小費用の関係を表す関数を**費用関数**（**cost function**）と言い，上の式 $(w_1 l(x) + w_2 k(x))$ をまとめて一般に $C = C(x)$ という形で表します．この費用関数こそ私たちの目的である企業の最適な生産量を直接求めるための鍵となるものです．

利潤最大化

それを理解するために始めの利潤の式に戻りましょう．

$$\pi = px - (w_1 l + w_2 k)$$

ここで任意に x を与えたときそれをもたらす費用 $(w_1 l + w_2 k)$ は利潤最大化を目指す以上最小であることが求められます．しかしそれこそは上で私たちが得た $C(x)$ に他なりません．

したがって，どんな x に対してもそこから生ずる利潤は，

$$\pi = px - C(x)$$

と表されることになります．つまり**利潤の大きさは x だけによって表される**のです．そこで私たちが始めに掲げた「利潤を最大にするには生産物をどれだけ生産すべきか？」という問題に答えることが可能となります．というのも最適な生産量であれば $\dfrac{d\pi}{dx} = 0$ という 1 階の条件を満たさねばならないからです．

ここで $\dfrac{d\pi}{dx}$ は生産量の追加 1 単位によりもたらされる利潤の増分で限界利

潤と呼ばれます．利潤は収入(px)と費用($C(x)$)の差ですから限界利潤は限界収入と限界費用の差として表されます．そこで$\frac{d\pi}{dx}=0$という条件は**限界収入**(marginal revenue)＝**限界費用**(marginal cost)という式で書き直すことができます．この式は一般に最適生産量が満たさねばならない条件式といえます．

ところでここでは完全競争市場を前提としていますので企業は価格受容者で価格pは与えられたものとして扱えます．したがって限界収入つまり生産量の追加1単位によりもたらされる収入の増分はその価格pと一致します．これから上の条件は完全競争市場の場合，**生産物価格＝限界費用**と表すことができます．具体的な式で表せば$p=C'(x)$となります．

しかしこの式を満たすxであればただちに最適な生産量であると決めつけることはできません．この式はあくまで必要条件を表しているにすぎないからです．真の最適生産量は次の2階の十分条件，

$$\frac{d^2\pi}{dx^2}=-C''(x)<0 \quad \text{すなわち} \quad C''(x)>0$$

を満たさねばなりません．これはそこで限界費用自体が増加傾向を示していなければならないことを意味します．これらの条件を満たす生産量が生産され供給されることになります．

利潤関数

利潤を最大にする最適な生産量は上の条件から価格pが与えられれば決まります．この価格pと最適生産量すなわち供給量の間の関係は次章で詳しく見ていくことになります．一方企業にとって最も大きな関心事は最大化される利潤の大きさでしょう．しかしこれもまた価格pが与えられてはじめて決まることは明らかです．そこで私たちは得られる最大利潤を価格pの関数とみなすことができます．こうして得られる関数は**利潤関数**（profit function）と呼ばれ$\pi=\pi(p)$と表されます．

私たちはここで生産物の方だけに目を向けているので利潤を生産物価格との関係だけで捉えていますが，もし投入物の方も考慮するとすれば費用関数が元は$w_1 l(x)+w_2 k(x)$という形で表されたことを想起することが重要です．これ

により利潤は生産物価格のみならず要素価格 w_1, w_2 にも依存することが明らかです。したがって産出と投入の両面を考慮するときには利潤関数は $\pi = \pi(p, w_1, w_2)$ という形で表されることになります。

本章のまとめ

1 2種類の生産要素により1種類の生産物を生産する企業の生産技術は生産関数 $x = f(l, k)$ により表されます。

2 生産関数は技術的観点から4つの性質をもつと考えられます。それにより生産関数は単調で狭義準凹となりますが，各要素の限界生産力は最終的に減少します。短期の場合の生産関数のグラフはS字型をなすと仮定します。

3 企業の行動で重要なのは生産物の供給です。それが何に基づきどのように行われるかを把握するには費用関数に着目するのが重要です。

4 完全競争の下で企業の供給は「生産物価格＝限界費用」を満たす生産量において行われます。

補論　シェファードの補題

　私たちは本文の双対問題で，与えられた生産量をもたらす最小費用を決める問題を考えました．そしてその結果得られる最小費用が与えられた生産量に依存することを踏まえて費用関数 $C(x)$ を導いたのですが，双対問題を見れば明らかなように最小費用は実は外から与えられる要素価格の大きさにも依存します．この点を明示的に考えれば費用関数は $C(x; w_1, w_2)$ と表現することができます．費用関数をこのように捉えると次のような興味深い問題に対応できるようになります．

　今，企業がある生産水準 x で生産を行っているとします．このとき生産要素 l の価格 w_1 が上がったとします．一方，k の価格 w_2 は変わりありません．企業が同じ生産水準 x を維持するのを求められていたとすれば l から相対的に安くなった k へ要素投入を移してできるだけ費用を節約しようとするでしょう．その結果費用はどうなるでしょうか．前と変わらない水準に保つことはできるでしょうか？

　この問題の答えは残念ながらそれは絶対にできず，費用はある決まった大きさだけ増加せざるをえないというものです．以下でそれを示しましょう．なお当該生産水準では l, k 両者の限界生産力は共に正であるとします．

　まず，x はもとより w_1, w_2 もパラメータと見たときの費用最小化問題，

$$\min_{l,k} \ C = w_1 l + w_2 k \quad \text{s.t.} \quad f(l, k) = x$$

の解を $l^* = l(x; w_1, w_2)$，$k^* = k(x; w_1, w_2)$ としましょう．これらは生産水準を x とするという条件のもとで成立する要素需要ですので，条件付き要素需要関数と呼ばれます．一方，最適値としての最小費用はこれらにより，

$$C(x; w_1, w_2) = w_1 l(x; w_1, w_2) + w_2 k(x; w_1, w_2) \quad \cdots\cdots (1)$$

と表されます．また条件付き要素需要関数は常に与えられた x を生産しなければなりませんので，

$$f(l(x; w_1, w_2), k(x; w_1, w_2)) = x \quad \cdots\cdots (2)$$

を満たさねばなりません．さて問題は x と w_2 を一定として w_1 が上がったら費用はどうなるかということですので，数学的に見れば $\dfrac{\partial C(x; w_1, w_2)}{\partial w_1}$ を考えることに帰着されます．そこでまず (1) を w_1 で偏微分して次を得ます．

$$\frac{\partial C(x; w_1, w_2)}{\partial w_1} = l(x; w_1, w_2) + w_1 \frac{\partial l}{\partial w_1} + w_2 \frac{\partial k}{\partial w_1} \quad \cdots\cdots(3)$$

この右辺が求める答えなのですが少し複雑で解釈が容易でありません．しかしこの右辺は実はもっとずっと簡単になるのです．それを見るために，(2) に着目しこの両辺も w_1 で偏微分してみます．右辺の x は定数ですのでその結果は次のようになります．

$$\frac{\partial f}{\partial l}\frac{\partial l}{\partial w_1} + \frac{\partial f}{\partial k}\frac{\partial k}{\partial w_1} = 0 \quad \cdots\cdots(4)$$

ここでもう1つ条件を考慮します．それはこの問題（費用最小化問題）の解が満たしていなければならないもので，本文では技術的限界代替率＝要素価格比として与えられていたものです．さらに私たちは技術的限界代替率は限界生産力の比に等しいことを確認しましたので，解の満たすべき条件は次のように表せます．

$$\frac{\partial f/\partial l}{\partial f/\partial k} = \frac{w_1}{w_2} \quad \cdots\cdots(5)$$

これら2つの条件 (4)，(5) から次が得られます．

$$w_1 \frac{\partial l}{\partial w_1} + w_2 \frac{\partial k}{\partial w_1} = 0$$

これを目標の式 (3) に代入すると価格 w_1 の変化がもたらす費用の変化は端的に，

$$\frac{\partial C(x; w_1, w_2)}{\partial w_1} = l(x; w_1, w_2)$$

という式で表されることがわかります．これを経済学的に言えば価格 w_1 が1単位上昇すると費用は l に対する条件付き要素需要の大きさだけ増加するということです．この結果は**シェファードの補題**（**Shephard's lemma**）と呼ばれます．ここでは w_1 が変化する場合を論じましたが，w_2 が変化する場合（w_1 は不変）でも同様の結果が得られます．要素需要は通常正ですから，このことから要素価格の変化に対応して要素投入を相対的に安価な要素に振り向けても，生産量を維持する限り費用は必ず増加してしまうことがわかります．

第2章 費用曲線と供給曲線

完全競争企業は与えられる可能性のある各価格に対しどのような供給量で対応するかを決めねばなりません．その全計画を示すのが供給曲線です．本章はこの供給曲線を短期と長期の両方について考察します．前章の結果から鍵は限界費用です．短期と長期の費用関数の違いがどのように供給曲線の違いにつながるのかを理解しましょう．

2.1 短期の費用曲線と供給曲線

　第1章では企業の生産・供給行動が生産物価格＝限界費用（$p = C'(x)$）という条件式に従って行われることを見ました．しかし企業にとって生産物の価格は外から与えられるもので，あらかじめその値を知ることはできません．そこで企業としては考えられる様々な価格を考慮して，そのそれぞれにどう対応したらよいかを決めておく必要があります．可能な各価格に対する最適な生産量を，横軸に生産量，縦軸に価格をとったグラフの上にプロットしたものが供給曲線と呼ばれるものです．ここでは1つの代表的な企業についてそれを考えているので，このときの供給曲線は詳しくは**個別供給曲線**（individual supply curve）と呼ばれます．これは企業にとって供給計画の全貌を与えるもので，企業はこの曲線にそって行動することになります．したがって，企業の行動を分析しようとする私たちにとってこれは最も重要な概念で，その性質を知ることが喫緊の問題です．ところがこの問題を短期で扱うか長期で扱うかによって結果が大きく違ってきます．そこでまず短期についてこの問題を考えることにしましょう．

短期の総費用曲線と限界費用曲線

さて私たちは供給量の決定が生産物価格＝限界費用という条件により与えられることを知っています．したがって供給曲線の性質を知ろうとする私たちにとって重要なのは費用関数とりわけ限界費用関数の性質です．

第1章では費用関数がどのようにして導かれるかを見ましたが，ここではそれが短期においてどのような性質をもつかを考えてみましょう．長期では任意の x の生産に l, k とも可変的に調整することができますが，短期では l は変えられても k の方は変えることができませんので，生産関数は $x = f(l, \bar{k})$ と与えられます．ここで $\bar{k}$ は正の定数です．そして前章で触れたように l と x の関係は図1-1のdのようであるとします．そのグラフの形状からすぐにわかることは l と x が1対1に対応していることです．したがって，x がどんな値でもそれに対応して l が一意に決まります．数学的には f の逆関数により x から l が決められるということです（つまり $l = f^{-1}(x; \bar{k})$ となります）．

これにより x に対する費用は $w_1 f^{-1}(x; \bar{k}) + w_2 \bar{k}$ と表されます．この費用の第1項は x に依存してその大きさが変わるので**可変費用**（**variable cost**）と呼ばれます．記号の簡単のため以下この項をまとめて $VC(x)$ と表すことにします．他方第2項は x の大きさとは無関係で一定ですので，**固定費用**（**fixed cost**）と呼ばれます．こちらはまとめて FC と表すことにしましょう．この両者を合計したものが**短期総費用**（**short-run total cost**）でこれは当然 x に依存する関数ですので，ここでは $STC(x)$ と表すことにします．したがって，短期の費用はまとめて $STC(x) = VC(x) + FC$ と書くことができます．この短期総費用関数は図1-1のdをもとにしてそのグラフを描き出すことができます．それは図2-1に示すように逆S字をなし（各自確かめて下さい）**短期総費用曲線**（**short-run total cost curve**）と呼ばれます．

ところで供給量の決定に必要なのは限界費用関数でした．以下私たちは**短期限界費用関数**（**short-run marginal cost function**）を $SMC(x)$ と表すことにします．限界費用は生産量の追加1単位にかかる費用でしたから，図の上では短期総費用曲線の各点における接線の傾きで表されます．したがって $SMC(x)$ のグラフは図2-2のようになります．これを**短期限界費用曲線**（**short-run**

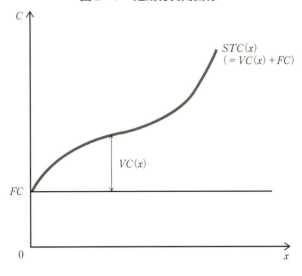

図2-1 短期総費用曲線

marginal cost curve）と言います．

短期の供給の特殊性

　こうして図の上で短期の総費用および限界費用の性質が明らかになりました．これから私たちの目指す企業の供給曲線はもう一息です．実際，限界費用と価格は同じ単位（たとえば円）で測られますので，図2-2の縦軸を限界費用のみならず価格をも測るものとみなせばその座標系の中に供給曲線を描き出すことができるはずです．それを行ってみましょう．図2-3を見て下さい．

　今価格が図の p_0 に与えられたとします．このとき最適な生産量はこの p_0 が短期限界費用と等しくなるような生産量ですから，SMC 曲線から x_1 と x_2 の2つが候補として挙げられます．しかし第1章の最後で述べたように利潤最大化のためには，そこで限界費用自体が増加傾向を示していなければなりませんので（2階の条件）x_1 は棄却され x_2 だけが残ります．企業は可能なあらゆる価格に対して同じ手順で最適生産量＝供給量を決めるはずですので，結局 SMC 曲線の最低点より右上方の部分が供給曲線を構成することになるわけで

第2章　費用曲線と供給曲線　23

図 2-2　短期限界費用曲線

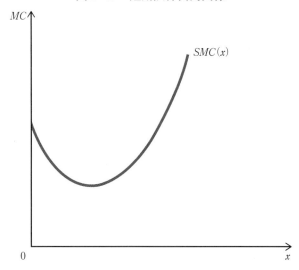

図 2-3　最適生産量の決定

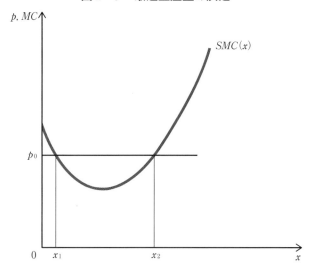

す．

しかしながら話はここで終わりません．実は短期特有の事情が余分な考慮事項を必要とするのです．その特有の事情とは短期の場合仮に生産量が0であり，したがって収入が0であっても固定費用 (FC) を支払わなくてはならないということです．これを言い換えれば，たとえ損失が出る生産であっても固定費用より少ない損失であるなら，実行する方がよいということです．式で表すと次を満たす x であれば生産は実行されるということです．

$$px - STC(x) \geqq -FC$$

ここで $STC(x) = VC(x) + FC$ でしたから上の不等式は，

$$p \geqq \frac{VC(x)}{x}$$

となります．この右辺は**平均可変費用関数**（average variable cost function, AVC）と呼ばれます．この不等式から企業は平均可変費用関数の値より価格が高くなるところでしか反応しない（供給を行わない）ことがわかります．ではそれはどのような価格の範囲なのでしょうか．それを知るには平均可変費用関数の性質を調べねばなりません．

短期の平均費用曲線

それを行うためにまず短期総費用関数の平均を考えましょう．それは次のように表されます．

$$\frac{STC(x)}{x} = \frac{VC(x)}{x} + \frac{FC}{x}$$

左辺は**短期平均総費用関数**（short-run average total cost function, SATC (x)），右辺の第2項は**平均固定費用関数**（average fixed cost function, AFC (x)）と呼ばれます．始めに短期平均総費用関数の性質を見ておくことにします．

これは STC 曲線のグラフから知ることができます．定義から，図の原点と $SATC$ 曲線上の各点を結ぶ直線の傾きがその点（正確にはその x 座標）での短期平均総費用 $SATC(x)$ を示しますので， x の増加とともに始めは減少しや

図2-4　短期平均総費用曲線と平均可変費用曲線

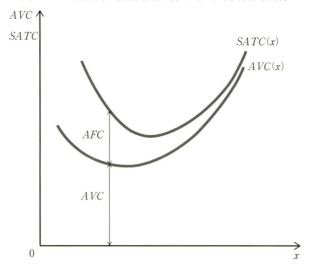

がて増加していきます．したがってそのグラフはU字型をなします．次に平均固定費用関数$AFC(x)$のグラフを考えてみましょう．これは$\frac{FC}{x}$でFCは定数ですのでxの増加とともに単調に減少していきます．問題の$AVC(x)$は$SATC(x)$から$AFC(x)$を引いたものですからそのグラフは$SATC(x)$のグラフと図2-4のような位置関係をなすはずです．

こうして$AVC(x)$の情報が得られたのですが，その最低点が$SMC(x)$のグラフとどのような位置関係にあるのかわからない限りは，企業が反応する価格の範囲も明らかになりません．しかしこれについてははっきりしたことが言えます．それを説明するにはまずSMCが短期総費用に関する限界費用であると同時に，可変費用に対する限界費用でもあることに注意しておく必要があります．実際，$STC(x) = VC(x) + FC$ですのでFCが定数であることに注意してこの両辺をxで微分すれば$SMC(x) = \frac{dVC(x)}{dx}$が得られますが，後者は可変費用に対する限界費用に他なりません．この点に留意してAVCとSMCの関

図2-5 AVC と SMC

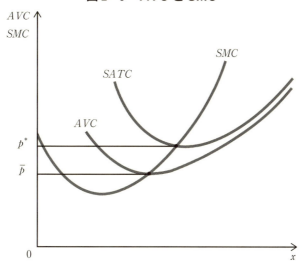

係を考えれば，図の上で AVC が減少しているところでは SMC はそれより下に位置し，AVC が増加しているところでは SMC はそれより上に位置することがわかります．その理由は次のような場合を考えれば明らかです．今たとえば50単位の生産量を1単位平均60の可変費用で生産しているとします．ここでもう1単位生産を増やしたとします．そのときその追加単位を含めた生産量の1単位当たりの平均可変費用（AVC）が（60以下に）減少するならば，その追加単位だけにかかる可変費用（SMC）は明らかに60より小さいはずですし，逆に総生産量の1単位当たり平均可変費用（AVC）が（60以上に）増えるならば，追加単位だけの可変費用（SMC）は60より大きいはずです．私たちはすでに AVC，SMC ともU字型のグラフをなすことを知っていますので，このことから両者の位置関係は図2-5に示すように SMC 曲線が AVC 曲線の最低点を左下から右上に切るのでなければなりません．

　なお，SMC が本来短期総費用に関する限界費用であることを想起すれば短期総費用の平均費用つまり $SATC$ と SMC も $AVC-SMC$ と同様の関係をもつことになります．したがって SMC 曲線は $SATC$ 曲線の最低点も切ること

第2章　費用曲線と供給曲線　27

になります．

短期の供給曲線

こうしてSMC曲線とAVC曲線の位置関係がわかりましたので，短期の供給曲線が最終的に確定します．それは図2-5のSMC曲線のうちAVC曲線より上方の部分であるということです．すなわち価格がAVC曲線の最低点に等しい$\bar{p}$以上であれば供給を行う一方それ以下の価格に対しては供給量は0となります．そこでこの価格$\bar{p}$は**操業停止価格**（**shutdown price**）と呼ばれます．また価格が$SATC$曲線の最低点に等しいとき，つまり図のp^*のときには収入と費用の額が等しくなるので企業の利潤は0となります．そこでこの価格p^*は**損益分岐価格**（**break-even price**）と呼ばれます．

【例題2-1】

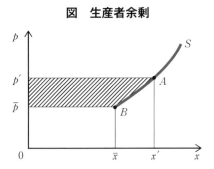

図　生産者余剰

図において曲線$\bar{p}BAS$は企業の短期供給曲線を表すものとする．今この生産物市場で価格がp'に与えられたとき，図の斜線部の面積はこの企業の利潤に固定費用を加えたものに等しいことを示しなさい．なおこの面積は**生産者余剰**（**producer's surplus**）と呼ばれる．

【解説】

価格が$\bar{p}$のときの供給量を$\bar{x}$，p'のときのそれをx'とする．

価格がp'のときの企業の総収入は明らかに$0p'Ax'$の面積で表される．

図2-5から明らかなように点Bは平均可変費用曲線の最低点を表す。よって$\bar{x}$の供給量の平均可変費用は$\bar{p}$であるから$\bar{x}$まで供給するときには$0\bar{p}B\bar{x}$の面積の可変費用がかかる。一方短期供給曲線のBASの部分は限界費用曲線と一致するが短期の限界費用は限界可変費用と等しいので$\bar{x}$からx'までの生産により$\bar{x}BAx'$の面積の可変費用が生ずる。よってx'の供給には可変費用は合計で$0\bar{p}BAx'$の面積に等しいだけ生ずることになる。これから斜線部の面積は総収入−総可変費用を表す。一方利潤は総収入−総可変費用−固定費用であったので、結局斜線部の面積は利潤に固定費用を加えたものに等しい。

2.2 長期の費用曲線と供給曲線

では次に長期の場合を考えましょう。長期は短期と比べて少し複雑ですが両者の間には密接な関係がありますので、それを手掛かりとして短期の場合と同じような図示を試みてみましょう。

長期が短期と比べて厄介な理由は第1章で論じた次の双対問題を考えれば理解できます。

$$\min_{l,k} C = w_1 l + w_2 k \qquad \text{s.t.} \quad f(l,k) = x$$

これは与えられた生産量xを生産する最小費用を求める問題で、このときの最適値をxの関数と見て得られたのが費用関数$C(x)$に他なりません。第1章では短期・長期の区別をせずにlとkをともに変数として扱いましたが、ここであらためて短期と長期の違いを考えてみましょう。短期の場合kは定数となります。したがって、制約式$f(l,\bar{k})=x$からxに対するlが技術的に決められてしまい、それにより費用が自動的に決まってしまいますので費用を最小化するプロセスはいらなくなります。それに対し長期では第1章で見たように与えられたxに対してそれを可能にする(l,k)は等量線上に無数に存在するため、その中から最適な、つまり費用を最小化する特定の(l^*, k^*)を選択するプロセ

図2-6 企業の拡張経路

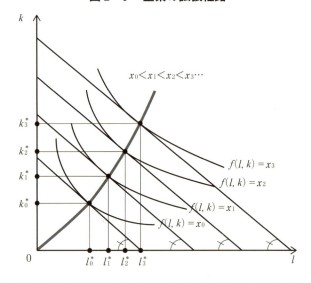

スが必要となります．この分だけ長期の方が短期より複雑になるのです．

企業の拡張経路

では長期の場合の費用曲線はどうしたら得られるでしょう．それを考えるために上の双対問題を図解した図1-2を振り返ってみましょう．そこでは与えられた1つのxに対する等量線に対し最適な(l^*, k^*)が図示されていました．しかし費用関数では可能な様々なxに対する費用を考えねばなりません．そこで色々なxに対しそれぞれ等量線を描くならば，図2-6に示されるようにその各曲線上に1つずつ最適な，つまり費用を最小化する(l^*, k^*)が得られるはずです．このようにして得られた最適なlとkの組み合わせを結んでできる曲線のことを企業の**拡張経路**（**expansion path**）と言います．これは一般に右上がりの曲線となります．

企業はxの増加とともにこの拡張経路に沿って(l, k)を選択・投入していくことになります．

各xにそのときの最適な(l^*, k^*)にかかる費用を対応させたものが**長期費用**

図2-7 短期の費用と長期の費用

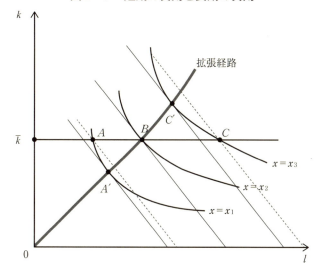

関数(long-run cost function, LTC)です。図でいえば、生産量 x_i のときの費用が $w_1 l_i^* + w_2 k_i^*$ ($i=0,1,2,3,\cdots$)となるわけです。

短期費用と長期費用の関係

ではこの長期費用関数をグラフで表した長期費用曲線はどうなるでしょう。それを知るための手掛かりとなるのが短期費用と長期費用の関係です。形式的に考えれば短期は長期で $k=\bar{k}$ とした特殊な場合であると言えます。したがって、長期の場合を図示した l-k 座標系の中でもそれを扱うことができます。それは縦軸上に $\bar{k}$ をとり、そこを通る横軸に平行な直線を引けばよいのです。その平行線上の点こそ短期において可能な投入量の組み合わせを示すことになります。

今、企業の拡張経路が図示された座標系の中にその平行線を書き込んでみましょう。図2-7を見て下さい。

拡張経路は右上がりですから、平行線はどこか1点で拡張経路と交わるはずです。図ではその交点を点 B としています。次にこの点 B を通る等量線を考

えます．これを x_2 の等量線としましょう．そして x_2 より少ない x_1 と多い x_3 の等量線をそれぞれ書き込みます．さて短期に生産量 x_1, x_2, x_3 を生産するとしましょう．そのとき行われる投入量の組み合わせはそれぞれ点 A, 点 B, 点 C となるはずです．次に長期の場合を考え同じく生産量 x_1, x_2, x_3 を生産するとしましょう．このときには点 A', 点 B, 点 C' が選ばれるはずです．

　ここで短期のときと長期のときの各生産量にかかる費用は各点を通る等費用線の位置から比較することができます．そして x_1 のときも x_3 のときも短期の方が長期より大きく x_2 のときにのみ短期と長期は一致することがわかります．さらに一般に x_2 より小さいどの x_1 に対しても，また x_2 より大きいどの x_3 に対しても短期費用＞長期費用という関係が成り立つこともわかります．したがって，$k=\bar{k}$ という短期の総費用曲線を描いてみるとそれは $x=x_2$ のところで長期費用曲線と一致し，それ以外のどの生産量でも長期費用曲線より上に位置するはずです．

長期の費用曲線

　ところで短期において一定とされる $\bar{k}$ はそれ自体色々な水準が可能です．そのどの水準に対しても上のことが言えます．すなわちどこか1つの生産量で長期費用曲線と一致する以外は，どの生産量でも長期費用曲線が下に位置するということです．様々な $\bar{k}$ について短期費用曲線を描き出して短期総費用曲線群を構成したとき，上のことが成り立つためには長期費用曲線は短期総費用曲線群を下から包み込む**包絡線（envelope curve）** とならねばなりません．こうして長期費用曲線は図2-8のようなグラフをなすことがわかります．

　さて長期での企業の供給行動はすでに示したように生産物価格＝限界費用を条件として行われますから，重要なのは限界費用曲線です．費用曲線が得られたのでそこから限界費用曲線は機械的に導けるのですが，短期費用との関係を考慮するとより多くの示唆が得られます．

長期の限界費用曲線と平均費用曲線

　それを知るために図2-7に戻り，ここに描かれた状況を短期総費用曲線と長期費用曲線のグラフで表してみましょう．すると図2-9のような図が描か

図 2-8　長期費用曲線

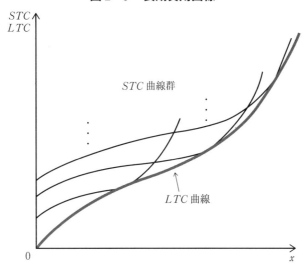

図 2-9　$k=\bar{k}$ の短期総費用曲線と長期費用曲線の関係

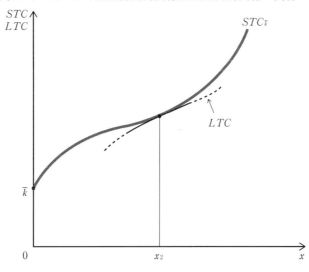

図2-10　$k=\bar{k}$ の短期平均費用・限界費用と長期平均費用・限界費用の関係

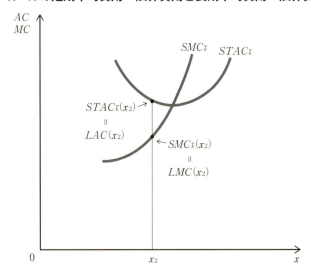

れるはずです．

　これから明らかなことは生産量が x_2 のところで（$k=\bar{k}$ のときの）短期総費用曲線は長期費用曲線と接することです．したがってそこでは短期の限界費用が長期のそれと一致します．また明らかに短期の平均費用も長期のそれと一致します．したがってこの事態を縦軸に平均費用と限界費用をとった座標系に表してみると図2-10のようになります．

　以上のことは特定の $\bar{k}$ にのみ成り立つことではありません．k をどこで一定にしても言えなくてはなりません．そこで様々な $\bar{k}$ について短期平均費用曲線と短期限界費用曲線を描き出し，そのそれぞれで図2-10のような長期費用との関係を考慮すると，長期の平均費用曲線と限界費用曲線は図2-11のような特別の配置をなすことがわかります．

　特に長期平均費用曲線は短期平均費用曲線群の包絡線をなします．

長期の供給曲線

　こうして長期の場合についても短期との関係を考慮することで費用曲線，平

図2-11 長期平均費用曲線・限界費用曲線と短期平均費用曲線・限界費用曲線の関係

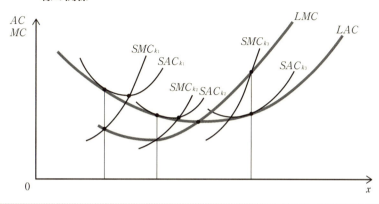

均費用曲線，限界費用曲線を図示することが可能となります．それに基づき短期の場合と同様にして長期の供給曲線も導くことができます．

ただし，短期との違いは長期ではすべての生産要素の投入量を変えることができることです．そこで利潤が負になりそうなときはいつでもすべての生産要素の投入をやめて生産量を0とする（したがって利潤を0とする）ことができることです．言い換えれば利潤が非負の場合に限って供給行動を行うと考えてよいわけで企業は，

$$px - LC(x) \geq 0$$

という条件を満たす範囲で生産を行うはずです．この条件から $p \geq \dfrac{LC(x)}{x}$ という不等式が得られますが，これは価格が長期平均費用以上であれば生産を行うことを意味します．この点に留意して供給のための条件すなわち価格＝限界費用を考慮すれば，企業の長期の供給行動を表す長期供給曲線は長期限界費用曲線のうち長期平均費用曲線より上の部分であることがわかります．

図 2-12 個別供給曲線と市場供給曲線

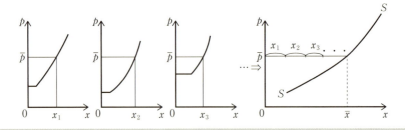

2.3 個別供給曲線と市場供給曲線

　これまでは代表的な1企業の供給行動を扱ってきました．そして企業の行動は可能な価格のそれぞれに対し，どれほどの生産量を生産・供給するかを示す個別供給曲線に集約されることを見ました．ところで私たちは生産物市場が完全競争市場で取り引きされることを前提として来ましたので，与えられる価格はこれを生産するすべての企業に共通です．したがって，与えられる価格に対しては各企業の供給量の合計が市場に現れるはずです．こうして可能な価格ごとに市場に現れる総供給量が決まりますので，その関係を縦軸に価格，横軸に供給量をとった座標系にグラフ表示することができます．こうして得られる曲線を**市場供給曲線**（**market supply curve**）と言います．この市場供給曲線と前節に得た個別供給曲線との関係は図の上で極めて明確に把握できます．図2-12には左方に短期の場合のいくつかの企業の個別供給曲線が描かれています．

　これらはもちろん同じである必要はありません．与えられた価格を $\bar{p}$ とすれば各企業はそれぞれ自己の個別供給曲線にしたがって供給量を決定しますから，それらを水平方向に合計すれば市場の総供給量が得られます．図ではそれが右端の座標系の $\bar{x}$ で表されています．こうして可能な各価格ごとに企業の個別供給量を合計する作業を続けていけば，市場供給曲線 SS が得られるわけです．簡単に言えば各企業の個別供給曲線を図の上で水平に足し合わせることで市場供給曲線が得られます．各個別供給曲線は段差をもっていますからそれらを水平に足し合わせても階段ができてしまうはずですが，完全競争市場の仮定

から企業の数は非常に多いと想定されていますので，図に示すように近似的に滑らかな右上がりの曲線として市場供給曲線を描くことは許されるでしょう．

さて以上の議論は短期だけでなく前節で説明した長期でも成り立つもののように見えます．ところが長期の場合はここで前提としている完全競争という市場構造のために，個別供給曲線の水平和として市場供給曲線を導くことが許されなくなります．この点の詳しい説明は第5章で行うことにします．

2.4 供給関数

これまではもっぱら消費財の価格と供給量の関係をグラフの上に表すことを中心に議論してきました．それは消費財の供給量に影響を与える要因としてその価格を重視してきたからです．価格重視の理由は明白で次章で述べる消費者も同じ価格に依存しながら消費財の需要量を決めるからです．つまり価格は消費財の需要と供給の共通のシグナルとなるからです．しかし一方で，供給量の決定だけを考えるならばこれまでの議論から，それが自身の価格のみに依存しているわけではないことがわかります．企業の供給量の決定は利潤つまり収入－費用を最大にすることにより行われました．ここで収入を規定するのは生産物自身の価格ですが，一方費用を規定するのは生産要素の価格です．したがって，企業の供給量はその生産物自身の価格のみならず生産要素の価格にも依存することになります．この関係を数学的に表せば次のような関数が得られます．

$$s = s(p, w_1, w_2)$$

これを**個別供給関数**（individual supply function）と言います．そして費用関数が短期の場合にはこれを短期個別供給関数，長期の場合には長期個別供給関数と言います．特に，企業を $i=1,2,\cdots$ で区別すれば市場全体の供給関数は次のように表せます（ただし全部で n 企業あるとします）．

$$s = \sum_{i=1}^{n} s_i(p, w_1, w_2)$$

これを**市場供給関数**（market supply function）と言います．ただしこれは

上で述べたように短期の場合にのみ意味のある関数です．

　この供給関数に照らしてみると個別供給曲線は短期にせよ長期にせよ対応する個別供給関数においてw_1とw_2を一定としたときに得られるグラフと考えることができます．また短期の場合は市場供給曲線も同様にw_1とw_2を一定としたときの市場供給関数のグラフとみなせます．そしてこのことから(w_1, w_2)の水準が異なれば違った供給曲線が現れることがわかります．たとえば，w_1とw_2の片方または両方が上昇すれば供給曲線は上の方に移動し，下落すれば下の方に移ります（各自前節のグラフで確かめてみて下さい）．要素価格の変化によるこのような供給曲線の移動を供給曲線のシフトと言います．

本章のまとめ

1　企業の供給行動は個別供給曲線によって描写されますが，これは限界費用曲線の一部です．

2　短期の個別供給曲線は平均可変費用曲線よりも上にある限界費用曲線の部分です．

3　長期の個別供給曲線は平均費用曲線よりも上にある限界費用曲線の部分です．

4　長期の費用曲線は短期総費用曲線群の包絡線であり，また長期の平均費用曲線も短期平均費用曲線群の包絡線です．

5　短期ではすべての企業の個別供給曲線の水平和が市場供給曲線を構成します．

6　生産要素価格が上昇すると供給曲線は個別・市場とも上方にシフトします．また生産要素価格が下落すれば下方にシフトします．

補論 | ホテリングの補題

　本章ではもっぱら利潤を最大にする生産量と価格の間の関係を論じてきました．しかし企業行動のもともとの目標が利潤であることを思えば，最大化される利潤の大きさと価格の関係を考えることも重要です．この問題を論ずるには第1章の最後に触れた利潤関数を用いるのが有用です．

　私たちは価格を生産物だけに限る場合と，投入物まで考慮する場合の2つのケースについて利潤関数を定義しました．しかし前者は後者の特殊ケースとみなすことができますのでここでは一般性を重視して利潤関数を，

$$\pi = \pi(p, w_1, w_2) = px^* - C(x^*; w_1, w_2)$$

と表すことにしましょう（費用関数については前章の補論を参照）．ここで x^* は与えられた (p, w_1, w_2) において利潤を最大にする生産量を表します．この生産量はまさに本文で定義された供給関数 $s(p, w_1, w_2)$ により与えられることに注意しましょう．したがって，与えられた (p, w_1, w_2) において最大となる利潤は次のように表現されることになります．

$$\pi = ps(p, w_1, w_2) - C(s(p, w_1, w_2); w_1, w_2)$$

ただし本文で注意したように s は短期の場合と長期の場合で区別して使わねばなりません．しかしそのことに注意しさえすれば分析は本質的に同じですのでここでは別々に議論することはしないで単に s という記号を使い話を進めます．

　さて，この利潤が価格にどのように反応するかを知るには，上の関数を p で偏微分してその結果を見てみればよいでしょう．その結果は次のようになります．

$$\frac{\partial \pi}{\partial p} = s(p, w_1, w_2) + p\frac{\partial s}{\partial p} - \frac{\partial C}{\partial x}\frac{\partial s}{\partial p}$$
$$= s(p, w_1, w_2) + \left(p - \frac{\partial C}{\partial x}\right)\frac{\partial s}{\partial p}$$

ここで $\frac{\partial C}{\partial x}$ は限界費用に他なりませんが，利潤関数自体 (p, w_1, w_2) において最大となる利潤を表すものですから，利潤最大化の条件すなわち価格＝限界費用が成り立っていなければなりません．よって $p - \frac{\partial C}{\partial x} = 0$ となります．これから私たちは最終的

に次の結果を得ることができます.

$$\frac{\partial \pi}{\partial p} = s(p, w_1, w_2)$$

これはつまり価格が1円上がると利潤はそのときの供給量に等しい大きさだけ増加するということを意味します.

ところで私たちは最大化される利潤がそれ自身の価格のみならず要素価格にも依存することを考慮しました.そこで要素価格の変化が利潤にどのような影響を与えるかを考察することもできるはずです.w_1 についてそれを行ってみましょう.それには p のときと同様,上の関数を w_1 で偏微分してその結果を見てみればよいわけです.その結果は次のようになります.

$$\frac{\partial \pi}{\partial w_1} = p\frac{\partial s}{\partial w_1} - \frac{\partial C}{\partial x}\frac{\partial s}{\partial w_1} - \frac{\partial C}{\partial w_1}$$
$$= \left(p - \frac{\partial C}{\partial x}\right)\frac{\partial s}{\partial w_1} - \frac{\partial C}{\partial w_1}$$

ここで前と同様 $p - \frac{\partial C}{\partial x} = 0$ という条件が成り立ちますので $\frac{\partial \pi}{\partial w_1} = -\frac{\partial C}{\partial w_1}$ という結果が得られます.さらに前章の補論で述べたシェファードの補題に注意すると $\frac{\partial C}{\partial w_1} = l(x; w_1, w_2)$ という等式が成り立ちます.ここで $l(x; w_1, w_2)$ は生産要素 l に対する条件付き要素需要関数です.今考えている文脈の中ではこの関数において条件となる生産量 x は (p, w_1, w_2) において利潤を最大化させるものでなければなりませんので $s(p, w_1, w_2)$ に他なりません.よって最終的に私たちは次の結果を得ることができます.

$$\frac{\partial \pi}{\partial w_1} = -l(s(p, w_1, w_2); w_1, w_2)$$

この式が意味するのは生産要素 l の価格が1円上がると利潤はそのときの l への需要量だけ減少するということです.

それ自身の価格および生産要素の価格が利潤にどのような影響を与えるかを示すこれらの結果は**ホテリングの補題**(**Hotelling's lemma**)と呼ばれます.

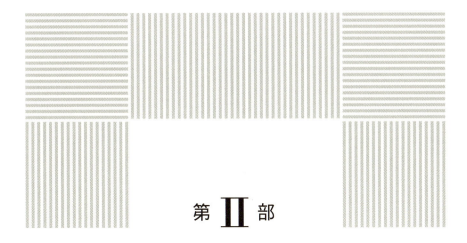

第 II 部

家計の理論

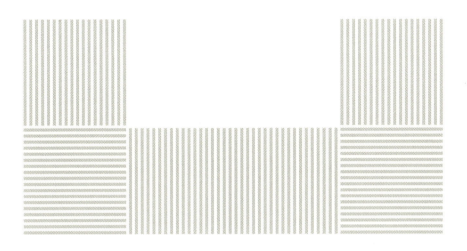

第3章 選好と家計行動

本章では多数の消費財に直面する家計がどのように各財の需要量を決定するかを分析します．簡単のため扱う消費財は2財とします．需要量の決定において重要なのは一方において可能な需要行動を縛る予算制約と，他方において消費からの満足を表現する無差別曲線という2つの要素です．この2要素のうち特に前者を規定するパラメータの変化が結果的な需要量にどのような影響を与えるかを理解することが重要です．この理解により前章の供給曲線に対応する需要曲線という概念が導かれます．

3.1 選好関係

私たちは日頃多数の財・サービス（以下，簡単のため一括して財と呼ぶことにします）に囲まれて消費生活を送っています．したがって，いつも多数の財の間で比較考量しながらどの財をどれだけ消費しようとするかを決めています．どの財であっても，それだけを他と切り離して単独で扱いその需要量を決めることは稀です．

ところで最終的に需要量を決める際の決め手となるのは『経済学入門』（第3版，金子昭彦・田中久稔・若田部昌澄著）で学んだようにその消費から得られる満足の大きさです．しかしただ1つの財の場合と違って多数の財を視野におくときには，各財の様々な数量の組み合わせが与える満足を1財のときのように便益という1つの数値で的確に指標化するのは容易なことではありませんので，家計がそのようなことを行って満足の最大化を図りながら需要の決定をしていると考えるのは現実的ではありません．したがって，多数の消費財を前にした家計は『経済学入門』で学んだ便益関数とは違った観点で需要の決定を行うと考えるべきでしょう．ここではシンプルにすべての家計が実行可能と考

えられる，2つの選択肢に対する満足度の比較から出発して需要の決定を分析します．

消費集合と選好関係

今，代表的な家計を取り上げ，その家計が消費可能な消費財が n 種類あったとします．ここではそれらの名称を財 $X_i (i=1,\cdots,n)$ としましょう．

すると家計にとってはそれらの消費財の様々な数量の組み合わせが選択の対象となります．各消費財の数量は $x_i (i=1,\cdots,n)$ で表すことにすれば非負の n-ベクトル $(x_1, x_2, \cdots, x_n)$ すべての中から選択を行うことになります．

以下では多数の財が存在するという事態を分析の便宜上簡単化して財を2つとして議論しましょう．したがって，家計が直面する財の束は (x_1, x_2) であるとします．

ここで家計にとって選択の対象となる財の組み合わせを図示するために財 X_1 の数量を横軸に，財 X_2 の数量を縦軸にとった2次元の座標系を考えましょう．すると家計にとって選択可能な組み合わせの全体は非負象限（第1象限）で表せます．そこでこの非負象限は家計の**消費集合**（**consumption set**）と呼ばれます．

この大きな消費集合に含まれる財の束（財ベクトル）のそれぞれに満足度指標を割り振ることは家計にとって困難なことです．家計が実行できそうなことといえば任意の2つの財ベクトルを提示されたとき，それらの間で満足度の大きさに従って比較を行うことでしょう．つまり2つのうち一方が満足度がより大きいという意味でより好ましいと判定するか，さもなくば2つとも同じ大きさの満足を与えるので同程度の好ましさであると判定することです．2つのベクトルの間でのみ（好ましさに従って）関係をつけることが可能です．

一般に2つの項の間でのみ定義される関係を数学では2項関係と言います．家計のもつこの特殊な2項関係は**選好関係**（**preference relation**）と呼ばれます．そして財ベクトル $\boldsymbol{x}^1$ と財ベクトル $\boldsymbol{x}^2$ のうち前者が後者より厳密に好ましいならば選好関係を $\boldsymbol{x}^1 > \boldsymbol{x}^2$ という記号で表します．また両者が同じ程度に好ましい場合にはそれを $\boldsymbol{x}^1 \sim \boldsymbol{x}^2$ という記号で表し，特にこのとき $\boldsymbol{x}^1$ は $\boldsymbol{x}^2$ と**無差別**（**indifferent**）であると言います．これらの記号を一緒にして $\gtrsim$ とい

う記号が使われるときもあります．たとえば $x^1 \succsim x^2$ と書かれれば x^1 は x^2 より厳密に好ましいか，あるいは x^2 と無差別であることを表します．

選好関係の性質

家計はこの選好関係をもとにして一番好ましいものを選ぶという形で需要の決定を行うと考えられますが，問題は選好関係そのものの性質です．選好関係は家計ごとに異なるのが普通ですが，一方でどの家計にも共通とみなしてよいような性質を考えることができます．それは次のようなものです．

[性質1] 消費集合の中のどの2つの財ベクトルの間でも選好関係を定義することができます．
　これは好ましさを比較できないような2つの財の束はないということを意味するもので**完備性**（**completeness**）と呼ばれる性質です．

[性質2] 3つの財ベクトル x^1, x^2, x^3 の間で，$x^1 \succsim x^2$ かつ $x^2 \succsim x^3$ が成り立てば $x^1 \succsim x^3$ が成り立ちます．これも直観的には自然なように思われます．なおこの性質は**推移性**（**transitivity**）と呼ばれます．

[性質3] 財は英語では goods と言いますが，これは文字通り「よいもの」ということです．したがって，それを享受すること自体が好ましいことというニュアンスがあります．そこで財の消費は多ければ多いほど満足も大きくなるとみなすことができます．したがって，2つの財ベクトル $x^1 = (x_1^1, x_2^1)$，$x^2 = (x_1^2, x_2^2)$ において $x_1^1 \geq x_1^2$，$x_2^1 \geq x_2^2$ かつ $x^1 \neq x^2$ であれば $x^1 \succ x^2$ が成り立ちます．この性質は**単調性**（**monotonicity**）と呼ばれます．

[性質4] これは少しわかりにくい性質ですがとても大事なものです．今任意の財ベクトル x をとり，それより好ましいか無差別な財ベクトルをすべて集めた集合を考えます．その集合の中から収束する（すなわち限りなくどこかに近づく）財ベクトルの列を任意に作ります．したがってその列のどの財ベクトルも x より好ましいか無差別です．このときその収束する先，つまり極限の財ベクトルもやはり x より好ましいか無差別となるということです．つまり選好が極限で急に変化することはないということです．同じことは任意の x より好ましくないか無差別な財ベクトルの集合についても成り立つとします．

この性質は**連続性**(**continuity**)と呼ばれます.

無差別曲線

[性質3]と[性質4]により私たちはとても便利な概念を使うことができるようになります.それは**無差別曲線**(**indifference curve**)というものです.任意の財ベクトル *x* に対しそれと無差別な財ベクトルの集合を考えましょう.それがどのような形をしているかといえば,たとえば円板のような内部をもつ集合であるとすると[性質3]に反することになります.一方それが破線のような形をしていると[性質4]に反することになりますので,結局求める集合は隙間のない実線つまり曲線で表すことができることがわかります.さらにその曲線は[性質3]より必ず右下がりとなります.この曲線を *x* の無差別曲線と言います.

x は任意でしたから消費集合のどの点でも無差別曲線を引くことができるわけで,結局消費集合は**無差別曲線群**(**family of indifference curves**)で埋め尽くされることになります.さらに[性質2]と[性質3]からどの2本の無差別曲線も交わることがないことを示すことができます(各自確かめて下さい).また,[性質3]より図の中で右上方にある無差別曲線であればある程より高い満足をもたらすものであることも明らかです.

無差別曲線の凸性

この無差別曲線こそ財ベクトルに直面した家計が需要決定を行う際に使うことのできる有力なツールとなるのですが,その威力をさらに強めるために私たちは次の性質を考えます.

[**性質5**]どの無差別曲線も原点に向かって強い凸の形状をなします.この性質は**凸性**(**convexity**)と呼ばれます(正確には狭義凸性と言われます).

この性質を図で表せば図3-1のようです.

この性質は他と比べると特殊で,にわかには納得しかねるもののように見えます.

しかしその意味するところは決して不自然なものではないのです.その理由を説明しましょう.図3-2を見て下さい.

図 3-1 無差別曲線

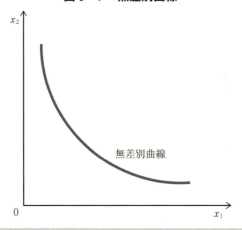

今点 A, 点 B が無差別であるとします. 点 A の財ベクトルには少ない x_1 と多い x_2 が含まれる一方, 点 B の財ベクトルには多くの x_1 と少ない x_2 が含まれています. ここで満足度は変えないということを条件にして x_1 を1単位だけ増やすことにします. 同じ満足度を保つためには財ベクトル A にしろ B にしろ x_2 を減らさねばなりません（[性質2] によります）. それではどれくらい減らせばよいでしょう. もちろんその具体的な大きさまではわかりませんが, 一般に A のとき減らす量は B のとき減らす量より大きいであろうということは言えそうです. 一般に, それぞれの財が与える満足度に極端な違いがない限り, 相対的に多くある財より少ない財の方を重要視する傾向が人々にはあると思われるからです.

この傾向を突き詰めると満足度を一定に保つことを条件とするならば, x_1 の追加1単位ごとに手放さねばならない x_2 の量は x_1 を徐々に増やしていくとき（同時に x_2 は徐々に減っていくので）だんだん減少していくことになります. 一般に, 満足度一定のもとで x_1 を1単位追加するとき手放さねばならない x_2 の量のことを（x_1 の x_2 に対する）**限界代替率**（marginal rate of substitution）（MRS_{12} と表します）と言います. この用語を使うと今述べたことは x_1 の増加とともに限界代替率は減少するということで, これを**限界代替率逓減の法則**（law of diminishing marginal rate of substitution）と言いま

第3章 選好と家計行動　47

図3-2　選好の凸性の意味

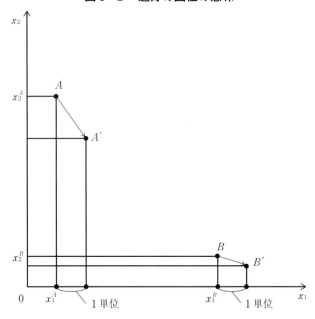

す．

　この法則をもとに改めて無差別曲線の形状を考えてみましょう．
　満足度を一定に保つということは1本の無差別曲線上の財ベクトルだけを考慮することを意味します．すると限界代替率はその無差別曲線上の点（財ベクトル）における接線の傾きの絶対値を意味することになります．上で述べたように無差別曲線は右下がりでした．したがって，限界代替率逓減の法則は無差別曲線上を右下方に移動するにつれ，各点での接線の傾きの絶対値が次第に減少することを要求します．それが可能となるのは無差別曲線が原点に向かって強い凸の形をなすときに限られます．こうして［性質5］は限界代替率逓減の法則から自然に導かれるものなのです．私たちはこれに加えて以下行われる分析の便宜のために，無差別曲線は第1象限の内部に含まれることを仮定しましょう．意味的にはこれはどちらの消費財もかけがえのないもので消費をまったく行わずに済ますことはできないということです．

以下私たちは選好関係にこれら5つの性質を仮定して議論を進めることにします．

3.2 家計の行動

　家計の行う経済行動は大きく2つに分けられます．1つは消費財を需要することであり，もう1つは労働力・資本の貸し手として生産要素を供給することです．ここではこのうち前者にのみ焦点を当てて分析を行います．したがって，生産要素供給は所与として扱います．これを言い換えればその供給活動に伴う見返りとしての所得は与えられたものとして扱うということです．一方，家計が直面する各種（ここでは X_1 と X_2 の2つ）の消費財はすべて完全競争市場で取引されるものとします．したがって，どの市場でも需要者としての家計は小規模多数存在し，いずれも価格支配力はもち得ず，価格受容者として行動します．以下私たちは1つの代表的な家計をとりあげ，その需要行動を考えていくことにしましょう．

予算集合

　家計の目指すことは消費による満足の最大化です．したがって，消費財の性質2より消費できる財の量が多ければ多いほどよいのですが，財はただでなく（つまり価格がついており）使える所得にも制限があるため購入することのできる財の量には限りがあります．財 X_1 と財 X_2 の価格をそれぞれ p_1, p_2 とし所与の所得を Y とすれば家計にとって購入可能な2財の組み合わせは次の集合に制限されます．

$$\{(x_1, x_2) \in R^2_+ \mid p_1 x_1 + p_2 x_2 \leq Y\}$$

　ここで R^2_+ は非負象限を表す記号です．この集合は**予算制約集合**（**budget constraint set**）（あるいは簡単に**予算集合**（**budget set**））と呼ばれます．以下この集合は $\mathcal{B}$ という記号で表すことにします．p_1, p_2 および Y は与えられたものですから，この集合を図示すると図3-3のような影をつけた部分で表

図3-3　予算集合と予算線

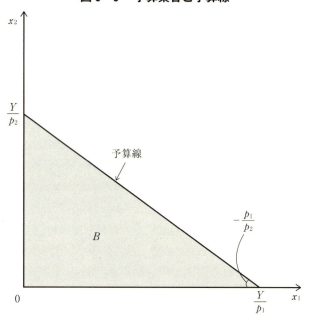

されます.

　この集合の中で第1象限内の境界を表す線分の部分 $\{(x_1, x_2) \in R_+^2 \mid p_1 x_1 + p_2 x_2 = Y\}$ は特に重要なので特別に**予算線**（**budget line**）と呼ばれます. これは縦軸上の切片が $\dfrac{Y}{p_2}$, 横軸上のそれが $\dfrac{Y}{p_1}$ で, 傾き $-\dfrac{p_1}{p_2}$ の直線です.

需要の決定

　さて家計はこの予算集合の中から満足度が最も大きな財ベクトルを選ぶことになります. それはどのようにして行われるかといえば, 前節の選好関係に照らし次のような x^* を求めることに帰着します.

　　$x^* \in \mathcal{B}$ 　かつ任意の $x \in \mathcal{B}$ に対し $x^* \succsim x$

　それではこのような x^* は予算集合の中のどこにあるのでしょうか. それを知るために有効なのが前節で述べた無差別曲線（群）です. 今, 図3-4の中

図3-4　最適な消費財ベクトルの決定

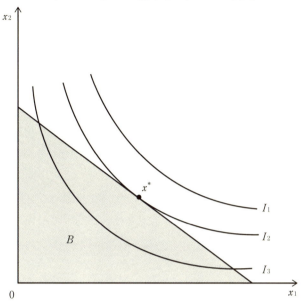

に無差別曲線群を書き込んでみましょう．

　図3-4には$I_1 \sim I_3$の3本の無差別曲線が描かれています（もちろんこれらの間にも隙間なく無差別曲線は存在しています）．前節で述べたように右上方の無差別曲線ほど高い満足度を表しますのでI_1上の財ベクトルはそれ相応の高い満足度を与えてくれますが，予算集合とは交わっていないのでどれも購入することはできません．一方I_3は予算集合と交わっていますので$I_3 \cap B$の部分であればどの財ベクトルも購入可能です．しかし容易にわかるようにそのどれをとってみてもそれより好ましい財ベクトルが予算集合の中にあります．結局目指す財ベクトルは予算集合の中でできるだけ右上方にある無差別曲線に属するものということになります．無差別曲線の形状（強い凸形）からそれは予算線が無差別曲線と接するところであることがわかります（I_2上のx^*）．こうして選ばれる財ベクトルは必ず予算線上にあるので，予算集合の中でも特に予算線が重要視されるのです．

ところで無差別曲線上の点における接線の傾き（絶対値）は限界代替率と呼ばれました．一方，予算線の傾きは$-\frac{p_1}{p_2}$すなわち－価格比でした．したがって家計の選択すべき財ベクトルは**限界代替率＝価格比**（$MRS_{12}=\frac{p_1}{p_2}$）という条件を満たさねばならないものであることがわかります．

　こうして選択された財ベクトルを家計は各市場で需要することになります．つまりx_1^*とx_2^*が需要量となるわけです．ところでこの量は始めに与えられたp_1, p_2, Yに依存することは明らかです．そこでこれらをパラメータと見ればx_1^*とx_2^*はこれらの関数とみなすことができます．こうしてできる関数$x_1^*=d_1(p_1, p_2, Y)$と$x_2^*=d_2(p_1, p_2, Y)$は代表的な1家計によるものですので，それぞれX_1とX_2の**個別需要関数**（**individual demand function**）と呼ばれます．前章で述べた個別供給関数と比べてその違い・特徴をよく理解して下さい．

　そこで次に問題となるのはこの需要関数の性質，より具体的には需要量とp_1, p_2, Yの関係です．次節ではそれを考えることにしましょう．

3.3　所得・価格と需要量

　各財の需要量の決定要素にはp_1, p_2およびYの3つがありますが，それらをいっぺんに取り上げ需要量への影響を見ることは非常に厄介で，分析はとても複雑なものになるでしょう．そこで経済学ではこのように決定要素が多数ある場合には1度に1つずつ要素を取り上げ，その他の要素は一定として当該要素の影響のみを分析する方法をとります．「他の要素は一定として」という但し書きのもとにある要素の影響を考察するわけで，この但し書きのことをセテリス・パリブス（ceteris paribus）条項と言います．私たちもこの条項に基づいて議論をしていきますが，このアプローチはとても大きな意味をもちます．そのことは以下の議論の中で明らかになるでしょう．

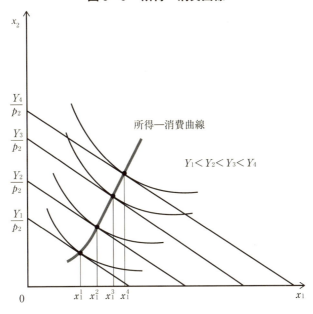

図3-5 所得―消費曲線

所得―消費曲線

$Y_1 < Y_2 < Y_3 < Y_4$

所得―消費曲線

まず始めに所得 Y の影響を考えましょう．具体的に言えば Y が増加または減少するとき各財の需要量はどうなるかを考えます．このとき注意すべきはセテリス・パリブス条項に従い p_1 と p_2 が一定とされることです．この点に注意して Y の変化の影響を図3-5を用いて考えてみましょう．

図3-5の上で Y は予算線の切片に現れています．p_1, p_2 は一定ですので Y の増加により予算線は右上方に平行移動する一方，減少により左下方に平行移動することがわかります．需要量は予算線と無差別曲線の接点で決まりましたから，平行移動する各予算線上の接点の軌跡が所得とともに変化する需要量の在り方を示してくれます．そこでこの軌跡のことを**所得―消費曲線**（**income-consumption curve**）と呼びます．

図3-5を見る限り，2つの財とも所得の増加とともに需要量が増加するよ

図3-6 変則的な所得—消費曲線

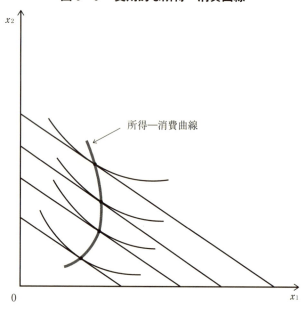

うに見えます.しかしこれは必ず成り立つとは限らないのです.図3-6を見て下さい.

ここでは所得の増加に伴い財 X_1 はある所得水準から先で需要量が減少することがわかります.無差別曲線群の形状次第ではこのようなことが起こり得るのです.そこでこのような違いに基づき,私たちは財を次のように分類することにします.

(1) **正常財(上級財)**(**normal (superior) good**):所得の増加とともに需要量が増加する財
(2) **劣等財(下級財)**(**inferior good**):所得の増加とともに需要量が減少する財(ただし所得が0のとき需要量は0なので始めから需要量が減少することはない)
(3) **中立財(中級財)**(**neutral good**):所得が変化しても需要量が変わらない財

図3-7 エンゲル曲線（正常財）

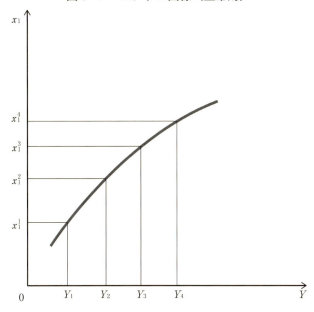

エンゲル曲線

　所得—消費曲線に基づけば，各財の需要量と所得の関係をグラフの形で表すことが可能になります．そうして得られる曲線は**エンゲル曲線**（**Engel curve**）と呼ばれます．これは先に定義した個別需要関数において p_1 と p_2 を一定としたときのその関数のグラフに他なりません．横軸に所得，縦軸に需要量をとる座標系の上にたとえば図3-5の場合をもとに，財 X_1 に関してエンゲル曲線を表せば図3-7のような曲線が得られます．

　また図3-6の場合つまり財 X_1 が劣等財ですと図3-8のようになります．劣等財といえども終始劣等財ということはなく，初めは正常財であることに注意して下さい．

図3-8 エンゲル曲線（劣等財）

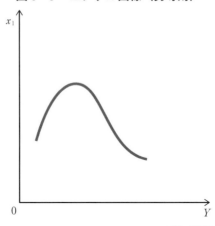

需要の所得弾力性

理論的に得られたこのような関係をより詳細に知るために，しばしば次の指標が実証データに基づき使われます．

$$\frac{\Delta x_1/x_1}{\Delta Y/Y}$$

ここでΔは微小な大きさを表します．この指標は財X_1に対する**需要の所得弾力性**（**income elasticity of demand**）と呼ばれるもので，所得の1％の変化に対し財X_1の需要が何％変化するかを伝えるものです（正確には数学付録に示してあるようにΔを限りなく小さくしたときの極限をとり，微分記号dを用いて表現するのが適切です）．もちろん財X_2についても同様の指標が定義されます．

この指標を使うと正常財についてより細かな分類が可能となります．すなわち需要の所得弾力性が1より小さい正の値であれば所得が変化しても需要量はあまり変化しないことを意味しますので，そのような値を示す正常財は**必需財**（**necessity good**）と呼ばれます．それに対し需要の所得弾力性が1より大きい正常財は**奢侈財**（**luxury good**）と呼ばれます．一方，需要の所得弾力性が負の値を示すような財は劣等財です．

図3-9 価格─消費曲線

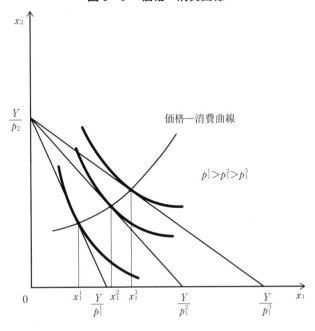

価格─消費曲線

では次に価格変化の影響を考えましょう．価格は2つありますので，そのうちの1つだけを取り出さねばなりません．ここではそれを p_1 としましょう．したがって，p_2 と Y は一定とおかれます．p_1 の変化も図を用いると容易に把握できます．図3-9を見て下さい．

p_1 は予算線の横軸上の切片にのみ $\dfrac{Y}{p_1}$ という形で現れます．したがって p_1 が増えれば切片は左方向に移動し，減れば右方向に移動します．縦軸上の切片は $\dfrac{Y}{p_2}$ であるので変化しません．したがって，p_1 の変化により予算線は縦軸上の切片を扇のかなめにして開いたり（p_1 の低下），閉じたり（p_1 の上昇）することになります．

p_1 に対する需要量は対応する予算線が無差別曲線と接するところで決まりますので，各予算線上での接点の軌跡が p_1 の変化に応じた需要量の変化を示すことになります．この軌跡を**価格—消費曲線**（price-consumption curve）と言います．

個別需要曲線

これにより p_1 の変化による財 X_1 と財 X_2 の需要量の変化の動向を見てとることができますが，特に自身の価格が変化する財 X_1 の方に着目して縦軸に価格 p_1 を，横軸に需要量 x_1 をとった座標系の上にその関係を図示すると図3－10のような曲線が得られます．

この曲線を財 X_1 の**個別需要曲線**（individual demand curve）と言います．これは先に定義した個別需要関数において，p_2 と Y を一定としたとき得られるその関数のグラフとみなすことができます．図3－8に基づくと財 X_1 の個別需要曲線は右下がりに描かれますが，しかしこのような形状がいつも成り立つとは限りません．図3－11を見て下さい．

このときには価格の低下がある水準を超えると財 X_1 に対する需要量が減少していくことが確認できます．したがってこのときには個別需要曲線が右上がりの部分をもつことになります．

このような個別需要曲線をもつ財のことを**ギッフェン財**（Giffen good）と言います．ただし価格が極端に高い場合はその財への需要量はほぼ0となるでしょうから，ギッフェン財といえども個別需要曲線全体が右上がりになるわけではありません．この点は所得と需要量の関係における劣等財の場合と似ています．

市場需要曲線

一方，市場で観察される需要曲線は**市場需要曲線**（market demand curve）と呼ばれます．これは完全競争市場の想定から，各価格においてすべての家計の個別需要量を集計して得られます．したがってグラフの上ではすべての個別需要曲線の水平和として描かれます．図3－12を見て下さい．

これはちょうど個別供給曲線から市場供給曲線が導かれるプロセスと同じで

図 3-10 x_1 の個別需要曲線

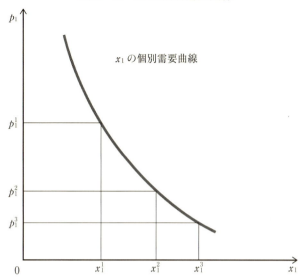

図 3-11 ギッフェン財

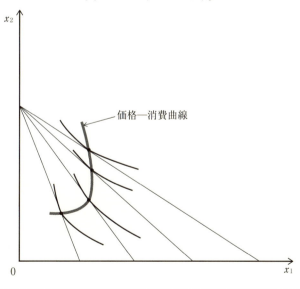

第 3 章 選好と家計行動 59

図3-12 個別需要曲線と市場需要曲線

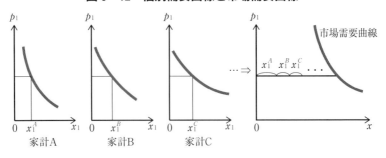

す．個別需要曲線と市場需要曲線の関係は先に定義した個別需要関数によっても表すことができます．ここで家計の名称を $i=1,2,\cdots$ で示すことにすれば当該の財 X_1 に対する個別需要関数は $d_i(p_1, p_2, Y_i)$ と表すことができます．これによって**市場需要関数**（**market demand function**）は次のように定義できます（ただし家計の数を m とします）．

$$D = \sum_{i=1}^{m} d_i(p_1, p_2, Y_i)$$

ここで p_2 と $Y_i (i=1,2,\cdots,m)$ を一定としたときの市場需要関数のグラフが市場需要曲線に他なりません．

需要の価格弾力性

さて私たちは以前に所得と需要量の関係を定量的に捉える指標として，需要の所得弾力性という概念を定義しました．同じ考え方で**需要の価格弾力性**（**price elasticity of demand**）という指標も定義することができます．すなわち財 X_1 に対する需要の価格弾力性（以下 ε_{x_1} で表します）とは次の通りです．

$$\varepsilon_{x_1} = -\frac{\Delta x_1 / x_1}{\Delta p_1 / p_1}$$

ここで前にマイナスの符号がついているのは一般に価格変化と需要量の変化の方向が逆のため，マイナス記号をつけないと値が負になってしまい，指標としては扱いにくくなるからです．この指標が意味するのは財 X_1 の価格の1％の変化に対し，財 X_1 の需要が何％変化するかです．したがって，その値が1

であれば価格変化率と需要量の変化率が同じになり，1以上であれば需要量の変化率の方が大きく，1以下であれば需要量の変化率の方が小さくなります．そこで1を境として$\varepsilon_{x_1}>1$のとき需要は**弾力的**（elastic）と言い，$\varepsilon_{x_1}<1$のとき需要は**非弾力的**（inelastic）と言います．特に$\varepsilon_{x_1}=0$のときは需要は**完全に非弾力的**と言われます．これは需要が価格変化に反応しないことを意味し需要曲線が垂直になる場合です．逆に$\varepsilon_{x_1}=\infty$となるときは需要は**完全に弾力的**と言われます．このとき需要曲線は横軸に水平になります．

需要曲線のシフト

最後にここで得た需要曲線と『経済学入門』で学んだ需要曲線との違いを考えてみましょう．その違いは色々な点で指摘できるでしょうが，ここではセテリス・パリブス条項の有無に着目しましょう．『経済学入門』の場合はこの条項はありませんでしたが，ここでは議論の出発点で明示されていました．このことの意味は非常に大きいのです．というのは他の価格および所得がある水準に決められてはじめて，1本の需要曲線が確定するからです．個別需要関数の言葉で言えば関数の説明変数の内p_2とYが与えられたときにはじめてp_1とx_1の間のグラフが確定するということです．前章の供給関数のところでも述べたように，このことから当然他の価格および所得が別の水準に決められれば，別の個別需要曲線が生じることになります．つまり個別需要曲線のシフトという現象が現れることになるのです．ここではそのシフトの模様を少し詳しく見ていくことにしましょう．今，p_2とYがある水準に与えられたとして財X_1の個別需要曲線が図3－13の曲線dで表されたとします．

次に，価格p_2は変わらずに，この家計の所得のみが増えたとしましょう．すると個別需要曲線はdと異なるものになるはずですが，ではどう変わるでしょうか．ここで所得と需要量の関係で述べた財の分類（正常財，劣等財，中立財）を想起しましょう．もし財X_1が正常財であればp_1のどんな価格水準においても需要量は増えるはずです．したがって，個別需要曲線は全体に右の方にシフトしてd'のような曲線になるはずです．一方，もし財X_1が劣等財であれば所得増加とともに個別需要曲線は左の方にシフトすることになります．

一方，市場需要曲線の場合は個々の家計にとってその財が正常財か劣等財か

図 3-13 需要曲線のシフト

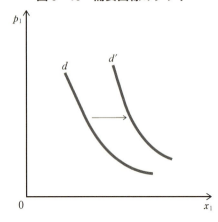

ということに加え，各家計の所得変化の方向と程度が総需要量に影響を与えるので，シフトの仕方を一概に決めることは難しくなります．

粗代替財と粗補完財

以上は p_2 が不変で Y が変わる場合の影響でしたが，逆に Y が変わらずに p_2 が変わる場合も考えることができます．その結果は所得変化の場合同様，個別需要曲線の右か左へのシフトとなって現れるはずです．特に p_2 の上昇に伴い財 X_1 の個別需要曲線が右にシフトするとき，言い換えれば財 X_1 の需要が増加するとき財 X_1 は財 X_2 の**粗代替財**（gross substitute）であると言います．これは財 X_1 と財 X_2 が競合関係にあり財 X_2 の価格上昇によって相対的に高くなった財 X_2 を嫌って財 X_1 の方に需要が移動することを意味します．一方 p_2 の上昇に伴い財 X_1 の個別需要曲線が左にシフトするときすなわち財 X_1 の需要が減少するとき財 X_1 は財 X_2 の**粗補完財**（gross complement）であると言います．これは財 X_1 と財 X_2 が相互に補完的な財でセットとして需要される場合を意味します．

粗代替・粗補完の関係は個々の家計に共通の性質と考えられますので，市場需要曲線についても同様のシフトを考えることができます．

このようにセテリス・パリブス条項のおかげで，『経済学入門』では得られ

なかった新たな知見が得られます．なお上で現れた粗代替財，粗補完財の粗という限定語の意味は次の節で説明します．

3.4 代替効果と所得効果

前節で財 X_1 の需要曲線を説明した際，ギッフェン財という特殊な財の可能性について触れました．そこではこの特殊な財が現れるのは結局家計の無差別曲線群の形状次第ということでしたが，それが現れるかどうかを明白な規準で言い表すことは，グラフに頼る限り非常に困難です．ただ興味深い事実として，ギッフェン財が起こるときの無差別曲線群の形状は，劣等財が現れるときのそれに似ているということが挙げられます．したがって，ギッフェン財は劣等財と何か関係があるのではと推測することはできます．

それではギッフェン財の可能性を定性的に表現することのできる規準はないのでしょうか．実はそれが存在します．それを説明するには価格変化が需要量に与える影響をもう一度考え直してみる必要があります．

スルツキー分解

需要量に対する価格変化の最終的な効果（これを価格効果と言います）は，実は2つの力によりもたらされます．それを理解するのに重要な鍵となるのがセテリス・パリブス条項です．前節同様財 X_1 の価格が変化する場合を考えましょう．このときセテリス・パリブス条項により p_2 と Y は一定におかれます．今たとえば p_1 が上昇するとしましょう．するとこのとき p_2 は一定のため，p_1 は p_2 に比べて相対的に高くなります．そこで2つの財が競合的である限り家計は高くなった財を嫌って，安い方の財をより多く需要しようとするでしょう．したがって，財 X_1 に対する需要は減少するでしょう．一方，Y も一定とおかれていましたから p_1 が上昇すれば Y の購買力（これを**実質所得**（**real income**）と言います）自体が減少することになります．そのために財 X_1 が正常財であれば需要は減少してしまいます（劣等財であれば需要は増加します）．

このように p_1 の変化は p_1 と p_2 の相対価格の変化による需要の変化と実質

所得の変化による需要の変化という，2つのルートを通じて最終的な需要変化をもたらすことがわかります．前者を価格変化の**代替効果**（**substitution effect**），後者を**所得効果**（**income effect**）と呼びます．この両者を合わせて最終的に得られる効果を価格効果と言います．つまり価格効果＝代替効果＋所得効果と言うことです．このような最終効果の2効果への分解は**スルツキー分解**（**Slutsky decomposition**）と呼ばれます．

このことを踏まえて，ギッフェン財の場合を考えてみましょう．後で説明しますが，無差別曲線が原点に向かって強い凸の形をしていると代替効果は常に負となります．つまり価格上昇により需要は減少します．したがって財 X_1 がギッフェン財となるには，価格上昇による実質所得の減少が需要の増加をもたらす劣等財でなければなりません．しかもそれが代替効果のマイナスを補って余りあるほど大きなプラスの値でなければならないので，相当に劣等性の高い財でなければならないのです．ですからギッフェン財をもたらす無差別曲線群の形状と，劣等財をもたらす無差別曲線群のそれが似るのは当然のことなのです．

なお前節では正常財や劣等財を（実質所得でなしに）単なる所得と需要量の関係として捉えていましたが，正しくは実質所得と需要量の関係として定義されるべきものです．しかし前節での定義に際してはセテリス・パリブス条項から価格 p_1 と p_2 がともに一定とされていたことに注意しなければなりません．価格が一定なので所得の変化はそのまま所得購買力の変化に一致します．したがって所得と実質所得は同一視できるので，所得と需要量の関係として正常財や劣等財を捉えることに問題はなかったのです．

スルツキー分解の図解

さて，では代替効果と所得効果という2つの効果はそもそもどのように確認することができるでしょうか．実はこれらの効果は図の上で識別することができるのです．もちろんそれは無条件で行うことができるわけではありません．価格が変化すれば予算線が変化し，それによって無差別曲線との接点である需要量が変化しますが，それを跡付けても単に2つの効果を合わせた価格効果が現れるだけだからです．

これら2つの効果を識別するには仮想的な操作を行う必要があります．それは価格の変化に対し実際には起こってしまう所得効果が，あたかも起こらないかのように仮想的に所得の補償（あるいは減額）をすることで行われます．そのようにして所得効果が抑えられてしまえば，後に残るのは代替効果だけですのでこれを読み取るわけです．代替効果が確認された後，仮想的に与えられた補償（あるいは減額）をなくしてしまえば，今度は残りの所得効果が現れることになります．このようにして2つの効果を別々に捉えるわけです．以下それを実際に図3-14の上で行ってみましょう．

　価格 p_1 が p_1^0 から p_1^1 へ上昇するとしましょう．p_1^0 のときの予算線を b_0，p_1^1 のときのそれを b_1 とします．価格上昇の結果需要量は図の点 A から点 B へと移動します．これが価格効果です．

　さて上で述べたように仮想的に所得効果を抑え込むことを考えましょう．そうするにはどうすればよいでしょうか．所得効果は実質所得の変化により引き起こされるものでした．したがって，所得効果を抑えるには実質所得が変化しないようにすればよいわけです．言い換えれば所得の購買力が変わらないように仮想的に所得の補償をすればよいことになります．

　ところがここで問題が生じます．というのは所得の購買力が変わらないという事態を解釈するのに，2つの考え方があるからです．1つは所得がもともと買えていた点 A の財ベクトルを価格上昇後も買うことができるという考え方，もう1つは所得により買えていたものではなしに，獲得できていた満足度の水準（I_0）を価格上昇後もちょうど確保することができるという考え方です．前者をスルツキー的解釈，後者をヒックス的解釈と言います．ここではヒックス的解釈にしたがって，仮想的所得補償を考えてみましょう．

　この場合価格が上昇した後も無差別曲線（I_0）上にとどまらねばなりません．価格は p_1^0 から p_1^1 へ変化していますので，そのためには無差別曲線（I_0）に接し傾き $-\dfrac{p_1^1}{p_2}$ の予算線 b' が仮に与えられればよいのです．そうすれば価格変化後もちょうど以前と同じ満足度が確保されることになります．今予算線 b' の縦軸上の切片を $\dfrac{Y'}{p_2}$ としましょう．すると仮想的に予算線 b' を与えること

図 3-14 代替効果と所得効果

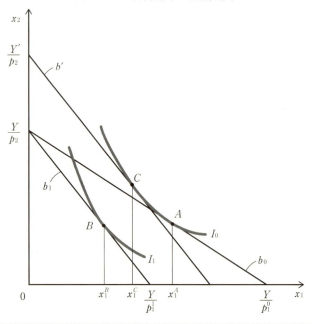

は仮想的に $Y'-Y$ の所得を補償してあげることを意味します．この差は**補償所得**（compensated income）と呼ばれます．この措置により実質所得が一定に保たれ所得効果が抑えられますので，このとき現れる変化は代替効果によるものです．図でそれは点 A から点 C への移動として捉えられます．したがって，財 X_1 の x_1^A から x_1^C への減少が価格上昇による代替効果を表します．代替効果が確認されたので残る所得効果を見るには，仮想的補償所得をなくせばよいのですがこれは所得を Y' から本来の Y に戻すことで行われます．すなわち図の点 C から点 B への移動が所得効果によるものです．したがって，財 X_1 の x_1^C から x_1^B への減少が価格上昇による所得効果を表します．こうして価格効果による財 X_1 の x_1^A から x_1^B への減少が代替効果と所得効果に対応する2つの部分に識別されました．

ところでこの過程で代替効果を抽出するさい，実質所得一定という仮想的措置が同一の無差別曲線にとどまることを意味したことに，注意する必要があり

ます．このために価格変化に応じて所得を補償されて得られる予算線は，常にその無差別曲線に接していなくてはなりません．価格 p_1 が上昇するとき予算線の傾き $-\dfrac{p_1}{p_2}$ は絶対値において大きくなりますので，接する予算線は無差別曲線上を左上方へ滑るように移動します．その結果財 X_1 の需要量は必ず減少することになるのです．つまり代替効果は常に負となります．これは無差別曲線が原点に向かって強い凸形であるために起こることです．

【例題3-1】
　財 X_1 がギッフェン財となるときの代替効果と所得効果を図示しなさい．
【解説】
　価格が上昇する前の予算線を b_0，上昇後のそれを b_1 とする．無差別曲線の形状が下の図に示されるようなときには，補償所得による仮想的な予

図　ギッフェン財の代替効果と所得効果

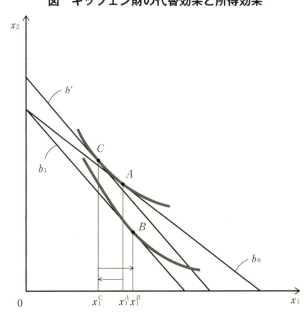

第3章　選好と家計行動

算線は b' となり，このとき代替効果は点 A から点 C への移動をもたらす一方，所得効果は点 C から点 B への移動を導く．それにより財 X_1 に対する需要量は代替効果により $[x_1^C, x_1^A]$ の分だけ減少するが，負の所得効果により $[x_1^C, x_1^B]$ の分だけ増加するため結局価格変化（上昇）の前後で x_1^A から x_1^B へと増加する．

なお図 3-14 では価格が上昇した場合を考えましたが，逆に価格が下落する場合も上で述べたのとまったく同じ考え方で，代替効果と所得効果への分解を行うことができます．ただしそのときの補償所得は負（つまり所得減額）となります．価格が下落すれば実質所得は増加してしまいますので，それを一定に保とうと思えば当然所得は減らされねばならないからです．

☕ Coffee Break　ギッフェン財の検証

　ギッフェン財の可能性はギッフェン卿により最初に指摘されたとされていますがその可能性の理論的な説明はマーシャルによって行われたと言われています（A. Marshall, *Principles of Economics*, 1890）．そしてその後ギッフェン財の存在を実証的に検証しようとする試みがいくつか行われました．しかし残念ながらそのいずれもが成功せず，現在に至るまでギッフェン財の存在は公には認められていません．検証がうまくいかない大きな理由の一つは次のところにあると言われています．すなわち，財の需要は市場での集計量という形でしか計量できないためその財をギッフェン財とする家計が存在したとしてもすべての家計を集計する過程でそのギッフェン財としての傾向は打ち消されて現れなくなるというものです．もしこれが事実であるとすれば家計を何らかの基準でグループ分けしてグループごとに需要の動向を調べるならばある財があるグループの中でギッフェン財となることが検証できるかもしれないということになります．この観点から近年中国で実験的なフィールドワークが行われました．そして湖南省のある農村地域で次のことが発見されま

した.すなわちある階層の家計グループの間ではコメがギッフェン財であることが統計的に有意な水準で検証されたのです(R. T. Jensen, and N. H. Miller, 2008, "Giffen Behavior and Subsistence Consumption," *American Economic Review* 98 (4): 1553-1577).その階層の特徴は貧しいけれども日常の食糧の80%以上をコメに頼るほど極貧ではなく,いくらかは肉の消費も行えるほどの貧困状態であることです.そして興味深いことにこれ以下の階層でもこれ以上の階層でもコメはギッフェン財とならないことも検証されたのです.この発見結果について調査をした研究者らは次のように言っています.すなわちこの特定の階層ではもともと所得が低いので,コメの価格が上がると実質所得はさらに下がり相対的に安くなったとはいえ,この家計にとっては依然として高価な肉に乗り換えて栄養状態を確保することなどとてもできず仕方なくコメの消費を増やす一方,もっと貧しい階層でははじめからコメしか買うことができないので,コメの価格が上がればコメの消費は減少せざるを得ず,またより豊かな階層では所得がある程度高いのでコメから肉への需要の移動が起こりコメの需要は減少するということです.

代替財と補完財

最後に前節の終わりでふれた粗代替財,粗補完財についてここでの議論との関連で論じておきましょう.これはある財の価格変化が他の財の需要量に与える関係において考えられたものでした.たとえばこれまでと同様財 X_1 の価格変化を考えるときには,それに対する財 X_2 の需要量の変化を問うことになります.このとき p_2 と Y は一定というセテリス・パリブス条項に変化はありませんので,前に述べたように p_1 の変化は p_1 と p_2 の相対価格の変化による需要の変化と実質所得の変化による需要の変化という2つのルートを通じて最終的需要変化をもたらすことに変わりありません.ただ違いはその需要が財 X_1 でなく財 X_2 に対するものというだけです.

この違いを表すために財 X_2 に対する価格効果は**交差価格効果**(**cross price effect**)と呼ばれ,代替効果は**交差代替効果**(**cross substitution effect**)と

呼ばれます(これに対して以前に述べた価格効果は自己価格効果,代替効果は自己代替効果と呼ばれることもあります).したがって,p_1の変化が財X_2の需要量に与える影響は交差価格効果=交差代替効果+所得効果として表すことができます.

この分解において最終的な交差価格効果がプラスとなるとき,つまりp_1の上昇により財X_2の需要量が増加するときが前に述べた粗代替の場合です.このときに財X_2は財X_1の粗代替財であると言われるのです.それに対し交差代替効果がプラスとなるとき,つまり所得効果を除いて純粋に相対価格の変化だけによって財X_2の需要量が増加するとき,財X_2は財X_1の**代替財**(**substitute**)であると言われます.この用語法は粗補完財の場合も同じように行われます.すなわち交差価格効果がマイナスになるとき財X_2は財X_1の粗補完財であると言われ,交差代替効果がマイナスになるときに財X_2は財X_1の**補完財**(**complement**)であると言われます.

このように粗代替と代替,粗補完と補完という用語は同じ意味を与えるものでないので注意する必要があります.たとえば図3-14を振り返ってみて下さい.そこで点Aから点Cへの移動は相対価格の変化による需要の変化を表していますので,その縦座標の変化を見れば交差代替効果の大きさを知ることができます.それによると財X_2への需要量は増加していますので財X_2は財X_1の代替財であると言うことができます.しかし最終的な効果,つまり交差価格効果は点Aから点Bへの移動で示される縦座標の変化で表されますので,需要の減少となっています.したがって,財X_2は財X_1の粗補完財ということになります.この図の場合財X_2は財X_1の代替財であると同時に粗補完財であるのです.

なお2財しかない場合には選好関係の性質上,財の間に代替財の関係しか現れません.補完財の関係が可能なのは3財以上の場合です.

本章のまとめ

1. 2消費財に直面する家計は任意の2つの財の束の間で一方が他方より好ましいか，あるいは同程度に好ましいかを判定することができると考えられます．この2項関係を選好関係と言い，これは完備性，推移性，単調性，連続性および凸性の5つを満たすと仮定されます．

2. 無差別曲線と予算線が接するところで家計の需要量は決定されます．そこでは限界代替率＝価格比という関係が成り立っていなければなりません．

3. 需要関数は与えられる価格と所得に各財の需要量を対応させる関数です．2価格と所得という3つの決定要因のうち1つだけに注目してそれと需要量の関係を考察することで個別需要曲線・エンゲル曲線という概念が得られます．

4. 価格―需要量の関係ではギッフェン財，所得―需要量の関係では劣等財（下級財）という変則的な財の存在が可能です．

5. 価格の変化は代替効果と所得効果という2つの効果を通じて需要量に影響を与えます．これを価格効果のスルツキー分解と言います．これにより所得効果がギッフェン財の発生原因であることがわかります．

6. 個別需要曲線をすべての家計について水平に足し合わせることで市場需要曲線が得られます．

第4章 効用関数とその応用

本章では選好関係を表現する効用関数について学びます．効用関数の導入により，家計の需要行動をより詳細に分析することができるようになります．前節で得た様々な概念に解析的な意味づけが与えられ，分析上有用な結果が導かれる過程を理解しましょう．

4.1 選好関係と効用関数

　前章では家計が多数の財を前にして需要を決定する際には選好関係という2項関係が重要であることを見ました．選好関係にしたがえば財ベクトルがもたらす満足度の大きさを測る必要なく意思決定を行うことができました．しかし実は選好関係に関して仮定した諸性質があると家計が意識すると否とにかかわらず，消費集合のどの財ベクトルに対しても満足度を表す指標を与える連続な実数値関数が存在して，それで選好関係を表現することができることが知られています．この関数は**効用関数**（**utility function**）と呼ばれ一般に$u(\boldsymbol{x})$という関数記号で表されます．

　この効用関数が選好関係を表現するという意味は次が成り立つことです．

$$\boldsymbol{x}^1 \succsim \boldsymbol{x}^2 \quad \rightleftarrows \quad u(\boldsymbol{x}^1) \geqq u(\boldsymbol{x}^2)$$

ここに $\rightleftarrows$ という記号は右側が成り立てば左側が成り立ちかつ左側が成り立てば右側が成り立つことを表すもので左右が同値であることを意味します．これはある $\boldsymbol{x}^1$ が $\boldsymbol{x}^2$ より好まれるとき関数 u がたとえば $u(\boldsymbol{x}^1)=5, u(\boldsymbol{x}^2)=3$ のような値をとるということで，u の値が大きい $\boldsymbol{x}$ ほど好まれていることになります．その意味で効用関数 u が存在すれば，その関数で好み（選好関係）を表現できるのです．

図 4-1　効用関数の導出

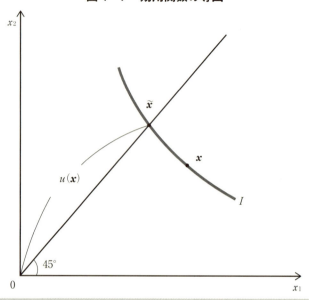

効用関数の存在

このような効用関数が存在するためには選好関係が，[性質 1]（完備性），[性質 2]（推移性），[性質 4]（連続性）を満たせばよいのですが，それだけで存在することを示すのは本書の範囲をはるかに越えてしまいます．しかし選好関係にさらに [性質 3]（単調性）があることによりその存在は次のようにして容易に理解することができます．図 4-1 を見て下さい．

このとき右下がりの無差別曲線が引けて，それらは互いに交わることなく消費集合を隙間なく埋め尽くすことに注意して下さい．まず原点から 45 度線を引いておきます．次に任意の財ベクトル x をとり，そこを通る無差別曲線（I）を描いてみましょう．するとその無差別曲線はどこか 1 点（図では $\tilde{x}$）で 45 度線と交わるはずです．その交点と原点との距離こそが始めにとった財ベクトルに対する効用関数の値 $u(x)$ として使えるのです．実際同じ無差別曲線上にある財ベクトルならばこの値は同じになり，またより右上方（左下方）の無差別

曲線上の財ベクトルであれば，この値は大きく（小さく）なるのでより好まれる（好まれない）財ベクトルほど効用関数値は高く（低く）なります．右上方の財ベクトルほどより好まれることを思い出して下さい．

ところで私たちの想定した選好関係の［性質5］（凸性）はこの効用関数にさらに特別な狭義準凹性という性質を与えます．というのも効用関数における無差別曲線は第1章で述べた生産関数における等量線とまったく同じ関係にあり第1章では生産関数が狭義準凹であることと，等量線が原点に向かって強い凸形をなすことが同値であることが指摘されていたからです．

こうして選好関係の性質(1)～(5)によりそれを反映する連続で単調性をもつ狭義準凹の効用関数の存在が保証されることになります．

以下では分析の便宜のため，この効用関数はさらに微分可能であると想定します（そうなるためには無差別曲線の曲がり方（曲率）にある種の仮定をする必要があるのですが，それに触れることは本書の範囲を越えるのでここでは割愛します）．

序数的効用関数

さてこうして選好関係の背後にその存在が認められた効用関数ですが，これを使おうとするときには1つ重要な注意が必要です．

効用関数は選好関係を表現するものですが，その値である実数値を私たちが通常使っている実数と考えると本来の選好関係が伝える以上の余分な情報を伝えることになります．たとえば x^1 が x^2 より厳密に選好されているとして $u(x^1)=4, u(x^2)=2$ であるとしましょう．これから明らかに $x^1 \succ x^2$ であるという情報は得られますが，それに加えて値の大きさから x^1 が x^2 より2倍の満足度を与えるということも得られてしまいます．しかし選好関係は単に x^1 が x^2 より満足度が高いということしか伝えていません．どの程度高いかは明らかにしていないのです．

というわけで選好関係を忠実に伝えるためには，効用関数のとる値としての実数を通常使っているものとは違う形で解釈しなければなりません．具体的に言えばこの場合の実数の値は大小関係だけに意味があるもので，大小の差の大

きさには意味のないものと考えねばなりません．たとえば2と3という2つの数は2より3が大きいというだけの意味しかありません．2と100でも同じで2より100が大きいという意味しかなく，2と3の差よりも2と100の差の方が大きいからといってそのことが特別な情報を与えるものではまったくないのです．このように大小関係だけにしか意味のない実数のことを**序数**（ordinal number）と言います（これに対し私たちが通常使っている実数は基数と言います）．選好関係を忠実に反映する効用関数はその値が序数でなければならないので，**序数的効用関数**（ordinal utility function）と呼ばれます．

　この特殊な性質は効用関数の運用にさらなる注意を必要とします．というのも値に大小関係の意味しかないとするならば，ある効用関数に対しその値の大小関係を保存するような変換を施しても，その結果得られる関数はもとの選好関係を表現するはずです．つまりその変換によって得られる関数も効用関数の資格をもつことになります．これを形式的に書けば次の通りです．

　選好関係 $\succsim$ を表す効用関数 $u(\boldsymbol{x})$ に対し，任意の単調増加関数 $f:\mathbb{R}\to\mathbb{R}$ を合成して関数 $f(u(\boldsymbol{x}))$ を作ればこの関数もまた元の選好関係を表す効用関数となり，

$$\boldsymbol{x}^1 \succsim \boldsymbol{x}^2 \rightleftarrows f(u(\boldsymbol{x}^1)) \geq f(u(\boldsymbol{x}^2))$$

を満たします．

　実数上に定義される単調増加な実数値関数は無数にありますので，結局序数的効用関数は一方から他方に単調増加変換できるという条件はあるものの，無数に存在することになります．

効用関数使用上の注意

　効用関数は実数値関数ですので分析の道具としては使いやすく強力です．しかし上で述べたように使用可能な関数は無数にあります．一体そのうちのどれを使ったらよいのでしょうか．これについては分析はその結果がすべてであることに留意することが重要です．つまりどの効用関数を使うかではなく，どんな効用関数を使っても同じになるような結果を求めることこそが重要なのです．換言すれば選好関係を表す効用関数であれば何を使ってもよいのです．ただし

それを使って得られた結果が他の効用関数を使って得られたものと異なるようではいけないということです．この観点からダメな例とよい例を与えておきましょう．

[例1] **限界効用**

　限界効用は財の追加1単位が与える効用増加分です．ここでは消費財が2つあるのでそれぞれの財に対する限界効用が考えられますがそれらは数学的に捉えるならば効用関数の x^1 と x^2 に関する偏微係数 $\left(\dfrac{\partial u(\boldsymbol{x})}{\partial x_1}, \dfrac{\partial u(\boldsymbol{x})}{\partial x_2}\right)$ に他なりません．したがって効用関数をたとえば $au(\boldsymbol{x})$（a は正の定数）と単調増加変換するならば，そのときの限界効用は2つの財とも a 倍になってしまいます．結果として限界効用の値は効用関数の選び方に依存しますので，分析上使うべきではない概念ということになります．

[例2] **限界代替率**

　前章で定義したように（x_1 の x_2 に対する）限界代替率とは満足度一定のもとで x_1 を1単位追加するとき手放さねばならない x_2 の量のことで，無差別曲線上の接線の傾き（絶対値）で表されました．効用関数を使うと無差別曲線は $u(\boldsymbol{x}) = \bar{u}$（一定）を満たす $\boldsymbol{x}$ の軌跡として与えられますので，技術的限界代替率の説明で述べたようにその軌跡をもたらす x_1 の x_2 の関係を $x_2 = x_2(x_1)$ という形で捉えることで，無差別曲線上での接線の傾きとしての限界代替率は次のように表現できます．

$$-\frac{dx_2}{dx_1} = \frac{\partial u/\partial x_1}{\partial u/\partial x_2}$$

つまり限界代替率は限界効用の比で表されるのです．しかし［例1］で限界効用自体は効用関数の選び方に依存するので，分析上は使えないことを見ました．したがって，限界代替率もダメであると思われるかもしれませんが，実はそうでないのです．それを知るために効用関数は無数にあるといえども，単調増加変換でつながっていたことを想起する必要があります．したがって，上で用いた $u(\boldsymbol{x})$ とは異なる任意の効用関数 $v(\boldsymbol{x})$ をとるとき，ある単調増加関数 $g: \mathbb{R} \to \mathbb{R}$ が存在して $v(\boldsymbol{x}) = g(u(\boldsymbol{x}))$ と書けるはずです．そこでこの v について限界効用の比をとると，

第4章　効用関数とその応用

$$\frac{\partial v/\partial x_1}{\partial v/\partial x_2} = \frac{(dg/du)(\partial u/\partial x_1)}{(dg/du)(\partial u/\partial x_2)} = \frac{\partial u/\partial x_1}{\partial u/\partial x_2}$$

が得られ u の限界効用の比と等しくなることがわかります．つまり限界効用の比は効用関数の選び方によらないのです．したがって，効用関数を用いた限界代替率の表現は分析上有効です．

なおどの財ベクトルでも限界代替率は効用関数によらずに決まるので，これから無差別曲線群はどの効用関数でも同じになります．もっともこれは当然といえば当然のことです．1つの選好関係から1つの無差別曲線群が定まることは前章で確認されているからです．

Coffee Break　基数的効用と序数的効用

　経済学には，よく**基数的効用**と**序数的効用**という言葉が出てきますが，基数的ということの意味は，それが測れるものだ，ということ以上には何を意味しているのかがわかりづらいかもしれません．

　ここでは「測れる」ということの意味をもう少し詳しく考えてみることにしましょう．私たちが通常「測れる」と考えているものは，ほとんどが比率尺度という測定の考え方に基づきます．

　比率尺度：測定対象を a，その測定値を $m(a)$ とします．このとき，任意の数 α に対して，$m^*(a) = \alpha m(a)$，$\alpha > 0$ とおくと，この $m^*(a)$ も a の測定値として認める．

　一見すると，なぜ測定値を大きく（または小さく）してよいのかという疑問をもつかもしれません．つまり，a という対象を1と測定したり10と測定したりすることが許されたのでは，何かを測定したという感じがしない，という疑問です．しかし，m および m^* という測定値の違いは，単位の取り方の違いとして，解釈できます．たとえばここで長さ1mの棒があるとします．この棒を a とします．この棒の長さを測定するということを，m 関数を考えるということと置き換えて考えることができます．この場合 m という単位を cm という単位に切り替えると1

m = 100 cm と考えることができます．この変換に対応するのは先の場合では $\alpha = 100$ という操作をすることになります．mm に変換する場合は，$\alpha = 1000$ という操作をすることになります．つまり比率尺度は，単位の違いを除いて一意に測定値を決められる，ということを意味しています．

間隔尺度：測定の対象を b，その測定値を $M(b)$ とします．このとき，任意の数 α, β に対して，$M^*(b) = \alpha M(b) + \beta$，$\alpha > 0$ とおくと，この $M^*(b)$ も b の測定値として認める．

明らかに，比率尺度は間隔尺度ですが，逆は一般には成り立ちません．経済学では，この間隔尺度で表される効用を基数的効用と呼ぶ場合が大半です．それでは間隔尺度では，何が測れるのでしょうか．a と b という2つの測定対象があるものとして，両者の測定上の差をとります．つまり，$M(b) - M(a)$ を考えます．すると，$M^*(b) - M^*(a) = \alpha(M(b) - M(a))$ となり，間隔尺度で測れる2つの測定値の差は，比率尺度になることがわかります．つまり，単位変換を除いて，一意に測定値が決められることになるわけです．

間隔尺度の例としては，温度が考えられます．温度の2つの測り方の摂氏（C）と華氏（F）の間には $F = \frac{9}{5}C + 32$ という関係があることが知られています．つまり摂氏で10度の温度の上昇は，華氏で18度の温度の上昇と「同じ」と見なすことができます．

このように，比率尺度であれ間隔尺度であれ，基数的な値は，何らかの意味で測れることを意味しています．一方，序数的な尺度とはどのような測定に基づくものなのでしょうか．

序数的尺度：測定の対象を c，その測定値を $m(c)$ とします．このとき，単調増加変換 f（つまり f は狭義増加関数）に対して，$m^*(c) = f(m(c))$ とすると，この $m^*(c)$ も c の測定値として認める．

序数的な値は，数の大小関係のみが重要で，値そのものには意味がありません．単調増加変換をしても，数の大小関係は変化しないので，序

数的尺度としては，問題がないことになります．また，比率尺度も間隔尺度も単調増加変換のみを許容しているので，序数的尺度として扱うことも可能です．ただし，数の大小関係のみでは，何かの単位を基準に，その単位の何個分に相当するか，というような測定を意味しないので，通常の意味での測定概念とは異なっていると言えます．序数的効用は，この序数的尺度を用いた概念です．

4.2 効用最大化と支出最小化

効用最大化と間接効用関数

効用関数を使うことによって家計の需要行動に関し色々な分析が可能となります．まず出発点として最も基本的な効用最大化から見ていきましょう．前章で述べたように，家計の基本的な行動は予算制約の下で満足度が最も大きくなるように財ベクトルを需要することです．前章ではそれを選好関係を基礎にして検討したのですが，効用関数を使えばそれがより一層鮮明な形で分析できます．というのもそれは次のような制約条件付き最適化問題として定式化されるからです．

$$\max_{x_1, x_2} u(x_1, x_2) \quad \text{s.t.} \quad p_1 x_1 + p_2 x_2 \leqq Y$$

ただし注意すべきはこの定式化が示しているのは，家計行動を客観的に分析しようとすればこのように定式化できるということで，実際に家計が効用関数を意識してその最大化を行おうとしているという意味ではないことです．

さて上の最適化問題において想定される効用関数の性質から最適な需要量では，予算制約式は必ず等号で成り立たねばなりません（効用関数の単調性による）．したがって，上の問題は，

$$\max_{x_1, x_2} u(x_1, x_2) \quad \text{s.t.} \quad p_1 x_1 + p_2 x_2 = Y$$

と表記して差し支えありません．この形の問題はラグランジュ乗数法によって

解くことができます．すなわちこのときのラグランジュ関数 L は，

$$L(x_1, x_2, \lambda) = u(x_1, x_2) + \lambda(Y - (p_1 x_1 + p_2 x_2))$$

となりますので解の1階条件は次の通りです．

$$\frac{\partial L}{\partial x_1} = \frac{\partial u}{\partial x_1} - \lambda p_1 = 0$$

$$\frac{\partial L}{\partial x_2} = \frac{\partial u}{\partial x_2} - \lambda p_2 = 0$$

$$\frac{\partial L}{\partial \lambda} = Y - (p_1 x_1 + p_2 x_2) = 0$$

始めの2式から，

$$\frac{\partial u/\partial x_1}{\partial u/\partial x_2} = \frac{p_1}{p_2}$$

が得られますが前節の例2に注意するならば，この式は限界代替率＝価格比という前章で得た条件に他なりません．これと予算制約式から財 X_1 と財 X_2 に対する最適な需要量が求められます．例題4-1のように u の具体的な関数形が与えられれば解を計算することができます．

【例題4-1】
効用関数が $u = x_1^{\frac{1}{2}} x_2^{\frac{1}{2}}$ で与えられるとする．財 X_1 と財 X_2 の価格を p_1，p_2，所得を Y として各財の需要量を求めなさい．

【解説】
$\frac{\partial u}{\partial x_1} = \left(\frac{1}{2}\right) x_1^{-\frac{1}{2}} x_2^{\frac{1}{2}}$，$\frac{\partial u}{\partial x_2} = \left(\frac{1}{2}\right) x_1^{\frac{1}{2}} x_2^{-\frac{1}{2}}$ であるので限界代替率＝価格比の条件は次のようになる．

$$\frac{\partial u/\partial x_1}{\partial u/\partial x_2} = \frac{x_2}{x_1} = \frac{p_1}{p_2}$$

これと予算制約式 $p_1 x_1 + p_2 x_2 = Y$ により各財の需要量は，

$$x_1 = \frac{Y}{2p_1}, \quad x_2 = \frac{Y}{2p_2}$$

となる．

　効用最大化の解として求められる各財の需要量はそのときの p_1，p_2，および Y に依存します．この依存関係を関数の形で表せば前章で述べたように各財への個別需要関数が得られます．以下用語の煩雑さを避けるため個別需要関数は単に需要関数と表記することにします．効用関数を明示的に用いることでこの需要関数に関し前章では得られなかった知見が得られます．

　それを見るために各財の需要関数をそれぞれ $x_1(p_1, p_2, Y)$，$x_2(p_1, p_2, Y)$ と表すことにしましょう．次にこれらの関数を元の効用関数に代入します．すると $u(x_1(p_1, p_2, Y), x_2(p_1, p_2, Y))$ が得られます．こうして得られた関数を**間接効用関数**（indirect utility function）と言います．これは与えられた価格と所得に対し予算制約下で達成できる最大の効用を対応させる関数です．以下簡単のために間接効用関数を $v(p_1, p_2, Y)$ と表すことにします．

ロアの恒等式

　この間接効用関数が偏微分可能でかつ Y に関する偏微係数が 0 でないならば各財の需要関数は間接効用関数と次のような関係をもつことが知られています．

$$x_i(p_1, p_2, Y) = -\frac{\partial v/\partial p_i}{\partial v/\partial Y} \quad i = 1, 2$$

この式を**ロアの恒等式**（Roy's identity）と言います．この導出は補論で説明してありますので参照して下さい．

　この式が意味するのは需要関数が間接効用関数の偏微係数の比（ただし符号を変える）で表されるということです．需要関数は本来効用最大化問題の解として求められるものですが，その際仮に効用関数がわかったとしても需要関数に至るまでには連立方程式を解かねばなりません（たとえば［例題4-1］を見て下さい）．しかしもし始めに間接効用関数がわかったとすればそれを偏微分するだけで需要関数が得られてしまうわけです．

支出最小化と補償需要関数・支出関数

効用関数を使った分析をさらに進めましょう．私たちは第1章3節で制約条件付き最大化問題に対し，双対問題というものを考えました．効用最大化問題はまさに制約条件付き最大化問題ですから，これに対する双対問題を作ることができます．それは次のように定式化されます．

$$\min_{x_1, x_2} p_1 x_1 + p_2 x_2 \quad \text{s.t.} \quad u(x_1, x_2) = u$$

ここで制約式中の u は定数とみなされます．したがってこの双対問題は与えられた効用水準をもたらすような財ベクトルのうちで，それへの支出が最小となるものを求める問題と解釈されます．そこでこれは**支出最小化問題（expenditure minimization problem）**と呼ぶことができます．この支出最小化問題の解は効用水準を一定として求められる需要量なので，補償需要量と呼ばれます．第3章4節で述べたように効用水準を一定にするということは，実質所得を一定にすることでそれをもとにして達成される需要量には，仮想的な所得の補償がなされなければならないからです．

補償需要量それ自体は p_1, p_2，および u の水準に依存して大きさが決まります．そこでこの関係を関数の形で捉えたものを**補償需要関数（compensated demand function）**と言います．これはまた**ヒックスの需要関数（Hicksian demand function）**と呼ばれることもあります．なおそのときには区別の意味で効用最大化から得られる通常の需要関数を，**マーシャルの需要関数（Marshallian demand function）**と呼びます．以下では財 X_1 と財 X_2 の補償需要関数をそれぞれ $x_1^h(p_1, p_2, u)$，$x_2^h(p_1, p_2, u)$ と表すことにします．

これらの補償需要関数を支出最小化問題の目的関数に代入して $p_1 x_1^h(p_1, p_2, u) + p_2 x_2^h(p_1, p_2, u)$ を作れば，これは与えられた p_1, p_2, u の下で（効用水準 u を確保することを条件として）生じる最小支出の大きさを意味します．これを**支出関数（expenditure function）**と呼び，$e(p_1, p_2, u)$ で表します．

ところでこの支出最小化問題は第1章で論じた費用最小化問題とまったく同じ構造をしています．2つの問題を並べてみましょう．

費用最小化問題 　$\min_{l,k} \ w_1 l + w_2 k$ 　　s.t. 　$f(l,k) = x$
支出最小化問題 　$\min_{x_1, x_2} \ p_1 x_1 + p_2 x_2$ 　　s.t. 　$u(x_1, x_2) = u$

関数 f と u はともに狭義準凹です．このことから費用最小化問題に関して第1章の補論で述べた，シェファードの補題が支出最小化問題についても成り立ちます．そして費用最小化での費用関数がここでの支出関数，条件付き要素需要関数がここでの補償需要関数にそれぞれ対応しますので，次が得られます．

$$\frac{\partial e(p_1, p_2, u)}{\partial p_i} = x_i^h(p_1, p_2, u) \quad i = 1, 2$$

つまり財 X_i の価格が追加1単位上昇するとき効用水準を前と同じに保つにはどんなに支出を抑えようとしても，必ず財 X_i に対する補償需要量の大きさだけ増加してしまうわけです（$i=1,2$）．なお，家計需要に関する支出最小化問題から得られるシェファードの補題は**マッケンジーの補題**（**McKenzie's lemma**）と呼ばれることもあります．

効用最大化と支出最小化の双対関係を掘り下げるとさらに興味深い分析が行えるようになります．次節ではそれを説明しましょう．

4.3 スルツキー方程式

前章4節では価格変化の効果に関してスルツキー分解を論じました．そこでは定性的な理解を踏まえた上で代替効果と所得効果の分解を図を用いて（つまり幾何学的に）説明しました．しかしそれらの効果の大きさを代数的に捉えることはできませんでした．ところが効用最大化と支出最小化の双対関係を基にするとそれが可能になるのです．

効用最大化と支出最小化の解の関係

実際，双対問題を考えることの目的は第1章でも述べたように，主問題と双対問題の解の間に成立する関係を探ることで，主問題の解の性質を知ることにあります．ここでは主問題の解であるマーシャルの需要量が価格の変化に対し

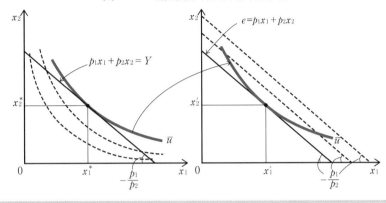

図4-2 効用最大化と支出最小化

示す性質を（主問題の解の）マーシャルの需要量と，（双対問題の解の）ヒックスの需要量の間に成立する関係を探ることで捉えてみましょう．
まず2つの問題を並べてみます．

効用最大化 $\max_{x_1, x_2} u(x_1, x_2)$ s.t. $p_1 x_1 + p_2 x_2 = Y$
支出最小化 $\min_{x_1, x_2} p_1 x_1 + p_2 x_2$ s.t. $u(x_1, x_2) = \bar{u}$

両方の問題で価格 p_1, p_2 は共通に与えられるものとします．

始めに効用最大化を考えることにして与えられた所得 Y の下で最適な解 x_1^*, x_2^* を求めます．そのときの効用の値を $\bar{u}$ としましょう．次にその $\bar{u}$ を支出最小化問題の制約式の定数項 u に代入し，問題を解いてみます．そのときの解を x_1', x_2' とすると，これらは効用最大化のときの解と一致します．つまり $x_1^* = x_1', x_2^* = x_2'$ が成り立ちます．図4-2を見ると，このことは容易に理解できるでしょう．

またこの図から $\bar{u}$ を定数項としたときの支出最小化問題の最適値（つまり最小費用）は，始めの効用最大化問題で与えられた所得 Y と一致することもわかります．

以上は効用最大化→支出最小化の順で双対関係を考えたのですが，逆に支出最小化から始めても同様の関係を導くことができます．すなわちまず効用水準を $\bar{u}$ と与えて支出最小化問題の解 x_1', x_2' と最小支出 e を求めます．その e を効

第4章 効用関数とその応用 85

用最大化問題の制約式の定数項 Y に代入して問題を解き解 x_1^*, x_2^* を求めれば $x_1^*=x_1', x_2^*=x_2'$ が成り立ちます．そして x_1^*, x_2^* による効用の値は支出最小化問題で与えられた $\bar{u}$ と一致します．

　ここで特にこの後者の方の双対関係を前節で得た需要関数，補償需要関数，間接効用関数，および支出関数を使って表してみましょう．まず $p_1, p_2, \bar{u}$ が与えられれば補償需要関数 $x_1^h(p_1, p_2, \bar{u})$，$x_2^h(p_1, p_2, \bar{u})$ から最適（補償）需要量が決まります．そのときの支出（最小支出）は支出関数 e により $e(p_1, p_2, \bar{u})$ と与えられます．そこで次にこれを効用最大化問題の制約項 Y に代入し $Y=e(p_1, p_2, \bar{u})$ として問題を解けば，そのときの解は需要関数により $x_1(p_1, p_2, e(p_1, p_2, \bar{u}))$ および $x_2(p_1, p_2, e(p_1, p_2, \bar{u}))$ と表せますが，これらは始めの補償需要量に等しいので，次が成り立ちます．

$$x_1(p_1, p_2, e(p_1, p_2, \bar{u}))=x_1^h(p_1, p_2, \bar{u})$$
$$x_2(p_1, p_2, e(p_1, p_2, \bar{u}))=x_2^h(p_1, p_2, \bar{u})$$

　また $x_1(p_1, p_2, e(p_1, p_2, \bar{u}))$ および $x_2(p_1, p_2, e(p_1, p_2, \bar{u}))$ による効用水準は間接効用関数によって $v(p_1, p_2, e(p_1, p_2, \bar{u}))$ と表されますので，

$$\bar{u}=v(p_1, p_2, e(p_1, p_2, \bar{u}))$$

という関係も得ることができます．以上がここでの主問題と双対問題の解の間に成立する関係です．

価格効果の分析

　こうして得られた関係式をもとにして価格効果を考えてみましょう．価格効果には自己価格効果と交差価格効果がありましたが，まず始めに自己価格効果の方から見てみましょう．説明の簡単のため財 X_1 を取り上げます（以下の議論は財 X_2 でもまったく同様に行えます）．すなわち p_1 の変化が需要量 x_1 にどのような影響を与えるかを考察します．p_1 と x_1 の関係は需要関数 $x_1(p_1, p_2, Y)$ により表されますから，私たちが着目すべきは微係数 $\dfrac{\partial x_1(p_1, p_2, Y)}{\partial p_1}$ です．

　そこで上で得た関係式 $x_1(p_1, p_2, e(p_1, p_2, \bar{u}))=x_1^h(p_1, p_2, \bar{u})$ を使ってこの微

係数を求めてみましょう．そのためにこの両辺を p_1 で偏微分します．$Y=e(p_1,p_2,\bar{u})$ に注意すれば，その結果次が得られます．

$$\frac{\partial x_1(p_1,p_2,Y)}{\partial p_1}+\frac{\partial x_1}{\partial Y}\frac{\partial e(p_1,p_2,\bar{u})}{\partial p_1}=\frac{\partial x_1^h(p_1,p_2,\bar{u})}{\partial p_1}$$

これから求める微係数は次のように表されます．

$$\frac{\partial x_1(p_1,p_2,Y)}{\partial p_1}=\frac{\partial x_1^h(p_1,p_2,\bar{u})}{\partial p_1}-\frac{\partial x_1}{\partial Y}\frac{\partial e(p_1,p_2,\bar{u})}{\partial p_1}$$

この式から p_1 が追加 1 単位上昇するときの需要量 x_1 の変化は，右辺が示す 2 つの項により決まることがわかります．そしてこれらの項こそが代替効果と所得効果を表しているのです．実際その第 1 項は p_1 の変化に伴う補償需要量の変化を示していますので，まさに代替効果の大きさを表します．第 2 項についてはまず $\frac{\partial e(p_1,p_2,\bar{u})}{\partial p_1}$ が p_1 の変化に対し効用水準を一定とするために，変えねばならない支出の大きさを表しますので，仮想的な補償所得を意味する一方 $\frac{\partial x_1}{\partial Y}$ は限界的な所得の変化が需要に与える影響を表しています．したがって前に－記号（マイナス）をつけて両者の積を取れば，仮想的に表れた補償所得をなくして元に戻るとき生じる需要量の変化を表すと解釈できますので，所得効果の大きさを示しています．このようにスルツキー分解を代数式の形で展開した上の式は**スルツキー方程式**（**Slutsky equation**）と呼ばれます．

このような式の展開は交差価格効果に対しても同じように行うことができます．

たとえば財 X_2 の価格変化が財 X_1 の需要量に与える影響は $\frac{\partial x_1(p_1,p_2,Y)}{\partial p_2}$ を調べることでわかりますので，関係式 $x_1(p_1,p_2,e(p_1,p_2,\bar{u}))=x_1^h(p_1,p_2,\bar{u})$ の両辺を p_2 で偏微分して整理すると，

$$\frac{\partial x_1(p_1,p_2,Y)}{\partial p_2}=\frac{\partial x_1^h(p_1,p_2,\bar{u})}{\partial p_2}-\frac{\partial x_1}{\partial Y}\frac{\partial e(p_1,p_2,\bar{u})}{\partial p_2}$$

のように表現できます．この式の右辺第 1 項は交差代替効果を表します．そしてこれが正であれば財 X_1 は財 X_2 に対する代替財であり，負であれば補完財

です．なお交差価格効果そのものを表す左辺が正であれば，財 X_1 は財 X_2 に対する粗代替財であり，負であれば粗補完財です．

4.4 消費者余剰

『経済学入門』（第3版，金子昭彦・田中久稔・若田部昌澄著）では需要曲線がその財に対する限界便益を表すものとして捉えられ，その縦座標の値は財の追加1単位に対し進んで支払ってもよい金額として解釈されました．そして消費者余剰は（市場で与えられる）その財の価格のもとで需要する総量に対し進んで支払ってもよい総額と，実際に支払わねばならない支出額の差として定義されました．

これに対し本書のように1つでなく複数の消費財を対象とするときには，効用関数を活用することで消費者余剰の概念をより納得のいく形で理解することができるようになります．

準線形効用関数

いまある1つの財（財 X とします）の需要に伴う消費者余剰を考えるとします．

そして財 X 以外のすべての消費財をまとめて1つに指標化しそれを合成財 Z と呼ぶことにします．家計はこの2つの財に直面することになります．ここで重要な取り決めとして合成財 Z は価値尺度財とします．つまり X の価値は Z で測られる（Z 何単位分という形で）とするわけです．そのため Z の価格は1となります（この取り決めのため Z を貨幣とみなすテキストも多くあります）．加えて簡単化の仮定として家計の効用関数は X と Z の数量 x, z に関し**準線形**（**quasi linear**）であるとします．ここに準線形の効用関数とは次の形で与えられる関数のことです．

$$u = u(x, z) = v(x) + z$$

u が $x+z$ であれば線形関数ですが x に関しては線形とは限らない関数 v で

図4-3　消費者余剰

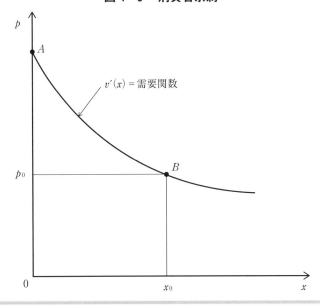

変換されるため，全体として準線形と呼ばれるわけです．なお関数 v は単調増加の狭義凹関数であるとします．

以上を前提に家計の行動を考えてみます．財 X の価格（p とします）と家計の所得 Y が与えられれば家計は予算制約下で効用の最大化を図りますので，その行動は次の問題に要約されます．

$$\max_{x,z} \ v(x)+z \qquad \text{s.t.} \quad px+z=Y$$

この問題の解の1階条件は限界代替率＝価格比ですので次が得られます．

$$\frac{dv(x)}{dx}=p$$

この式を満たす x が与えられた p と Y の下での需要量を表すわけですが注意すべきはこの条件式に Y が含まれていないことです．したがって，p と Y をパラメータと見て x の需要関数を求めると説明変数は p だけで Y が含まれません．そのため Y が変化しても x の需要量は変わらないため，x に対する

第4章　効用関数とその応用　89

所得効果は0ということになります．

さて，上の1階条件から x に対する需要曲線を容易に導くことができます．それは $\dfrac{dv(x)}{dx}$ 自体のグラフに他なりません．関数 v に対する仮定から $\dfrac{d^2v(x)}{dx^2}<0$ ですので，そのグラフは図4-3のように右下がりとなります．

消費者余剰の意味

この需要曲線をもとにして消費者余剰を考えましょう．今価格が p_0 に与えられたとします．そのときの需要量を x_0 としましょう．このとき消費者余剰は『経済学入門』で学んだところに従えば，$0ABx_0$ の面積から $0p_0Bx_0$ の面積を引いた部分 Ap_0B で表されます．その解釈は上で述べたように進んで支払ってもよい総額と，実際に支払わねばならない支出額の差ということでした．しかしここでの枠組みの下ではこの部分に対し違った解釈が行えます．

そのためにこの部分 Ap_0B の面積を需要曲線の式を使って表してみましょう．

$$Ap_0B = \int_0^{x_0} \frac{dv(x)}{dx}dx - p_0x_0 = [v(x)]_0^{x_0} - p_0x_0$$
$$= v(x_0) - v(0) - p_0x_0$$

ここで最後に得られた式を次のように変形します．

$$v(x_0) - v(0) - p_0x_0 = v(x_0) + Y - p_0x_0 - (v(0) + Y)$$

ところが準線形効用関数の形から $v(x_0) + Y - p_0x_0 = u(x_0, Y - p_0x_0)$ であります．$v(0) + Y = u(0, Y)$ ですので結局，

$$Ap_0B = u(x_0, Y - p_0x_0) - u(0, Y)$$

と表せます．財 X を価格 p_0 で x_0 購入するとき財 Z は予算制約から $Y - p_0x_0$ だけ購入せざるをえませんので，この右辺の第1項は財 X を価格 p_0 で x_0 だけ消費するとき生ずる総効用を示します．一方第2項は X 財をまったく消費しないとき（そのときには Z 財が自動的に Y だけ消費されます）生ずる総効用を表します．したがって，Ap_0B の部分は家計が X 財をまったく消費しない

状態から，価格 p_0 で x_0 だけ購入して消費する状態になるとき生ずる効用の増加分を表しているのです．

本章のまとめ

1 選好関係が前節の諸性質をもてば，それを表現する実数値関数が存在することが知られています．この関数を**効用関数**と言います．

2 効用関数がとる値としての実数は通常使われる基数でなく，大小関係のみが意味をもつ序数として理解しなければなりません．

3 家計の需要行動は予算制約下での効用関数の最大化として定式化できます．これにより需要関数，間接効用関数，ロアの恒等式などを導くことが可能となります．

4 効用最大化の双対問題としての支出最小化を考えることで，スルツキー分解の代数的な表現であるスルツキー方程式を導くことができます．

5 準線形の効用関数を用いることで，家計の消費者余剰の意味がより自然に理解できるようになります．

補論 | ロアの恒等式

　効用最大化問題の解から導かれる間接効用関数は需要関数と特別な関係をもっています．それが本章2節で述べられたロアの恒等式で，次のような式で表されました．

$$x_i(p_1, p_2, Y) = -\frac{\partial v/\partial p_i}{\partial v/\partial Y} \qquad i=1,2$$

　ここに $x_i(p_1, p_2, Y)$ は財 X_i の需要関数，v は間接効用関数 $v(p_1, p_2, Y)$ でその実体は $u(x_1(p_1, p_2, Y), x_2(p_1, p_2, Y))$ でした．

　ここではこの式がどのようにして得られるかを説明しましょう．まず注意すべきはこれが効用最大化を前提としていることです．そこで効用最大化問題を振り返ってみましょう．それは次のように定式化されました．

$$\max_{x_1, x_2} u(x_1, x_2) \qquad \text{s.t.} \quad p_1 x_1 + p_2 x_2 = Y$$

需要関数はこの問題の解から導かれますので，1階条件の限界代替率＝価格比，

$$\frac{\partial u/\partial x_1}{\partial u/\partial x_2} = \frac{p_1}{p_2} \qquad \cdots\cdots(1)$$

が成り立っていなくてはなりません．また需要関数は予算制約を満たさねばならないため，

$$p_1 x_1(p_1, p_2, Y) + p_2 x_2(p_1, p_2, Y) = Y \qquad \cdots\cdots(2)$$

でなければなりません．これらを前提として，ここでは財 X_1 についてロアの恒等式を導いてみましょう（財 X_2 についてもまったく同様ですので，読者自ら確かめて下さい）．

　まず間接効用関数の定義式，

$$v(p_1, p_2, Y) = u(x_1(p_1, p_2, Y), x_2(p_1, p_2, Y))$$

の両辺を p_1 で微分します．すると次が得られます．

$$\frac{\partial v}{\partial p_1} = \frac{\partial u}{\partial x_1}\frac{\partial x_1}{\partial p_1} + \frac{\partial u}{\partial x_2}\frac{\partial x_2}{\partial p_1}$$

この両辺を $\dfrac{\partial u}{\partial x_2}$ で割って（1）式を考慮すれば，

$$\frac{\partial v/\partial p_1}{\partial u/\partial x_2} = \frac{p_1}{p_2}\frac{\partial x_1}{\partial p_1} + \frac{\partial x_2}{\partial p_1}$$

となりますので両辺に p_2 を乗じて次を得ます.

$$p_2 \frac{\partial v/\partial p_1}{\partial u/\partial x_2} = p_1 \frac{\partial x_1}{\partial p_1} + p_2 \frac{\partial x_2}{\partial p_1} \qquad \cdots\cdots(3)$$

また上の間接効用関数の定義式の両辺を今度は Y で微分すれば,

$$\frac{\partial v}{\partial Y} = \frac{\partial u}{\partial x_1}\frac{\partial x_1}{\partial Y} + \frac{\partial u}{\partial x_2}\frac{\partial x_2}{\partial Y}$$

が得られますので,これについても両辺を $\frac{\partial u}{\partial x_2}$ で割れば(1)式より,

$$\frac{\partial v/\partial Y}{\partial u/\partial x_2} = \frac{p_1}{p_2}\frac{\partial x_1}{\partial Y} + \frac{\partial x_2}{\partial Y}$$

となるので両辺に p_2 を乗じて次を得ます.

$$p_2 \frac{\partial v/\partial Y}{\partial u/\partial x_2} = p_1 \frac{\partial x_1}{\partial Y} + p_2 \frac{\partial x_2}{\partial Y} \qquad \cdots\cdots(4)$$

さて次に予算制約式から得た(2)式についても同じように両辺を p_1 と Y に関し微分してみましょう.まず p_1 で微分すると次が得られます.

$$x_1(p_1, p_2, Y) + p_1 \frac{\partial x_1}{\partial p_1} + p_2 \frac{\partial x_2}{\partial p_1} = 0$$

これから,

$$x_1(p_1, p_2, Y) = -p_1 \frac{\partial x_1}{\partial p_1} - p_2 \frac{\partial x_2}{\partial p_1} \qquad \cdots\cdots(5)$$

となります.一方 Y で微分すると次が得られます.

$$p_1 \frac{\partial x_1}{\partial Y} + p_2 \frac{\partial x_2}{\partial Y} = 1 \qquad \cdots\cdots(6)$$

(3)と(5)から,

$$x_1(p_1, p_2, Y) = -p_2 \frac{\partial v/\partial p_1}{\partial u/\partial x_2}$$

(4)と(6)から,

$$1 = p_2 \frac{\partial v/\partial Y}{\partial u/\partial x_2}$$

が得られますのでこの2つの式から p_2 を消去することで次の結果が導かれます.

$$x_1(p_1, p_2, Y) = -\frac{\partial v/\partial p_1}{\partial u/\partial Y}$$

これは私たちの求めていたロアの恒等式に他なりません.

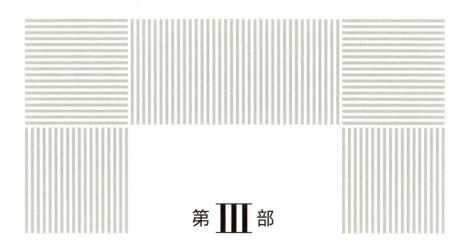

第III部

競争市場の理論

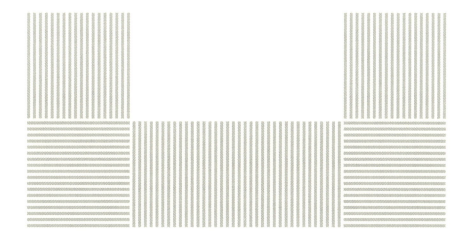

第5章 部分均衡

本章では完全競争市場を前提として，1つの市場を他から切り離して考察する部分均衡分析について学びます．実は『経済学入門』（第3版，金子昭彦・田中久稔・若田部昌澄著）で学んだ完全競争市場の理論はこの部分均衡分析に他なりません．そこでここでは『経済学入門』での理解を踏まえた上で新たに3つのトピックについて触れます．それは均衡価格の安定性，長期の市場均衡，そして比較静学です．いずれも重要なものですのでよく理解しておきましょう．

5.1 部分均衡と一般均衡

　私たちは第1章で企業が生産・供給する財に注目し，第3章で家計が消費のために需要する財について論じました．それらの供給と需要は市場で出会って売買取引が行われます．ところで第1章では企業の生産要素需要についても少し触れました．生産要素の中で特に労働を考えればこれは家計が供給し企業が需要するものです．したがって労働を巡っては需要と供給が消費財の場合と逆転します．しかし市場でその売買取引が行われることに変わりはありません．

　およそこの社会にある財（サービスを含む）であれば，どれも市場で取引が行われると考えてよいでしょう．私たちは市場を完全競争市場と想定しています．ここで完全競争市場の条件を復習しておきましょう．それは次の通りです．

(1) 売り手・買い手とも小規模で多数存在する．
(2) 取引される財は同質で生産者による差別化がない．
(3) 財を巡る情報がすべての主体に完全に行き渡っている．
(4) 市場への参入・退出が自由に行われる．

　これらの条件により完全競争市場では売り手・買い手の支配力を受けない価格が需要・供給を決める際のシグナルになると同時に，需要と供給を調整する

役割を担うことになります．

　一方，経済主体としての企業や家計は自らの関与する財すべてに対し価格を見ながら需要あるいは供給を決定しますがそれらの財はたとえば投入と産出，代替・補完というような関係で結びついているのが現実です．そこで各財の需要・供給はそれ自身の価格だけでなく，それと関連する他の財の価格を見ながら決められることになります．この事実は必然的に市場の間に関連性をもたらします．

　今すべての財の価格が与えられたとしましょう．するとどの財に対しても各経済主体の需要・供給が決まりますので，各市場で総需要量と総供給量が定まります．しかしそれらが等しくなる保証はありません．そこで今需給が一致しない市場があるとしましょう．するとその市場では価格の変化が起こります．その結果その財と関連する他の財の需要と供給も影響を受け，その財の価格も変化を余儀なくされます．するとそれがまた他の財に波及し……というように非常に大掛かりな変化が生じるのです．

　この全体像を踏まえると，私たちの日常的な経済状態が大きな混乱もなく安定しているという事態は，すべての市場で需給が一致するような価格の体系が実現していることと理解することができるでしょう．この状態を**一般均衡**（general equilibrium）の状態と呼びます．それをもたらす価格の体系を一般均衡価格体系と言います．これを巡る理論的な分析が一般均衡分析です．

　これに対し1つの財の需要・供給を考えるのにその市場を他のすべての市場から切り離して，それ自身の価格以外の他の価格から影響を受けない（あるいは他の市場の価格はすべて一定）と仮定するならば，形式上その財だけを取り出してその財の市場で起こることを自身の価格だけをもとに分析することが可能となります．こうして行われる分析を**部分均衡分析**（partial equilibrium analysis）と言います．『経済学入門』で学んだ市場の均衡はこの部分均衡分析に基づくものです．

　本章では部分均衡について議論します．これについて基本的なことは『経済学入門』で学んでいますので，それを踏まえてより進んだトピックスを扱います．一般均衡については次章で論じます．

図5-1 均衡価格と均衡取引量

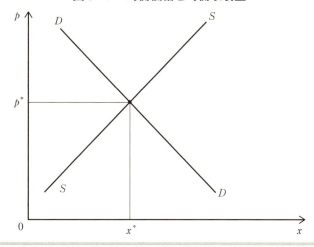

5.2 均衡価格と安定性

　部分均衡分析では財の需要・供給はその財の価格だけに依存するとみなしてよいので，主要な論点は与えられた財に対しどのような価格の下どのような取引が行われるかということになります．それはすでに学んだように当該の財に対する市場需要曲線と市場供給曲線を用いた図を援用することで調べることができます．ここで私たちは当該の財が消費財で，需要は家計から，供給は企業から生み出されるものとします．するとその財市場の市場需要曲線と市場供給曲線は第1章・第2章と第3章・第4章で学んだように図5-1のようになります．

　この図で両曲線の交点がこの財の市場で起こる結果と解釈されます．そしてその縦座標は均衡価格，横座標は均衡取引量と呼ばれ，これが市場で実現するものと考えられるわけです．

　ところでこの交点が示す均衡価格は，この市場が開かれたとたん即無条件に実現すると考えるのは難しいでしょう．もし初めの価格が均衡価格でないとき，果たして均衡価格にたどり着くことはできるのでしょうか．この問題を均衡価

格の安定性の問題と言います．

　均衡価格にたどり着くとすれば，それには直観的に考えても何らかの条件が必要でしょう．それはどのようなものでしょうか．実はその条件は（与えられた）価格に需要と供給がどれほど素早く反応するかによって違って来ます．

　一般的に見て，需要の方はどのような価格でもそれに応じた需要量を直ちに表明することはできるでしょう．しかし供給の方は必ずしもそういうわけにはいきません．以下では供給側が価格に直ちに反応して供給量を増減することができる場合と，そうはいかず伸縮的に供給量を変えることができない場合の両方について，均衡価格の安定性の条件を考えてみましょう．

　始めに供給量が価格に直ちに反応する場合を考えましょう．この場合には『経済学入門』で学んだワルラス的調整が市場に働きます．すなわち価格変化に対し，需要と供給はそれぞれ市場需要曲線と市場供給曲線に沿ってその量を変えていくことができるので，与えられた価格で超過需要が生じれば価格への上昇圧力が働き超過供給が生じれば価格への下降圧力が働きます．その結果価格が変化して最終的に均衡価格に到達するには，均衡価格より高い価格で必ず超過供給が現れ，低い価格では超過需要が現れさえすればよいわけです．したがって，市場需要曲線が右下がりで市場供給曲線が右上がりであれば，均衡価格がある限り必ずそこに価格は収束していきます（図5-1で確認して下さい）．仮にギッフェン財の場合であっても，市場需要曲線の傾きが市場供給曲線のそれより大きい限りは均衡価格への収束は保証されます（各自図を描いて確認して下さい）．そこでこの後者の場合も含めて均衡価格が安定するための条件は次のように表されます．

$$\frac{1}{\text{市場需要曲線の傾き}} < \frac{1}{\text{市場供給曲線の傾き}}$$

　次に供給が価格に敏感に反応できない場合を考えましょう．これは生産に時間のかかる財，すなわち要素の投入から生産物の産出までにかなりの時間を要する財であれば常に起こり得ます．このとき市場ではどのようなことが起こるでしょうか．図5-2を見て下さい．

　始めに価格が p_0 で与えられるとします．このとき供給量は x_0^S，需要量は x_0^D です．そこで市場に x_0^S が供給されたとしましょう．しかしこのときは明らか

図 5-2 マーシャル的調整

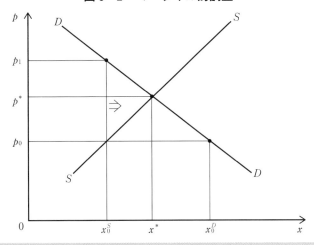

に超過需要が生じますから、市場に価格の上昇圧力が働くはずで、価格は上昇し始めると考えられます。その価格上昇に対し需要は市場需要曲線に沿って減少しますが供給の側はそうはいきません。価格が上昇を始めても直ちには反応できず生産量 x_0^S を変えることができないのです。つまり市場の供給量は x_0^S のままです。言い換えれば当面の市場供給曲線は x_0^S を通る垂線となるわけです。そのためこの市場では当面価格 p_1、取引量 x_0^S で均衡します。しかしこれは供給の側に不満足をもたらします。なぜなら価格 p_1 のとき供給量 x_0^S では利潤最大化が実現しないからです。そこで供給側は生産量の増加を図り、供給量は x_0^S から増え始めます。それとともに価格も変化し、最終的に p^*, x^* で均衡が成立します。

以上は始めに超過需要が現れる場合でしたが、超過供給から出発しても同様の推論を行うことができます。その場合は供給量が減少して最終的均衡状態に行きつくことになります。このように供給量の増減が市場を先導するプロセスを、**マーシャル的調整過程**（Marshallian adjustment process）と言います。図 5-2 に見る通りマーシャル的調整を経て均衡に行きつくには、市場需要曲線が右下がりで市場供給曲線が右上がりであればよいので、その限りではワルラス的調整の場合の安定条件と変わりないのですが、ギッフェン財の場合は注

図5-3 くもの巣過程

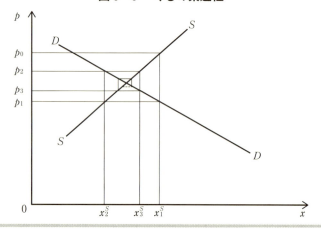

意が必要です．そのとき市場供給曲線の傾きより市場需要曲線の傾きが大きいと，マーシャル的調整による限り均衡は実現されません．つまりワルラス的調整の場合と異なり，このとき均衡価格は不安定になります（各自図を描いて確かめて下さい）．こうして供給が価格に直ちに反応できない場合の均衡価格の安定条件は次のようになります．

市場需要曲線の傾き＜市場供給曲線の傾き

ところで生産に時間がかかる場合でも，それが常に一定の時間を要する場合にはもう少しきめ細かな分析が行えます．たとえば農産物や畜産物の多くは投入から産出まで（1年とか半年というように）ほぼ確定した時間を必要とします．このときにはその確定した時間を周期とすることで，供給側の対応を市場過程に明確に組み込み分析することが可能になります．上の図5-3を見て下さい．

ここでは時間を$0, 1, 2, \cdots$という期間に分け，各期の期首に投入が行われるとその期末には産出物が生産され，それが次の期首に供給されるとします．また価格は各期の期首に与えられるとします．

さてまず0期に価格p_0が与えられるとします．このとき供給側はこの価格で最も利潤の高くなる生産量を生産しようとするでしょう．しかしそれには時

間がかかるため，望ましい生産量が現れるのは次の1期になります．その量は図でx_1^Sと表されています．この量は1期の間は変えられないので，ここを通る垂線が1期の市場供給曲線となるわけです．そこで市場では需給の一致する価格p_1が1期に成立します．ところがこの価格の下では供給量x_1^Sは利潤を最大化してくれません．

そこで改めて供給側はp_1に見合う最適生産量を確保すべく生産を開始することになります．そしてその成果は次の2期に供給されます．それが図のx_2^Sです．しかし2期にはこれだけしか供給されないため，需給を一致させる価格はp_2となります．けれどもこの価格ではx_2^Sが利潤最大化生産量にならないため，再びp_2に見合う最適生産量を目指して新たな生産を開始して……というように価格を追いかけて生産の再編が繰り返されます．

その結果現れる価格・取引量を表す点は図の上で均衡点を中心にくもの巣のような軌跡を描くので，これを**くもの巣過程**（**cobweb process**）と呼びます．この過程を通じて価格が均衡価格にたどり着くためには市場需要曲線と市場供給曲線の間にどのような関係が必要でしょうか？　図を見る限りこれまでと同様需要曲線が右下がりで供給曲線が右上がりであればよさそうに思えますが，実はそれだけでは不十分です．実際に図を書いてみるとわかりますが，それぞれの曲線の傾きの大小関係が決定的に重要で，均衡価格が安定となるためには次の条件が成り立たねばなりません．

市場需要曲線の傾きの絶対値＜市場供給曲線の傾きの絶対値

これはこの財がギッフェン財の場合も成り立ちます．条件がこのようになることは例題5-1から確かめられます．

【例題5-1】
市場需要曲線の式を$D=a+bp$，市場供給曲線を$S=c+dp$とする．ここで$d>0$かつ$b<0$で，2つの直線は必ず交わるものとする．このとき，くもの巣過程による均衡価格の安定性を調べなさい．

【解説】
1期，2期という時間の経過をtという添え字で表せば，供給が1期の

第5章　部分均衡

遅れをともなって価格に反映するという事態は，次のように表現できる．

$$S_t = c + d p_{t-1}$$

一方，需要の方は価格に直ちに反応するので，

$$D_t = a + b p_t$$

と表せる．各期の価格は需給が一致するように決まるので，

$$D_t = S_t$$

が成り立つ．よってこの各期の均衡を表す式に上の2式を代入すれば次が得られる．

$$p_t = \frac{d}{b} p_{t-1} + \frac{c-a}{b}$$

つまり，各期の価格は，その前の期の価格にこのように依存して決まる．そこで今，出発点として0期の価格が p_0 で与えられたとしよう．するとそれをもとに1期の価格は，

$$p_1 = \frac{d}{b} p_0 + \frac{c-a}{b}$$

2期では，

$$p_2 = \left(\frac{d}{b}\right)^2 p_0 + \left(\frac{c-a}{b}\right)\left(1 + \frac{d}{b}\right)$$

と次々に価格が決まっていく．これを繰り返せば，t 期の価格が次のようになることが示せる．

$$p_t = \left(\frac{d}{b}\right)^t p_0 + \left(\frac{c-a}{b}\right)\left(1 + \frac{d}{b} + \left(\frac{d}{b}\right)^2 + \cdots + \left(\frac{d}{b}\right)^{t-1}\right)$$

t の経過とともにこの値が収束するとすれば，$\left|\frac{d}{b}\right| < 1$ となるときに限られる．実際，そのとき t を無限大にすれば，右辺の第1項は0となる一方，第2項のかっこ内の無限等比級数 $1 + \frac{d}{b} + \left(\frac{d}{b}\right)^2 + \cdots$ の値は，

$\frac{1}{1-(d/b)} = \frac{b}{b-d}$．結局 p_t の値は $\frac{c-a}{b-d}$ に収束する．ところでこの値は，上に与えた市場需要曲線と市場供給曲線の交点から得られる均衡価格に他ならない．これから，くもの巣過程による調整において均衡価格が安定的となる条件は，$\left|\frac{d}{b}\right| < 1$，すなわち，需要曲線の傾きが，絶対値において供給曲線の傾きよりも小さくなることである（グラフ上では縦軸に価格，横軸に数量がとられることに注意）．ワルラス的調整のときのように単に需要曲線が右下がり，供給曲線が右上がりというだけでは，十分でないことがわかる．

5.3　長期の均衡

　私たちは第2章3節で，長期の場合には市場供給曲線が個別供給曲線の水平和として描き出すことができないと述べました．そうであれば長期の市場ではこれまでのように市場需要曲線と市場供給曲線の交点で均衡が成り立ち，そこで取引が行われるという説明は行えなくなります．では長期には市場でどのようなことが起こるのでしょう？

　それを見るには，まずなぜ長期の場合，個別供給曲線の水平和が市場供給曲線を構成しないかを知ることが有用です．

　私たちは完全競争市場を想定していますが，完全競争市場の条件の中に「市場への参入と市場からの退出が自由に行われる」という項目があったことを想起しましょう．これと長期の定義を照らし合わせれば，長期では新たな企業が市場に参入したり，あるいは既存企業が市場から退出したりすることが可能であることを意味します．したがって企業の数が流動的となるため個別供給曲線の水平和が確定できなくなるのです（これに対し短期では企業の数を確定できますがその理由を考えてみて下さい）．

　このことを踏まえた上で，長期には市場でどのようなことが起こるかを考え

図5-4 長期の平均費用曲線と限界費用曲線

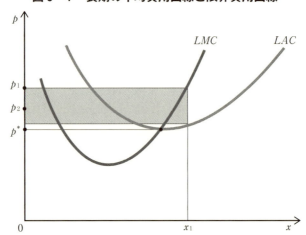

てみましょう.

まず始めに，1つの代表的な企業の生産条件を長期の費用曲線で表しておきましょう．図5-4を見て下さい．図には長期の平均費用曲線と限界費用曲線が描かれています．財に関する情報として生産関数も含められますので，完全競争市場を前提とするかぎり，これらの曲線はすべての企業に共通すると考えてよいでしょう．

さてここで仮に，価格がp_1で与えられたとしましょう．このとき当該企業は利潤最大化を目指して，$p_1=LMC$を満たす生産量x_1を生産・供給しようとするはずです．それにより図の網かけ部分で表される利潤が得られるでしょう．この利潤が，市場に大きな変化を呼び起こします．というのも，この市場にいるどの企業もこれだけの利潤が得られるのですから，自然に新しい企業がこの利潤を求めて市場に参加することになるのです．

その結果，新企業の分だけ供給量は増加するはずですが，需要条件に変わりはないでしょうから，価格は下落し始めます．仮に，価格がp_2に低下したとしましょう．しかしこの価格では依然として各企業は利潤を得ることができます（読者の皆さんは各自確認して下さい）．したがって，その利潤がまた新たな企業の参入誘因となり，さらなる供給量の増加をもたらします．このような

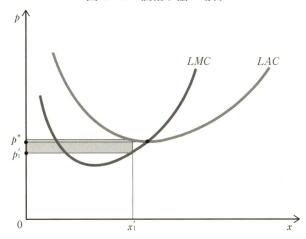

図 5-5 価格が低い場合

「利潤の発生→新企業の参入→価格の低下」というプロセスは価格が LAC の最低水準である p^* に至り利潤が 0 になるまで繰り返されます.

一方,始めに価格が図 5-5 の p'_1 というような低い水準に与えられたとしたらどうでしょう.

このときには,どの企業も網かけ部分の損失をこうむります.したがって,一部の企業は生産活動をやめて市場から撤退するでしょう.そのため総供給量はその分減少しますが,需要条件に変化はないはずですので,価格は上昇し始めます.つまり今度は「損失の発生→既存企業の退出→価格の上昇」というプロセスが繰り返されることになるのです.これは,価格が損失のなくなる(利潤が 0 の) p^* に至るまで続きます.

こうして長期の場合には,結果的に企業は,LAC の最低水準である p^* の価格に対してのみ反応することになります.したがって,長期の市場供給曲線は,この p^* を通り横軸に水平な直線となるのです.一方,需要の方は短期・長期とは独立ですので,市場需要曲線は従来どおり右下がりの曲線として与えられます.そこで長期における市場均衡は,図 5-6 のようにそれらの交点で達成されます.

長期の均衡が短期のそれと比べて特徴的なのは,価格は(LAC の最低水準

第 5 章 部分均衡　107

図 5-6 長期における市場均衡

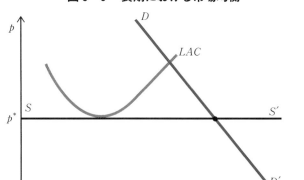

により決まりますので）企業側が決定する一方，取引量は（市場需要曲線の位置により決まりますので）家計側が決定するという，二分割が行われることです．

5.4 均衡価格の比較静学

　本章1節で述べたように部分均衡分析の特徴は財の需要・供給を決定する要素のうちで，その財の価格だけを残して後は一定とすることでした．そこで一定とされる他の要素の値が変われば，一般に当該の財の均衡価格も変わります．数学的にはこれら他の要素はパラメータとみなすことができます．一般にパラメータの変化とともに均衡値がどう変化するかを研究する分野を比較静学と言います．ただし比較静学のアプローチは第3章3節で説明したセテリス・パリブス条項に基づいて行われます．つまりパラメータは一般に多数ありますが，分析する際は一度に1つずつ取り上げ他のパラメータは一定のままにしておきます．ここでは部分均衡分析に基づく財の均衡価格について，比較静学を展開してみましょう．

　話を具体的にするために，まずは需要サイドのパラメータを考えてみましょ

図5-7 粗代替財の価格上昇による均衡価格・取引量の変化

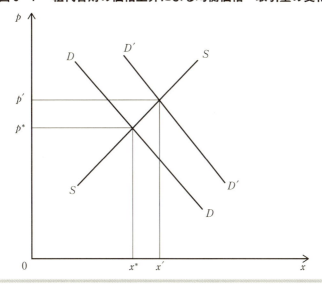

う．前に述べたように財 X の需要は他の財 Z の価格に影響されます．ここでは Z を X の粗代替財としましょう．そして Z の価格の変化が X の需要量にどう影響するかを考えてみましょう．このとき X の需要に影響を与える他の要因は一定にしておきます．この影響を分析するには2つの方法があります．1つは図を用いる幾何学的方法，もう1つは図を使わない代数的方法です．

始めに幾何学的方法から見ていきましょう．財 X に対する市場需要曲線は粗代替財 Z の価格（および他のすべての財の価格）が与えられてはじめて描くことができます．今それが図5-7の DD のように描かれたとしましょう．またこのときの市場供給曲線は図にある通りとします．

すると市場ではそれらの交点で均衡価格 p^* と均衡取引量 x^* が決まります．さてここで粗代替財 Z の価格が変化したとします．たとえば上昇する場合を考えましょう．このとき他の財の価格にはまったく変化がないものとします．すると第3章3節で説明したように市場需要曲線は右の方にシフトします．Z の価格変化が供給側に何の影響も与えないとすればこのときもはや p^* は均衡価格ではなくなります．そこでは超過需要が生じてしまうからです．そこで通

常のワルラス的調整過程を前提にすれば均衡価格は p' へと変化します.そして均衡取引量も x' となります.

以上は粗代替財 Z の価格が上昇したときの影響でしたが,それが下落する場合も同様に図を使って分析することができます.さらにこのやり方により粗補完財の影響も見ることができますし,ひいては財 X の需要に影響を与える他のあらゆる要因についても同様に分析することができます.

このアプローチは市場需要曲線に限られるものではありません.市場供給曲線についても同様の観点で分析することが可能です.たとえば財 X の生産に必要な生産要素の価格が上がったとしましょう.すると同じ生産量を生産するのに以前より高い費用が必要となるので,供給曲線は左の方にシフトします.それに伴い均衡価格も上昇します.

Coffee Break 比較静学の萌芽

比較静学は数学的にはヒックスやサミュエルソンを起源とするとされるのが一般的ですが,その考え方自体はそれよりずっと古く19世紀に遡ります.しかもその表現は単に比較静学と解釈できるといったあいまいなものではなく,なんとグラフを使ってはっきりと述べられているのです.

それを行ったのは当時エディンバラ大学の教授で専門が工学(電磁気学)のフレミング・ジェンキン(Fleeming Jenkin)という人です.彼は1870年に発表した論文("The Graphical Representation of the Laws of Supply and Demand, and their Application to Labour," in Alexander Grant, ed., *Recess Studies*, Ch. IV, pp.151-185, Edinburgh)の中で需要曲線と供給曲線を使って個別市場の均衡分析を行いました.その際使用したグラフでは横軸に価格,縦軸に数量が取られてはいるものの,今でいうワルラス的価格調整によって需要曲線と供給曲線の交点で均衡が達成され,価格が定まることがはっきり述べられています.さらに注目すべきは需要や供給の変化が需要曲線,供給曲線

のシフトとして表され図5-7に描かれたと同じような仕方で、新たな均衡点への移動が説明されていることです。解析的な分析こそ行われてはいませんが、そこには比較静学の萌芽をはっきりと見て取ることができます。

　ジェンキンのこの論文は当時はかなり注目されたようで、限界革命で有名なジェボンズもこの論文に刺激されてその主著を書きあげたという話もあります（福岡正夫「ウィリアム・スタンレー・ジェヴォンズ——没後100年」『三田学会雑誌』Vol. 76, No. 1, 1983, p.26)．なお、ジェンキンという人は学問的に多才な人で経済学のほかにも専門外ながら、あのダーウィンの『種の起源』に対しても鋭い批判を述べて当時話題になったということです（余談ながらダーウィン自身はその批判に正しく反論できず最後まで悩んだという話です）．

　こうして均衡価格の比較静学は幾何学的には市場需要曲線や市場供給曲線のシフトを通じて分析することができるのですが、一方これを代数的に分析することも可能です。それは次のようにして行われます。例として、財 X の需要に影響を与える要因としてその粗代替財の価格（q とします）を取り上げ、供給に影響を与える要因として生産要素価格（w とします）を考えましょう。まず財 X の価格を p としてその市場需要関数を $D(p,q)$、市場供給関数を $S(p,w)$ とします。したがって、q と w はパラメータとして扱われるわけです。さて、私たちは均衡状態でしか取引は行われないと考えますので、まず均衡条件を表現します。それは言うまでもなく次の通りです。

$$D(p,q) = S(p,w)$$

ここからまず q が変化する場合を考えましょう。それとともに財 X の価格も変化しますが、市場で実現する X の価格は上の式を常に満たしていなければなりません。

　そこで上の式を p と q に関して全微分します（全微分については数学付録3.3を参照して下さい）．すると次が得られます。

第5章　部分均衡　111

$$\frac{\partial D(p,q)}{\partial p}dp + \frac{\partial D(p,q)}{\partial q}dq = \frac{\partial S(p,w)}{\partial p}dp$$

ここで私たちが求めるのは q の変化に対する p の変化の仕方ですが,それは極限的には微係数 $\frac{dp}{dq}$ で表すことができます.そこで簡単のために関数 D の p に関する偏微係数を D_p, q に関する偏微係数を D_q,同様に関数 S の p に関する偏微係数を S_p とおいて上の式から $\frac{dp}{dq}$ を計算すると次のようになります.

$$\frac{dp}{dq} = \frac{D_q}{S_p - D_p}$$

さてここで q は X に対する粗代替財の価格でしたので,q が増加すれば X の需要量は増加します.よって D_q は正です.一方,財 X が通常の財(ギッフェン財でない)であれば,その価格上昇とともに需要は下落しますから D_p は負です.また供給面で見れば財 X の供給曲線は右上がりですので S_p は正です.以上まとめると上の式の右辺は正であることがわかります.すなわち財 X の均衡価格はその粗代替財の価格が上昇すると,上昇することが示されます.

財 X の生産要素の価格が変化するときの影響も,同様のやり方で分析することができます.すなわち今度は均衡条件式を p と w に関して全微分します.すると次が得られます.

$$D_p dp = S_p dp + S_w dw$$

これから $\frac{dp}{dw}$ を求めると,

$$\frac{dp}{dw} = \frac{S_w}{D_p - S_p}$$

となります.ここで $D_p < 0, S_p > 0$ であることは前と同様です.S_w は関数 S の w に関する偏微係数であることを考慮すると,これは X の価格が一定のとき要素価格が上昇すると供給量がどう変わるかを示すものですので明らかに負です.よって $\frac{dp}{dw}$ は分子,分母とも負になりますのでこれ自体は正となります.

つまり要素価格が上昇すると均衡価格は上昇することがわかります．

このように需要・供給に影響を与える要因を需要関数・供給関数のなかにパラメータとして導入し，均衡条件を問題のパラメータとその財自身の価格で全微分することで，代数的に均衡価格の比較静学分析を行うことができます．この方法は応用範囲が広く大変有効です．

本章のまとめ

1 市場の分析は一般均衡と部分均衡に分けられます．ここではいずれも完全競争市場を前提として議論しますが，それらの方法論には大きな違いがあります．

2 部分均衡分析における均衡価格の安定性を考えるとき2つの立場があります．1つはワルラス的調整過程に基づくもの，もう1つはマーシャル的調整過程によるものです．後者の立場で調整過程をより具体化したものにくもの巣過程があります．

3 長期の市場均衡では市場への参入・退出が自由であるという完全競争市場の条件が重要な役割を演じて，均衡価格が長期平均費用の最小値に等しくなるという特殊な現象が現れます．

4 財の需要・供給に影響を与えるその財の価格以外の要因に着目し，その要因の変化が均衡価格にどう作用するかを考察するのが，均衡価格の比較静学分析です．これには幾何学的なアプローチと代数的なアプローチがあります．幾何学的アプローチでは需要曲線・供給曲線のシフトが鍵となります．

第6章 一般均衡

ここでは完全競争市場を前提として一般均衡すなわちすべての市場の同時的均衡について学びます．一般均衡ではその均衡価格体系を巡って部分均衡分析には現れなかった色々なことがらが生じます．経済全体を把握することにより得られるワルラス法則からはじまり一般均衡によりもたらされる資源配分の特性まで興味深い命題が多々説明されますのでそれらをよく理解しましょう．

6.1 一般均衡のモデル分析

　第5章1節で述べたように一般均衡の視点はすべての財の市場を同時に考慮することです．その視点で経済主体の行動を考えると，たとえば企業に対しては第1章3節で行ったような扱い，つまり生産要素の需要は二の次にして生産物の供給だけを考えるというようなことは許されなくなります．企業が関与するすべての財に対して企業の行動を考えねばなりません．家計についても同様です．そうしなければすべての市場を同時に把握することができなくなるからです．

　このことを念頭に置き一般均衡の観点から経済をモデル化して分析してみましょう．モデルとしては多数の企業と多数の家計，そして多数の財（サービスを含む）からなる現実的な経済を考えるのが自然ではありますが，本書のレベルでは複雑すぎますので，ここでは現実経済をミニチュア化した次のような経済を考えることにしましょう．

　この経済には2つの企業と1つの家計が存在するとします．そして財は全部で4つで，それは2つの消費財と労働および実物資本からなるとします．それぞれの消費財は別々に各企業で生産・供給されますが，労働と実物資本は家計が所有し供給するとします．こうしてこの経済には4つの市場が存在すること

になりますが，それらはすべて完全競争市場であるとします．

私有制経済とワルラス法則

一般均衡を考える場合，各主体の行動の前にその経済がもつ制度的側面に注意することが重要です．経済社会は大きく分けて資本主義経済と社会主義経済に二分されますが，私たちがここで考える経済は前者つまり資本主義経済です．資本主義経済の特徴の一つが**私有制**（**private ownership**）です．すなわち富を生む資産は原則として私的個人の所有に属するという制度です．私たちはこの制度的特徴を厳格に維持して議論を進めます．そのため対象となる経済には，政府や地方公共団体などの公的機関が考慮されていません．

さて，私たちの簡単化された経済で富を生む資産とみなすことができるのは企業です．私有制経済の想定に基づけばこの企業は家計に属するものと考えられます．そのため企業の得る利潤はすべて家計に分配されることになります．私有制であることで当然生ずるこの事実は，しかしこの経済に1つの重要な帰結をもたらします．しかもそれはこの経済のモデル分析の第1歩で確認できるのです．以下それを見ていきましょう．

2つある財を財 X_1，財 X_2 としてその数量を x_1, x_2 で表しましょう．また労働の数量を l，実物資本の数量を k としましょう．一方それらの価格は順に p_1, p_2, w_1, w_2 とします．

いま，各企業が与えられた価格の下で，家計からそれぞれ $(l_1^d, k_1^d), (l_2^d, k_2^d)$ の生産要素量を需要し，各々 x_1^s, x_2^s の生産量を供給するとすれば，得られるそれぞれの利潤 π_1, π_2 は明らかに，

$$\pi_1 = p_1 x_1^s - w_1 l_1^d - w_2 k_1^d$$
$$\pi_2 = p_2 x_2^s - w_1 l_2^d - w_2 k_2^d$$

と表されます．一方，家計は予算制約を満たして需給活動を行いますので，企業の場合と同様に上付き添え字の d は需要，s は供給を表すとすれば，

$$p_1 x_1^d + p_2 x_2^d = w_1 l^s + w_2 k^s + \pi_1 + \pi_2$$

が成り立ちます．私有制経済の想定から，企業の利潤が家計の所得に加えられ

ていることに注意して下さい．そこでこの式に，上で得た π_1 と π_2 を代入して整理すると，

$$p_1(x_1^d - x_1^s) + p_2(x_2^d - x_2^s) + w_1(l^d - l^s) + w_2(k^d - k^s) = 0$$

が得られます．ただし，$l^d = l_1^d + l_2^d$, $k^d = k_1^d + k_2^d$ です．この式が意味することは，すべての財・サービスの超過需要価値額の総和が0であるということです．これを**ワルラス法則（Walras' law）**と言います．これが法則と呼ばれる理由は，次のところにあります．

まず何よりここでは，企業，家計とも単に価格受容者として行動することしか想定されていません．つまり，主体の合理的な最適化行動は考えられていないのです．さらに加えて，ここでは市場の特別な働きは何ら想定されていません．要するに，単に価格が与えられさえすれば，後は主体が技術的制約と予算制約に従って行動することで，私有制経済の下では上の式が常に成り立ってしまうのです．言い換えれば，これは市場の特定の働きや主体の特定の行動様式から独立に成り立つという意味で，法則と呼ばれるのです．

ワルラス法則は，次のように解釈できることにも注意しましょう．すなわち，上の式から4つの市場のうち3つで需給が一致していれば，残りの1つの市場は（価格が正である限り）必ず需給が等しくなるということです．なお，ここでの議論は，財・サービスの数がいくつであっても成り立ちます．

一般均衡価格体系の決定

それでは簡単化された経済モデルに基づいて一般均衡の分析を展開しましょう．大まかな筋道は次の通りです．まず何より経済主体の意思決定過程を分析し関与するすべての財に対する個別的な需要・供給の在り方を価格の関数として捉えることから始めねばなりません．その次にそれらの個別需要・供給を各財の市場で集計して市場供給と市場需要を導きます．そしてすべての市場で同時に需給均衡する状態をもって一般均衡を表現します．

では始めに財 X_1 を生産する企業の意思決定行動から見ていきましょう．この企業が行うべきことは，技術的制約の下で利潤を最大化することです．それを定式化すれば，次のようになります．

$$\max \quad \pi_1 = p_1 x_1 - w_1 l_1 - w_2 k_1 \qquad \text{s.t.} \quad x_1 = f^1(l_1, k_1)$$

ここで，f^1 は財 X_1 の生産関数を表します．

これを解いて得られる最適な要素投入量と生産量が，要素需要量と財 X_1 の供給量となるわけですが，それらは上の問題のパラメータに依存しますので，次のように表すことができます．

$$l_1^d = l_1^d(p_1, w_1, w_2)$$
$$k_1^d = k_1^d(p_1, w_1, w_2)$$
$$x_1^s = x_1^s(l_1^d, k_1^d) = x_1^s(p_1, w_1, w_2)$$

これらが，それぞれの要素需要関数と財 X_1 の供給関数と呼ばれるものです．

財 X_2 を生産する企業についても，まったく同じ考察を行うことができ，条件付最適化問題を解いて，次のような要素需要関数と財 X_2 の供給関数を得ることができます．

$$l_2^d = l_2^d(p_2, w_1, w_2)$$
$$k_2^d = k_2^d(p_2, w_1, w_2)$$
$$x_2^s = f_2^s(l_2^d, k_2^d) = x_2^s(p_2, w_1, w_2)$$

一方，家計ですが，こちらは予算制約下で効用最大化を目指しますので，その行動は次のように要約されます．なお，$U(x_1, x_2, l)$ を家計の効用関数とします．この場合，効用 U は l の減少関数になります．

$$\max \quad U = U(x_1, x_2, l)$$
$$\text{s.t.} \quad p_1 x_1 + p_2 x_2 = w_1 l + w_2 k + \pi_1 + \pi_2, \quad l \leq \bar{l}, k \leq \bar{k}$$

ここで π_1 と π_2 はともに要素需要関数と供給関数により表されることに注意すれば，上の問題を解くことで，次のような X_1 と X_2 への需要関数と要素供給関数が得られます．

$$x_1^d = x_1^d(p_1, p_2, w_1, w_2)$$
$$x_2^d = x_2^d(p_1, p_2, w_1, w_2)$$
$$l^s = l^s(p_1, p_2, w_1, w_2)$$
$$k^s = \bar{k}$$

ここで k は効用を生まず所得のみを生むので，その保有量 $\bar{k}$ のすべてが供給されることに注意しましょう．以上で，与えられた価格の下で4つの市場に現れるすべての需要量と供給量が得られました．そこで各市場に目を向けて，需給調整がどのように行われるかを見てみましょう．

財 X_1 の市場では，与えられた価格の組 (p_1, p_2, w_1, w_2) の下で，$x_1^d(p_1, p_2, w_1, w_2)$ という需要量と $x_1^s(p_1, w_1, w_2)$ という供給量が生じます．一般にこれらは等しくなる保証はありません．そこでこれらに食い違いが生ずると，価格 p_1 がそれを解消すべく変化します．いわゆるワルラス的調整が行われるわけです．その結果，新たな価格 p_1^* で需給が一致したとしましょう．

次に財 X_2 の市場を考えてみましょう．財 X の価格は p_1^* となっているので，今度は (p_1^*, p_2, w_1, w_2) という価格の組の下で生ずる需要量と供給量を考えなければなりません．やはり，その場合も，需給に食い違いが生ずるのが一般的ですので，ワルラス的調整により p_2 は変化するはずです．その結果，新たに p_2^* という価格が成立したとしましょう．

さてそうすると，たいへん大きな問題が生じてしまいます．それは財 X_2 の価格が p_2 から p_2^* に変わったことで，始めの財 X_1 の市場ではもはや p_1^* が均衡価格ではなくなってしまうことです．というのも，p_1^* が均衡価格となるためには，財 X_2 の価格は p_2 でなければならないからです．つまり，市場の間で**価格のフィードバック**が生じるために，単一の市場でのワルラス的価格調整だけではすべての市場の均衡（すなわち一般均衡）はもたらされないのです．

換言すると，私たちが一般均衡を考える場合，部分均衡分析を単純に拡張することはできず，すべての価格の同時的な調整を考慮しなければならないということです．このことは，次のように各市場での需給一致条件を定式化してみれば容易にわかります．

$$x_1^d(p_1, p_2, w_1, w_2) = x_1^s(p_1, w_1, w_2)$$
$$x_2^d(p_1, p_2, w_1, w_2) = x_2^s(p_2, w_1, w_2)$$
$$l_1^d(p_1, w_1, w_2) + l_2^d(p_2, w_1, w_2) = l^s(p_1, p_2, w_1, w_2)$$
$$k_1^d(p_1, w_1, w_2) + k_2^d(p_2, w_1, w_2) = \bar{k}$$

これらのすべてが成り立つことが，一般均衡です．そしてそれを成り立たせる価格の組は一般均衡価格体系と呼ばれます．私たちは与えられた経済において，観察される価格はこの一般均衡価格体系であるとみなします．

ここでは非常に簡単化された経済モデルに基づいて議論してきましたが，より現実的で複雑なモデルに対しても分析アプローチは基本的に同じで，最終的にすべての財の市場での需給均衡をもって一般均衡を表現し，そこに成立する一般均衡価格体系を実際に観察される価格の抽象化と考えます．

6.2 一般均衡価格体系を巡る問題

一般均衡価格体系の存在

私たちは一般均衡価格体系の成立により一般均衡状態を捉えたのですが，前節のモデル分析から明らかなように，一般均衡価格体系自体は財の数だけある連立方程式の解として表されました．そこで直ちに生ずる疑問は，その連立方程式に本当に解はあるのか？ということです．もし解が存在しないとしたら，一般均衡価格体系は絵に描いた餅となり，それを実際に観察される価格とみなすこと自体が意味をなさなくなります．

これは非常に重要な問題なので，経済学の歴史上多大な努力がこの問題の解決のために払われてきました．その詳細に立ち入ることは本書のレベルを越えてしまいますので，ここではこの問題へのアプローチの仕方と結果だけを簡単に述べておくにとどめます．

まず任意の価格の組に対し各財の市場需要関数から市場供給関数を引いたものを考えます．これを各財の超過需要関数と言います．たとえば財 X_1 の超過

需要関数は $z_1(p_1, p_2, w_1, w_2) = x_1^d(p_1, p_2, w_1, w_2) - x_1^s(p_1, w_1, w_2)$ となります．以下同じように財 X_2，労働，実物資本についても，それぞれの超過需要関数を考えます．それらを順に $z_2(p_1, p_2, w_1, w_2), z_l(p_1, p_2, w_1, w_2), z_k(p_1, p_2, w_1, w_2)$ としましょう．こうすると一般均衡価格体系とは，これらの超過需要関数の値がすべて 0 になるようなものと考えることができます．

これは次のように言うこともできます．今価格の組に 4 つの財の超過需要量を対応させる写像を考えます．これは値がベクトルとなる関数とみなせますので，一般にベクトル値関数と呼ばれます．これを簡単に超過需要関数と呼び $Z(p_1, p_2, w_1, w_2)$ と表しましょう．すると一般均衡価格体系は $Z(p_1^*, p_2^*, w_1^*, w_2^*) = \mathbf{0}$ を満たす特定の価格体系 $(p_1^*, p_2^*, w_1^*, w_2^*)$ であると定義できます．

さてこの超過需要関数 Z に対しては，数学的観点から次のことが知られています．すなわちこれが連続でワルラス法則を満たし，かつ後で述べる特有の性質（0 次同次性と呼ばれます）をもつならば，任意の財 i に対しその価格 p_i（または w_i）が 0 に収束するとき超過需要関数のノルム $\|Z(p_1, p_2, w_1, w_2)\|$ が無限大に発散する限り，$Z(p_1^*, p_2^*, w_1^*, w_2^*) = \mathbf{0}$ を満たす $(p_1^*, p_2^*, w_1^*, w_2^*)$ が存在するということです（なおここでベクトルのノルムとは $\|(x_1, \cdots, x_n)\| = \sqrt{x_1^2 + \cdots + x_n^2}$ という実数値を意味します）．

そこで重要なのが，「任意の財 i に対し p_i（または w_i）$\to 0$ のとき $\|Z(p_1, p_2, w_1, w_2)\| \to +\infty$ となる」という条件ですが，さいわいこれは自然な仮定から導かれることが知られています（その仮定とは，厳密性を犠牲にして日常的な言葉で言えば，生産性には限りがあるが消費や利潤への欲望は無限ということです）．

よって結果的に一般均衡価格はその存在が保証されることになります．なお財の数が多数ある場合にもここで述べたことは基本的に成り立ちます．

均衡価格体系の性質

上で述べた超過需要関数 Z の特有な性質は均衡価格体系にまことに奇妙な性質を与えます．それは文字通りの意味では均衡価格が決まらないという性質です．

これは上で述べた一般均衡価格体系が存在することと矛盾するように見えま

す．以下ではこのことの意味を説明しましょう．

まず前節で述べた主体の意思決定行動を振り返る必要があります．企業の場合技術的制約の下で利潤を最大にするという行動基準に基づき，生産要素の需要量と生産物供給量を同時に決定しました．そしてそれらは生産物の価格と要素の価格に依存して決まるため，そこに要素需要関数と生産物供給関数が導かれたわけです．ところでこれらの関数は，もとになっている技術制約条件下の利潤最大化の過程をよく見てみると，変数である価格への依存の仕方が非常に特徴的であることがわかります．その最大化行動の定式化を見て下さい．それは次のようでした．

$$\max_{x_i, l_i, k_i} \pi_i = p_i x_i - w_1 l_i - w_2 k_i \quad \text{s.t.} \quad x_i = f^i(l_i, k_i) \quad i = 1, 2$$

さてここで与えられる価格 (p_i, w_1, w_2) がすべて 2 倍になったとしましょう．そのとき利潤を最大にする要素投入量はどうなるでしょうか？ 価格が変わっても技術制約である生産関数は変わりません．また目的関数の方は値が常に 2 倍になるだけです．したがって，最適な要素投入量は変わりません．また最適生産量（供給量）も変わりません．変わるのは利潤の大きさだけで，これは 2 倍になります．このことは価格を 2 倍でなく 3 倍にしても $\frac{1}{2}$ 倍にしても成り立ちます．価格が何倍になっても変わるのは利潤の大きさだけで，要素需要量と供給量は変化しないのです．

これは要素需要関数と生産物供給関数は変数である価格がすべて同じ割合で，変化しても値に変化がないということを意味します．数学ではこのような性質をもつ関数のことを **0 次同次関数**（**homogeneous of degree 0 function**）と呼びます．要素需要関数と生産物供給関数は 0 次同次関数という特別な関数なのです．因みに変数がすべて同じ割合で変化するとき，その値も同じ割合で変化する関数のことは **1 次同次関数**（**homogeneous of degree 1 function**）と言います．したがって最大化される利潤を価格を変数とする関数と見るならば，その利潤関数は 1 次同次関数となるわけです．

それでは家計の場合はどうでしょう．家計の意思決定問題は次のように定式化できました．

$$\max_{x_1, x_2, l} \quad u = u(x_1, x_2, l) \quad \text{s.t.} \quad p_1 x_1 + p_2 x_2 = w_1 l + w_2 k + \pi_1 + \pi_2$$

ここでも与えられる価格 (p_i, w_1, w_2) がすべて 2 倍になるとしましょう．そのとき上で述べたように企業の利潤 π_1, π_2 はともに 2 倍になることに注意すると，予算制約式はその両辺が 2 倍されるだけで予算集合自体は変化しないことがわかります．一方，効用関数は価格に依存しないので，結局選ばれる需要量には変化がありません．つまり家計の需要関数と要素供給関数も価格に関し 0 次同次です．0 次同次関数と 0 次同次関数の差から作られる関数も明らかに 0 次同次ですので，これから財 X_1，財 X_2，労働および実物資本のすべてについて超過需要関数は 0 次同次となります．さてそうすると一般均衡価格体系について奇妙なことが起こります．

一般均衡価格体系は，$Z(p_1^*, p_2^*, w_1^*, w_2^*) = 0$ を満たす特定の価格体系 ($p_1^*, p_2^*, w_1^*, w_2^*$) であると定義されました．そしてこれが前項で見たように一定の条件の下で存在することは保証されています．

そこで今これに対し，すべての価格を 2 倍にした新たな価格体系 ($2p_1^*, 2p_2^*, 2w_1^*, 2w_2^*$) を考えてみましょう．$Z$ は 0 次同次でしたから当然 $Z(p_1^*, p_2^*, w_1^*, w_2^*) = Z(2p_1^*, 2p_2^*, 2w_1^*, 2w_2^*) = 0$ が成り立ちます．つまりこの ($2p_1^*, 2p_2^*, 2w_1^*, 2w_2^*$) も一般均衡価格体系なのです．このことは価格を 2 倍にしたときのみ成り立つことではありません．一般に任意の $\lambda (>0)$ に対し作られる価格体系 ($\lambda p_1^*, \lambda p_2^*, \lambda w_1^*, \lambda w_2^*$) はすべて $Z(\lambda p_1^*, \lambda p_2^*, \lambda w_1^*, \lambda w_2^*) = 0$ を満たし，一般均衡価格体系となってしまうのです．一般均衡価格体系は存在するとしても，決定できないというのはこの意味です．つまり価格の絶対水準の観点からは一般均衡価格は定まらないのです．

これは確かに不都合なことですが，しかしこのことを強調しすぎてはいけません．というのは一般均衡価格の絶対水準が定まらなくても，経済の実物面がそれにより影響を受けることはないからです．というのは ($\lambda p_1^*, \lambda p_2^*, \lambda w_1^*, \lambda w_2^*$) はすべての λ に対し同じ需要量と同じ供給量を与えるからです．言い換えれば家計が消費したり供給したりする財の量や，企業が生産したり需要したりする財の量は λ の値のいかんにかかわらず一意に決まるのです．したがって一般均衡価格体系の絶対価格水準はどこに定められても，実物的な結果は同じになり

ます.

　ところで一般均衡価格体系により決まる財取引の実物面, つまり需要量や供給量の配分は1つの重要な性質をもっています. 部分均衡分析では均衡価格は余剰の観点から好ましい性質をもつことが示されました. 一方一般均衡はすべての財市場を同時に考慮するために, 部分均衡分析では捉えることができなかった社会全体の観点から評価されるある性質をもたらすのです. それを知るには資源配分の概念を理解する必要があります. 次にそれを説明しましょう.

6.3　資源配分とその評価

資源配分

　私たちの物質的欲望は, その質・量において尽きることがなく, したがって, その限りでは無限であると言うことができるでしょう. 一方, その欲望を充足する手段は明らかに有限です. この単純な事実から私たちの社会では, 「どのような方法で, 何をどれだけ生産し, 誰にどれだけ分配するか」という問題を解決しなければならなくなります. これは一般に**資源配分**の問題と呼ばれますが, これこそが経済学の根底に横たわる問題であるということができるでしょう.

　資源配分は, 社会全体を視野において得られる概念であることは言うまでもありませんが, どのような資源配分を, どのようにして実現するかということに関しては, 決まった方法があるわけではありません. たとえば, この社会に1人の独裁者がいて, その人が自分の考えだけで社会全体の資源配分を決めて実行することも可能ですし, あるいはこの社会に中央経済計画当局のような特別の組織があって, そこで計画的に資源配分を行うことも可能でしょう. 専制君主国家や社会主義国家等は, 基本的にそのような仕方で資源配分を行うと考えられます.

　一方, 私たちの住む資本主義社会ではどうでしょう. そこでは, 何か特定の主体なり組織なりが意識的に資源配分を行おうとしているわけでありませんが,

結果的に確かに資源配分の問題は解決されています．すなわちそれは，自由意思をもつ主体が市場を通じて行う経済活動の結果として実現されているのです．これを言い換えれば，市場は資源配分の問題を解決する1つの制度的機構であると言えます．そして上で述べてきた一般均衡という状態は，それによって得られる資源配分の具体的な状態を表すものであると見なせます．

パレート基準

こうして資源配分の実現の仕方はいろいろあり，それに従い資源配分そのものも多様なものが可能となります．そこで，実現可能な多数の資源配分の間で，何らかの等級付けができるかどうかを考えてみましょう．

そのためには，資源配分間で比較考量するための基準を定めねばなりません．そのようなものはあるのでしょうか．その基準は結局のところ，資源配分の間の善し悪しを決める価値判断基準とならざるをえないのですから，そのかぎりで絶対的に正しいというものはありえないでしょう．しかし，純粋に経済学的な観点のみから考えるならば，多くの人が納得のいくものを提起することができます．

私たちの住む経済社会は，非常に複雑化しています．1次，2次，3次という産業の分化・高度化に伴い，人々の業務も多様化し，多くの人々は日々社会のなかで，誠に小さな歯車として労働しています．しかしそれらすべての労働は何のために行われるのかと言えば，結局は消費生活を豊かにするためであると言えます．ありとあらゆる生産活動は，結局は消費のために行われるのです．その意味で私たちの経済社会における主役は，消費者であると言えます．この考え方を**消費者主権**（consumers' sovereignty）と言います．

消費者主権の立場に立つならば，資源配分の比較も消費者を中心に考えることができます．ただし，資源配分は社会全体の問題ですから，この社会に存在するすべての消費者を考慮に入れなければなりません．すると消費者間で区別をつけるべきかどうかという問題が次に出てきますが，多くの人々に受け入れられる基準を模索するという観点から，私たちは，すべての消費者は平等に扱われるという立場をとることにしましょう．

さて，消費者を中心に資源配分を眺めるとすれば，その善し悪しは何によっ

て判断されるべきでしょう．それは明らかに消費者にとっての満足度，すなわち消費者の効用でしょう．つまり消費者にとってより効用が高い資源配分が，より好ましいということになります．

いま，R^1 という資源配分と R^2 という資源配分があったとします．もしもこの社会のすべての消費者にとって，R^2 の方がより高い効用を与えてくれるのであれば，明らかに R^2 の方が R^1 より優れた資源配分と判断されます．また，多くの人が R^1 と R^2 で効用に違いがないと感じても，一部の人（たとえ1人でも）が R^2 の方がより高い効用を与えると感じるならば，やはり R^2 の方が資源配分として R^1 より勝っていると言えるでしょう．このように消費者の効用に照らして R^2 の方が R^1 より勝っているとき，R^2 は R^1 に**パレート優越**（**Pareto dominant**）すると言います．

これから，全消費者の効用を低下させることなく，少なくとも1人の消費者の効用を高めるような資源配分がほかに存在しないような資源配分，つまりほかにパレート優越する配分が存在しないような配分こそが，最も好ましいものとして評価されることになります．このような性質の資源配分は**パレート最適性**（**Pareto optimality**）をもつ資源配分と言います．

パレート最適な資源配分はまた，次のようにも言い表せます．すなわちその資源配分から，誰か1人の消費者の効用を高めるべく配分を変えても，必ずほかの誰かの効用を低下せざるをえなくなるような資源配分であると．

ところで，上で R^2 という配分が R^1 という配分にパレート優越するというとき，R^1 という配分は消費者の効用を高めるように改善できることを意味します．その改善は一般に，生産の仕方を再編成することで行われるでしょう．それは言い換えれば，R^1 では生産が効率的に行われていなかったことを意味します．そこで，パレート最適性は生産が余すところなく効率的に行われていることに対応するという意味で，**パレート効率性**（**Pareto efficiency**）とも呼ばれます．

パレート最適な資源配分は1つとは限らず，一般に多数存在しますが，ともかく経済学的な観点から見て，パレート最適性を持つことは好ましい資源配分の条件であると考えるのは妥当でしょう．このようにして与えられる資源配分の評価の基準を，パレート基準あるいはパレート効率性基準と言います．また

図6-1　2財・2消費者の資源配分

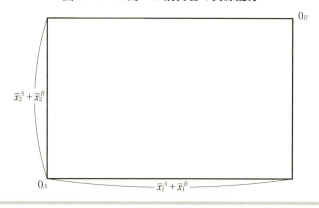

本によっては，単に効率性基準と言うものもあります．

エッジワース・ボックス

さてそれでは，資源配分に関するパレート基準の具体的なイメージを簡単なモデルに基づいて説明しましょう．パレート基準を物差しにしようとするとき，上に述べたパレート最適性の定義から，対象となる経済社会には複数の消費者家計が存在することが重要です（もちろん1家計しかない場合にもパレート最適性を考えることはできますが，その内容が自明なものとなることは容易にわかるでしょう）．そこで，複数の消費者を条件として，考えられうる最も簡単なモデルを取り上げます．

この社会には2人の消費者A, Bがおり，取り扱われる消費財は2つ（財X_1，財X_2）しかないとしましょう．そして，それらの消費財は生産されることなく，A, Bがそれぞれ保有する$(\bar{x}_1^A, \bar{x}_2^A), (\bar{x}_1^B, \bar{x}_2^B)$という量しかこの社会には存在しないとします．したがってこの場合の資源配分とは，これら2財の総量をA, Bに分配することにほかなりません．ところでこの単純なケースでは，実現可能な分配を表すのに横の長さを$\bar{x}_1^A + \bar{x}_1^B$，縦の長さを$\bar{x}_2^A + \bar{x}_2^B$とする長方形を考えるのが便利です．そしてこの長方形の左下隅の頂点を消費者Aの原点（0_Aとする）とみなし，右上隅の頂点をBの原点（0_Bとする）とみなします．

図6-2 エッジワース・ボックス

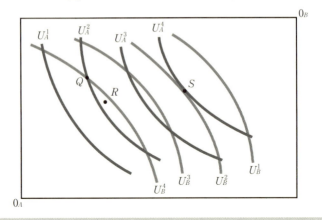

Bにとっては0_Bから左横方向に進むことが財X_1の獲得を,下方向に進むことが財X_2の獲得を意味することに注意すれば,この長方形の境界と内部の各点がA, Bへの財X_1と財X_2の分配を表し,したがってこの社会の1つの資源配分を表します.言い換えるとこの社会の実現可能な資源配分は,どれもこの長方形のなか(辺も含む)の1つの点で表されるのです.したがって,資源配分のあり方は無数にあります.

さてそこで,消費者主権の観点に基づき,資源配分の間で等級をつけることを考えましょう.これは前述のように消費者の効用を判断の基準にとることを意味します.消費者効用は無差別曲線群により表現されますので,この長方形の中にA, Bそれぞれの無差別曲線群を描いてみます.そうしてできる図形は**エッジワース・ボックス図(Edgeworth box diagram)** と呼ばれます.

図6-2には各消費者の代表的な無差別曲線が4本ずつ書き込まれていますが,それぞれの消費者にとってUの上添数が大きくなればなるほど高い効用水準を表すことはいうまでもありません.

さてここで,パレート最適な資源配分はどのようなものとなるかを考えましょう.試みにU_A^2とU_B^4の交点である点Qが示す資源配分を取り上げてみます.そして,U_A^2とU_B^4の少なくとも一方より高い効用を与える資源配分がほかにあるかどうかを見てみると,点Qの右斜め下の点Rで示される資源配分が,

図6-3　契約曲線

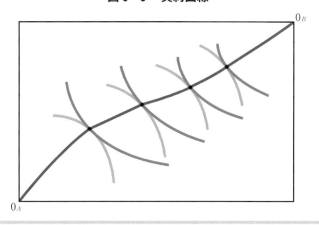

A, B の両者に対し高い効用を与えるものであることが，容易にわかります．つまり点 Q は，点 R によりパレート優越されているのです．したがって点 Q はパレート最適な資源配分ではありません．

　この図示から重要な示唆が得られます．つまり，ある資源配分に対しそれをパレート優越する資源配分がほかに存在しないためには，すなわちその資源配分がパレート最適となるためには，それが A, B の無差別曲線の交差する位置に存在してはならないということです．

　これから，パレート最適な資源配分は A, B 両者の無差別曲線が互いに接する点によってしか表されないことがわかります（このことの数学的な証明は数学付録4.3の具体例を参照）．たとえば図の点 S のような場合です（読者の皆さんは点 S で表される資源配分が実際にパレート最適になることを確かめて下さい）．また無差別曲線が接する点は無数にありますので，これからパレート最適な資源配分が1つに限らないことも容易にわかりますが，それらを図示すると図6-3のようになります．

　この図に示されたパレート最適な資源配分をすべてプロットしてできる曲線は**契約曲線**（**contract curve**）と呼ばれます．

Coffee Break　社会的厚生（アローの不可能性定理）

　パレート基準は，すべての消費者家計の効用をもとにして資源配分の比較を行おうとするものですが，任意の2つの資源配分を必ず比較することができるわけではなく，またこの基準をクリアする資源配分も多数出てくることから，比較の基準としては，はなはだ粗く，不十分なものであると言わざるをえません．

　そこで，全家計の効用を反映しながらも，1家計の効用と同じ程度の綿密な比較を行える社会的な効用指標が得られるなら，好ましいに違いありません．こうして考えられたのが，バーグソン，サミュエルソンによる社会的厚生関数です．経済社会に n 人の消費者家計が存在するとしてこの関数を形式的に表せば次のようになります．

$$U(R) = S(u_1(R), u_2(R), \cdots, u_n(R))$$

　ここで R は，任意の資源配分を表します．個々人の効用関数 u_i から写像 S を経て，社会的な効用関数 U が導かれるのです．ここで S が社会的厚生関数と呼ばれます．

　概念的には，こう考えることに問題はないように思われます．また数学的にも，このような関数を構成することは容易でしょう．しかし私たちにとって重要なのは，その構成に適切な経済学的意味づけが与えられるかどうかです．

　これは2つの点から考えねばなりません．1つは，得られる社会的な効用関数が個人のそれと同様首尾一貫した性質をもつかどうか，もう1つは，個々人の効用を社会的な効用関数に反映させる仕方が適切であるかどうかです．

　これを，効用関数の基礎にありそれを形作る原始概念である選好関係に遡って考えてみると，まず前者に関しては，得られる社会的選好関係が少なくとも完備性と推移性を備えていることが要求されます．他方，後者の方はいくつかの条件が考えられますが，整理すると，基本的なも

のとして次のようなものが挙げられます．
  (1) 個々の消費者家計の選好関係がどのようなものであっても，第3章で述べたように矛盾のないものであるかぎり，それらから必ず社会的選好関係が形成されねばならない．
  (2) すべての消費者家計が資源配分 R^1 より資源配分 R^2 を狭義に選好しているならば，結果得られる社会的選好関係においても，R^1 より R^2 が狭義に選好されなければならない．
  (3) その人の選好関係が社会的選好関係になるような独裁的個人の存在は許されない．

以上はまったく自然なもののように見えます．さらにこれらに加えて
  (4) 各消費者に対し，ある与えられた選好関係によって R^1 と R^2 に対して下される評価が，別の与えられた選好関係によっても変わらないとするならば，前者の選好関係から導かれる社会的選好関係による R^1 と R^2 の評価は，後者の選好関係から導かれる社会的選好関係によるそれと同じでなければならない．

という，これまたまったくもっともらしい条件を考慮しましょう．すると驚いたことに，これらすべての条件を満たしながら個々人の選好関係から完備性と推移性を備えた社会的選好関係を導くことは，論理的に不可能であることが証明されるのです．これをアローの不可能性定理と言います．アローの不可能性定理は，望ましい社会的合意形成の実現が現実的にいかに困難なものであるかを如実に示しています．

6.4　一般均衡の効率性

それでは一般均衡によってもたらされる資源配分はパレート基準に照らしてどう評価されるのでしょうか？

純粋交換経済

それを見るために前節で説明した2消費者2消費財の特殊な経済をもとにし

図6-4 消費者均衡点

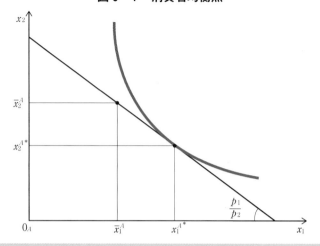

て，そこに価格メカニズムを導入してみましょう．つまりこの経済では生産が行われず消費者が手持ちの賦存量を取引するだけなのですが，ここに価格メカニズムを考えるということは各消費財に完全競争市場が開かれ，そこで成立する価格をシグナルとして各消費者は財を需要・供給することを意味します．このように市場は開かれているが，生産の行われない経済のことを一般に**純粋交換経済**（**pure exchange economy**）と言います．

さてではこのような2消費者2消費財の純粋交換経済において成立する一般均衡状態は，どのような資源配分をもたらすでしょうか？ それを知るにはまず各消費者の需要・供給行動を図の上で捉えることが得策です．始めに消費者Aの行動を考えましょう．Aは与えられた価格(p_1, p_2)のもとで，自分のもつ財の保有量$(\bar{x}_1^A, \bar{x}_2^A)$が与える所得をもとに，自らの望む財1,2の消費量を決めるはずです．そこでAの予算制約式は次のようになります．

$$p_1 x_1^A + p_2 x_2^A \leq p_1 \bar{x}_1^A + p_2 \bar{x}_2^A$$

このとき予算線はAの財保有量$(\bar{x}_1^A, \bar{x}_2^A)$を表す点を通ることに注意しましょう．これから各財に対するAの需要量は図6-4の点(x_1^{A*}, x_2^{A*})で表されます．

図6-5　消費者 A・B の行動

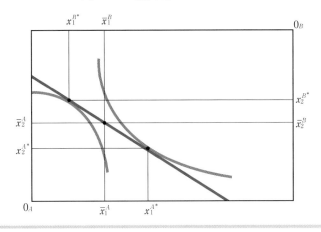

A は始めに各財を $(\bar{x}_1^A, \bar{x}_2^A)$ だけ所有していたことを考慮すればその結果財 X_1 市場で $x_1^{A*} - \bar{x}_1^A$ の量だけの需要を表明し，財 X_2 市場では $\bar{x}_2^A - x_2^{A*}$ の量の供給を表明することになります．

一方 B の行動もまったく同様に考察することができます．そして図6-4と似たような図を描き出すことができます．

こうして得られた両者の図をエッジワース・ボックスの上に載せてみましょう．図6-5を見て下さい．

このとき非常に興味深いのは，両者の予算線が初期保有点を通る1本の共通な直線で表されることです（その理由は各自簡単に示せると思います）．そこでその共通の予算線上に両者の需要を表す点がとられ，それに従って各市場で両者が表明する需要・供給量が一目でわかります．その結果，図6-5のような場合には財 X_1 市場で超過需要が，財 X_2 市場で超過供給が生ずることがわかります．これを言い換えれば，ここで与えられた価格 (p_1, p_2) は均衡価格体系でないということです．それからもう一点重要なことは，各財の需要量・供給量を決めているのは両方の価格の水準そのものではなくて，両方の価格の比率 $\dfrac{p_1}{p_2}$ であるということです．というのもこれにより予算線の位置が決まるからです．この価格比率のことを**相対価格**（**relative price**）と言います．

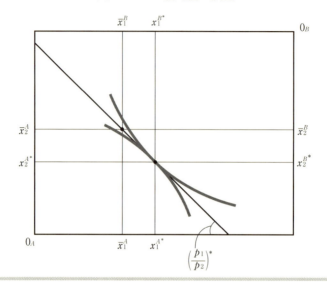

図6-6 一般均衡の決定

　以前に一般均衡価格体系の絶対水準は決まらないと言いましたが，相対価格の観点に立つと一般均衡をもたらす相対価格を特定することができます．その特定の相対価格は図6-6に示されるようなものとなります．

　この図の予算線の傾きが示す相対価格 $\left(\dfrac{p_1}{p_2}\right)^*$ の場合には A, B の需要する点が予算線上で一致しています．このとき財 X_1 市場では A は $x_1^{A^*}-\bar{x}_1^A$ の需要量を表明しますが，それは B が表明する $\bar{x}_1^B-x_1^{B^*}$ の供給量と一致します．また財 X_2 市場では A の表明する供給量と B の表明する需要量が一致します．したがって両方の市場で需給が一致し，一般均衡が達成されます．

　さてこうして達成される一般均衡はどのような資源配分をもたらすでしょうか？　それは図6-6から明らかです．このときの資源配分においては A, B 両者の無差別曲線が互いに接しています．つまりパレート最適状態が実現しているのです．実はこのことは，財の数がいくら増えてもまた生産が行われる場合でも成り立つことが知られています．すなわち，「一般均衡状態によりもたらされる資源配分はパレート最適である」という一般的命題が成立するのです．

この命題を**厚生経済学の第1基本定理**(first fundamental theorem of welfare economics)と言います．補論では一般的な枠組みでこの定理の成立を論証しますが1企業・1家計という簡単な場合については後で図を用いてこの定理の成立を説明することにします．

ところで読者の中には図6-6のように都合のよい相対価格がいつでも得られるのかという疑問をもつ人がいるかもしれません．しかしこれこそは本章2節で述べた一般均衡価格体系の存在問題で，比較的緩い条件のもとでそれが存在することが保証されています．ここでのエッジワース・ボックスという特殊な枠組の下では，実際その存在を次のように幾何学的に示すことができます．

オッファー曲線

始めにAの行動に着目しましょう．そしてAが外から与えられる様々な価格の組に対して，どのような需要量を決定するかを見ていきます．どのような価格の組でもそれから導かれる予算線は必ずAの初期保有点を通ることに注意しましょう．したがってその初期保有点を要として，垂直方向から水平方向へと変化する各予算線上で無差別曲線と接する点が，様々な価格の組に対する需要量を示すことになります．そのような需要量を示す点を結ぶと1本の曲線が描き出されますが，これをAの**オッファー曲線**(offer curve)と言います．図6-7では異なる3つの価格の組に対して対応する両財の需要量を示す点がプロットされて，それらを通るオッファー曲線が太線で示されています（オッファー曲線は必ず初期保有点を通ります．その理由を各自考えてみて下さい）．

オッファー曲線上の各点はそこと初期保有点を結ぶ直線（予算線）がそこで無差別曲線と接するという性質をもっていることを銘記しておいて下さい．

【例題6-1】
消費者Aの効用関数を$u(x_1, x_2) = \sqrt[3]{x_1 x_2}$とし，初期保有量$(\bar{x}_1^A, \bar{x}_2^A)$を$(3, 4)$とするとき，$A$のオッファー曲線の式を求めなさい．

【解説】
効用関数は三乗根で表されているが，選好を表現する効用関数は単調増加変換を行っても変わらないので，ここでは$u(\cdot)$を3乗して$x_1 x_2$を効用

関数として使う．

任意の与えられた価格 (p_1, p_2) に対し A の需要量は次の問題の解で表される．

$$\max_{x_1, x_2} x_1 x_2 \quad \text{s.t.} \quad p_1 x_1 + p_2 x_2 = 3p_1 + 4p_2$$

これをラグランジュ乗数法により解くと1階条件として，$p_1 x_1 = p_2 x_2$ と $p_1 x_1 + p_2 x_2 = 3p_1 + 4p_2$ を得る．ここで相対価格 $\dfrac{p_1}{p_2}$ に注目しこれを改めて p とおく．すると1階条件は $p = \dfrac{x_2}{x_1}$，$3p + 4 = p x_1 + x_2$ と表され2つの式は p を媒介変数として結ばれる．そこでこれら2式から p を消去することで様々な相対価格における財 X_1 と財 X_2 の需要量の関係が導かれる．それは $x_2 = \dfrac{4x_1}{(2x_1 - 3)}$ という式で表される．これが A のオッファー曲線の式である．

次に B の方についても同様の考察を行います．つまり様々な価格の組に対して B の決める需要量を追跡するわけです．その結果，B に対してもオッファー曲線が描き出されるはずです．A, B 両者の選好によほど大きな違いがない限り，その形状は A のそれに近いものとなるでしょう．

最後に A, B のオッファー曲線をエッジワース・ボックスの中に書き込みます．すると図6-8に示されているように，2つのオッファー曲線はどこかで交わります．この交点 F で起こっていることはその点と初期保有点 E を結ぶ予算線の上で，両者の無差別曲線が接しているということです．したがって両者の需要量を示す点が一致し，2つの財の市場で需給が等しくなるので，まさに一般均衡が達成されているわけです．こうして一般均衡の存在は2つのオッファー曲線が交わることで示されるのです．

厚生経済学の第2基本定理

厚生経済学の第1基本定理は「一般均衡による資源配分はパレート最適である」ことを主張するものでしたが，これに対し条件付きでこの命題の逆を主張

図6-7 消費者Aのオッファー曲線

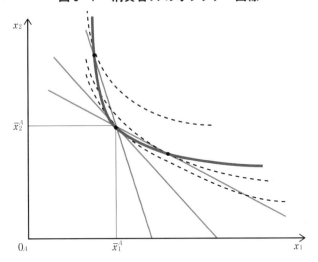

図6-8 消費者A・Bのオッファー曲線と一般均衡

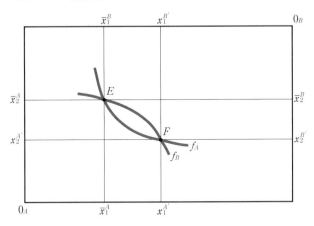

するのが，厚生経済学の第2基本定理と呼ばれるものです．その条件とは消費者間で彼らのもつ財の初期保有量を適当に再分配するというものです．このことを詳しく述べましょう．

まず始めに任意にパレート最適な資源配分を選びます．次に消費者間で初期保有量を適当に再分配します．その後に各財に完全競争市場を開き，消費者間で価格メカニズムによる取引を行わせます．するとその結果達成される一般均衡は，始めに選ばれたパレート最適な資源配分を実現するということです．

このことを簡単に述べれば次のようになります．「いかなるパレート最適な資源配分も消費者間の適当な初期保有量の再分配を行うことで価格メカニズムによる一般均衡によって実現することができる」これが**厚生経済学の第2基本定理**（second fundamental theorem of welfare economics）と呼ばれるものです．

この定理が一般的に成り立つことを示すのは，本書の範囲を越えますが2消費者2消費財の簡単な場合にはエッジワース・ボックスを使って簡単に示すことができます．

図6-9で初期保有を示す点をEとします．このEに対しては価格メカニズムによりFで示される資源配分が実現されます．これに対し始めにパレート最適な資源配分としてFと異なるGがとられたとしましょう．Gはもちろん初期保有がEのときは実現できません．しかしGで消費者A, Bの無差別曲線に共通の接線を引きその線上の点，たとえばE'へEを移動すればそこを初期保有点とすることで，一般均衡によりGが実現されます．なおそのときこの共通の接線の傾き（絶対値）が一般均衡価格体系（相対価格）となります．EからE'への移動が「初期保有の適当な再分配」に当たります．ただし図から明らかなようにその再分配の仕方は多数あります．

生産経済

最後に生産を伴うときの厚生経済学の第1基本定理を簡単なモデルに基づいて示しましょう．

ここでは，1つの生産要素を用いて1つの企業が2つの消費財(X_1, X_2)を生産し，それを1つの消費者家計に販売するという場合を考えます．さらにこ

図6-9　厚生経済学の第2基本定理

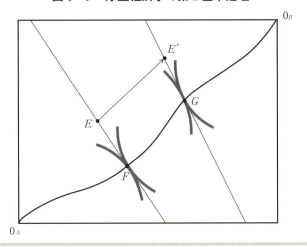

こでは簡単化のために，生産要素はあらかじめ一定量が企業に与えられているとします．したがって，市場は財 X_1 と財 X_2 に対してのみ開かれることになります．

さて私たちは，新たに登場する企業の行動を考えねばなりません．企業は一定量の生産要素を用いて X_1 と X_2 を生産するのですから，両者の可能な生産量には限りがあるはずです．そこで財 X_1 の数量を横軸に，財 X_2 の数量を縦軸にとった座標系の中に，可能な生産量の組み合わせをプロットすれば図6-10のような集合が描かれるでしょう．

この集合において重要なのは，第1象限内を通る境界です．この境界線の横軸切片は，生産要素をすべて財 X_1 の生産にあてたとき得られる最大の産出量を，縦軸切片は，財 X_2 の生産だけを行ったとき得られる最大産出量を表しますので，それらの点を通る第1象限内の境界線部分は，生産要素をすべて使って財 X_1 と財 X_2 の両方をできるだけ多く生産するときの結果を示していると言えます．その意味でこの境界は，**生産可能性フロンティア**あるいは**生産可能性曲線**（**production possibility curve**）と呼ばれます．以下これを，PPC と表すことにしましょう．またこれは，$x_2 = g(x_1)$ という関数のグラフとして表されるとします．

第6章　一般均衡

図6-10 生産可能な集合と生産可能性フロンティア

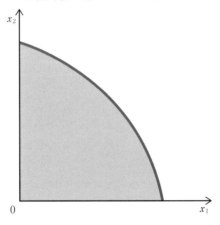

生産可能性曲線に沿って，財 X_1 の生産量を1単位追加するために放棄しなければならない財 X_2 の生産量は，**限界変形率（marginal rate of transformation）** と呼ばれます．これを MRT で表せば，

$$MRT = -\frac{dx_2}{dx_1}$$

と定義されます．MRT という用語は，PPC に沿って X_2 が X_1 に変形されるかのようにみなされるから使われるわけですが，このため PPC そのものも**変形曲線（transformation curve）** と呼ばれることがあります．さて，MRT に関しては技術的経験則として，それが X_1 の生産量の増加とともに単調増加することが言われています．これを限界変形率逓増の法則と言います．そのため PPC は，図6-10のように原点に向かって凹の形をなします．

さて企業は，このような技術的制約の下で利潤最大化を目指して行動すると考えられます．それはどこで達成されるでしょうか．いま，財 X_1 と財 X_2 の価格を (p_1, p_2) とすれば，一定の利潤をもたらす x_1 と x_2 の組み合わせ $\{(x_1, x_2) | p_1 x_1 + p_2 x_2 = \bar{\pi}\}$ は傾き $-\dfrac{p_1}{p_2}$ の直線を形作ります．これを等利潤線と言います．等利潤線の位置は一定とされる利潤の水準が高ければ高いほど右上方に来ます．したがって，利潤最大化は等利潤線と PPC が接するところで達

成されます．そこでは明らかに，次の条件が成立していなければなりません．

$$MRT = \frac{p_1}{p_2}$$

　企業は与えられた価格 (p_1, p_2) に対し，それをシグナルとして上の式を満たす特定の (x_1, x_2) の組み合わせを生産・供給しようとするわけです．それを (x_1^*, x_2^*) として図示すれば，図6-11のようになります．

　次に家計の行動を考えましょう．ここで，一般均衡の前提となる重要な制度を想起しなければなりません．それは私有制経済ということです．これにより，企業の利潤は，すべて家計に分配されると想定されます．与えられた価格 (p_1, p_2) の下での企業の利潤は，$p_1 x_1^* + p_2 x_2^*$ ですので，これから家計の予算制約は次のようになります．

$$p_1 x_1 + p_2 x_2 \leqq p_1 x_1^* + p_2 x_2^*$$

　このときの予算線は，明らかに点 (x_1^*, x_2^*) を通り，傾きが $-\frac{p_1}{p_2}$ の直線となりますが，それは図6-11に示された直線に他なりません．家計は予算制約下で効用を最大にするように行動すると考えられますから，その予算線と無差別曲線とが接するところで需要します．その接点の数学的な特徴づけは，すでに学んだように次の通りです．

$$MRS_{12} = \frac{p_1}{p_2}$$

　ここで MRS_{12} は限界代替率を表します．家計は与えられた価格 (p_1, p_2) をシグナルとして，この式を満たす (x_1, x_2) の組み合わせを需要するわけです．それを図示すれば，図6-12のようになります．

　さてこのとき，財 X_1 と財 X_2 の市場ではどんなことが起こるでしょうか．それは図から明らかなとおりで，財 X_1 市場では超過需要が，財 X_2 市場では超過供給が生ずるのです．つまり価格 (p_1, p_2) の下では，一般均衡状態が成立しないのです．

　では，どのような場合に一般均衡は成り立つのでしょうか．それは言うまでもなく，各財に対する企業の供給量が家計の需要量に等しくなるときです．一

図 6-11 生産者均衡

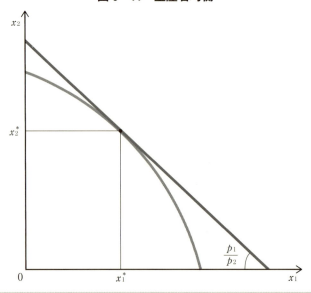

方,価格をシグナルとして企業・家計が行動する限り,上に挙げた2つの式から,$MRT = MRS_{12}$ が成り立たねばなりません.したがって,需給の一致とこの等式を同時にもたらす価格が与えられたとき,一般均衡は成立します.それは価格の比が図6-13に示す直線の傾き(絶対値)に等しくなるときに限られます.

言い換えれば,PPC と無差別曲線が接するときの共通の接線の傾き(絶対値)が,一般均衡をもたらす価格を表します.ただし,明らかになるのは価格比だけですから,ここでも本章2節で述べた一般均衡価格は絶対水準が確定しないという特徴が現れています.

さてそれでは,この一般均衡から得られる資源配分がパレート基準に照らしてどういう性質をもつか考えてみましょう.ここでは,消費者家計は1つしか存在しませんので,生産の再編成によりその家計にとってより高い効用がもたらされるかどうかが,パレート優越の判断基準となります.すると図6-13から明らかなとおり,一般均衡によりもたらされる資源配分をパレート優越する配分はほかに存在しません.したがって,この資源配分はパレート最適である

図6-12 家計の需要

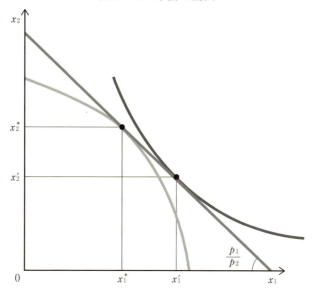

図6-13 一般均衡をもたらす価格の比

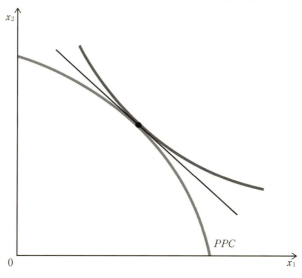

第6章 一般均衡

ことがわかります.

本章のまとめ

1. 私有制経済の下では各家計が自らの所得を使いきる限り企業・家計に特別な意思決定の仕方を想定しなくても，各財の超過需要価値額の総和は常に0になります．これをワルラス法則と言います．
2. すべての財市場で需給を一致させる価格体系を，一般均衡価格体系と言います．これは家計・企業の行動に対しそれほど特殊な仮定を置かなくても存在することが知られています．
3. 一般均衡価格体系は，すべての価格を同じ比率で変化させてもやはり一般均衡状態をもたらすという意味で，その絶対価格水準を決めることはできません．
4. 一般均衡によりもたらされる資源配分は，パレート最適性という好ましい性質をもちます．

補論　一般均衡による資源配分はパレート最適か

一般均衡による資源配分がパレート最適となることを，一般的な場合について説明しましょう．

n 人の消費者と m 人の生産者，そして l 種の財が存在するとします．消費者が需要する財の量を x，生産者の供給する財の量を y で表し，主体の番号を表す添数は上に，財の番号を表すそれは下に付すことにしましょう．たとえば，x_1^1 というのは，第1番目の消費者が第1番目の財を需要する量を表します．また各生産者には l 種の財の結合生産を認めることにします．一方，各財の価格は $p_i (i=1, \cdots, l)$ で表します．

さてここで一般均衡をもたらす価格を $p_i^*(i=1, \cdots, l)$，そのときの各消費者と生産者の各財に対する需要量と供給量を $x_i^{j^*}, y_i^{k^*}(i=1, \cdots, l,; j=1, \cdots, n,; k=1, \cdots, m)$ としましょう．すると一般均衡状態の性質から，次が成り立ちます．

(1) $\sum_{j=1}^{n} x_i^{j^*} = \sum_{k=1}^{m} y_i^{k^*} \quad (i=1, \cdots, l)$

(2) 各生産者 k は価格 $p_i^*(i=1, \cdots, l)$ の下では $y_i^{k^*}(i=1, \cdots, l)$ を供給するとき，利潤を最大にしている．$k=1, \cdots, m$

(3) 各消費者 j は予算制約

$$\sum_{i=1}^{l} p_i^* x_i^{j^*} = \sum_{k=1}^{m} \sum_{i=1}^{l} \theta^{kj} p_i^* y_i^{k^*}$$

の下で $x_i^{j^*}(i=1, \cdots, l)$ を需要するとき，効用を最大化している $(j=1, \cdots, n)$．

ここで θ^{kj} は私有制経済の想定から第 k 生産者の利潤が第 j 消費者に分配される際の配当率を表します．明らかに，$\theta^{kj} \geq 0, \sum_{j=1}^{n} \theta^{kj} = 1, k=1, \cdots, m$ が成り立ちます．

さて，一般均衡により与えられる資源配分がパレート最適であることを証明するために，背理法という論証法を使うことにしましょう．これはその命題を否定したとき矛盾が導かれれば，その命題を正しいと判定する方法です．そこでいま，一般均衡による資源配分がパレート最適でないとしてみましょう．すると，それをパレート優越する配分がほかに存在するはずですから，それを $x_i^{j'}, y_i^{k'}(i=1, \cdots, l,; j=1, \cdots, n,; k=1, \cdots, m)$ と表しましょう．これは価格体系から独立のものですが，資源配分である以上実行可能でなければなりませんから $\sum_{j=1}^{n} x_i^{j'} = \sum_{k=1}^{m} y_i^{k'}(i=1, \cdots, l)$ が成立します．さらにパレート優越という性質から上記の条件 (3) に注意すると，すべての j

第6章　一般均衡

に対し，

$$\sum_{i=1}^{l} p_i^* x_i^{j'} \geqq \sum_{k=1}^{m}\sum_{j=1}^{m} \theta^{kj} p_i^* y_i^{k*}$$

が成り立ち，かつ少なくとも1人の消費者について狭義の不等式（＞）が成立しなければならないことがわかります．さもないとどの消費者 j についても $x_i^{j'}$ が x_i^{j*} $(i=1,\cdots,l)$ より高い効用を与えることはありえなくなるからです．

そこで上に得られた不等式を，すべての j について辺々足し合わせてみると次が得られます（ただし，$\sum_{j=1}^{n}\theta^{kj}=1$ に注意します）．

$$\sum_{j=1}^{n}\sum_{i=1}^{l} p_i^* x_i^{j'} > \sum_{k=1}^{m}\sum_{i=1}^{l} p_i^* y_i^{k*}$$

ここで実行可能性 $\sum_{j=1}^{n} x_i^{j'} = \sum_{k=1}^{m} y_i^{k'}$ $(i=1,\cdots,l)$ を想起すると，上の不等式は次のようになります．

$$\sum_{k=1}^{m}\sum_{i=1}^{l} p_i^* y_i^{k'} > \sum_{k=1}^{m}\sum_{i=1}^{l} p_i^* y_i^{k*}$$

ところがこれは上の条件（2）に反します．なぜならこの不等式が成り立つとすれば，少なくとも1人の生産者 k が価格 p_i^* $(i=1,\cdots,l)$ の下で $y_i^{k'}$ $(i=1,\cdots,l)$ を生産することで y_i^{k*} $(i=1,\cdots,l)$ のときよりも高い利潤を得なければならなくなるからです．

こうして矛盾が得られましたので，一般均衡により与えられる資源配分がパレート最適であることが論証されます．

第 IV 部

不確実性

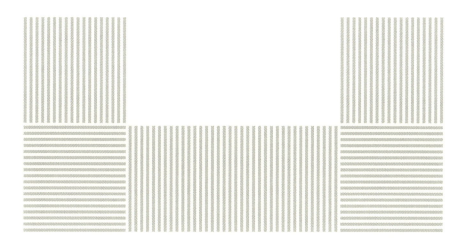

第7章 期待効用理論

期待効用理論は，意思決定の結果が不確実な状況の分析において広範に用いられてきた経済学の支柱の一つです．しかし，この理論は多くの批判にもさらされてきました．本章では，期待効用理論の「中身」とこの理論が広範に利用されてきた「背景（公理的基礎）」を説明するとともに，期待効用理論に対する「批判」も紹介します．

7.1 期待効用理論の概要

期待効用理論の誕生

　本章の「主役」，期待効用理論は，ゲーム理論の創始者として著名なフォン・ノイマン（J. von Neumann）とモルゲンシュテルン（O. Morgenstern）によって確立されました．この理論によって，意思決定の結果が不確実な状況で合理的主体が「利得」の期待値を最大化する選択を行うという仮定に明確な根拠が与えられ，ゲーム理論における「利得」に正確な意味づけがなされました．その後，戦略的環境での不確実性（戦略的不確実性）のみならず，不確実性を伴う意思決定において広く利用されるようになり，今日に至っています．その意味で期待効用理論は，現代経済学はもちろんのこと意思決定理論がかかわる諸分野を基礎から支える柱の一つとなっていると言ってよいでしょう．一方，期待効用理論に対する疑念と批判も，期待効用理論自体と比べても遜色のないほどの歴史と説得力をもっています．特に近年の行動経済学や神経経済学の発展をふまえれば，そう遠くない将来，不確実性の下での意思決定理論が大幅に変化する可能性も否定できません．そこで本章では，まず，期待効用理論を基礎から支える公理的基礎を確認した上で，疑念の源となっている事象，す

なわち公理系の含意に矛盾する選択ないし「非合理的行動」が決して例外的なものではないことも確認することにしましょう．そして，急速に研究が進む行動経済学分野の知見をふまえ，「非合理的行動」に解釈を与えることを試みます．

不確実性とリスク

期待効用理論についての議論をすすめるために，まず期待効用理論が適用される「不確実性」の中身を確認します．何を今更と思う読者もいるかもしれませんが，実はこれから紹介する期待効用理論は，皆さんが常識的に考える「不確実性に直面している状況」の中でもかなり限定的な範囲しか対象としていません．すなわち，実際の使われ方とは異なり，本来は不確実な状況に幅広く適用することはできない（少なくもすべきではない）理論なのです．その「限定」の中身から説明をスタートすることにしましょう．

ある意思決定が不確実性を伴うということは，ある経済主体による「意思決定」ないし「選択」が，その経済主体に及ぼす影響が不確実であること，すなわち選択とその帰結が1対1の対応関係にはないことを意味します．期待効用理論は，選択可能な選択肢すべてについて，選択がもたらす可能性があるすべての結果（事象）がそれぞれどれだけの確率で起こるか，意思決定者が明確に意識していることを前提としています．不確実性に直面している意思決定主体が明確な確率的評価を有している場合，その不確実性を「**リスク**」と呼んで区別することがあります．「リスク」をこのように定義するならば，期待効用理論の適用範囲は「リスク」ということになります．

先ほど戦略的不確実性という言葉を使いました．自らの選択の帰結が他の主体の意思決定によって変わるとき，不確実性は他者の戦略的意思決定に起因するので戦略的不確実性と呼ばれます．たとえば，あなたがじゃんけんでグーを出したとき，勝つか負けるか引き分けるかは，相手の選択によって変わってきますから，相手の選択を予想しながら選択を行うことが合理的行動となります．その際，相手の選択の確率分布（たとえばグー，チョキ，パーをそれぞれ3分の1の確率で選択）を明確に意識しているならば，あなたは戦略的リスクに直面しているということになります．第9章で説明するように，ゲーム理論は戦

略的リスクのもとでの行動を分析する枠組みを提供してくれます.

　他方，戦略的ではないリスク（ないし不確実性）もあります．例で考えてみましょう．皆さんが宝くじを買うかどうか判断するとき，1億円が当たる確率，100万円が当たる確率，1万円が当たる確率，という風にすべての起こりうる結果についてそれぞれ確率を評価するでしょうか．まずしないですよね．それでも宝くじの場合は当選賞金と本数が決まっていますから，発行枚数がわかれば，起こりうるすべての結果について確率を計算することはできます．十分に時間をかけて情報を吟味すれば（ほぼ）正しい確率分布を知った上で買うかどうかを判断することは可能です．しかし，私たちが直面する不確実性が伴う選択は正確な確率計算ができないものがほとんどです．したがって，期待効用理論を厳密に適用するならば，その範囲は非常に限定されるはずです．

　期待効用理論は，選択肢をまさに宝くじを抽象化した「くじ」として表すことができることを前提としています．具体的には，選択可能な「くじ」すべてについて，それぞれがもたらす結果の確率分布が意思決定者によって意識的に評価されていることが前提とされます．さらに，期待効用理論で記述される意思決定が「合理的」であるためには，意思決定者が確率分布を正しく評価していることが必要とされます．これはかなり厳しい前提条件で，実際の意思決定においては厳密に満たされることはまずないでしょう．

　たとえば，株式投資をしようとするとき，ある株や投資信託の1年後の価格について，すべての可能性をつくして分析することは現実的ではありません．株価は想定以上に高騰したり暴落したりすることもありますから，事前には想定していなかった結果が起こることがあります．また，1年後の予想価格を確率分布で厳密に評価する投資家はほとんどいないといってよいでしょう．非常に精緻な確率モデルを使う機関投資家でも確率分布を正確に評価することはできません．ある選択がもたらす不確実な結果の確率分布は，多くの場合，そもそも正確に評価することができないのです．

期待効用理論が支配的地位を築いた理由

　このように期待効用理論は非常に厳しい前提条件があるにもかかわらず，幅広い分野に適用されてきました．その主な理由は2つあったと思われます．

第1の理由は，先に述べたように期待効用理論を適用すれば，「リスク」の下での意思決定を効用関数の期待値最大化として記述できるようになり，分析上は非常に便利になるからです．「結果が不確実な選択肢に対する選好が，公理系としてまとめられた性質を満たすならば，選択可能な選択肢に対する好みの順番を効用関数の期待値の大きさの順序として表す効用関数が存在する」ということは，不確実性がない場合の「複数の選択肢上に定義される選好順序を，数の大きさの順で表す効用関数が存在し，消費者の選択を効用最大化行動として記述できる」というアイデアが，ほぼそのまま不確実性を伴う状況にも適用できることを意味します．先の非現実的な前提を飲み込みさえすれば，端的にいって非常に使い勝手がよいのです．

　第2の理由は，この理論を支える公理が，次節で確認するようにその一つ一つをとってみれば一定の説得力をもっているということです．理論がよって立つ公理が一定の説得力をもつことで，理論が導く結果も一定の正当性を得たがために，本来の前提に目をつぶって広範に利用されることが受け入れられるようになったと推測されます．

7.2　期待効用理論の公理的基礎

不確実な選択肢の「くじ」による表現

　それでは，一定の説得力をもつ公理系が期待効用関数の存在を保証することを実際に確認することにしましょう．ここでは，不確実な選択肢が招く結果（事象）が有限個であると，すなわち1からmの番号をつけて表すことができると仮定します．実は期待効用理論はもっと一般的な文脈でも成立するのですが，ここでは比較的平易に説明できる「不確実性を伴う選択の結果が有限個」の場合のみを扱います（第12章では「結果が無限個の場合」の効用関数が使われます）．結果が有限個，すなわちどのような「くじ」でも，賞の種類は最大でもm種類と仮定するのです．具体的には，ある「くじ」の結果を「賞」と呼ぶことにすると，最も悪い賞（最悪の結果）から最もよい賞（最高の結果）

まで順に並べたリストを,

$$Z = \{z_1, z_2, \cdots, z_m\}$$

と表し，それぞれの「賞」が当たる確率のリストを次のベクトルで表すことにします．

$$P = (p_1, p_2, \cdots, p_m)$$

ここで p_i は賞 z_i が当たる確率です．どの「くじ」も賞の当たる確率で特徴づけられますから，結局このベクトル（Z 上の確率分布）を使ってすべての「くじ」を表すことができます．ここでは，複数のくじを区別するため，記号 P, Q, R をそれぞれ 1 つの「くじ」に対応させることにしましょう．

$$Q = (q_1, q_2, \cdots, q_m)$$
$$R = (r_1, r_2, \cdots, r_m)$$

また，説明の都合上，特殊な「くじ」として，不確実性がない選択肢，すなわちある特定の結果 z_i が確率 1 で生じる「くじ」を次のように定義します．

$$[z_i] = (0, 0, \cdots, p_i = 1, 0, \cdots, 0)$$

これを「確実なくじ」と呼ぶことにしましょう．さらに，2 つの「くじ」を組み合わせた「複合くじ」ないし「2 段階くじ」と呼ばれる「くじ」を導入します．これは，たとえば確率 α で「くじ P」が，そして確率 $1-\alpha$ で「くじ Q」が選択される「くじ」で，

$$\alpha P \oplus (1-\alpha) Q$$

と表すことにします．ここで記号 $\oplus$ は 2 つの「くじ」をつなげて 1 つの「くじ」に変換する役割を果たしています．

4 つの公理

以上で，公理系を導入する準備が整いました．期待効用関数の存在を保証する公理系は，〈完備性〉〈推移性〉〈連続性〉そして〈独立性〉の 4 つからなり

ます．最初の2つは第3章で導入された概念とまったく同じもので，ただ比較の対象が「財の量」ではなく，「くじ」になっていることだけが異なります．また，ここでは「財の量」を問題にしないので，第3章で前提とされた〈単調性〉は登場しません．〈連続性〉については，見た目は第3章の定義と異なって見えますが，数学的な性質は本質的に同じものです．ただし確率的な文脈での定義ですので解釈としては第3章で説明された〈連続性〉とは異なるものです．したがって，新たに導入する公理は，〈連続性〉と〈独立性〉の2つということになります．

〈完備性〉 選択可能な「くじ」（選択肢）の集合に属する，いかなる P, Q についても，$P \precsim Q$ もしくは $P \succsim Q$ いずれかが必ず成立する．

〈推移性〉 選択可能な「くじ」の集合に属する，いかなる P, Q, R についても，もし $P \succsim Q$ かつ $Q \succsim R$ が成立するならば，必ず $P \succsim R$ が成立する．

〈連続性〉 （第3章での定義とは異なるので要注意）選択可能な「くじ」の集合に属する，いかなる P, Q, R についても，もし $P \succsim Q \succsim R$ が成立するならば，$\alpha P \oplus (1-\alpha) R \sim Q$ となる $0 \leq \alpha \leq 1$ が存在する．

〈独立性〉 選択可能な選択肢の集合に属する，いかなる P, Q, R についても，もし $P \succsim Q$ であるならば，$\alpha P \oplus (1-\alpha) R \succsim \alpha Q \oplus (1-\alpha) R$ が成立する．

〈完備性〉と〈推移性〉の2つの公理によって，「くじ」の集合に含まれる「くじ」を整合的に順序づけられることが保証されます．これは，不確実性がない状況と同じです．

残り2つが期待効用理論に特徴的な公理です．〈連続性〉は，意思決定者にとって，ある「くじ」と同等（無差別）の「くじ」を，その「くじ」よりも「好ましいくじ」と「好ましくないくじ」を組み合わせた「複合くじ」として作ることが必ずできることを意味します．確かに，そのような性質は満たされそうですので，少なくとも直観的に不自然な公理ではありません．

一方，〈独立性〉は，ある「くじ」が，他のある「くじ」よりも好まれるとき，それぞれに第3の「くじ」を同じ割合で組み合わせた「複合くじ」を作っても元の選好順序が維持されることを意味します．この公理も一見，不自然な

ところはなさそうです．しかし，後に見るように私たちの選択行動は必ずしもこの公理を満たさないため，この公理の妥当性には疑念が投げかけられています．

ただし，繰り返しになりますが，これら2つの公理は，その意味するところが直観的に理解しやすく，合理的意思決定が満たす基準として受け入れられていると言ってよいでしょう．

VNM 型効用関数の存在

次に4つの公理がフォン・ノイマン&モルゲンシュテルン（VNM）型と呼ばれる効用関数の存在を保証することを確認することにしましょう．具体的には，くじに関する選好が〈完備性〉，〈推移性〉に加えて〈連続性〉，〈独立性〉を満たすならば，次の関係を満たす関数 $v(z_i)$ が存在することを確認します．

$P \succsim Q$ であるとき，

$$U(P) = \sum_{i=1}^{m} p_i v(z_i) \geq U(Q) = \sum_{i=1}^{m} q_i v(z_i)$$

が成立するとともに，逆も成立する．すなわち，「くじ」に対する選好順序は，「くじ」の結果に対応して関数 v がとる値の期待値の大きさの順位に一致する，そのような便利な関数の存在が保証されるのです．

以下，「証明」に本来求められる厳密さを若干犠牲にして，直観的に理解しやすいようにこの結果が導かれる過程の概略を説明します．

まず，「確実なくじ」概念を使い最高の結果が確実に起こる「くじ」を $[z_m]$，最悪の結果が確実に起こる「くじ」を $[z_1]$ と表すことにします．$[z_m] \succ [z_1]$ ですから，〈連続性〉から両者の間のすべての中間的な結果に対応する確実なくじ $[z_i]$ と無差別な複合くじを $[z_m]$ と $[z_1]$ から作ることができます．すなわち，$[z_i]$ と同等のくじを作るには，次の関係が成立するように最高の結果 $[z_m]$ のウェイト $v(z_i)$ を適切な水準に選べばよいのです．

$$v(z_i)[z_m] \oplus (1 - v(z_i))[z_1] \sim [z_i]$$

最悪の結果と最高の結果については，$v(z_1) = 0, v(z_m) = 1$ となるのは自明ですから，任意の $v(z_i)$ について $0 \leq v(z_i) \leq 1$ となります．そして〈独立性〉から

以下のように「くじ」を置き換えていくことができます．

まず，任意の「くじ」は，「確実なくじ」の「複合くじ」として表すことができますので，任意の「くじ」をそれが含む各賞を確実にもらえる「確実なくじ」からなる「複合くじ」に置き換えます．さらに，そのように作られた「複合くじ」の構成要素である「確実なくじ」すべてを上述の結果を用いて，それと無差別な $[z_m]$ と $[z_1]$ の「複合くじ」に置き換えれば，任意の「くじ」について，その「くじ」と無差別な $[z_m]$ と $[z_1]$ の「複合くじ」を作ることができます．すなわち次の関係が成立します．

$$P \sim \left(\sum_{i=1}^{m} p_i v(z_i)\right)[z_m] \oplus \left(1 - \sum_{i=1}^{m} p_i v(z_i)\right)[z_1]$$

この関係は，「くじ」の集合上の選好順序が，$v(z_i)$ の期待値の大きさによって保存されていることを意味しますから，v は上記の条件を満たす関数となっていることが確認できました．

期待効用理論の含意に関する注意

この定理がもつ意味を正しく理解するために，1つ強調しておきたいことがあります．それは，この定理は，「人間の不確実性への態度が効用関数の期待値最大化行動として**説明できる**」，あるいは，「効用関数の期待値を意識的に最大化する選択をしている」と主張するものではないということです．この定理が示しているのは，人間の不確実性への選好が一群の公理を満たすならば，そのような選好はある効用関数の期待値最大化行動として**記述できる**と主張しているに過ぎないのです．この理論はあくまでも「記述」理論であって「説明」理論ではないことに注意してください．したがって，これから見るように，期待効用理論と整合的ではない選択をする場合は，その人の選好は，いずれかの公理を満たしていないことを意味します．

次の話題に移る前にさらに一点補足しておきます．定理によって存在が保証された $v(z_i)$ を正アフィン変換した関数，$\alpha v(z_i) + \beta$（α と β は正の定数）も同じ不確実な選択肢に対する選好をその期待値の大きさによって記述することができます．逆に，同じ選好を期待値によって表現する関数が2つ存在する場合には，一方は他方の正アフィン変換に対応しています．すなわち，期待効用関

数による選好表現は正アフィン変換について一意であるのです．この性質も，VNM型効用関数を使い勝手のよいものにしています．

【例題7-1】
　$v(z)$ が正アフィン変換について一意であることを証明しなさい．
【解説】
　$v(z)$ の期待値で表現される選好順序が $v(z)$ の正アフィン変換，$w(z)=\alpha v(z)+\beta$ によって表現されるのは自明である．よって，命題の成立を確認するには，逆，すなわち当該意思決定者の選好順序が，$v(z)$ とは異なるある関数 $w(z)$ の期待値，

$$W(P)=\sum p(z)w(z)$$

によって表現されるならば，ある $\alpha>0$ と β が存在し，$w(z)=\alpha v(z)+\beta$ となることを示せばよい．

　最悪の結果と最高の結果について，次の関係が成立するように α と β を選ぶことができる．

$$w(z_1)=\alpha v(z_1)+\beta, \quad w(z_m)=\alpha v(z_m)+\beta$$

また，すべての $[z_i]$ について，

$$[z_i] \sim v(z_i)[z_m] \oplus (1-v(z_i))[z_1]$$

が成立するので，
$$\begin{aligned}w(z_i)&=v(z_i)w(z_m)+(1-v(z_i))w(z_1)\\&=v(z_i)[\alpha v(z_m)+\beta]+(1-v(z_i))[\alpha v(z_1)+\beta]=\alpha v(z_i)+\beta\end{aligned}$$
となる．

7.3 期待効用理論に対する疑い

本章の冒頭で述べたように,期待効用理論は,ゲーム理論における「利得」の根拠となったばかりでなく,様々な分析で幅広く用いられるようになりました.一方で,不確実な選択肢上の選好を期待効用関数によって記述することに対する批判も説得力をもって展開されています.この節では,期待効用理論に対する初期の代表的な批判を紹介します.

アレのパラドックス

ここでは,まずフランス人経済学者アレ (M. Allais) による期待効用理論に対する最初の体系的な批判を紹介します.あなたは,次の2つの「くじ」のどちらか1つを選べと言われたらどちらを選びますか.

A 確率0.25 (25%) で3万円が当たり,確率0.75 (75%) で「はずれ」(ポケットティッシュ)
B 確率0.2で4万円が当たり,確率0.8で「はずれ」(ポケットティッシュ)

それでは,次の2つならどちらを選びますか.

C 確実に (確率1で) 3万円が当たる確実なくじ
D 確率0.8で4万円が当たり,確率0.2で「はずれ」(ポケットティッシュ)

もし,あなたが実験での多くの被験者のようにAとBではBを選び,CとDではCを選んだのであれば,あなたの選好は期待効用理論とは整合的ではありません.なぜなら,もしあなたの選好が独立性を満たしているのであれば,Bを選ぶのであればDを,Aを選ぶのであればCを選ぶはずだからです.
これは次のように確認することができます.
Aは,「確率0.25でCが当たり,確率0.75でポケットティッシュ」
Bは,「確率0.25でDが当たり,確率0.75でポケットティッシュ」

図 7-1 マッシーナの三角形

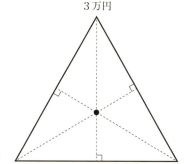

という複合くじと見ることができますから，独立性が満たされていれば，$C \gtrsim D$ ならば $A \gtrsim B$ が成立するはずです．しかし，「A と B では B を選び，C と D では C を選ぶ」という選択行動は例外的なものではなく，かなり一般的に観察されています．上述のような独立性公理を直接的に検証する類似の実験では，大多数の被験者が独立性を満たさない選択をするという結果が繰り返し確認されています．このように「くじ」に対する選好順序が独立性を満たさない現象は，アレのパラドックス（Allais' Paradox）と呼ばれ，期待効用理論に対する最も古い，そして最も影響力のある批判の一つとなっています．

マッシーナによる解釈

私たちの選好は，本当に独立性を満たさないのでしょうか．もし満たさないとすれば，それはなぜなのでしょうか．期待効用理論とアレのパラドックスの関係を少し掘り下げてみることにしましょう．図 7-1 は，マッシーナ（M. Machina）の三角形と呼ばれるもので，正三角形の 3 つの頂点はくじの 3 つの結果（賞）に対応しています．先の例では，4 万円，3 万円，そしてポケットティッシュで，皆さんの選好もこの並びの順のはずです．この三角形内の任意の 1 点は，その和が 1 となる 3 つの非負の数に対応していて，それぞれ 3 つの結果が起こる確率を表しています．具体的には，各頂点は確率 1 でその頂点に対応する結果が生じる「確実なくじ」を表します．そして，各頂点から対辺に

むかって下ろした垂線の交点（重心）は，3つの結果がそれぞれ3分の1の確率で起こるくじに対応しています．

　この三角形を用いれば期待効用理論の含意は次のように視覚的に説明することができます．まず，〈連続性〉から「3万円が確実に当たるくじ」と無差別な「くじ」を，「4万円が確実に当たるくじ」と「確実なはずれくじ」との「複合くじ」として作ることができます．すなわち，期待効用関数が「3万円が確実に当たるくじ」に割り振る値と，このくじに無差別なくじに割り振る値は同じ値となります．図上では，「3万円が確実に当たるくじ」は頂点，複合くじは底辺上の1点に対応します．そして，これら2点を結ぶ直線上の点に対応するすべての「くじ」は，これら2つの「くじ」とは無差別となります．なぜなら，2つの「くじ」は効用の期待値において同一であり，両者の（確率で重みをつけた）一次結合（2つの点を結ぶ直線上の点）も，期待効用関数で評価すれば同じ値をもつからです．こうして，期待効用理論のもとでは，マッシーナの三角形上に示される無差別曲線は，常に直線となることが確認できました．

　さらに，〈独立性〉から他のすべての無差別曲線は，この無差別曲線に平行な直線となることを容易に確認できます．ある無差別曲線上の各点に対応する「くじ」と，「確実なはずれくじ」（点）との同じ確率で重みをつけた複合くじは，〈独立性〉の定義から同じ期待効用をもつからです．

　以上をまとめると，期待効用理論が成立しているのであれば，「マッシーナの三角形上の無差別曲線は平行な直線で表される」はずです．これは，図7-2で確認できるように「AとBではBを選ぶのであれば，CとDではDを選ぶ」ことを意味しますから，これに矛盾する上述のような選択をする意思決定者の選択行動と整合的な無差別曲線は，平行ではないか，もしくは直線ではないということになります．すこしフォーマルな表現をとれば，期待効用理論は選好順序が，確率について線形である関数の値で保存されることを要求しているにもかかわらず，そのような線形性は実際の選択行動では必ずしも満たされない，ということになるのです．

図7-2　無差別曲線とアレのパラドックス

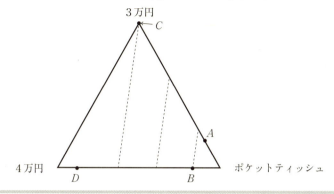

代替的な説明

このような期待効用理論からの逸脱は，なぜ起こるのでしょうか．〈独立性〉の公理自体は，合理的な選好に課す条件として適切であり，選択行動は基本的に合理的であると考えれば，上記のような逸脱は意思決定者が時間をかけてじっくり選択すれば，起こる頻度が小さくなる可能性があります．たとえば，上述したように，

選択肢Aは，確率0.25でC，確率0.75でティッシュという複合くじC'と，
選択肢Bは，確率0.25でD，確率0.75でティッシュという複合くじD'と，
それぞれ中身が同じです．実験でこの事実を被験者に知らせると，期待効用理論に矛盾する選択をする人はほぼいなくなることが知られています．この例は，**枠組み効果**（**framing effect**）と呼ばれる現象の例ともなっています．まったく同じ絵でも額縁をかえれば違って見えるように，AかBかという問いとC'かD'かという問いは実質的に同じなのですが，フレームが異なるために違った絵に見えてしまい，結果として異なった判断を下したと解釈することができるからです．

もう1つ，私たちが共通にもつ心理的な傾向を紹介します．まず次の例題に答えてみて下さい．

【例題 7 - 2】
 くじ A（確率0.25で3万円が当たり，確率0.75で0円）について，次の2つの問いに答えなさい．
 (1) A が売られていたら，あなたは最大何円までなら購入するか？ 購入してもよいと考える最大金額を答えなさい．その金額（X 円）と整合的な効用関数を，横軸に獲得できる金額，縦軸に獲得できる金額から得られる効用関数の値をとり，
 (3万円から得る効用)×0.75＋(0円から得る効用)×0.25
が X 円から得る効用と等しくなるように効用関数を図示しなさい．
 (2) あなたがすでに A を保有しているとして，A を売って欲しいと頼まれたら何円であれば売るか？ 売ってもよいと考える最小金額を答え，その金額（Y 円）と整合的な効用関数を（1）と同じ方法で図示しなさい．
【解説】
 期待効用理論のもとでは X 円と Y 円は一致するはずである．しかし，多くの人は Y が X を上回る答えを書いて（1）と（2）で異なる期待効用関数を描く．これは，**保有効果（Endowment Effect）**と呼ばれる現象で，私たちは，同じ物でも既にそれをもっている場合に，より高く評価する傾向をもっている．皆さんの（1）と（2）への回答は，いずれも皆さんのリスクに対する態度を反映した効用関数だから，同じ意思決定者でも状況によって採用すべき期待効用関数は異なるということになってしまう．

 話題をアレのパラドックスに戻しましょう．カーネマン（D. Kahneman）とトベルスキー（A. Tversky）による**プロスペクト（Prospect）理論**に依拠すれば，以下で説明するようにパラドックスに異なる解釈を与えることも可能です．
 図7-3を見て下さい．この図はプロスペクト理論のエッセンスを示しています．次章で詳しく説明しますが，一般的な意思決定者は期待値7500円の「くじ」よりも確実な7500円を好むでしょうから，効用関数は図の第1象限のように凹関数と仮定されます．おそらく皆さんの例題7-2への回答も似た形であ

図7-3　プロスペクト理論

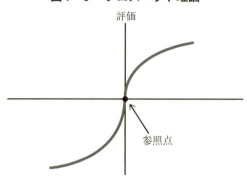

図7-4　アレのパラドックスの一解釈（1）

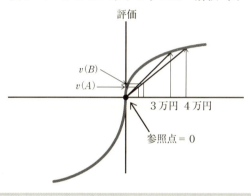

ったことでしょう．プロスペクト理論は，図の第3象限，すなわち損失サイドでは，期待効用関数はリスク愛好的な凸関数となっていると主張します．図7-3の原点は参照点（比較の基準となる点）となっていて，この点を境に効用関数の形状（凹凸）が変化するというのがプロスペクト理論のエッセンスです．

まず，AとBでBを選ぶという選択は，図7-4に示されています．Bの期待効用はAの期待効用を上回っています．一方，CとDでCを選ぶという選択は図7-5に示されています．ここで参照点は図7-4とは異なり，3万円に設定されています．参照点は，意思決定者が基準とする点ですから，Cという確実な選択を選ぶことができる意思決定者にとっては，3万円は「もらった

第7章　期待効用理論　163

図7-5 アレのパラドックスの一解釈（2）

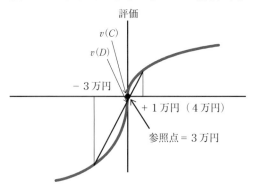

のも同然」と考えCを基準に他の選択肢を検討すると考えるのです．するとDという選択肢はどのように見えるでしょうか．確率0.8でプラス1万円，そして確率0.2でマイナス3万円という「くじ」に見えてしまうのです．このようにCとDを見て比べると，Cの期待効用がDの期待効用を上回るということが，AよりもBに高い期待効用を与える効用関数と同じ効用関数のもとで起こりうることが確認できます．この解釈のポイントは，Cという確実に3万円という選択肢の存在が意思決定者の参照点を動かしたと見ることにあります．直観的に言えば，私たちの様々な選択肢に対する評価は相対的なもので，比較対象によって「見え方」が異なるため，行動に影響すると考えられているのです．さらに，先ほどの保有効果の存在を前提とすれば，少し異なる解釈も考えることができるはずです．このような議論に興味をもったら是非考えてみて下さい．

　近年の行動経済学の発展によって，私たちの選択行動に対する理解は徐々に深まりつつあります．本章の冒頭で述べたように，ながらく意思決定理論におけるエースとして君臨してきた期待効用理論に替わって，新しいヒーローが登場するのもそう遠い先のことではないのかもしれません．

Coffee Break　エルスバーグのパラドックス

　アメリカの軍事アナリスト，ダニエル・エルスバーグ（D. Ellsberg）は，不確実性のもとでの意思決定が「あいまいさの回避」という特徴をもつことを明解な例を用いて指摘しました．彼の考案した「つぼ問題」は今日，エルスバーグのパラドックスとして広く知られています．「つぼ問題」にはいくつかのバージョンがあるのですが，ここでは一番シンプルなバージョンを紹介します．

　あるつぼに「赤球」が30個と，「黒球」と「黄球」はそれぞれの個数はわかりませんが，合計で60個，赤球と併せて計90個の玉が入っています．このつぼから1つの球を取り出すくじA, Bから1つを選ぶとき，あなたはどちらを選びますか．ただし，球を取り出す際，つぼの中は見ることができないものとします．

　　A　赤を引いたら1万円

　　B　黒を引いたら1万円

選びましたか．それでは次に，C, D 2つのくじから1つを選ぶとき，どちらを選びますか．

　　C　赤もしくは黄を引いたら1万円

　　D　黒もしくは黄を引いたら1万円

もしあなたが，AとBではA, CとDではDという選択をしたのであれば，多数派の選択と同じ選択をしたことになります．AとDは1万円もらえる確率がそれぞれ3分の1，3分の2ですが，BとCについては正確な確率はわかりません．しかし，Aを選んだということは，黒の数は黄の数よりも少ない（したがって30個より少ない）という予想と整合的です．一方，CとDでDを選んだということは，逆に黄の数が黒の数よりも少ないという予想と整合的です．最初の選択と後の選択で黒と黄の割合に関する予想が真逆になっています．AとDという選択と整合的な主観的な黒・黄比率の予想は存在しないことがパラドックスと呼ばれる理由です．

このように私たちは,「当たり」確率の情報を正確に把握しているくじを,確率を把握していない「くじ」よりも好むようです.一般化すると,「既知の」確率分布を「未知の」確率分布よりも選好するために,一貫性に欠けた選択をする傾向をもつということができますし,本章で論じた「独立性」公理が満たされないケースと解釈することもできます.
　このように行動経済学の源流の一つともいえる重要な示唆をもたらしたエルスバーグは,アメリカでは彼の名を冠するパラドックスよりも別の「事件」で有名なようです.彼はベトナム戦争に関する国防総省の機密文書をニューヨーク・タイムズなどのメディアにリークし,当時のニクソン政権に大きな打撃を与えたのです.その後,連邦政府からスパイ防止法違反で訴えられ裁判にかけられますが,最終的には無罪となります.現在も「知る権利」を重視し,情報公開を推し進める活動に熱心に取り組んでおり,世間を騒がせたウィキリークス事件についても,情報を漏えいさせたスノーデン氏を支持する論説を発表しています.

本章のまとめ

1. 不確実性を伴う意思決定分析ではノイマンとモルゲンシュテルンによる期待効用関数が広範に利用されています.
2. 期待効用関数の存在は,〈完備性〉,〈推移性〉,〈連続性〉,〈独立性〉の4つの公理を前提として保証されています.
3. 期待効用理論と整合的ではない選択が決して例外的ではないことが確認されたため,期待効用理論に対する様々な批判が起こりました.
4. 近年の行動経済学の発展によって,期待効用理論と整合的ではない選択行動に対し,様々な代替的説明が提示されています.

第 8 章 リスクに対する態度と資産市場

期待効用理論の重要な応用対象である資産市場を考察します．資産市場は非常に大きな研究対象ですから，主要なトピックを網羅的に取り上げることはできませんが，期待効用関数を利用すれば，資産市場での資産価格決定に関して私たちの日常的な直観に反する興味深い結果を導くことができることを確認します．

8.1 VNM 型効用関数とリスクに対する態度

前章でリスクを伴う選択肢に対する選好を表現する VNM 型効用関数が，一定の条件のもとで存在することを確認しました．VNM 型効用関数を使って様々な問題を分析するためには，この効用関数に具体的な「形」を与えることが必要となります．VNM 型効用関数の形状は意思決定主体のリスクに対する態度を反映します．当然のことながら，リスクに対する態度は個人や組織といった意思決定主体間で異なりますから，すべてのタイプをカバーしようとすると先に進むことができなくなってしまいます．そこで，以下では，リスクに対する態度を VNM 型効用関数で表す際に用いられる基本概念を導入した上で，多くの経済分析で利用される「リスク回避的」な効用関数を前提に議論を展開します．

リスク・プレミアム

保有効果について説明した例題 7-2 を思い出して下さい．もし保有効果がなければ (1) と (2) の答えは一致するはずです．その金額を5000円としましょう．一方，くじ A の期待値は30000円×0.25で7500円です．このとき VNM 型効用関数は図 8-1 のように表されます．

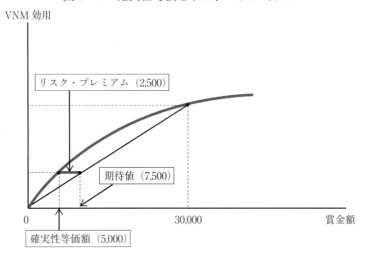

図8-1 確実性等価とリスク・プレミアム

　図8-1では横軸に賞金額，縦軸にVNM効用をとっています．定義上，確実な5000円から得る効用は，0円から得る効用に4分の3，3万円から得る効用に4分の1のウエイトをかけた加重平均値に等しくなるはずです．このとき，5000円は，くじAの**確実性等価額**と呼ばれます．そして，くじAの期待値7500円と確実性等価額の差，この例では2500円を**リスク・プレミアム**と呼びます．

　リスク・プレミアムを使って，意思決定者のリスクに対する態度を分類してみましょう．まず，結果が不確実な選択について，その期待値と確実性等価額が常に一致する，すなわちリスク・プレミアムが常に0となる主体の態度は，**リスク中立的**と呼ばれます．つぎに，あまりそのような人はいないと思いますが，リスク・プレミアムがマイナスとなる場合，その主体は**リスク愛好的**な態度をもつとされます．そして，私たちの多くが共有する態度，すなわちリスク・プレミアムが常に正となる場合は，リスクに対する態度は**リスク回避的**とされます．そして，同じ「くじ」のリスク・プレミアムが大きければ大きいほど，よりリスク回避的とされるので，リスク・プレミアムはリスクに対する態度を表す，わかりやすい尺度と解釈することができます．ただし，リスク・プ

レミアムの大きさは，同じ主体でも対象となる「くじ」（不確実性を伴う選択肢）によって異なりますから，あまり使い勝手がよい尺度とは言えません．

【例題 8-1】保険市場

保険は，リスクを抱えた主体が，保険会社に保険料（プレミアム）を支払うことで，リスクを保険会社に移転する（加入者が抱えるリスクを保険会社が引き受ける）仕組みである．以下の前提の下では，保険契約が成立しないことを示しなさい．

- 潜在的保険加入者と保険会社はともにリスク中立的．
- 潜在的保険加入者は確率 q で資産レベル y_0 が維持されるが，確率 $1-q$ で資産が 0 になるリスクに直面している．ただし，q の値は個人によって異なる．
- 保険会社に保険料 p を支払えばリスクは完全に回避できる．すなわち保険に加入すれば，加入者は失った資産と同額の保険金を受け取ることで確実に（確率 1 で）資産レベル $y_0 - p$ を維持できる．

【解説】

潜在的加入者は，リスク中立であると仮定されているので，以下の不等式が成立する場合のみ保険に加入する．

$$y_0 - p \geq q y_0 \quad \text{あるいは} \quad q \leq 1 - \frac{p}{y_0}$$

このとき，実際に加入する人の q の平均値 $\bar{q}$ は，

$$\bar{q}(p) = E\left[q \mid q \leq 1 - \frac{p}{y_0}\right] \leq 1 - \frac{p}{y_0}$$

となる．したがって，保険会社の利潤の期待値（加入者 1 人当たりの保険料収入から加入者 1 人当たりの保険金支払い額を差し引いた額）は，

$$p - (1 - \bar{q}(p)) y_0 \leq p - \left(1 - \left(1 - \frac{p}{y_0}\right)\right) y_0 = 0$$

となる．この式は保険会社を運営する諸費用が仮に 0 であったとしても，保険会社に正の利潤をもたらす保険料水準は存在しないことを意味する．

例題 8-1 から，保険契約が成立するためには，潜在的加入者と保険会社の間にリスクに対する態度に差が存在し，前者が十分にリスク回避的であることが必要とされることが推測できます．また，いわゆる任意保険は，相対的にリスクが高い保険者のみが加入するため逆選択（第13章4節）を生じさせるリスクも高いことがわかります．

絶対的リスク回避度と相対的リスク回避度

VNM 型効用関数を用いた応用分析では，多くの場合図 8-1 のようなリスク回避的な効用関数が仮定されます．リスク回避的な，すなわちリスク・プレミアムが正の値をとる VNM 効用関数は，限界効用逓減の法則に従う通常の効用関数と同じ形状となります．危険回避的な効用関数は経済学で幅広く用いられ，分析の目的上リスク回避度の程度が重要ではない場合には，単に 2 階微分可能で 1 階の微分係数が正，2 階の微分係数が負となる効用関数が仮定されます．この仮定が図 8-1 のような形状に対応していることを確認して下さい．

一方，リスク回避度をパラメータ化して定量的に把握したい場合には，**絶対的リスク回避度**もしくは**相対的リスク回避度**を一定とする仮定をおいた効用関数が用いられます．個人や企業などの意思決定主体のリスクに対する態度を 1 つの値（特徴量）で捉えることができるという仮定は，大胆ではありますが理論分析においても実証分析においても広く用いられてきた単純化です．以下，代表的な 2 つの「リスク回避度」を説明します．

まず，絶対的リスク回避度は次のように定義されます．

$$\alpha(x) = -\frac{v''(x)}{v'(x)}$$

ここでの効用関数は VNM 型効用関数 $v(x)$ とします．

絶対的リスク回避度が一定であるということは，直観的には VNM 型効用関数の曲がり具合（曲率）が x の値にかかわらず一定であることを意味し，具体的な関数形は，

$$v(x) = -\frac{e^{-\alpha x}}{\alpha}$$

となります．このように定義される絶対的リスク回避度が一定であるという仮

定は，私たちがもつ感覚と大きくずれています．なぜなら，多くの人や企業は，保有資産が大きくなれば，リスクを回避する程度が下がり，リスクをとることに対して積極的になる傾向をもつからです．このことをやはり簡単な数値例で考えてみましょう．

今，2分の1の確率で3万円の賞金がもらえ，2分の1の確率で何ももらえないくじが1万円で売られているとしましょう．そして，あなたの期待効用は，くじを購入するしないにかかわらず，保有資産の額に依存するとしましょう．もし，当初の保有資産が1万円であるとき，くじを購入する場合の期待効用としない場合の期待効用はそれぞれ次のようになります．

購入する場合： $\frac{1}{2}v(¥30{,}000) + \frac{1}{2}v(¥0)$

購入しない場合： $v(¥10{,}000)$

このような状況に置かれた人はこのくじを購入しないでしょう．一方，もし当初の保有資産が101万円であったらどうでしょう．同じようにくじを購入する場合，しない場合の期待効用は次のようになりますが，このケースでは多くの人がくじを購入するという選択をすると思われます．

購入する場合： $\frac{1}{2}v(¥1{,}030{,}000) + \frac{1}{2}v(¥1{,}000{,}000)$

購入しない場合： $v(¥1{,}010{,}000)$

これは，私たちのリスク回避の程度が保有資産によって変化し，保有資産が大きくなると絶対的リスク回避度は下がると予想されることを意味します．この点を考慮し，相対的リスク回避度は，

$$\gamma(x) = -\frac{xv''(x)}{v'(x)}$$

と定義されます．

相対的リスク回避度が一定となる効用関数は，

$v(x) = \dfrac{x^{1-\gamma}}{1-\gamma}$ if $\gamma \neq 1$

$v(x) = \log x$ if $\gamma = 1$

となり，次のコラムで紹介する研究を含む多くの研究で広く使われてきました．

さらに，もう1つ，特に金融分野の応用研究で用いられることが多い効用関数のタイプがあるのですが，そのタイプについては本章3節で説明します．

Coffee Break　株式リスクプレミアムパズル

　アメリカの経済学者，メーラ（R. Mehra）とプレスコット（E. Prescott）は1985年に発表した論文で，1889年から1975年までの米国株（S&P 500）への投資の年平均リターンが約7％であるのに対し，同期間に安全資産であるアメリカ短期国債に投資した場合の平均リターンは約1％にすぎず，この約6％の株式というリスク資産をもつことに対するプレミアムを，標準的な経済理論で説明することは困難であると主張しました．具体的には，相対的リスク回避度を一定とした実証モデルを用いた場合，現実にはありえないほど高いリスク回避度を想定する必要があることを示したのです．

　もちろん，ここでのリスク回避度は，個々の投資家のリスク態度ではなく，市場全体の，いわばマクロ的なリスク回避度ですが，あまりにも非現実的なほどに高いリスク回避度であったために，この問題は株式リスクプレミアムパズル（The Equity Premium Puzzle）として，決定的な解明を見ないまま今日に至っています．

　もう読者の皆さんもお気づきだとは思いますが，株式リスクプレミアムの大きさは，どの国のどの期間のデータをとるかで異なってきます．ちなみに2003年にこの問題を振り返りつつ再検討したメーラ自身の論文によれば，1970年から1999年までの日本のデータでは株式プレミアムは3.3％となっています．この値をもとに同じ実証モデルでリスク回避度を推定すると，かなり現実的な数字がでてきます．しかし，これはバブル崩壊後の日本というある意味特殊なケースとも言えます．実際，米国の場合，様々な期間をとっても，対象期間を十分長くとれば（たとえばリーマン・ショックを含む期間でも）6〜7％，英国やドイツでもほぼ同水準の値がでてきます．その意味でパズルはやはりパズルなのです．

このパズルに対し，様々な説明が提示されてきましたが，多くの研究者が納得するという意味で決定的な説明はいまだに提示されておらず，今日でも金融市場を分析する経済学研究者にとっては重要な研究課題となっています．

これまで提示されてきた様々な説明の中には，前章のコラムで紹介した「あいまいさの回避」に着目したものもあります．実証研究では，過去のデータから株式投資のリスクを計算しますが，多くの投資家にとって株式投資のリターンを確率的に評価することは困難です．投資家がリターンの確率分布が未知であると認識する結果，株式投資への要求収益率が非常に大きくなる，すなわち株式リスクプレミアムが大きくなっている可能性が指摘されています．

8.2　リスク細分化の効果とその限界

私たちのリスクに対する態度がリスク回避的で，2階微分可能な期待効用関数で表すことができれば，リスク資産の価格に関して重要な理論的性質，「リスク資産を分割し小分けにすると資産価格が上昇する」という性質を導くことができます．上場企業の株式を例に，この性質がなぜ導かれるのか確認することにしましょう．

リスク細分（小口）化の効果

テレビの経済ニュースなどで映しだされる東証アローズの株価ボードに表示される企業の株価は，その企業の株式1株の価格です．しかし，証券会社に口座を作って取引を開始しようとしても，株価が1株3000円の企業の株を3000円で1株だけ購入することはできません．取引手数料が必要となるばかりでなく，最低取引単位が設定されているからです．東京証券取引所など日本取引所グループ参加の取引所における最低取引単位は，かつては8種類の単位が混在し，なかでも1000株という単位が多く採用されていたのですが，徐々に統一が進み，2018年10月に100株に一元化されました．取引単位が1000株から100株に変更す

る際，10株を1株にすれば（旧株10株を新株1株に交換すれば），取引に必要な最低額には影響ありません．しかし，このような手続きをとらなければ，取引に必要な最低額は10分の1となります．その場合，2つの理由から株価に対しプラスの影響をもつと考えられています．

　第1の理由は，投資に必要な金額が10分の1になれば，この企業の株式を保有しようという投資家が増えて需要が増加することが期待できます．たとえば，株価が3000円であれば，最低取引単位が1000株の場合，投資には300万円が必要ですが，100株単位であれば30万円でこの企業の株主になることができます．300万円を用意できれば投資していたが，資金が用意できないために投資を諦めていた投資家は，投資の最低必要額が下がったことを喜び，この企業の株式を購入することでしょう．顕在化していなかった需要が顕在化し株価上昇が期待できます．

　第2の理由は，リスク回避的な効用関数の形状から導かれます．今，仮に資産300万円の投資家が，この企業の明日の株価が5000円まで上昇するか，2000円まで下落するかのいずれかの事象がそれぞれ2分の1の確率で起こると予想しているとしましょう．このとき，300万円で1000株購入すると，明日は500万円まで上昇する可能性と200万円まで下落してしまう可能性が半々ということになります．期待値で見れば350万円ですから，明日の1万円も今日の1万円と同じ価値をもつと仮定すると，図8-2で示すようにリスク・プレミアムが50万円を超える投資家は，この株式を1000株購入するよりも確実な300万円を保有し続けることを選ぶはずです．

　最低取引単位が100株に下がり30万円で投資できる場合はどうでしょう．同じく図8-2に示されているように100株だけ購入すると明日の株式の価値は20万円か50万円ですから，資産の変動幅も10分の1になります．効用関数は，狭い範囲で見れば曲がり具合も小さく直線に近くなりますから，リスク・プレミアムは10分の1よりもさらに小さくなり，5万円より小さくなります．すなわち，それぞれ2分の1の確率で200万円か500万円かというリスク資産に求めるリスク・プレミアムが50万円を超えているために，株価3000円ではこの資産を購入しない投資家でも，20万円か50万円のリスク資産に対するリスク・プレミアムは5万円未満となり，株価が同じ3000円でも購入することが大いにありう

図 8-2 証券の細分（小口）化

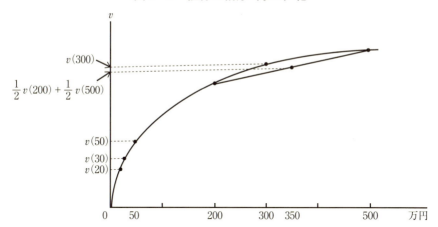

るのです．その結果，このリスク資産に対する新たな需要がうまれ，株価の上昇につながります．

　以上，2つの理由から証券の取引単位を小さくすると，すなわちリスク資産を小さく細分化するとその資産の価値が上昇することを確認しました．特に第2の理由を支えるロジックをさらに推し進めると，理論的には小分けにされたリスク資産に対するリスク・プレミアムが0に近づき，資産の価値はその資産の期待値に近づくことが確認できます．取引単位をさらに小さく10株にするとリスクの幅が5万円もしくは2万円，1株にすると5000円もしくは2000円となります．このように細分化をすすめると，期待値をとる効用関数の範囲が小さくなり，効用関数が直線によって近似できるようになります．すなわち，効用関数が連続な凹関数であるとき，リスク資産の細分化によって資産価格の変動幅を十分に小さくできれば，効用関数は直線で近似できるようになり，リスクに対する態度はリスク中立的態度に近づくのです．

リスク細分化の限界

　多種多様なリスク資産を小口証券化し，それを再び組み合わせることで，リスクを軽減しリスク資産の価値を高める手法（図8-3参照）は，広く用いら

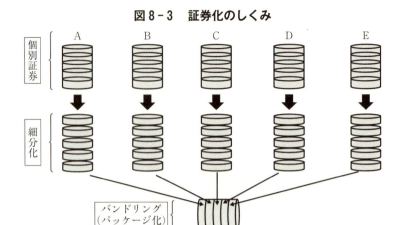

図 8-3 証券化のしくみ

れています.たとえば,REIT（不動産投資信託）は多様な不動産が生む収益を小口化し,組み合わせることで作られていますし,2008 年に世界を揺るがせたリーマン・ショックが非常に大きなインパクトをもった原因は,サブ・プライムと呼ばれる高リスクの住宅ローンを小口化した資産を含む証券が大量に流通していたことが背景にありました.

しかし,実際にはリスク資産の細分化には限度があり,リスク資産の価値が期待値に近い水準まで上昇することはありません.このようなリスクの小口化とバンドリング（あるいはパッケージ化）によるリスク軽減には,①リスク資産がもたらす収益に関する確率評価のばらつき,②取引費用,③リスクの相関という3つの理由から限界があります.それぞれの理由について少し詳しく見ることにしましょう.

[第1の要因] 投資家によってリスク評価が異なる場合,資産価格の期待値も異なりますから,小口化に伴い期待値が高い投資家の需要で株価は上昇しますが,株価が一定の水準に達するとその価格を妥当と考える投資家がいなくなり,それ以上の小口化はストップするはずです.

[第2の要因] 取引費用には証券化に必要な手数料が含まれます.加えて,証券化商品の売り手と買い手の間に情報の非対称性が存在すると逆選択が起こり,リスク資産の取引が実現しなくなる可能性がありますし,リスク資産の売却に

よって，収益を生み出す活動を担う経営者の努力インセンティブが落ちてしまい，モラルハザード（第14章参照）が起こるかもしれません．

[**第3の要因**] リスクの相関については，本章3節で詳しく論じます．複数のリスク資産が生み出す収益変動が互いに独立していれば，それぞれの資産を小口化したものをまとめることで，リスクが軽減された証券を作ることができますが，対象となる資産の収益が正の相関をもっている場合，リスク軽減効果は減殺されてしまい，小口化とバンドリングのメリットが失われてしまいます．

これらのリスク細分化とパッケージ化がもつ問題点が露わになったのがいわゆるリーマン・ショックでした．犯人扱いされた証券化商品については，情報の非対称性が大きかったにもかかわらず大量の証券が流通し，モラルハザードの問題が深刻でした．また，相関が弱いと考えられた複数の資産の価格変動が，結果的には強い相関を示したため，パッケージ化によって証券化商品が抱えるリスクは軽減されませんでした．これらの問題が事前に認識されていれば，複雑な証券化商品が大量に出回ることはなく，危機もあれほどまでには深刻化しなかったと思われます．その意味で，リーマン・ショックはリスク資産の細分化とパッケージ化の限界が正しく認識されなかったために起こった危機だったのです．

8.3 資本資産価格モデル

概要と直観的な説明

この節ではリスク資産の小口化には一定の限度があることを前提として，リスク資産の代表的な価格決定モデル，**資本資産価格モデル**（Capital Asset Pricing Model）を説明します．

一般にCAPM（キャップエム）と呼ばれる資本資産価格モデルは，株式などリスク資産の均衡証券価格（要求収益率）を導く理論です．ハイリスク・ハイリターン，ローリスク・ローリターンというよく使われる言葉からも想像できるように，直観的には，リスクが大きいほど要求収益率が大きくなることが

予想されます．しかし，CAPM は，この直観に反して「個別証券に対する要求収益率は，個別証券価格の変動リスク（分散）には依存しない」という結論を導きます．それでは，個別の証券価格はどのようなリスクを反映して決まるのでしょうか．その答えは「その証券の価格と市場ポートフォリオ（すべての証券からなるポートフォリオ）との共分散で決まる」ということになるのですが，モデルを詳しく紹介する前に，なぜそのような直観に反する結論が導かれるのかを直観的に考えることにしましょう．

CAPM を直観的に理解するためのポイントは，リスクには分散投資によって「消せる」リスクと「消せない」リスクが存在するということです．そして，分散投資によって「消せる」リスクは，そのリスクをとっても超過リターンを求めることができません．逆にいえば，超過リターンは「消せない」リスクに対して，その大きさに応じて支払われるものなのです．

もう少し，具体的に考えることにしましょう．個々の証券価格の変動は，少なくともその一部をその証券とは逆の動きをする傾向をもつ他の証券に投資することによって「消す」ことができます．たとえば，冬にインフルエンザが大流行の兆しをみせると，ワクチンを生産する企業の株は上昇する一方，年末年始の旅行等レジャーに関係する企業の株は下落する傾向があります．このとき，両方のタイプの株を保有すれば，インフルエンザの流行がもたらす株価変動リスクを部分的に相殺し，軽減することができるはずです．このように，動き方が異なる，理想的には負の相関ももつ株式をペアで保有すれば，個別株の変動リスクを軽減することができるのです．しかし，どのような組み合わせ（ポートフォリオ）でも消せないリスクが存在します．実際，種々の株式をどのように組み合わせても，それだけでは，株式市場全体のリスクは消すことができません．ここから，「個々の証券がもつ本質的なリスクは，その証券の価格の動きと市場全体の動きの関係によって決まる」という含意が導かれるのですが，直観的な説明にはやはり限界がありますから，ここからは，少し複雑なところに踏み込んで CAPM の中身を見ていくことにしましょう．

CAPM の前提条件

CAPM からは非常にシャープな結論が導かれるのですが，その出発点には

非常に強い（非現実的な）4つの仮定が置かれています．まず，それらの仮定を一つ一つ確認していくことにしましょう．

[仮定1] 投資家はリスク回避的な効用関数をもち，彼らの効用水準は保有資産の期待（平均）収益と分散（ないし標準偏差）のみに依存する．
[仮定2] 確実な収益をもたらす安全資産が1つ存在する．
[仮定3] 資本市場は完全である．
[仮定4] すべての主体が資産の期待収益とその分散に関して同じ予想をもつ．

［仮定1］は，リスク資産を保有することによる効用が，リスク資産の期待収益 R と収益の分散 $var(R)$ のみに依存すること，そして効用水準は，期待収益が大きければ大きいほど，収益の分散が小さければ小さいほど高くなることを意味します．これが本章2節で予告した効用関数です．このタイプの効用関数は以下のように表されます．

$$u(R, var(R))$$
$$\frac{\partial u}{\partial R} > 0, \quad \frac{\partial u}{\partial var(R)} < 0$$

［仮定2］は，投資によって一定水準の収益を確実に得ることができる資産が存在することを意味します．具体的には国債のような資産が想定されます．国債も債務不履行の可能性が0ではないので，厳密には安全資産とは言えないものの実質的には安全資産と考えてよいでしょう．

［仮定3］は，市場は競争的で，取引費用は0，資金の貸し手と借り手の間に情報の非対称性が存在せず，投資家は安全資産の収益率に等しい金利で資金の借り入れが無制限にできることを意味します．かなり非現実的で強い仮定です．

［仮定4］は，本章2節での細分化の限界の第1の理由と関係しています．実際には，証券の期待収益や分散に関する予想には大きなバラツキがあるはずですから，この仮定も非現実的かつ強い仮定です．

これらの仮定，特に［仮定3］と［仮定4］は現実との乖離が大きい仮定ですが，これらの強い仮定を置くことで分析は容易になり，先ほども述べたよう

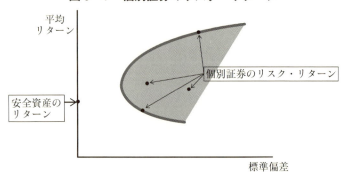

図8-4 個別証券のリスク・リターン

に非常にシャープな結果を導くことが可能になるのです．この理論の有効性に対する評価は，前提の非現実性と結果のシャープさをどう評価するかで分かれるところですが，様々な批判にさらされながらも，CAPM は依然として非常に重要な理論的成果とされ，金融サービスの実務においても広範に利用されています．

資本市場線と投資信託定理

個々の証券（リスク資産）は，その平均収益と分散（あるいは分散の平方根である標準偏差）によって特徴づけることができます．平均収益と分散（と標準偏差）についての予想は一致していると仮定しているので，各証券は，図8-4上の1点で表すことができます．また，安全資産も確実な収益 r をリスク0（標準偏差が0）でもたらす資産として，縦軸上の1点で表されます．

個々の証券価格は変動しますが，上述したように逆に動く傾向をもつ個別証券を複数保有することで，自らのポートフォリオ全体の変動リスクを軽減することができます．市場で購入可能な個別証券を組み合わせることで，実現可能な期待収益とリスクの組み合わせが図8-4の影の部分で表されているとしましょう．投資家は期待収益が同じであれば，リスクが小さい資産を選好しますから，どのようなポートフォリオを選択するにせよ，すべての期待収益の水準でリスクを最小化する資産の組み合わせを選択するはずです．したがって，リスク資産のみからなるポートフォリオは，影の部分の中で，標準偏差が最小化

されている点から上の境界線上にあるはずです．さらに，リスク0の安全資産が選択可能な環境では安全資産の収益を上回るときのみリスク資産をもつ意味がありますから，実際に選択されるポートフォリオは，安全資産を上回る期待収益をもつポートフォリオのみということになります．

次に安全資産とリスク資産の組み合わせを考えてみましょう．たとえば，太線上の1点で表されるリスク資産のポートフォリオと安全資産に，それぞれ50％のウェイトで投資する新たなポートフォリオを作ったとしましょう．このポートフォリオがもたらす平均収益と標準偏差は，選択したリスク資産に対応する点と安全資産に対応する点とを結んだ線分の中点になります．安全資産，リスク資産のウェイトを変えても，安全資産とリスク資産の組み合わせが実現する収益とリスクは，両者を結ぶ直線上にあるはずです．効用関数の性質から投資家は図8-5のような無差別曲線をもちますから，効用を最大化する投資家は，図8-5の点Mと安全資産を結ぶ直線上にあるポートフォリオを選択するはずです．点Mに対応するポートフォリオとして，市場全体（すべてのリスク資産）からなるポートフォリオが想定されるため，**市場ポートフォリオ**と呼ばれます．また点Mと安全資産に対応する点を結ぶ直線は**資本市場線**と呼ばれています．

以上の議論から，効用が資産の期待収益と分散（標準偏差）にのみ依存する投資家の最適ポートフォリオは，2つの資産クラス，安全資産とリスク資産からなり，リスク資産のみからなる資産は，点Mを実現するポートフォリオとなることが確認できました．ただし，安全資産とリスク資産の保有割合は効用関数の形状によって異なりますから，効用関数の形状で決まる無差別曲線の位置によっては，安全資産のみを保有することや，リスク資産のみからなる点Mに対応するポートフォリオが最適になることもありえます．さらに，［仮定3］から，投資家は，安全資産の収益率で無制限に借り入れができるので，借り入れを行うことで点Mから右上に延びる資本市場線上の点に対応するポートフォリオも選択できますし，そのようなポートフォリオが最適ポートフォリオとなることもありうるのです．

この結果には，**投資信託定理**（**Mutual Fund Theorem**）という名前がついています．点Mに対応するポートフォリオは，東京市場で言えばTOPIX連

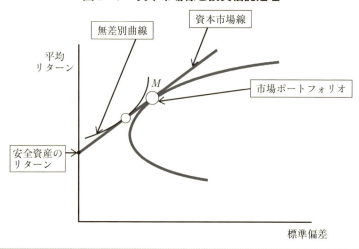

図8-5 資本市場線と投資信託定理

動型投資信託でしょうから，まさに「名は体を表す」ネーミングとなっているようです．

ベータと証券市場線

　以上で個別証券の均衡価格（要求収益率）を特徴づける準備が整いました．この説明での主役は，β（ベータ）と呼ばれる概念です．株価など企業情報を掲載しているファイナンス情報サイトの多くでは，個別企業のβに関する情報が掲載されています．βは，実務の世界でも非常に重要な役割を果たしているからです．以下では，まず，βを定義してからβを使って個別証券（リスク資産）の均衡価格（要求利子率）を求める仮定を説明します．そして，最後に例題で均衡価格を特徴づける式が実際に成立することを確認することにしましょう．

　βは次のように定義されます．

$$\beta = \frac{cov(R_i, R_M)}{var(R_M)}$$

右辺で用いられている記号の意味は，

R_i：個別証券 i の収益率
R_M：市場ポートフォリオの収益率
$cov(R_i, R_M)$：個別証券の収益率と市場ポートフォリオの収益率の共分散
$var(R_M)$：市場ポートフォリオの収益率の分散

です．さらに，個別証券 i の平均収益率と市場ポートフォリオの平均収益率をそれぞれ $\overline{R_i}$, $\overline{R_M}$ で表すと，個別証券の収益率は β を用いて次の式で表すことができます．

$$\overline{R_i} - r = \beta(\overline{R_M} - r)$$

この式の左辺は個別証券の平均収益率と安全資産の収益率の差，右辺のカッコの中は市場ポートフォリオの平均収益率と安全資産の収益率の差となっています．β が1より小さい証券のマーケット全体よりも平均的に期待される収益率（要求収益率）が低くなるのに対し，1より大きい証券は市場全体よりも要求収益率が大きくなることを意味します．β の定義から β が1より小さい，すなわち，その個別証券と市場ポートフォリオの共分散が，市場ポートフォリオの分散よりも小さいということは，その証券がポートフォリオに入ることで市場全体のリスクが軽減されることを意味します．逆に β が1よりも大きい証券は市場全体のリスクを増大させる効果をもつことに注意して下さい．この点をふまえれば，要求収益率と β の関係を直観的に捉えることができます．その存在が市場全体のリスクを増大させる証券は，収益に関しては市場平均を押し上げる効果をもたないと存在意義がないため，高い収益率が要求され，一方，リスクを軽減する証券はその分，市場全体よりも低い収益率が受け入れられるのです．β と要求収益率の関係は図8-6のように表すことができます．両者の関係を表すグラフは**証券市場線**と呼ばれます．次に実際に β と個別証券の収益率が上記の関係を満たすことを例題で確認しましょう．

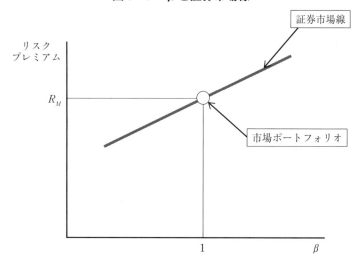

図8-6　βと証券市場線

【例題8-2】　βの導出

ある個別証券について，βが次の関係を満たすとき，そのβは上記のように市場全体の収益率との共分散と市場全体の収益率の分散の比となることを示しなさい．

$$\beta \overline{R_M} + (1-\beta)r = \overline{R_i}$$

【解説】

この式は左辺のポートフォリオとこの個別証券が同じ期待収益率をもつことを意味する．また，左辺のポートフォリオは定義から資本市場線上に位置するので，その水準の期待収益率を最小分散で実現している．したがって，仮に，同水準の期待収益をもたらす次のポートフォリオの分散は$\gamma=0$で最小化されるはずである．

$$\gamma R_i + (1-\gamma)(\beta R_M + (1-\beta)r)$$

このポートフォリオの分散は，

$$var[\gamma R_i + (1-\gamma)(\beta R_M + (1-\beta)r)]$$
$$= \gamma^2 var(R_i) + (1-\gamma)^2 \beta^2 var(R_M) + 2\gamma(1-\gamma)\beta cov(R_i, R_M)$$

1階の条件から，上式をγで微分し$\gamma=0$を代入すると0となるので，

$$\beta = \frac{cov(R_i, R_M)}{var(R_M)}$$

このようにβは個別証券の価格に直接的に影響を与えるため，個別企業の妥当な株価を理論的に算出する際など，ビジネスの世界で広く用いられてきました．これはCAPMが非常に制約の強い，非現実的な仮定をおいていることを考えれば，驚くべきことと言ってよいかもしれません．また，実際の投資家の行動は投資信託定理とは大きく乖離していると考える読者も多いことでしょう．確かにその通りなのですが，近年の米国の株式市場では，市場ポートフォリオへの投資に対応するパッシブ運用（米国市場ではS&P500など，日本市場ではTOPIXなどの指標をベンチマークとしてその指標と連動する運用成果の実現を目指す運用手法）のウェイトが非常に高まっています．そして，その影響は欧州，そして日本にも及びつつあります．この変化の背景にはAI（人工知能）による運用の拡大など様々な要因があるとされていますが，ある意味では，現実の株式市場が投資信託定理に近づいていると解釈することができるかもしれません．

本章のまとめ

1 リスクに対する態度は，VNM 型効用関数の形状に反映されます．
2 理論モデルや実証モデルでは相対的リスク回避度もしくは絶対的リスク回避度を一定とする効用関数（とそのバリエーション）が用いられることが多いです．
3 理論的にはリスク資産を細分化し複数の資産に分散投資を行うことで，リスクを軽減することができます．
4 資本資産価格モデルは，個別のリスク資産の価格（要求収益率）はその個別資産固有のリスクではなく，その資産と市場ポートフォリオの共分散に依存します．

第 V 部

ゲーム理論

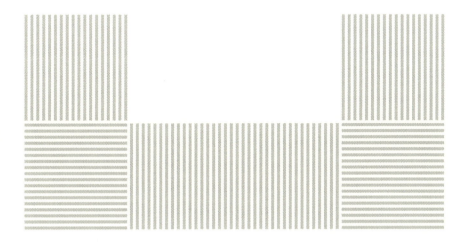

第9章 ゲーム理論の基礎

この章では第10章以降で利用するゲーム理論の基礎概念を導入します．ゲーム理論は，戦略的相互依存関係の最中にある主体の意思決定とその帰結を理解する上で有力な道具です．基礎的な応用例を交えてゲーム理論の基本的枠組みを説明していく過程で，この道具がもつ特長を明らかにするとともに潜在的な問題点を指摘します．

9.1 分析対象と目的

ゲーム理論の分析対象は，なんらかの目的をもって意思決定を行う主体間に**戦略的相互依存関係**が存在する状況です．このような状況をゲーム的状況と呼びます．複数の意思決定主体間に戦略的相互依存関係が存在するとき，各主体の行動は，その主体に影響を及ぼすだけでなく他の主体にも影響を及ぼします．ゲーム的状況，すなわち，ある主体の目的の達成度が，その主体の行動だけでなく他者の行動からも影響を受ける状況は私たちの周りのいたるところで見つけることができます．企業間競争はもちろん，政党間競争，さらには人間や動物の配偶者獲得競争にも，戦略的相互依存関係を見て取ることができます．ゲーム理論は非常に広範な分解の分析に用いられ，経済学，政治学，社会学といった社会科学のみならず，生物学や心理学といった自然科学においても重要な分析ツールとなっています．

次に，ゲーム理論の分析目的と方法を説明します．図9-1を見て下さい．左側は現実世界，右側は分析者の頭の中にある仮想世界を表現しています．まず，分析者は，現実世界のゲーム的状況を，ゲーム理論の「言葉」を使って頭の中でゲーム・モデルに翻訳します（①）．次にそのモデルを解いて「均衡」解を求めます（②）．そして，その「均衡」解を再翻訳して，現実世界のゲー

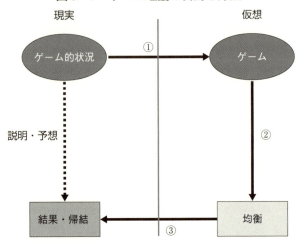

図9-1 ゲーム理論の目的と方法

ム的状況で起こっていることを「説明」ないし「理解」すること，あるいはこれから起こることを「予想」することを試みます（③）．つまるところ，ゲーム理論の目的はゲーム的状況が招く結果を説明ないし予想することにあります．

分析方法としてのゲーム理論の特徴は，ゲーム的状況をモデルに翻訳する際に用いられる「言語」と使用される「均衡」概念にあります．本章では，特に重要な2つの言語，**戦略形**（**strategic form**）と**展開形**（**extensive form**）を説明します．均衡概念については，非常に多くの均衡概念の中でも最も重要な**ナッシュ均衡**と，本書で使用するナッシュ均衡をベースとする基本的な均衡概念に絞って解説します．

9.2 戦略形とナッシュ均衡

戦略形ゲーム

この節では，まず，ゲーム的状況をゲーム・モデルに翻訳する際の最も標準的な言語とも言える戦略形について説明します．そして，戦略形で記述された

表9-1 値引き競争

Y \ K	高価格	低価格
高価格	4 / 4	1 / 6
低価格	6 / 1	2 / 2

（低価格・低価格のマスが）ナッシュ均衡

ゲームを使って，最も重要な均衡概念であるナッシュ均衡を導入します．

戦略形は，**プレーヤー集合**，**戦略集合**，**利得関数**という3つの要素によってゲームを記述する表記法です．それぞれの要素について一般的な定義から入ると具体的なイメージをもつことが難しいので，まず，単純な具体例で3つの要素を示してから，一般的な定義を導入することにします．

取り上げる具体例は架空の家電量販店 K 社と Y 社の間の価格競争です．したがって，プレーヤー集合は K 社と Y 社の2社です．プレーヤー集合の標準的な表記法では，{K, Y} と表されます．次に，両社がもつ戦略は，「高価格」と「低価格」の2つだけだとします．かなりの単純化ですが，大雑把に考えて両社は現状価格を維持するか，値下げをするかを選択肢として認識していると考えてください．このとき，各プレーヤーの戦略集合は{高価格，低価格}となります．最後に利得関数を決めます．利得関数は，プレーヤーが選んだ戦略の組をゲームの結果に対応させる役割をもちます．この例では利得＝各社の利潤と考え，各社が選んだ戦略の組に各社が得る利潤を対応させる関数となります．

表9-1は，この例でのプレーヤー集合，戦略集合，利得関数を1つの表で表したもので，一般に**利得行列**（**payoff matrix**）と呼ばれる表記です．1列目には Y 社の戦略集合が，1行目には K 社の戦略集合が示され，それぞれの戦略の行と列が交わるところに両社が得る利得（利潤）が書き込まれています．各マスの左下が Y 社の，右上が K 社の利得です．この表では，両社ともに「高価格」を選ぶ場合，両社ともに利得4を得ています．一方が「低価格」，他

第9章　ゲーム理論の基礎　191

方が「高価格」を選ぶ場合は,「低価格」を選んだ企業が顧客を集め6を得るのに対し,「高価格」を選んだ企業は顧客を失い利得を1まで下げます.最後に,両社とも「低価格」を選んだ場合は顧客を分け合いともに利得2を得ます.このように,プレーヤー集合と戦略集合の要素がいずれも2個の場合には,非常に簡単に戦略形ゲームを表すことができるのです.また,気づかれている読者も多いかと思いますが,このゲームは,一般に**囚人のジレンマ**と呼ばれるタイプのゲームとなっています.

戦略形の3つの要素

ここから,この家電量販店の価格競争ゲームを解いて均衡を求めるという作業に移りたいところですが,均衡を求める作業に移る前に,先ほど予告したように,戦略形ゲームの3つの要素について少し詳しい説明を加えておくことにします.

第1の要素,プレーヤー集合はゲーム的状況におかれた意思決定主体の集まりです.もう少し,正確に表現すると,分析者が意思決定を行うと「みなす」主体をプレーヤーとします.素朴に考えれば,最も基本的な意思決定単位は個人です.しかし,ゲーム理論でプレーヤーとされるのは,個人ばかりではなく,今の例にあるように企業,あるいは政党などの集団である場合も多々あります.実際,本書が取り上げる応用例では企業をプレーヤーとみなします.一般的にはn人(個)のプレーヤーからなるプレーヤー集合Pは,

$$P = \{1, 2, 3, \cdots, n\}$$

と表されます.

次に戦略集合について説明します.戦略とは,ゲーム的状況におかれたプレーヤーがもつゲーム・プランを指します.ここでのゲーム・プランは,ゲームの開始から終了までの過程で生じるすべての意思決定の機会での行動を予め指定している行動計画を意味します.そして各プレーヤーの戦略集合とは,ゲーム的状況におかれた,各プレーヤーが,それぞれのおかれた立場で選択可能なゲーム・プランの集合です.例のように各プレーヤーが1回だけ意思決定を行うような単純なゲームでは,ゲーム・プランは単に意思決定の際の選択肢に対

応します．しかし，後述するように意思決定の回数が増えると戦略ないしゲーム・プランは急速に複雑さを増していくことになります．

一般に戦略集合は，個々のプレーヤーの戦略集合をすべてのプレーヤーについて並べたもの（集合の集合あるいはリストのリスト）として表現されます．記号での表記は，あるプレーヤー i が選びうる戦略が m 個あるとすると，このプレーヤーの戦略集合は $S_i=\{s_i^1, s_i^2, \cdots, s_i^m\}$ となり，個々のプレーヤーの戦略集合をすべてプレーヤーについて並べたリストは，

$$S=\{S_1, S_2, S_3, \cdots, S_n\}$$

と表されます．

戦略形の第3の要素，利得関数は各プレーヤーの戦略の選択とゲームの結果を各プレーヤーが受け取る利得とを結びつける役割をもっています．ゲーム理論における利得は，第7章で導入したVNM型効用と解釈します．このように解釈することで，リスクに対する態度の多様性を包摂しつつ，合理的なプレーヤーは自らが得る利得の期待値を最大化するように意思決定を行うことを前提に，議論を進めることができます．プレーヤー i の効用関数を，$v_i = v_i(s_1, s_2, \cdots, s_i, \cdots, s_N)$　$s_i \in S_i$ と表記すれば，全プレーヤーの効用関数の組は $V=\{v_1, v_2, \cdots, v_N\}$ と表すことができます．

以上で導入した記号を使うと，戦略形は $\langle P, S, V \rangle$ という非常にコンパクトな形で表記することが可能になります．

戦略の支配・被支配

戦略形の定義ができたので，家電量販店の価格競争ゲームに戻り，このゲームで各プレーヤーがどのような行動を選択するか考察します．経営者になったつもりで，自社の利潤を増やすためには，どちらの戦略を選ぶべきなのかを考えてみることにしましょう．

まず，Y社の立場に立つと，もしライバルが高価格戦略をとった場合には，自分も高価格を選ぶと利得は4であるのに対し，低価格で対抗すると利得を6まで伸ばせます．したがって，相手が高価格を選ぶ場合には自らは低価格を選択するでしょう．もし，ライバルが低価格戦略をとってきた場合はどう対応す

ればよいでしょうか．自らが高価格を選ぶと利得は1，低価格で対抗すると利得は2ですから，やはり低価格で対応すべきです．したがって，相手がどちらの戦略をとるにせよ，Y社は「低価格」戦略を選択するはずです．

このように，ある戦略「低価格」が他のある戦略「高価格」に比べて，相手がどの戦略を選ぶ場合でも常によい結果をもたらすとき，「低価格」戦略は「高価格」戦略を**強支配する**（**strictly dominate**）と言います．逆に「高価格」戦略は「低価格」戦略によって強支配されると言います．この例では，Y社にとって「低価格」が「高価格」を強支配しているだけでなく，K社にとっても，「低価格」が「高価格」を強支配していることを容易に確認できます．両社がこのように推論すれば，結果的に両社とも「低価格」を選択して，利得2を得るという結果になるはずです．プレーヤーが利得を最大化するよう合理的に選択を行うのであれば強支配される戦略が選ばれることはありません．

ナッシュ均衡

さらに，両者とも「低価格」を選択するという結果は，実はナッシュ均衡にもなっています．あるゲームのナッシュ均衡とは，「すべてのプレーヤーが他のプレーヤーの戦略に対して自らの利得を最大化する戦略（最適反応戦略）をとっている状態」を指すものと考えてください．正確には，そのような「最適反応戦略の組（リスト）」がナッシュ均衡の定義です．ナッシュ均衡では，どのプレーヤーも，自らの置かれた状況で最善の選択をしているため，自分の戦略を変えるインセンティブをもちません．逆に言えば，ナッシュ均衡ではない状態では少なくとも1人のプレーヤーは，自分の戦略を変えることで利得を増やせるのです．一般的に表現すると，すべてのプレーヤー（$i \in P$）の効用関数について任意の $s_i^j \in S_i$ で $v_i(s_{-i}^*, s_i^*) \geq v_i(s_{-i}^*, s_i^j)$ が成立する戦略の組 $(s_1^*, s_2^*, \cdots, s_i^*, \cdots, s_N^*)$ がナッシュ均衡です．ここで，s_{-i}^* はナッシュ均衡 $(s_1^*, s_2^*, \cdots, s_i^*, \cdots, s_N^*)$ の中から s_i^* だけを除いたものです．

拡張量販店ゲーム

さらに詳しくナッシュ均衡の性質を見るため，量販店ゲームを拡張することにします．Y社とK社の戦略集合にもう1つの要素を加えてみましょう．読

表9-2　拡張量販店ゲーム

Y \ K	高価格	低価格	合わせる
高価格	4　4	6　1	4　4
低価格	1　6	2　2	2　2
合わせる	4　4	2　2	4　4

者の皆さんは、「当店で同じ商品が他店より高い場合は必ず安い価格に合わせます」というフレーズを聞いたことはありませんか．このような「最低価格保証」は、一見買い手に優しく売り手に厳しい状況を招きそうですが、ゲーム理論による分析は意外な結果を導きます．

表9-2は、両者ともに3番目の戦略「合わせる」を戦略集合に含めた拡張ゲームを利得行列で表現したものです．戦略集合の拡大によって3行目と3列目が付け加わっています．一方が「合わせる」を選び、他方が「高価格」（「低価格」）を選んだ場合、事実上、両社とも「高価格」（「低価格」）を選ぶことに等しく、各社4（2）の利得を得ます．両社とも「合わせる」を選んだ場合には、両社とも「高価格」を選んだ場合と同じ結果になると仮定します．「合わせる」という戦略は、相手が値下げしたら追随することを意図したものであるため、少なくともそれを選ぶ段階では、まだ値下げ余地を残した状態にあると考えるからです．

新たな戦略の追加によって、ゲームの結果、すなわちナッシュ均衡はどう影響をうけるでしょうか．まず、拡張量販店ゲームのナッシュ均衡を特定しましょう．このゲームには、他の戦略を強支配している戦略はありません．そこで、ナッシュ均衡の定義に立ち返って、均衡を探す手順を考えます．先ほど、当面はナッシュ均衡をすべてのプレーヤーが相手の戦略に対する最適反応を選んでいる状態と考えることにしました．したがって、各プレーヤーの相手の各戦略に対する最適反応戦略を特定していき、互いに最適反応となっている状態を見つけることができれば、そこがナッシュ均衡ということになります．

表9-3を使って、この方法によるナッシュ均衡を探す過程を説明します．

表9-3　拡張量販店ゲームのナッシュ均衡

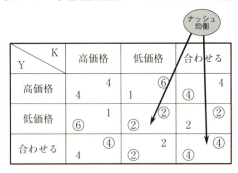

　K社の「高価格」戦略に対するY社の最適反応は「低価格」戦略でその際Y社が得る利得は6です．そこで，最適反応を選んだ状態を示す2行1列目（以後数字の入った部分だけを行列とみなします）のY社の利得6を○で囲みます．同様に，K社の「低価格」に対するY社の最適反応は「低価格」および「合わせる」で利得は2です．2列目2行目・3行目の2を○で囲みます．同様の作業をK社の「合わせる」に対して行い，さらにY社の選択に対するK社の最適反応も同様に○で囲んでいくと表9-3のようになります．互いに最適反応になっているのは，「低価格」「低価格」と「合わせる」「合わせる」の2カ所です．新しいゲームにはナッシュ均衡が2つ見つかりました．前者は単純なゲームと同じ均衡ですが，後者は，結果的に高価格が保たれる均衡です．「合わせる」という戦略は値下げ競争を防ぎ，結果として高価格維持を均衡として実現する可能性をもつことが確認されました．「他店より……」という戦略は必ずしも消費者に有利とは言えないのです．一方，「低価格」「低価格」もナッシュ均衡であることには変わりありません．拡張量販店ゲームは複数均衡という厄介な問題を抱えているのです．

弱支配と被支配戦略の繰り返し消去

　複数均衡問題に対処するため，新たに「弱支配」と「被支配戦略の繰り返し消去」という概念を導入します．再び表9-2を見て下さい．Y社の「高価格」戦略と「合わせる」戦略の結果を比べると，K社が「高価格」もしくは「合

表9-4 縮約ゲーム

Y \ K	低価格	合わせる
低価格	2, 2	2, 2
合わせる	2, 2	4, 4

わせる」を選んだ場合は利得4で同じですが，K社が「低価格」を選んだ場合には，Y社は「合わせる」を選べば利得2，「高価格」を選べば利得は1です．したがって，Y社にとっては，K社がどの戦略を選ぼうと，「合わせる」を選んでおけば「高価格」より結果がよくなることはありますが，悪くなることはありません．悪くても同じ利得を得ることができるのです．このようなとき，Y社にとって「合わせる」は「高価格」を**弱支配する**（weakly dominate）と表現します．あるいは「高価格」は「合わせる」によって弱支配されると言います．容易に確認できるようにK社にとっても状況は同じで「合わせる」は「高価格」を弱支配しています．

ゲーム理論では，多くの場合，合理的なプレーヤーは弱支配される戦略を選ぶことはなく，すべてのプレーヤーは他のプレーヤーが弱支配される戦略を選ばないということを認識し，その認識がすべてのプレーヤーによって共有されていることを認識していると仮定します（正確には，**共有知識**という概念を用いた仮定が置かれます）．この仮定を置くと「高価格」は決して選ばれることがないと双方が認識するため，表9-2から両社の「高価格」という戦略を消去することができます．すると拡張量販店ゲームは表9-4のような縮約ゲームとして表現することができます．この縮約ゲームではどちらの企業にとっても「合わせる」が「低価格」を弱支配しています．再び弱支配された戦略「低価格」を消すと，双方「合わせる」だけが残されることになります．

以上の推論から，双方が弱支配される戦略は選ばないということが共通の認識となると，ともに「合わせる」を選ぶことが唯一の均衡として残されることが確認できました．

均衡が1つに絞られたことで，潜在的な説明力，予想力が回復したのですか

表9-5　PKゲーム

キッカー \ ゴーリー	右	左
右	1, −1	−1, 1
左	−1, 1	1, −1

ら，これはよい結果と言えます．しかし，新たな問題点も生じています．被弱支配戦略の（繰り返し）消去はナッシュ均衡を消してしまう力をもっています．そのパワーを使って，実際に実現しない均衡を消し，実現する均衡を残すことができればよいのですが，必ずしもそううまくいくとは限らないのです．事実，量販店は「低価格」戦略をとっている，すなわち，消去されたナッシュ均衡に対応する行動をとっているようにも見えます．被弱支配戦略の消去がもつ潜在的な問題点は次節で再び取り上げることにします．

混合戦略均衡とナッシュ均衡の存在

　これまではナッシュ均衡の存在を前提として，均衡が複数存在する場合の問題点を論じてきました．しかし，もし，ナッシュ均衡が存在しなかったらどうでしょう．均衡が存在しないということは，複数均衡よりも深刻な問題です．理論の説明力・予想力が完全に失われてしまうからです．

　幸い，一見ナッシュ均衡が存在しないように見える表9-5のPKゲームでも混合戦略均衡という概念を導入すればナッシュ均衡を定義することができます．

　このゲームはサッカーのペナルティー・キックの場面を戦略形で表現したものです．ゴール・キーパー（以下ゴーリーと略します）は，キッカーが蹴る方向を予想して左か右に飛びます．この予想が当たればゴーリーの勝ち（利得1とします）で，キッカーの負け（利得−1とします）です．逆にゴーリーの予想がはずれるとキッカーの勝ち，ゴーリーの負けです．このゲームのナッシュ均衡を先ほど拡張量販店ゲームで使った最適反応を選んだ結果に○をつける方法で求めようとすると，均衡が存在しないことがわかります．ゴーリーは常に

予想を当てようとするのに対し，キッカーは常に予想をはずそうとしますから，両者が最適反応を同時に選んでいる状況は存在しないかのように見えます．

しかし，両者が確率的に選択を行うと考えれば，ナッシュ均衡の存在を確保することができるのです．ここで，ゴーリーが右，左をそれぞれ p_G^R，$1-p_G^R$ の確率で選び，キッカーが右，左をそれぞれ p_K^R，$1-p_K^R$ の確率で選ぶことができるとします．そして，それぞれはその確率を自らの利得の期待値（期待効用）を最大化するように選ぶとどの水準が選択されるか，考えてみましょう．

このように確率的に戦略を選ぶという「戦略」は**混合戦略**（**mixed strategy**）と呼ばれます．これに対し，ある戦略を確率1で選ぶという「戦略」は**純粋戦略**（**pure strategy**）と呼ばれます．したがって，これからの作業は，純粋戦略での均衡をもたない PK ゲームの混合戦略均衡を求めることに相当します．

混合戦略のナッシュ均衡は次のように考えれば簡単に計算することができます．各プレーヤーが行動を確率的に選ぶ誘因をもつのは，どちらを選択しても期待効用が同じときに限ります．なぜなら，どちらかの期待効用が高ければ，そちらを確率1で選ぶことで確率的に選ぶよりも高い期待効用を獲得できるからです．したがって，混合戦略均衡では，正の確率で選ぶ選択はすべて等しい期待効用をもたらすはずです．ゴーリーにとって左右の期待効用が等しくなる確率を求めればよいのです．その条件は，

$$p_K^R \cdot 1 + (1-p_K^R) \cdot -1 = p_K^R \cdot -1 + (1-p_K^R) \cdot 1$$

と表され，p_K^R について解くと，

$$p_K^R = \frac{1}{2}$$

となります．すなわち，キッカーが確率2分の1で左右に散らす戦略をとっているときのみ，ゴーリーは混合戦略を選ぶ誘因をもちます．一方，キッカーが混合戦略均衡を選ぶ誘因をもつためには左右どちらも同じ期待効用をもたらすことが条件なので，

$$p_G^R \cdot -1 + (1-p_G^R) \cdot 1 = p_G^R \cdot 1 + (1-p_G^R) \cdot -1$$

となり p_G^R について解くと，

$$p_G^R = \frac{1}{2}$$

となります．すなわち，ゴーリーが左右に同じ確率で飛ぶことが条件となります．

このように両者がともに確率2分の1で左右を選択する場合，両者の期待利得を計算するとともに0となり，自分の選択確率をどのように変えても期待利得を増やすことができません．逆にどのような確率でそれぞれの戦略を選んでも期待利得は0のままです．したがって，それぞれが左，右を2分の1の確率で選ぶという状況は，双方が最適反応をとっている状態，すなわちナッシュ均衡になっているのです．また，他の確率を選んでも期待利得は変化しないにもかかわらず，2分の1が選ばれる直観的な理由は，双方が相手に読まれないように行動するためです．

以上の計算結果を図で説明することもできます．図9-2は横軸に p_G^R，縦軸に p_K^R をとって，それぞれのプレーヤーの反応曲線を示しています．キッカーにすれば $p_G^R < \frac{1}{2}$ ならば $p_K^R = 1$，$p_G^R > \frac{1}{2}$ ならば $p_K^R = 0$，そして $p_G^R = \frac{1}{2}$ ならば $0 \leq p_K^R \leq 1$ の任意の値が最適反応となりますから，キッカーの最適反応曲線は図9-2のように描かれます．ゴーリーの反応曲線も同様に描くことができ，両者の交点，すなわち $p_G^R = p_K^R = \frac{1}{2}$ がナッシュ均衡となっています．

ここで厳密に説明することはできませんが，純粋戦略だけを考える場合にはナッシュ均衡が存在しないPKのようなゲームでも，混合戦略まで考えればナッシュ均衡が存在することが証明されています．その理由は，混合戦略をふくむように戦略集合を拡張すると，図9-2のように反応曲線が交点を必ずもつことを保証できるようになるからです．したがって，ナッシュ均衡が存在しないかもしれないという問題は，本書で扱うようなゲームでは解決済みで心配する必要がないのです．

図9-2 PKゲームの反応曲線と混合戦略均衡

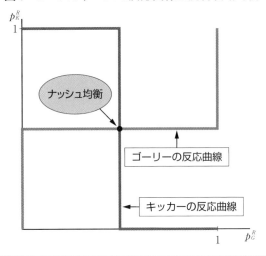

【例題9-1】

PKゲームでゴーリーが右サイドに弱く，右サイドのキックに対しては正しく予想したとしても $\frac{1}{2}$ の確率でゴールを許してしまうとすると，利得表は次のようになる．この場合のナッシュ均衡を求めなさい．

右に弱いゴーリー

キッカー \ ゴーリー	右	左
右	0, 0	-1, 1
左	-1, 1	1, -1

【解説】

混合戦略均衡を計算すると，

$$p_K^R \cdot 0 + (1-p_K^R) \cdot -1 = p_K^R \cdot -1 + (1-p_K^R) \cdot 1 \quad \text{および},$$
$$p_G^R \cdot 0 + (1-p_G^R) \cdot 1 = p_G^R \cdot 1 + (1-p_G^R) \cdot -1$$

から $p_K^R = \dfrac{2}{3}$, $p_G^R = \dfrac{2}{3}$ となる．キッカーはゴーリーの弱点をつこうとして右に蹴る確率を上げるが，それを予想したゴーリーも右に飛ぶ確率を上げて対抗することが均衡となる．

9.3 展開形と部分ゲーム完全均衡

展開形ゲーム

この節では，展開形によるゲームの記述方法を説明し展開形ゲーム独特の均衡概念を導入します．繰り返しになりますが，戦略形と展開形はいずれもゲームを表記する「言語」の役割を果たすものですから，同じ内容のゲームをそれぞれの方法で記述することができます．それでも，わざわざ2つの言語を使い分けるには理由があります．最大の理由は，2つの言語はそれぞれ得意とするタイプのゲームがあり，ゲームの内容によって使い分けることが分析上便利であるからです．たとえば，後述するように展開形ならではの均衡概念を定義し適用することで，ナッシュ均衡が複数存在する場合に一定の「絞り込み効果」を期待することもできるのです．

2つの言語の主たる違いは，前者が時間の流れを明示的に扱わないのに対し，後者は時間の流れを明示的に表現することにあります．展開形は，ゲームをその始まりから終了まで，起こりうるすべての歴史展開（ゲームの「流れ道」）を描きつくすことで表現します．歴史の流れの途中には，歴史の分かれ道となる「分岐点」があり，プレーヤーの意思決定によって歴史の進む方向，「流れ道」が変わります．そして，すべての行動選択が終了したとき，1つの歴史（ゲームの「流れ道」）が完結します．また，各分岐点で意思決定を行うプレー

ヤーが有するそれまでのゲームの歴史（経緯）に関する情報も，ゲームの一部として書き込まれます．

ゲーム理論では，プレーヤーがゲームの経緯を完全に把握しているケースを**完全情報**（**perfect information**）ゲーム，それまでの経緯を完全には把握していないゲームを**不完全情報**（**imperfect information**）ゲームと呼び区別します．

完全情報ゲームの展開形は次の4つの要素で表現されます．
① プレーヤー集合
② ゲームの「流れ道」（あるいは「流れ道」の終点）の集合
③ すべての「流れ道」の分岐点にプレーヤーを割り当てる関数
④ すべての「流れ道」の終点に各プレーヤーが得る効用を割り当てる関数

最初のプレーヤー集合について説明する必要はないでしょう．しかし，②，③，④についてはこのような抽象的な表現ではわかりにくいので，これらを具体的に表現する手段である，**ゲームの木**（**game tree**）を使って説明します．

ゲームの木による表現

まず，図9-3(a)を見て下さい．この図は量販店ゲームをY社が先導者としてまず行動を選択し，Y社の選択を観察してからK社が行動を選択するゲームをゲームの木で表現したものです．この図では時間が左から右へと流れます．まず，ゲームの始点で道が2つに枝分かれしておりYと書き込まれています．この分岐点で進む方向を決めるのはYであり，それぞれの枝は行動の選択肢を表しています．Yがいずれかの枝を選ぶと次の分岐点に進みます．そこにはKと書き込まれています．このように分岐点に意思決定者を書き込むことで，③の役割が果たされています．Kが枝を選ぶとゲームが完結します．そして終点（枝の先端）に各プレーヤーが得る利得が書き込まれています．これが④の役割に対応します．そして，②の役割を果たしているのがこの図の"枝ぶり"です．始点から終点まで枝をたどって進む方法は全部で4通りあることがわかります．このゲームには4つの「流れ道」あるいは「展開」があるということを具体的に表現しているのです．

これに対し，図9-3(b)は本章2節で扱った状況，各社はライバルの選択

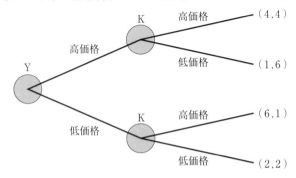

図 9-3 (a) 量販店ゲームの展開形 (Y が先導者の場合)

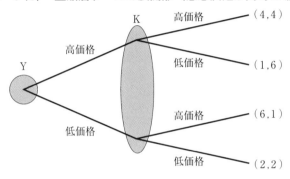

図 9-3 (b) 量販店ゲームの展開形 (意思決定が同時の場合)

を事前に知ることなく意思決定を行う状況を展開形で表現したものです．Y 社の選択を知ることなく K 社が決定するという状況を，K 社が意思決定を行う2つの分岐点を（この図の場合は楕円で）つなぐことで表現しています．このような状況では，意思決定者は自らが今ゲームの流れ道の中のどの分岐点に位置しているかを完全には把握していないので，不完全情報ゲームとなっています．ここでの楕円は，意思決定を行うプレーヤーが，いわば「現在地」として可能性があると考えている分岐点をすべて含んでおり，情報集合と呼ばれます．不完全情報ゲームを表すゲームの木では，少なくとも一部の情報集合が複数の分岐点を包摂しています．図 9-3 (b) の楕円（情報集合）は，各プレーヤーが意思決定の際にもつ情報を視覚的に表しているのです．

展開形ゲームの戦略とナッシュ均衡

　次に図9-3(a)で表現された完全情報ゲームのナッシュ均衡を求めることにしましょう．ナッシュ均衡は各プレーヤーの最適反応戦略の組であること，戦略はゲーム開始から終了までの選択をすべて指定したものであることを思い出してください．図9-3(a)の状況では，Y社が意思決定を行う分岐点は1カ所だけで，戦略は今まで通り「高価格」もしくは「低価格」となりますが，K社は，2つの分岐点で意思決定を行うので，戦略は今までとは異なってきます．すなわち，完全なゲーム・プランであるためには，2つの分岐点でそれぞれどのように行動するかを指定しておく必要があるのです．

　言い換えれば，K社は，自らの行動をY社の行動に応じて変えることができるため，戦略集合は拡大します．この戦略集合の拡大を具体的に示したのが表9-6です．表9-6は図9-3(a)の展開形ゲームを戦略形で表現したものです．すでに指摘したようにY社の戦略集合は今まで通りですが，K社の戦略は4つに増えています．高価格・高価格という戦略は，Y社がどちらの戦略をとっても（どちらの分岐点でも）高価格を選ぶという戦略，高価格・低価格という戦略は，Y社が高価格を選べば（上の分岐点では）高価格，Y社が低価格を選べば（下の分岐点では）低価格を選ぶという戦略です．2つの分岐点でそれぞれ2種類の行動を選べるので2×2，全部で4通りの戦略が可能です．

　表9-6を使って前節で説明した最適反応を○で囲む方法でナッシュ均衡を探すと，Y社が低価格，K社が低価格・低価格という戦略の組だけがナッシュ均衡となることを容易に確認することができます．したがって，ゲームは一番下の枝を通って展開することが予想されます．

　同じ結果を，戦略形表現に頼ることなく，次のような推論から導くこともできます．Y社が自らの行動を決める際，それぞれの選択にK社がどのように反応するかを予想するとします．K社が合理的に行動すると考えるならば，2つの分岐点のどちらでも，高い利得をもたらす低価格を選択するはずです．Y社がこのようにK社の行動を予想すると，自らは低価格を選択するはずです．以上のように，ゲームの進行方向を向きつつも時間の流れに逆行し，後ろ

表 9-6　Y が先導者の場合の戦略形

K Y	高価格 高価格	高価格 低価格	低価格 高価格	低価格 低価格
高価格	4, 4	④, 4	1, ⑥	1, ⑥
低価格	⑥, 1	2, ②	⑥, 1	②, ②

向きにたどりながら各分岐点での合理的行動を特定化していく推論方法を，**バックワード・インダクション（backward induction）** と呼びます．この例では，バックワード・インダクションで導いた解とナッシュ均衡は完全に一致しています．しかし，一般には，バックワード・インダクションで導いた解はナッシュ均衡ですが，その逆は必ずしも成立しません．

参入ゲーム

一方を先導者とする拡張量販店ゲームのナッシュ均衡は1つだけでした．しかし，すでに前節の拡張量販店ゲームで確認したように複数のナッシュ均衡が存在する場合もあります．展開形表現を使うメリットの一つは，複数のナッシュ均衡を絞り込む均衡概念を新たに定義できることにあります．このメリットを説明するため，図9-4・表9-7のように表現される新しいゲーム（参入ゲーム）を導入することにしましょう．

参入ゲームは，ある地域への出店を検討しているスーパーマーケットB（潜在的参入者）と，その地域ですでに営業しているスーパーマーケットA（既存店）の間の競争をモデル化したものです．まず，潜在的参入者が参入するか，しないかを選択します．参入しない場合は，現状が維持され，既存店の利得は5，潜在的参入者の利得は0とします．参入が選ばれた場合には，既存店には2つの戦略があります．1つは参入者と徹底的に戦うという阻止戦略，もう1つは攻撃的な行動をとることなく参入者と協調を図るという共存戦略です．徹底的に戦う場合，価格競争などで両者が疲弊し，既存店の利得は1，参入者の利得は−2まで落ち込みます．これに対し，共存戦略がとられた場合，既存店の利得は3，参入者の利得は2となるとします．

図9-4は展開形で，表9-7は戦略形でこのゲームをそれぞれ表現していま

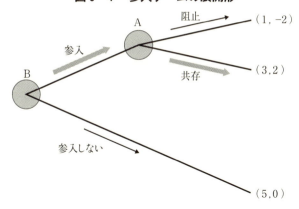

図9-4 参入ゲームの展開形

表9-7 参入ゲームの戦略形

A \ B	参入	参入しない
阻止	-1 , ②	⓪ , ⑤
共存	② , ③	0 , ⑤

す．まず，戦略形でナッシュ均衡を探索するとAが共存，Bが参入を選ぶナッシュ均衡とAが阻止を選び，Bが参入しないというナッシュ均衡，合わせて2つの純粋戦略でのナッシュ均衡があることがわかります．

部分ゲーム完全均衡

ここで，予告したナッシュ均衡を絞り込むことができる展開形ならではの均衡概念を導入します．その均衡概念には**部分ゲーム完全均衡**（**sub-game perfect equilibrium**）という名前がついていて，この例の場合，Aが共存，Bが参入というナッシュ均衡が部分ゲーム完全均衡となっています．この均衡は，当該ゲームのすべての部分ゲームで，すべてのプレーヤーがその"部分ゲームのナッシュ均衡"となる行動を選択することを要求しています．

したがって，部分ゲーム完全均衡を定義するには，まず，部分ゲームを定義

第9章 ゲーム理論の基礎 207

する必要があります．一般的な定義は煩雑なので，厳密さを犠牲にして部分ゲームを直観的に理解しやすいよう，次の3つの条件を満たすゲームの木の部分を定義します．

① 1個の分岐点のみを含む情報集合を始点とみなすことができる．
② ①のみなし始点以降，終点につながるすべての枝とその途中にあるすべての分岐点を含む．
③ 部分ゲームに含まれる分岐点を含むすべての情報集合はその部分ゲームに含まれない点を含まない．

③は不完全情報ゲームの場合のみ注意が必要となる条件なので，ここでは無視することができます．図9-4でこの条件にあてはまるのは，Aの意思決定を表す分岐点を始点とする部分ゲームと，全体ゲームのあわせて2つということになります．すなわち，参入ゲームには2つの部分ゲームが存在します．そして，部分ゲーム完全均衡はすべての部分ゲームでナッシュ均衡に相当する選択が行われることを要求しますから，Aの意思決定を始点とする部分ゲームでは，共存が選ばれることを要求します．したがって，部分ゲーム完全均衡ではすでに指摘したようにAが共存，Bが参入を選ぶことになります．この均衡は図9-4で太い矢印で表されており，太い矢印は始点から終点までつながっていることがわかります．このように部分ゲーム完全均衡に対応するつながった流れ道を，**均衡経路**（**equilibrium path**）と呼びます．以上の推論過程は，先ほど説明したバックワード・インダクションに対応していることに注意して下さい．完全情報ゲームでは，バックワード・インダクションによって部分ゲーム完全均衡を特定することができるのです．

空脅しを含むナッシュ均衡

一方，選ばれなかったナッシュ均衡，Aが阻止を選びBが参入しないという細い矢印で示された均衡は，なぜ選ばれなかったのでしょうか．その理由は，この均衡が「空脅し」を含んでいることにあります．この均衡でBが参入しない理由は，もし参入すればAが阻止を選ぶと予想しているからです．しかし，実際に参入しない限りその予想が正しいかどうかを判定することはできません．その意味ではBの「思い込み」にすぎないのです．一方，Aにしてみ

ればBがそう思い込んでくれればありがたいのは言うまでもありません. しかし, もしBが実際に参入してくれば阻止よりも共存を選ぶ方がAにとってもよいのです. したがって,「もし参入すれば阻止するぞ」という脅しは「空脅し」と見ることができますから, Bがそのように認識すれば参入を選ぶはずです. 部分ゲーム完全均衡は, 参入が選択された場合の部分ゲームでAが合理的に行動することを要求するので, 空脅しを含む均衡を排除する効果をもつのです.

部分ゲーム完全均衡の妥当性に対する懸念

部分ゲーム完全均衡に「完全」という名前がついたのは, まさにそれが複数均衡の中から不適切な均衡を排除する役割を「完全」に果たすと考えられたからでした. しかし, 実際の人間や組織では, 部分ゲーム完全均衡から逸脱した行動が観察されます. 既存店との激しい競争を懸念して参入を思いとどまることは十分にありそうな話です. 前節でも指摘しましたが, 均衡の理論上の絞り込みが, 実際に観察される均衡を残すとは限りません. この例でも, 表9-7から明らかなように, 部分ゲーム完全均衡での絞り込みによって消されたナッシュ均衡は, 弱支配される戦略を含む均衡です. なぜ実際のプレーヤーは, 時として被弱支配戦略を選んでしまうことがあるのでしょうか. あるいは少なくともそのように見える行動をなぜとるのでしょうか.

一般に, ゲーム・モデルにナッシュ均衡が多く存在する1つの理由は, 参入ゲームでのBの思い込みのように, 実際には通らない「流れ道」, すなわち均衡経路からはずれた道での相手の行動に関する予想 (ないし思い込み) を広く許容することにあります. 逆に言えば, ナッシュ均衡を絞り込むには, この予想に何らかの制限をかける必要があるのです. 部分ゲーム完全均衡は, 実際には到達しないかもしれない部分ゲームも含めて, すべての部分ゲームでナッシュ均衡に対応する選択が行われるという予想のみを許容することで, 均衡を絞り込んでいます. したがって, 部分ゲーム完全均衡による絞り込みがうまくいかない場合があるという事実は, プレーヤーが均衡外経路でもつ予想は必ずしも合理的ではないことを意味するのです.

9.4　繰り返しゲーム

有限回繰り返しゲーム

　実際の企業は，量販店ゲームや参入ゲームが単純化して捉えようとしている意思決定を何度も何度も繰り返しています．そのような状況は，今まで検討してきたゲームが繰り返される長いゲーム，**繰り返しゲーム**（repeated game）としてモデル化されます．新たに定義される繰り返し過程をすべて含む大きなゲームに対し，長いゲームの中で繰り返される短いゲームは，**ステージ・ゲーム**（stage game）と呼ばれます．

　たとえば，量販店ゲームが2回繰り返される場合を考えてみましょう．その過程で，両者は1回目の互いの行動を観察してから2回目の行動を選ぶとします．この繰り返しゲームをゲームの木で表現すると，図9-3(b) のすべての終点に同じ木の始点をくっつけた大きな木になります．すると，終点は全部で16個，各プレーヤーが意思決定を行う情報集合はそれぞれ5個，全部で10個となります．そして，すべての終点には，2回のゲームから得られる利得の合計額が書き込まれます．これでも十分に複雑ですが，同じゲームを戦略形で表現しようとすると，次の例題からわかるようにもっと大変なことになってしまいます．

【例題9-2】
　量販店ゲームが2回繰り返されるとき，各プレーヤーは何個の戦略をもつか．
【解説】
　戦略は完全なゲーム・プランを意味し，実際には到達しないものを含むすべての情報集合での選択を予め指定したものである．このゲームで各プレーヤーは5つの情報集合でそれぞれ2つの選択肢をもっているので，すべての場合を尽くすと2の5乗で32個の戦略をもつ．これを行列形式で表現しようとすると32行32列の行列となる．

例題9-2から明らかなように，繰り返しの回数が増えれば戦略の数は鼠算式に増えていってしまいます．しかし，展開形で部分ゲーム完全均衡を求めることは比較的容易です．なぜなら，2回目のゲームはすべて繰り返しゲームにおける部分ゲームになっているので，部分ゲーム完全均衡は，プレーヤーがともに低価格を選ぶことを要求します．すなわち，1回目のゲームの展開にかかわらず，2回目はまったく同じ行動をとるはずです．すると，問題は1回目のナッシュ均衡を求めるだけになり，1回目もやはり両者が低価格をとることになります．すなわち，2回とも両者が低価格を選択する均衡だけが部分ゲーム完全均衡となっているのです．

実はこの結果は，量販店ゲームが3回繰り返されても，1000回繰り返されても，繰り返しが有限回である限り変わりません．その理由は，何度繰り返されるにせよ，部分ゲーム完全均衡は最後の1回では両者が低価格を選ぶことを要求するので，最後から2回目のゲームでも両者が低価格を選ぶことを要求します．バックワード・インダクションを使えばこの過程を，最初のゲームまで遡りながらたどることができます．したがって，すべての回で両者が低価格を選ぶことのみが部分ゲーム完全均衡となるのです．

しかし，現実の価格競争においては，激しい低価格競争がしばらく続いたかと思えば，値下げ競争は鳴りを潜め高価格が維持されることが頻繁に起こっています．すなわち，部分ゲーム完全均衡が予想するように，ずっと低価格状態が続く状況はむしろ稀であるといってよいでしょう．原因としては2つの可能性が考えられます．1つ目は，ゲーム的状況を繰り返しゲームとしてモデル化する際，現実をうまく捉えていない定式化をしている可能性（モデル化の失敗）です．2つ目は，モデル自体は現実のよい近似であるものの，使用した部分ゲーム完全均衡という概念が不適切である（不適切な均衡概念の適用）という可能性です．後者については，すでに前節でその可能性を指摘しましたので，以下では前者の可能性を検討してみましょう．

無限回繰り返しゲーム

先ほどの部分ゲーム完全均衡が唯一つに決まるという説明で，決定的な役割を果たしたのがゲームの繰り返し回数が有限であるという仮定でした．確かに，

企業間競争が無限に続くことはありえませんから，有限回という仮定は非現実的とは言えません．しかし，一方で，当事者同士が競争が何回目に終わるという明確な予想をもち，その予想を共有しているという仮定も現実的とは言えません．むしろ，いつか競争は終わると認識はしていても，いつ終わるかは予想できずに競争を続けている状態が最も一般的であると考えられます．当面はいつ終わるともわからない競争が続くと双方が認識している状況は，以下のように無限回繰り返しゲームとしてモデル化する方が適切であると考えられています．

無限回繰り返しゲームを定式化するには利得を改めて定義する必要があります．なぜなら，各回の利得を単純に足していくと数を無限回足し合わせることになるからです．毎回2の利得を無限回獲得しても，毎回6を無限回獲得しても，単純和は両者無限大になってしまうので区別することができません．また，実際のゲームは永遠に繰り返されるわけではなく，当事者もそのように認識しているならば，将来の利得は実現しない可能性があるので，それをある率で割り引く方が適切でしょう．以上の理由から，割引率を $\delta(0<\delta<1)$ とし，毎回6のステージ・ゲームの利得を無限回獲得する際の繰り返しゲームの利得を，次の式で計算される割引現在価値の総和と考えることにしましょう．

$$6+\delta 6+\delta^2 6+\cdots=\frac{6}{1-\delta}=A$$

同様に毎回2の利得を無限回獲得する際の利得は，

$$2+\delta 2+\delta^2 2+\cdots=\frac{2}{1-\delta}=B$$

となります．両方とも δ が1に近づくと無限大になりますが，δ が共通である限り A は B の3倍の値を常に保つので，私たちの直観に合致した比較が可能です．さらにこの値に $1-\delta$ をかければ1回当たりの利得に戻りますから，割引現在価値の和に $1-\delta$ をかけたものを，無限回繰り返しゲームにおける1回当たりの平均的な利得とみなすことができます．

フォーク定理

次に割引現在価値の和として利得を定義した無限回繰り返しゲームの部分ゲ

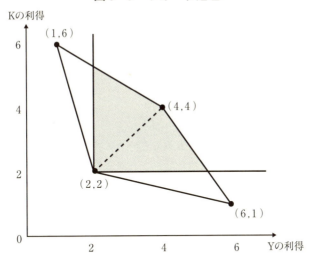

図9-5 フォーク定理

ーム完全均衡は，どのような特徴をもつのかを検討します．有限回の場合と事実上同じ戦略の組がやはり部分ゲーム完全均衡となっていることは容易に確認できます．すなわち，両者がずっと低価格を選びつづけるという戦略の組は，部分ゲーム完全均衡です．しかし，無限回繰り返しゲームには，このほかにもたくさんの部分ゲーム完全均衡が存在することがわかっています．この性質は，民話のように誰が最初に証明したかが明確ではないものの，長く伝承されてきたという意味で繰り返しゲームにおける**フォーク（folk）定理**と呼ばれています．具体的には δ が1に十分近いという条件の下では，1回当たりの利得で図9-5の網かけ部に"ほぼ"相当する利得が，部分ゲーム完全均衡として実現することがわかっています（網かけ部の利得が部分ゲーム完全均衡によって実現するという性質を完全フォーク定理と呼び，斜線部の利得がナッシュ均衡によって実現する性質をフォーク定理と呼んで区別することもあります．また，本節のフォーク定理に関する記述は厳密性を犠牲にして平易さを優先させています）．

この定理の証明は「民話」と呼ぶには複雑すぎるので，ここでは，トリガー戦略という名前がついた次の戦略の組が（部分ゲーム完全均衡ではなく）ナッ

シュ均衡となっていることを確認し，そのナッシュ均衡では両者が高価格を選択し続けることを示します．

[トリガー戦略] 両者がまず高価格を選択し，その後は相手が高価格をとり続ける限りは自分も高価格を継続し，相手が一度でも低価格を選択した場合は，次回から永遠に低価格に移行する．

まず，トリガー戦略が無限回繰り返しゲームのすべての分岐点でプレーヤーの行動を予め指定するという「戦略」の定義を満たしていることを確認して下さい．両者がトリガー戦略をとると，ずっと高価格が継続するという状態が実現します．これは暗黙の価格カルテル状態で，相手がカルテル破りをしない限りは自分もカルテルを守るが，一度でも相手が破れば，ずっと価格競争を続けるという戦略と解釈することができます．このような戦略がナッシュ均衡となる理由はカルテルを守った方が，破るよりも高い利得を得ることができるからです．もし，カルテルを守れば高価格が継続し，各回4の利得を得ることができますから，利得の現在価値の総和は，

$$4+\delta 4+\delta^2 4+\cdots = \frac{4}{1-\delta}$$

です．しかし，もし自分がある回でカルテル破りをして低価格をつけると，その回だけは利得6を獲得できますが，次回以降は低価格状態となり各回の利得は2に低下します．したがって，カルテル破りをした回で評価した利得の現在価値の総和は，

$$6+\delta 2+\delta^2 2+\cdots = 6+\frac{\delta 2}{1-\delta}$$

となります．カルテルを守ったときの利得の現在価値と比べると，この数値例の場合 $\delta > \frac{1}{2}$ であればカルテルを守った方の利得が大きくなることがわかります．したがって，両者がトリガー戦略をとるときカルテルは維持され，双方に1回当たりの利得4が実現します．

フォーク定理は，高価格状態が続く状態や，高価格と低価格が交互に生起す

る状態も均衡として説明します．少なくともステージ・ゲームのナッシュ均衡の利得 (2,2) 以上の利得が実現する戦略を両者がとっている状態から，どちらか一方が逸脱した行動をとるとき，トリガー（引き金）がひかれ低価格状態が続くような戦略を設計すれば，(2,2) よりもマシな利得はすべて均衡として維持されます．これがフォーク定理のエッセンスです．たとえば，(4,4) と (2,2) を結ぶ点線上の利得は，高価格状態と低価格状態がそれぞれある頻度で起こることで実現しますが，そのパターンからの逸脱が，逸脱以降の永続的な低価格状態を意味するなら，合理的プレーヤーはもとのパターンから逸脱しないはずです．

したがって，フォーク定理はナッシュ均衡ないし部分ゲーム完全均衡が多様な現実を説明する可能性を秘めている，と主張することも可能です．しかし，すでに指摘したように，均衡の数が非常に多いため，その一つが現実に対応していたとしても十分な説明とは言えません．フォーク定理はゲーム理論家を悩ませる複数均衡問題の象徴でもあるのです．

9.5 不完備情報ゲーム

共有知識

この節では，第12章以降の議論で使われる**不完備情報**（incomplete information）**ゲーム**について，そのエッセンスを説明します．本章3節で導入した不完全情報ゲームとは異なる概念なので注意してください．前節までに取り扱ったゲームは，すべて（不完全情報ゲームも含めて）**完備情報**（complete information）**ゲーム**という範疇に入ります．完備情報ゲームは，利得行列やゲームの木で表現されるゲームの構造が，すべてのプレーヤーの**共有知識**（common knowledge）となっているゲームです．一方，不完備情報ゲーム（ベイジアンゲームと呼ばれることもあります）は，ゲームの構造がプレーヤーの共有知識となっていないゲームを指します．以下では，両者の違いを理解するポイントとなる共有知識という概念を説明し，不完備情報ゲームの記述

方法と均衡概念について説明します．

たとえば，表9-2の拡張量販店ゲームを分析する際には，Y社とK社は，ともに自らがプレイするゲームが表9-2であることを認識しているという仮定に加え，実は暗黙に仮定されていたことがあります．それは，両者とも「相手も同じ認識をもっていることを知っている」という仮定です．この仮定がないと，「相手は被弱支配戦略を選ばない」というようにライバルの行動を予測することができません．このように，それぞれがあることを「知っている」という仮定と，「それぞれは相手が知っているということを知っている」という仮定では，その行動への影響が異なります．さらに，「それぞれは相手が知っているということを知っていると，それぞれが認識している」というように，この連鎖をいくらでも長くできるというのが，「共有知識」が意味するところです．

不完備情報ゲームの戦略形とベイジアン・ナッシュ均衡

不完備情報ゲームの戦略形表現について説明します．具体的には，プレーヤーの**タイプ**（**type**）と**信念**（**belief**）という概念を使って，不完備情報ゲームも完備情報ゲームと同じように扱えて表記することを確認していきます．

一般に不完備情報ゲームの戦略形は次のように表現されます．

$$\langle P, \{A_i\}_{i=1}^n, \{\Theta_i\}_{i=1}^n, \{v_i(\cdot\,;\theta_i), \theta_i \in \Theta_i\}_{i=1}^n, \{\phi_i\}_{i=1}^n \rangle$$

完備情報ゲームに比べ複雑に見えますが，それぞれの要素の意味を説明します．最初の2つの要素はプレーヤー集合Pと各プレーヤーが取りうる行動の集合を並べたリスト$\{A_i\}_{i=1}^n$ですから，完備情報ゲームと同じです．「戦略」ではなく「行動」とする理由は後程明らかにします．$\{\Theta_i\}_{i=1}^n$は，各プレーヤーが取りうるタイプの集合のリストです．そして，$\{v_i(\cdot\,;\theta_i), \theta_i \in \Theta_i\}_{i=1}^n$は利得関数のリスト，$v_i: A \times \Theta_i \to \mathbb{R}$はタイプによって異なる利得を捉えた利得関数です．そして，$\{\phi_i\}_{i=1}^n$は各プレーヤーがもつ信念のリストです．具体的にはプレーヤーiの信念ϕ_iは，自らのタイプを知る当該プレーヤーがもつ他のプレーヤーのタイプの分布予想，すわなち$\phi_i(\theta_{-i}|\theta_i)$です．見た目は複雑ですが，このように表記できる不完備情報ゲームは，完備情報ゲームと同じように扱うこ

とができるのです.

　ここで「戦略」と「行動」の関係を説明します．上記の戦略形で表現されるゲームにおけるプレーヤー i の戦略 s_i は，$s_i: \Theta_i \to A_i$，すなわちプレーヤーは自らのタイプによって異なる行動をとることを許容した関数として表現されるのです．次に，不完備情報ゲームの戦略形表現において最も基本的な均衡概念**ベイジアン・ナッシュ均衡**を定義することにしましょう．ここでは，比較的単純に表すことができる純粋戦略均衡の定義を示します．

[不完備情報（ベイジアン）ゲーム]

$$\langle P, \{A_i\}_{i=1}^n, \{\Theta_i\}_{i=1}^n, \{v_i(\cdot; \theta_i), \theta_i \in \Theta_i\}_{i=1}^n, \{\phi_i\}_{i=1}^n \rangle$$

の戦略プロファイル（各プレーヤーの戦略のリスト）は，すべてのプレーヤーのすべてのタイプについて，そして各プレーヤーが選択できるすべての「行動 $(a_i \in A_i)$」について以下の条件を満たすとき，純粋戦略のベイジアン・ナッシュ均衡である．

$$\sum_{\theta_{-i} \in \Theta_{-i}} \phi_i(\theta_{-i}|\theta_i) v_i(s_i^*(\theta_i), s_{-i}^*(\theta_{-i}); \theta_i) \geq \sum_{\theta_{-i} \in \Theta_{-i}} \phi_i(\theta_{-i}|\theta_i) v_i(a_i, s_{-i}^*(\theta_{-i}); \theta_i)$$

上の不等式は，すべてのプレーヤーは，自らのタイプと信念のもと，自らの期待利得を最大化する戦略を選択していることを意味します．すなわち，ベイジアン・ナッシュ均衡では，すべてのプレーヤーが他のプレーヤーの戦略に対して最適反応戦略をとっていることを保証する条件となっています．この均衡概念はその名が示すとおり，ナッシュ均衡の不完備情報（ベイジアン）ゲームへの自然な拡張となっています．第12章と第13章では，実際にベイジアン・ナッシュ均衡が登場する分析が行われます．

　次に取り上げるべきは，不完備情報ゲームの展開形表現と対応する均衡概念ということになりますが，本書の分析においては出番がないようです．ここでは，戦略形と同様に，不完備情報ゲームを完備情報ゲームのように扱うことができる方法があることだけ指摘するにとどめます．その方法は，ナッシュとともにノーベル賞を受賞したJ．ハーサニ（John C. Harsanyi）にちなみハーサニのトリックとも呼ばれるもので，自然（Nature）という架空のプレーヤーを

導入することがその特徴となっています．詳しくは，巻末「さらなる学習のために」で紹介するゲーム理論の解説書を参照してください．

Coffee Break　ネイサンの逆売り

　英国ロスチャイルド家の初代ネイサン・ロスチャイルドには「ネイサンの逆売り」と呼ばれる伝説があります．史実ではないフィクションであるにもかかわらず，広く流布され長く語り継がれたストーリーで概略は以下の通りです．

　ときは1815年6月，ナポレオン率いるフランス軍と初代ウェリントン公爵率いる英蘭連合軍が現在はベルギーとなっているワーテルロー近郊で戦い，英蘭軍が勝利を収めました．ロンドンの金融街では，戦いの結果が判明する以前から次の2つの予想が支配的でした．①英蘭軍が勝利した場合は，英国債は高騰し，逆に敗退した場合は暴落する．②戦いの結果をロンドンで最初に知るのは，ヨーロッパに優れた独自情報網をもつネイサンである．そして，ネイサンも金融関係者がそのような認識を共有していることを理解していました．そして，誰よりも早く英蘭軍勝利を知ったネイサンは（これは実際に英蘭軍からの公式報告よりも早かったようです），なんと国債を「売り」はじめます．その動きを知った市場参加者はてっきりナポレオンが勝ったと思い込み，一斉に国債を売ったため価格が暴落したところで，ネイサンは国債を買いに出ます．その後，戦争の結果が広く知られると国債価格は上昇し，ネイサンはこのトレードから莫大な利益を上げたという「お話」です．

　このストーリーでは，「市場参加者は，自分たちは戦いの結果を知らないがネイサンが結果を知っているということは知っている」という状況がポイントです．もし，この点を不完備情報ゲームで表現するならば，市場参加者は2つのタイプのネイサン（英蘭が勝ったと知っているネイサンと負けたと知っているネイサン）がそれぞれある確率でいるという信念をもっていたということになります．そこで，ネイサンの行動（売

り）をネイサンのタイプを示すシグナルと考えて，信念をアップデートして「英蘭が負けたと知っているネイサンに違いない」と考えてしまったということになります．しかし，このような信念のアップデートは合理的とは言えません．もし，市場参加者がネイサンの立場に立って考えることができたならば，彼の仕掛けたフェイントには引っかからないはずですから．

　ネイサンは「市場参加者は，自分たちは戦いの結果を知らないがネイサンが結果を知っているということは知っている」ということを知っていて利用したのですが，市場参加者は「市場参加者は，自分たちは戦いの結果を知らないがネイサンが結果を知っているということは知っているということをネイサンが知っている」ということを十分に認識できていなかったようですね．この「お話」の中では．

本章のまとめ

1 ゲーム理論の目的は，戦略的相互依存関係にある主体の意思決定とその帰結を説明することにあります．
2 ゲームの主要な表記法には戦略形と展開形があり，最も基本的な均衡概念はナッシュ均衡です．
3 展開形ゲームではナッシュ均衡を絞り込む概念として，部分ゲーム完全均衡が広く用いられます．
4 ナッシュ均衡や部分ゲーム完全均衡が多数存在する場合があり，その際にはゲーム・モデルの説明・予想力は弱まります．
5 ゲームの構造がプレーヤー間の共有知識となっていないゲームは，不完備情報ゲームと呼ばれ，プレーヤーのタイプとプレーヤーがもつ信念という概念を導入することによって，ゲームを表記しナッシュ均衡に相当する均衡概念（ベイジアン・ナッシュ均衡）が定義されます．

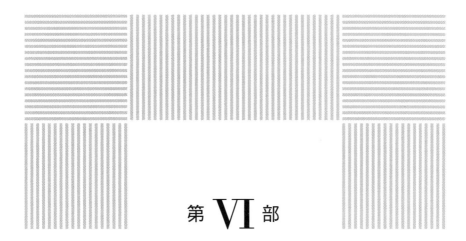

第 VI 部

不完全競争

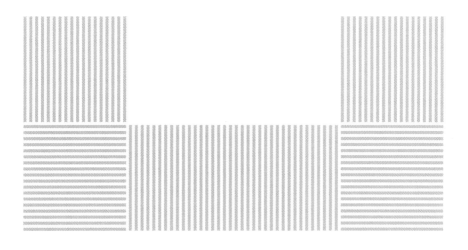

第10章 独占市場と寡占市場

独占と寡占市場の基本モデルを解説します．まず，独占市場の性質を分析し，差別価格の諸形態を説明します．次に，寡占市場の2つの基本モデル，クールノー・モデルとベルトラン・モデルを取り上げ，2つのモデルをつなげた2段階競争モデルも紹介します．最終節では，クールノー・モデルから派生したシュタッケルベルク・モデルを解説します．

10.1 不完全競争市場の分析：産業組織論の新展開

19世紀末から20世紀半ばにかけて，多くの先進国で少数の企業が大きなマーケット・シェアを占める寡占化が進行するとともに，独占的な大企業による独占力の濫用の可能性が広く認知され，不完全競争市場の分析の重要性が急速に増していきました．アメリカにおいて反トラスト法と呼ばれる一群の法律の根幹が整備されたのもこの時期です．

この頃，経済学研究においても不完全競争市場の分析が理論・実証両面で深まった結果，SCP分析と呼ばれる1つの分析パターンが支配的になりました．それは，まず，市場構造（Market Structure）を分類し，その構造のもとでの企業行動を市場行動（Market Conduct）として導き，行動の結果として生じる市場成果（Market Performance）を分析するというもので，SCPというのはこれら3つの要素の頭文字をとったものです．

具体的には，市場がその構造によって，独占市場，寡占市場，独占的競争市場として分類され，それぞれの市場構造に対応したモデルを用いて企業行動が分析され，企業行動の社会的厚生への影響が完全競争市場をベンチマークとして評価されます．たとえば，これから解説する独占の理論はこのパターンにピッタリあてはまっています．この分析アプローチは不完全競争市場における企

業行動の理解を深めるとともに，規制を中心とする政策立案へのガイドラインを提供することに成功しました．

しかし，しばしば「伝統的な」産業組織論として言及されるこのアプローチは，2つの弱点をもっていました．1つ目の問題点は，不完全競争市場で企業間に存在する戦略的相互依存関係が十分に分析されていなかったことです．不完全競争市場では，各企業の行動がライバル企業の行動の影響を大きく受けます．したがって，ライバル間の戦略的相互依存関係がどのような影響を企業行動に及ぼすかを理解することが重要なのですが，伝統的な産業組織論では戦略的相互依存関係があまり重視されませんでした．2つ目の問題点は，市場構造と市場行動の関係は一方的なものではなく双方向的なものであるにもかかわらず，そのような関係が十分には分析されていなかったことです．すなわち，市場構造が市場行動を決めるという方向だけではなく，参入，退出，企業の合併や買収という市場行動によって，市場構造が変化していくという逆の方向に働く力が事実上無視されていたのです．

これら2つの問題点は，研究者の間で広く認知されていたものの，本格的な取り組みが進んだのは，「ゲーム理論」の手法の導入された20世紀の最後の30年間でした．ゲーム理論の本格的な導入によって不完全競争市場の理解は急速に深まり，少々大げさな言い方をすれば，不完全競争市場の「見方」は大きく変わりました．実際，ゲーム理論を利用した比較的新しい分析を「伝統的な」産業組織論と区別して，「新しい」産業組織論と呼ぶこともあります．「新しい」産業組織論では，ライバル企業間に存在する戦略的相互依存関係の影響を明示的にモデル化することで，参入阻止行動やライバルの市場退出を意図した行動などについて，一歩踏み込んだ理解を可能にしています．

本章の前半部は「伝統的な」アプローチによる分析ですが，後半部では，「新しい」アプローチの出発点となった基本モデルにも言及します．産業組織論の新しい展開について詳しく学びたい読者の皆さんは，巻末「さらなる学習のために」にあげた参考文献を参照してください．

10.2 独占的企業の価格設定行動

独占の基本モデル

この節では,独占力をもつ企業の価格設定行動を説明します.まずすでに入門レベルで学んだ,最も基本的な独占モデルを確認することにしましょう.

程度の差こそあれ,独占力をもつ企業は右下がりの需要曲線に直面しており,需要曲線上の価格と生産量の組み合わせの中から,自らの利潤を最大化する組み合わせを選ぶことができます.利潤最大化の条件は「限界収入＝限界費用」でしたから,利潤を最大化する価格と供給量の組み合わせは図10-1では点 A に対応します.

この結果を数式で確認することにしましょう.逆需要関数を $p=p(x)$,費用関数を $C(x)$ とするとき,利潤は収入マイナス費用として定義されますから,

$$\pi = p \cdot x - C(x) = p(x) \cdot x - C(x)$$

となります.利潤を最大化する生産量,すなわち独占利潤を最大化する生産量 x^* では,この式を x で微分したときの値が0となるはずです.したがって,

$$\frac{dp(x^*)}{dx^*} \cdot x^* + p(x^*) - \frac{dC(x^*)}{dx^*} = 0$$

となります.利潤を表す式の第1項を x で微分したものが限界収入,第2項を微分したものが限界費用ですから,上の1階の条件は,「限界収入＝限界費用」に対応しています.また,独占力をもつ企業がこのような価格設定を行うとき,図10-1の網かけ部に相当する死重的損失が発生します.

図10-1 独占企業の価格設定

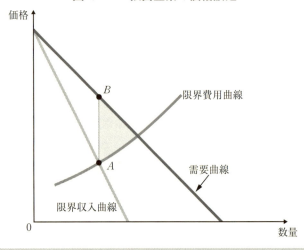

【例題10-1】
　独占企業が直面する（逆）需要関数ならびに費用関数が次のように表されるとき，利潤を最大化する独占価格と，独占価格が設定されたときに発生する死重的損失の大きさを求めなさい．
　（逆）需要関数： $p = A - Bx$（A, Bは正の定数）
　費用関数　　　： $C = cx$（cは正の定数，ただし$A > C$）

【解説】
　利潤関数 $\pi = (A - Bx)x - cx$ から利潤最大化の必要条件を求めると $\frac{d\pi}{dx} = A - 2Bx - c = 0$ から，$x^* = \frac{A-c}{2B}$ となる．これを需要関数に代入すると，利潤最大化価格 $p^* = \frac{A+c}{2}$ を得る．一方，総余剰の最大化条件は，限界費用＝価格なので，総余剰の最大化は $p = c$，$x = \frac{A-c}{B}$ で実現する．したがって，死重的損失の大きさは，

$$\frac{A-c}{2B} \cdot \frac{A-c}{2} \cdot \frac{1}{2} = \frac{(A-c)^2}{8B}$$

となる.

独占企業の利潤最大化条件の意味

利潤最大化条件をもっと詳しく見ることにしましょう．利潤最大化条件を次のように変形します．

$$p(x^*) - \frac{dC(x^*)}{dx^*} = -\frac{dp(x^*)}{dx^*} \cdot x^*$$

両辺を $p(x^*)$ で割ると，

$$\frac{p(x^*) - \dfrac{dC(x^*)}{dx^*}}{p(x^*)} = \frac{-\dfrac{dp(x^*)}{dx^*} \cdot x^*}{p(x^*)} = -\frac{dp(x^*)/p(x^*)}{dx^*/x^*} = \frac{1}{\varepsilon}$$

となります．ここで ε は需要の価格弾力性を表す記号です．

この式の左辺は，分母が価格，分子が価格と限界費用の差となっているので，価格に対する限界的な利潤の比率を表しています．仮に限界費用が一定とすると，この値は独占企業が設定する販売価格のうち利潤の占める割合を示しているので，価格・マージン比率と呼ばれます．また，この値は**ラーナー指数**（**Lerner Index**）とも呼ばれ，しばしば独占度を測る尺度としても用いられています．競争的な市場では価格が限界費用に収斂するので，両者の乖離の大きさは完全競争からの乖離度，すなわち独占力の強さを表すものと解釈できるからです．次に右辺に着目すると，右辺は全体として需要の価格弾力性の逆数となっていることがわかります．

以上から，利潤最大化条件は，価格・マージン（利幅）比率が需要の価格弾力性の逆数に等しくなることを意味することが確認できました．この解釈から，次の2つの性質が導かれます．

第1に，独占企業は需要が弾力的（価格弾力性が1より大きい）な領域でのみ生産を行うことがわかります．需要曲線が微分可能であることを前提とする

と，基本的に需要が非弾力的な領域で生産を行うことはありません．なぜならその場合，利潤最大化条件は価格・マージン比率が１より小さくなることを求めるからです．ただし，需要曲線が不連続な場合（グラフに"とび"がある場合）はこの限りではありません．

第２に，価格・マージン比率は利潤最大化が実現する数量での価格弾力性が小さければ小さいほど大きくなるということです．これは，価格弾力性が大きければ大きいほど，マージンを小さくして販売量を増やす薄利多売が，逆に弾力性が１に近ければ近いほど，１単位当たりのマージンを大きくする価格設定が，利潤最大化につながることを意味します．

差別価格の諸形態

この需要の価格弾力性と利潤最大化を実現する価格（利幅の大きさ）の関係は，独占力をもった企業がさらに利潤を増やす価格設定方法が存在することを示唆します．具体的には，価格支配力をもつ（右下がりの需要曲線に直面する）企業は，潜在的顧客全体を１つのグループとして需要曲線を推定し価格を設定するよりも，顧客を需要の価格弾力性に応じてグループに分け，グループごとに異なる価格を設定することができれば，さらに利潤を増やすことができるはずです．そして，独占力をもつ企業はしばしばそのような**価格差別化**（price discrimination）を行い**差別価格**（discriminatory pricing）を採用しています．以下では，代表的な３つの差別価格の形態（グループ別価格，価格メニューの提示，個別価格）について，実例を交えて紹介します．

グループ別価格

グループ別価格設定の典型的な例は学生割引です．そもそもなぜ学生割引は映画館などで広く採用されているのでしょうか．もちろん，社会人に比べ相対的に可処分所得が低いと考えられる学生に対する配慮もあるでしょう．しかし，一見学生に親切な学割制度も売り手の利潤最大化行動として解釈することもできるのです．

学生は一般に自由にできる時間は多くお金は少ないので，映画に対する需要の価格弾力性が大きいことが予想されます．一方，一般の人（非学生）は，概

して自由にできるお金が多く時間は少ないので，需要の価格弾力性は小さいと予想できます．独占的な企業の利潤最大化条件から，学生料金を一般料金より低く設定することで，均一料金を設定する場合に比べ利潤が大きくなることがわかります．

　一方，携帯電話サービスやソフトウェアの学生割引などは，潜在的な顧客をロックイン（囲いこみ）して，将来の継続利用につなげるという意図があると考えられます．読者の皆さんも，皆さんが利用する様々な割引サービスの背後にある隠れた意図を推測してみてください．この節で学ぶ内容の理解を確認し応用力を高める機会となると思います．

　話を差別価格に戻しましょう．ファスト・フードやコンビニエンス・ストアのチェーンでは地域別価格が採用されています．これは同一商品でも地域によって異なる販売価格が設定されていることを意味します．このような価格戦略が採用された背景には，都市部と地方での店舗の賃貸料や人件費に代表されるコスト差に加えて，価格弾力性の地域差があると推測されます．

【例題10-2】

　あるファスト・フードの全国チェーンが，U 地域と L 地域で市場調査を行ったところ，このチェーンの中心商品である α バーガーについての1日平均の需要曲線が以下のように推定された．また，α バーガーの生産・販売に要する費用は1個当たり，100円で両地域共通である．

　　U 地域での需要曲線：$X_U = 140 - 0.2 p_U$

　　L 地域での需要曲線：$X_L = 160 - 0.4 p_L$

(1)　利潤を最大化する地域別価格ならびに利潤の合計額を求めなさい．

(2)　両地域で同一価格を設定するという制約を課した場合の価格ならびに利潤を求めなさい．

【解説】

(1)　それぞれの地域についての逆需要関数を求めると例題10-1と同じ方法が使える．結果は，$p_U^* = 400$，$X_U^* = 60$，$p_L^* = 250$，$X_L^* = 60$．このとき，各地域の利潤は，$\pi_U^* = 18000$，$\pi_L^* = 9000$ となり，合計利潤は2万7000円となる．

(2) 同一価格を $p_U=p_L=p$ と表す．需要曲線を足し合わせ，$X_U+X_L=X$ と置くと，全体の需要曲線は，$X=300-0.6p$ となる．利潤最大化条件から，$p^*=300$，$X^*=120$ となり利潤は2万4000円となる．結局全体としては同じ個数を売り上げるが，差別価格を設定する場合としない場合で利潤に大きな差が生じることが確認できた．

学割や地域別価格のようなグループ別の価格を実施するためには，2つの条件が満たされなければなりません．1つは，売り手が個々の買い手がどのグループに属するかを区別することが容易であることです．地域別価格の場合，かなり大きな取引費用が存在するので，安い場所までわざわざハンバーガーを買いにいく人はほとんどいないはずです．また，学割の利用希望者には，学生証の提示を求めることでこの問題をクリアすることができます．2つ目の条件は，安く購入できる人がその財を購入し，転売する裁定取引を実行することができないことです．ハンバーガーの場合はその心配はありません．交通機関などでの学割の不正利用は，利用中に学生証の再提示を求める権利をもつことで，不正利用に歯止めをかけることができます．しかし，このような条件が満たされるケースは一般的ではありませんから，利潤を増やすための差別価格を実現するには，次に議論するような別の工夫が必要となります．

価格メニューの提示

企業が消費者の「タイプ」を識別できない場合に最も広範に利用されている価格差別の方法は，「価格メニュー」を提示して消費者に選んでもらうという方法です．たとえば携帯電話の料金プランは，「毎月の基本料金部分」+「一定の無料利用分を超過した利用料についての従量料金部分」というプランが複数設定され，利用者が自分の利用状況に一番合ったプランを選ぶという形態が一般的です．自分に合ったプランを選べるという点で，消費者の便宜を図っているとも言えますが，単一のプランを提供する場合よりも利潤を大きくすることができるため，実は企業にとっても都合がよい制度なのです．

携帯電話のような料金体系，固定料金+使用量に応じた従量料金という価格設定は**2部料金制**と呼ばれます．企業が複数の2部料金プランを提示する理由

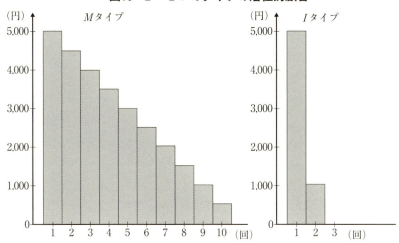

図10-2　2つのタイプの潜在的顧客

を，従量料金部分が0である単純なケースで考えてみましょう．

　大きなテーマパークの利用料金は，1日パスポートや2日パスポート，年間パスポートという風に，従量料金がない基本料金のみのプランが複数設定されています．単純化のため，テーマパークを経営する企業の限界費用は0，最初は1日パスポートのみが販売されていると仮定します．

　テーマパークの利用者には2つのMタイプとIタイプが同数いて，それぞれ1日パスポートに対する潜在的な年間需要量は図10-2に示されたとおりであるとしましょう．

　仮に1日パスポートの価格を5000円に設定すると，いずれのタイプも1年で1回だけ来場することが予想されます．4000円に値下げすると，Mタイプの来場回数が増え，このタイプから得る利潤は増えますが，Iタイプの来場回数は増えないので，値下げ分だけこのタイプから得る利潤は減少します．

　そこで「年間パスポート」を2万7500円で同時に販売したらどうでしょう．Mタイプはこれを購入し年間10回来場することが予想されます．なぜなら，仮に料金が0だとするとMタイプは年間10回の来場から，2万7500円に相当する消費者余剰を得るからです．したがって，年間パスポート2万7500円とい

う価格は，彼らを年間パスポートに誘導できるピッタリの価格となっているのです．そしてIタイプは従来どおり，5000円で年間1回だけ来場します．このように料金を設定することで，企業は消費者余剰を吸収し，生産者余剰を増やすことが可能になります．

　携帯電話の料金プランのような従量料金部分がある価格メニューにもこれと同じ効果があります．もし，従量料金を限界費用に等しく設定した「基本料金＋従量料金」というプランが1つだけしかないとすると，基本料金を高く設定すれば，Iタイプ（わずかしか使用しないタイプ）は加入しません．また，基本料金を安く設定するとMタイプ（ヘビーユーザータイプ）が得る大きな余剰を吸い上げることができなくなってしまいます．しかし，「低い基本料金＋高い従量料金」と「高い基本料金＋低い従量料金」という2つのプランを設定すれば，Iタイプを前者に，Mタイプを後者に誘導することができるので，利潤を増やすことが可能になるのです．

　2部料金制をさらに一般化した価格体系を非線形価格と呼びます．非線形価格の代表例は数量割引です．スーパーマーケットなどで買い物をすると，同一商品を大量に購入する場合，購入量に応じて1単位当たりの価格を急速に低くする価格設定がされていることがあります．そして，多くの場合，数量割引の程度は，費用の差では説明できないほど大きな幅になっています．数量割引の慣習が地域・時代を問わず広く見られる最大の理由は，やはり利潤を増やすためと考えてよいでしょう．

　この他にも，消費者余剰を生産者余剰に転化する効果をもつ価格メニューがあります．特によく使われるバンドリング（抱き合わせ販売）手法は，異なる財やサービスをセットにして，バラバラに購入するよりも割安な価格で提供する方法です．たとえば，携帯電話，固定電話，インターネット接続，ケーブルテレビという4つのサービスをバラバラに提供する価格と，組み合わせに応じたセット割引価格を同時に提供する企業があります．このような価格設定が利潤を増やす効果をもつことを次の例題で確認してください．

【例題10-3】
　ある映画配給会社が2つの作品A，Bの上映権を3つの映画館に販売

しようとしている．3つの映画館 X, Y, Z にとって，2つの作品を上映した際，見込まれる収入は，上映権取得にかかる費用を除くと次のようになっている．単純化のため，これらの映画館はこの配給会社のみから上映権を取得するものとし，純益が0以上となる場合には，利潤を最大化するように購入するものとする（最大利潤が負になる場合は購入しないが，最大利潤が0であるならば購入を行う）．このとき，配給会社の利潤を最大化する上映権価格を求めなさい．

映画館＼映画	A	B
X	1500万円	0円
Y	0円	1500万円
Z	1000万円	1000万円

【解説】
　まず，それぞれの作品について別々の単体価格のみで販売すると仮定しよう．いずれの作品も1500万円超の価格ではまったく売れないので，販売収入を得るには最大で1500万円の価格しかつけることができない．それぞれの作品の価格を1500万円とした場合，X が A，Y が B のみを購入するため，合計3000万円の収入を得る．1500万円から価格を下げた場合1000万円を超える限りにおいては，需要が増えないため，収入は減少する．しかし，1000万円に設定すると，Z が A と B を購入するため，合計4000万円の収入を得る．これが単体価格のみを設定する場合での最大収入となる．しかし，A と B のセット価格を別に設定できるならば，さらに収入を増やすことができる．具体的には，A，B それぞれの単体価格を1500万円，A＆B のセット価格を2000万円に設定すれば，X が A のみ，Y が B のみ，Z がセットを購入するので合計5000万円の収入となる．

個別価格

　企業が差別価格を設定する基本的理由は，「高くても買ってくれる買い手には高価格で，低い価格でなら買ってくれる買い手には低価格で売りたい」ということにあります．この考えを推し進めると，消費者1人1人の需要曲線を推定して，個々の消費者から得る生産者余剰を最大化するように1人1人に異なる価格をつけることができれば，企業にとって真の意味での利潤最大化が達成されるということになります．さらに，その場合すべての消費者が限界便益＝限界費用となる消費量を選ぶので，当該市場では総余剰が最大化されます．ただし，消費者余剰は0となり，総余剰＝生産者余剰という非常に偏った状態であることに注意してください．

　企業の立場から見れば，完全個別価格は究極の価格体系といってよいでしょう．しかし，その実現はほぼ不可能です．消費者1人1人の需要曲線の推定に大きな困難が伴うことは容易に想像できますし，仮に推定できたとしても個別価格を設定して実行するには，実効ある転売阻止対策の実施などの大きな問題が残ります．しかし，近年の情報技術の飛躍的な向上に伴って，個別価格に近い価格設定が使われるようになっています．

　スーパーマーケットやコンビニエンス・ストアなどの小売業は，メールアドレスなど一定の個人情報を提供した顧客に対し，購入額に応じてポイントを付与するロイヤルティ・カードを発行しています．発行者は，ポイント付与に伴うコストを負担する代わりに，カードの利用者から，いつ，誰が，何を，どの価格で購入したかという詳しい購買履歴を得ます．そのデータを使えば，特定の顧客の特定の商品に対する需要のパターンを知ることができ，それを利用して個別価格に「近い」価格を設定することが可能になります．

　たとえば，私と私の友人が同じ店でロイヤルティ・カードを提示して，ビールを購入しているとしましょう．そして，私の購買記録からは，私は特売日に限ってビールをまとめ買いしていること，また価格が低いときの需要の伸びが著しいことが確認され，私の友人の購買記録は，価格に関係せず，ほぼ一定の間隔で一定量が購入されていることがわかったとします．おそらく，友人は価格を気にせずビールがきれたら購入しているのでしょう．お店としては，一律

に安売りをする場合，安売りに反応する私だけでなく本来は価格を気にしない友人にも，特売価格で売ることになり，みすみす利益を減らしてしまうことになります．そこで，私のような特売日に反応するタイプにだけ，購買履歴から計算したその消費者から得る利潤を最大化する価格を実現する割引クーポンをメールで送れば，特売に反応する顧客を囲い込むだけでなく，一律の特売日を設定する必要がなくなるので，友人のようなタイプには常に定価に近い高価格で売ることが可能になるのです．

さらに，この方法はバンドリングにも応用できます．ビールと一緒に買われる傾向がある財（多くの場合では補完財），たとえば「おつまみ類」を安ければ大量に買うというパターンを見せるビール購入者に対してのみ，「おつまみ割引クーポン」を発行すれば，他の顧客に対する売価を下げることなく，利潤を増やす機会を得ることができるのです．

10.3　クールノー（数量競争）・モデル

最も基本的な寡占モデルは，クールノーによる複占市場の数量競争モデルです．読者の皆さんは，今から約180年前に発表されたこのモデルが，ほぼそのままの形で今なお世界中の大学で講義されているという事実に驚かれるかもしれません．

クールノー・モデルとクールノー・ナッシュ均衡

2つの企業，企業1と企業2が完全に同質な財（ミネラル・ウォーター）を生産しているものとし，それぞれの生産量をx_1, x_2と表します．そして，これらの企業が直面する需要曲線は，

$$p = A - B(x_1 + x_2) \quad (A, B は正の定数)$$

と表すことができるものとしましょう．さらに，ボトル1本当たりの生産に必要な費用は両企業ともにcで，その値は生産量にかかわらず一定とします．このとき，各企業の利潤は，

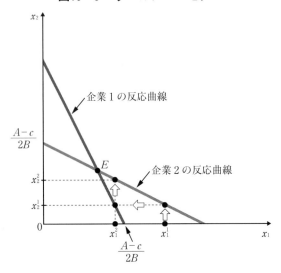

図10-3 クールノー・モデル

$$\pi_i = p \cdot x_i - c \cdot x_i = \{A - B(x_1 + x_2)\}x_i - c \cdot x_i \quad i = 1, 2$$

となります。それぞれの企業の利潤最大化条件は，

$$\frac{d\pi_i}{dx_i} = 0$$

となるので，各企業の利潤最大化条件から，利潤を最大化する生産量 x_1^* と x_2^* を求めると，

$$x_1^* = \frac{(A-c)}{2B} - \frac{x_2}{2} \quad \text{および} \quad x_2^* = \frac{(A-c)}{2B} - \frac{x_1}{2}$$

となります。

上の2つの式をよく見てください。いずれの最適生産量を示す式にも，ライバル企業の生産量が含まれています。すなわち，自社の最適行動が他社の行動に依存して変化することを明確に見て取ることができます。これで，両者の間に存在する戦略的な相互依存関係を特定することができました。それでは，このような状況におかれた企業はどのような行動（このモデルの場合は生産量）

を選ぶのでしょうか.

　まず，図10-3を使って結論を視覚的に導くことにしましょう．図10-3は各企業の最適生産量の式を図示した各企業の反応曲線です．したがって，両者が相手の数量に応じて利潤最大化を実現する生産量を選ぶなら，2つの反応曲線の交点Eが選ばれるはずです．交点Eに対応する生産量は，いずれの企業も相手の生産量に対して最適な反応をとっているのでナッシュ均衡となっています．

　2つの反応曲線を表す式を連立方程式として，x_1^*とx_2^*について解くと，

$$x_1^* = x_2^* = \frac{A-c}{3B}$$

となります．これが，クールノー・モデルが予想する結果です．この結論は，上で確認したようにナッシュ均衡を先取りするものでした．このことから，点Eは**クールノー・ナッシュ均衡**と呼ばれることもあります．

均衡はなぜ実現するのか

　クールノーとナッシュは，もう1つ大変重要な論点で非常に似通ったアイデアに言及しています．それは均衡の実現プロセスに関する見解です．先ほどはクールノー・ナッシュ均衡に対応する生産量を連立方程式を解くことによって求めました．しかし，実際の企業が式を解いて行動を決定するということは，まずないといってよいでしょう．それにもかかわらず企業が点Eに対応する生産量を選ぶとしたら，どのようにしてその「答え」にたどり着いたのでしょうか．この点について，クールノーは「経験を通じた試行錯誤」を想定していました．奇しくも，ナッシュもほぼ同じことをナッシュ均衡の概念を定式化した際に「経験を通じた学習過程」として論じています．

　図10-3を使って「試行錯誤」が意味するところを簡単に説明しましょう．今，企業1が生産量x_1^1を選んでいたとします．すると企業2は利潤を最大化するためx_2^1を選ぶはずです．ところが，企業2がそのように行動すると企業1にとってx_1^1は最善の選択ではありません．今度はx_1^2を選ぶはずです．すると企業2はx_2^2を，というプロセスが進むと，最終的には点Eに至ることになりそうです．今述べたのはあくまでも，そうなるだろうという「予想」にすぎ

ませんが,「経験による学習がナッシュ均衡に対応する結果に到達する」という結論は, かなり高い妥当性をもつと言ってよいでしょう. 言い換えれば, ゲーム理論を知らなくても, また, ナッシュ均衡を計算できなくても, ナッシュ均衡が実現するということは十分にありうることなのです.

クールノー・ナッシュ均衡の性質

均衡における生産量を需要曲線に代入すると, 各企業が均衡生産量を選んだ際の価格を次のように導くことができます.

$$p = \frac{A+2c}{3}$$

クールノー・ナッシュ均衡における総生産量（両者の生産量の合計）ならびに価格を, 例題10-1で求めた独占企業の生産量ならびに価格と比較すると, 生産量は大きく, 価格は低くなっています. このことから, 独占に比べ社会的余剰が大きくなっていることが確認できます. しかし, 競争均衡の条件, 価格＝限界費用（$=c$）は実現しておらず, 死重的損失は小さくなったとはいえ残っています. また, さらに企業数が増えると死重的損失は減少していくことが予想されます. この予想は正しく, 企業数の増加に伴い生産量と価格は競争均衡に近づくことを確認できます（本章補論参照）.

10.4 ベルトラン・モデル

ベルトラン・モデルの均衡とベルトラン・パラドックス

今度は同じく同質な財を生産する2つの企業が競争している状況で, 各企業が生産量ではなく, 価格を戦略的に決定すると何が起こるかを検討します. このモデルは, やはり最初の分析者の名前にちなみベルトラン・モデルと呼ばれます.

企業が直面する費用関数と需要関数は, クールノー・モデルとまったく同じと仮定しましょう. しかし, ベルトラン・モデルでは, 企業の価格競争を分析

するため，それぞれが別の価格を選ぶことになります．そこで，各企業が設定する価格を p_1，p_2 とします．もし，2社の価格が異なり，同質な財が違う価格で売られていたら何が起こるでしょうか．そうです．消費者は安い方に殺到するはずです．仮にすべての需要が安い価格を設定した方に向かい，高い価格をつけた企業の製品に対する需要が0になるとすると，高い価格をつけた企業の利潤は0となります．正の利潤を実現するには，価格をライバル企業よりも安く設定するほかなく，2つの企業による値下げ競争が始まり，価格が費用と等しくなるまで，すなわち $p_1=p_2=c$ となるまで続くはずです．なぜなら，ライバルが費用を上回る価格をつけている限り，それよりも少し安い価格で対抗すればすべての顧客を奪うことができ，その価格が費用をわずかでも上回る限り正の利潤を得ることができるからです．

したがって，企業が2社しか存在しない場合でも，ベルトラン価格競争が起こると，競争均衡と同じ生産量，価格が実現します．当然のことながら，死重的損失は発生しません．しかし，実際の寡占市場においては，価格競争はあっても，利潤を0に押し下げるまでの厳しい競争を目にすることは極めて稀です．このケースでの理論的予想と現実の乖離には，ベルトラン・パラドックスという名前がついています．

パラドックスを解く

ここでベルトラン・パラドックスを解く3つのアイデアを紹介しましょう．1つ目は，次章で取り上げる製品差別化に着目したアプローチです．製品の同質的であるという仮定は，実際の不完全市場では満たされていないケースが多々ありますから，そのような場合には特に有効なアプローチと言えるでしょう．2つ目のアプローチは，第9章で説明した「繰り返しゲーム」によるものです．フォーク定理が示すように，低価格が続くベルトラン均衡に相当する均衡も存在しますが，他のタイプの均衡も存在します．3つ目のアプローチは，企業の生産能力に限界があること，すなわち数量制約を考慮するものです．このアプローチをとったクレプスとシャインクマン（Kreps and Scheinkman）のモデルはクールノー・モデルとベルトラン・モデルをつなげ，前者の均衡に新しい解釈を提示しました．

数量制約のもとでの価格競争

クレプスとシャインクマンは，寡占企業が第1段階で生産能力を同時決定し，第2段階では各企業が生産能力を所与として価格を同時決定する2段階ゲームを提示し，この2段階ゲームの部分ゲーム完全均衡がクールノー・ナッシュ均衡に一致することを示しました．なぜ，このような結論が導かれるのか考えてみることにしましょう．

需要関数など基本的な前提は，本章3節で説明したクールノー・モデルと同じとします．2段階ゲームの部分ゲーム完全均衡を求めるために，ゲームを後ろ向きに見て，2段階目の生産能力制約が存在するもとでの価格決定から考察します．この段階で純粋戦略均衡となりうるのは，両企業が生産能力の限界まで販売できる価格をつける場合のみとなります．この点を厳密に説明するには長い紙幅を要するのですが，直観的には，次のように比較的簡単に理解できます．

仮に両企業が同じ価格を選択し市場需要を2分して分け合っており，かついずれかの企業の生産能力に余力がある状況を考えてみましょう．この状況は均衡ではありません．なぜなら，生産能力に余力がある企業は，価格を下げることで利潤を増やすことができるからです．このロジックは，すでに議論したベルトラン・モデルと同じです．次に，一方の企業が選択した価格のもとで生産能力の限界まで生産・販売しているにもかかわらず，その価格での市場需要を満たしていない状況を考えてみましょう．このとき，もう1つの企業は残された需要に対し独占者としてふるまうことが利潤最大化につながります．すなわち，生産能力の限界まで生産している企業に比べて高い価格をつけることが最適となります．ライバルが高い価格をつけるならば，相対的に低い価格で生産能力一杯の販売を行っている企業は価格を上げるインセンティブをもちます．なぜなら他企業は高い価格をつけているので，現在の需要を失うことなく，高い価格で販売することで利潤を増やすことができるからです．

このように，第2段階において，両方，あるいはいずれか一方の企業が生産能力に余裕が残る価格が選ばれているとき，少なくともいずれかの企業は価格を変えるインセンティブをもっているのです．したがって，第2段階での純粋

戦略均衡においては，両企業とも第1段階で選択した生産能力一杯の需要がある価格を選択するはずです．

次に第1段階での生産能力決定を検討します．第2段階では，両企業が第1段階で決めた生産能力一杯の需要がある価格を決めることを所与として，利潤最大化を実現する生産能力が均衡となります．これは，実質的にクールノー・モデルにおける数量決定と同じです．したがって，2段階ゲームの部分ゲーム完全均衡においては，両企業は，第1段階ではクールノー・ナッシュ均衡の生産量に等しい生産能力を選択し，第2段階では生産能力一杯の生産量がちょうど受容される価格を選択することになるのです．

10.5 シュタッケルベルク・モデル

この節では，最初に企業1が生産量を決め，その生産量を観察した後で企業2が生産量を決める状況を考察します．生産量を同時決定する場合とは異なり，企業2は企業1の生産量を所与として行動します．一方，企業1は，そのような企業2の反応を読み込んで，自らの利潤を最大化する生産量を選択するはずです．その生産量は，この状況を展開形ゲームとしてモデル化したときの部分ゲーム完全均衡に対応します．

再びクールノー・モデルと同じ需要関数，

$$p = A - B(x_1 + x_2) \quad (A, B は正の定数)$$

を仮定します．企業2の限界収入を，$p \cdot x_2$ を x_2 で微分して求めると，

$$MR_2 = A - Bx_1 - 2Bx_2$$

となります．利潤最大化条件は，限界収入＝費用ですから，

$$A - Bx_1 - 2Bx_2^* = c$$

です．したがって，企業2の利潤が最大となる x_2^* は，

$$x_2^* = \frac{(A-c)}{2B} - \frac{x_1}{2}$$

となります．企業1は自らの選択に企業2がこのように反応することを読み込んで，利潤を最大化すべく x_1 を選ぶでしょう．企業1が直面する需要関数は，

$$p = A - Bx_2^*(x_1) - Bx_1 = \frac{A+c}{2} - \frac{B}{2}x_1$$

と表せるので，企業1の利潤関数は，

$$\pi_1 = \left(\frac{A+c}{2} - \frac{B}{2}x_1 - c\right)x_1 = \left(\frac{A-c}{2} - \frac{B}{2}x_1\right)x_1$$

となります．利潤最大化条件から，

$$x_1^* = \frac{A-c}{2B}$$

が導かれます．このとき企業2の生産量は，

$$x_2^* = \frac{A-c}{4B}$$

となります．

　この結果は，企業1は企業2の2倍生産し，したがって2倍の利益をあげることを意味します．意思決定のタイミングだけが異なるクールノー・ナッシュ均衡では，両者の生産量・利潤はまったく同じ水準でした．これに対し，一方の企業が先導者として先に生産量を決定し，他方の企業は先導者の決定を観察してから生産量を決定するというシュタッケルベルク数量競争では，先導者が有利であること，すなわち先行者利益が存在することが示されました．追随者として相手の出方を見てから自らの行動を決めるという態度は，このケースにおいては自らを不利な立場に追い込むことになるのです．

　この先導者有利という結果は，絶対的なものではありません．実際，次章で扱う製品差別化が起こっている市場での価格競争モデルからは，逆の結果，すなわち追随者の方が大きな利潤を獲得する場合があることが示されます．

本章のまとめ

1 独占力をもつ企業は差別価格を設定し，利潤の拡大を実現することができます．差別価格には，3つのタイプ（グループ別価格，価格メニューの提示，個別価格）があります．

2 寡占市場では戦略的な意思決定が重要となります．クールノー・モデルでは，独占価格よりも低く競争価格よりも高い価格が均衡となるのに対し，ベルトラン・モデルでは，複占市場でも競争均衡価格が実現します．

3 クールノー・ナッシュ均衡は，寡占企業が第1段階で生産量を同時決定し，第2段階で価格を同時決定する2段階ゲームの部分ゲーム完全均衡として解釈することができます．

4 寡占企業が先導者と追随者として時間をおいて数量を決定するシュタッケルベルク数量競争の部分ゲーム完全均衡では，先導者の利潤が追随者に比べ大きくなります．

補論　クールノー・モデル

　本文中で紹介したクールノー・モデルでは2企業が同一の費用関数をもつケースを説明しました．ここでは，やや複雑になりますが，一歩現実の世界に近づくために，費用関数が異なる（かもしれない）n 個の企業が同質な財をめぐってクールノー・タイプの数量競争を行っている状況を分析することにします．まず，（逆）需要関数を，

$$p = p(X)$$

と表します．ここで X は市場全体の生産量を表します．したがって，n 個の企業のうち，i 番目の企業の生産量を x_i とすると，

$$X = \sum_{i=1}^{n} x_i$$

が成立しています．企業 i の費用関数を $c_i(x_i)$ とすると，この企業の利潤は，

$$\pi_i = p(X)x_i - c_i(x_i)$$

となりますから，この企業の利潤最大化条件は，

$$\frac{\partial \pi_i}{\partial x_i} = p(X) + \frac{dp}{dX} x_i - \frac{dc_i}{dx_i} = 0$$

となります．この条件は $x_i > 0$ である限り，すなわち，この企業が操業する限り必ず成立するはずです．利潤最大化条件を書き換えると，

$$\frac{p(X) - \dfrac{dc_i}{dx_i}}{p(X)} = \frac{-\dfrac{dp}{dX} x_i}{p(X)} = -\frac{X \dfrac{dp}{dX}}{p(X)} \cdot \frac{x_i}{X} = \frac{s_i}{\varepsilon}$$

となります．ここで $s_i = \dfrac{x_i}{X}$ は企業 i のマーケット・シェアを表します．この式の左辺は，本章2節で議論した価格・マージン比率になっていることに注目して下さい．右辺はマーケット・シェアをこの商品の需要の価格弾力性で割ったものです．この式はマーケット・シェアが小さければ小さいほど価格・マージン比率が小さくなることを意味しているのです．したがって，すべての企業のマーケット・シェアが弾力性に比べて非常に小さく，各企業の生産量に対応した限界費用が「ほぼ」等しいならば，競争均衡価格に「近い」価格が実現しているはずです．さらに，すべての企業で限界費用が等しくかつ一定という仮定をおくと，企業数の増加に伴い利潤が0にむかって

減少していくことが容易に確認できるはずです．

また，この式の両辺に s_i を乗じてすべての企業について足し合わせると，

$$\sum_{i=1}^{n} \frac{p(X) - \frac{dc_i}{dx_i}}{p(X)} s_i = \frac{1}{\varepsilon} \sum_{i=1}^{n} s_i^2 = \frac{HHI}{\varepsilon}$$

となります．*HHI* はハーシュマン・ハーフィンダール指数（Hirshman-Herfindahl Index）と呼ばれる市場集中度を示す指数です．仮にすべての企業のマーケット・シェアが等しいならば値が $\frac{1}{n}$ となり，企業数が大きくなればなるほど限界利潤の加重平均（左辺）が減少することが確認できます．逆に，集中度が高いマーケットでは，企業が大きなマージンを得ることになります．

第11章 製品差別化市場

不完全競争市場で広く観察される製品差別化について考察します．まず，独占企業の差別化行動を分析します．次に，差別化の程度の所与として2つの企業がそれぞれ差別化した財を販売する市場で，戦略的価格競争を行う場合の均衡を求め，その性質を議論します．そして最終節で複占市場における製品差別化競争を考察します．

11.1 製品差別化の背景

　製品差別化は，第10章で考察した価格差別化とともに，不完全競争市場において広範に観察される現象です．製品差別化には大きく分けて2つのタイプ，**水平的差別化**と**垂直的差別化**があります．前者は，基本的な品質がほぼ同レベルの製品群の中での差別化を，後者は品質や性能に明確な差異が認められる製品群の中での差別化を意味します．

　たとえば，飲料メーカー各社は，豆の種類や甘さ，ミルクの割合などが異なるコーヒー飲料を何種類も製造し，同じ定価で販売しています．これは水平的差別化に対応します．一方，希少なコーヒー豆を使用したプレミアム・コーヒーは，高級感を打ち出し高い価格で販売されているので，垂直的に差別化された財です．ビール市場でも同じことが起こっています．また，パソコンや乗用車についても，同じ商品名（ブランド）で売られている場合でも，色やデザインが異なる商品を同じ価格で販売する水平的差別化と，多岐にわたるオプションを提示し消費者に選択させ，計算能力やエンジンなどの性能を向上させた商品を高価格で販売する垂直的差別化が共存しています．

　水平的差別化は，消費者がもつ好み（選好）の多様性に対応することで，顧客を増やす効果が期待できます．一方，垂直的差別化によって，質や機能の向

上に対し，高い価格を支払う意思をもった消費者には，「高く」販売することが可能になります．このような理由から，企業は自社製品の水平的差別化や垂直的差別化を推し進める誘因をもっているのです．

しかし，差別化を進め商品の種類を増やすと追加的なコスト負担も発生します．たとえば，商品の種類が増えれば全体としての生産量は一定でも，製造管理や販売に必要な費用は増加します．したがって，差別化を進めれば進めるほど利潤が増加するという単純な話ではなさそうです．また，1商品当たりの売り上げが減少すれば，コンビニやスーパーの棚においてもらえず，さらに売り上げが減少するという悪循環に陥る可能性もあります．すなわち，独占企業にとって製品の多様化は，利潤にプラス効果とマイナス効果の両方をもっているのです．利潤最大化を図る企業は，このトレード・オフ関係を考慮しつつ，商品レンジないし差別化の程度と価格を決定すると考えるのが自然でしょう．

次節では，差別化のプラス効果とマイナス効果の比較を可能にするモデルを使い，最適な差別化の程度を特徴づけることを試みます．本来は水平的差別化と垂直的差別化の両方を考察すべきところですが，以下，本章では水平的差別化に絞って考察を進めます．

11.2 独占企業の製品差別化

ホテリング・モデル

製品差別化を分析する際に用いられる代表的なモデルは，ホテリング(Hotelling)・モデルです．最も単純なホテリング・モデルは，差別化の状況を線分で表現します．たとえば，消費者の缶コーヒーの甘さに関する好みを線分 AZ で表し，その長さを1に基準化します．左端の点 A が最も甘いコーヒーを好む消費者，一番右端の点 Z には無糖コーヒー好きが位置することにしましょう．微糖派は点 Z より少し左よりの点にプロットされます（図11-1(a)）．

そして，それぞれの消費者がコーヒーを飲むことによって得られる効用（便

図11-1（a） 線分モデル（コーヒーの好み）

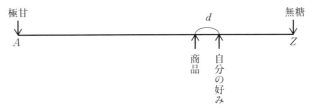

図11-1（b） 価格と顧客獲得の範囲の関係

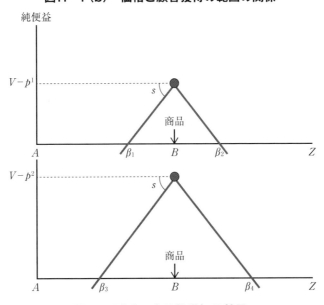

図11-1（c） 商品数増加の効果

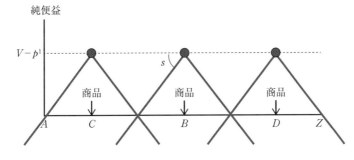

益）を，

$$V - sd - p$$

と表すことにします．ここで V は消費者が自分の好みの甘さにピッタリと合致したコーヒーを消費することによって得る便益水準です．自分の好みの甘さに対応した点にちょうど位置するコーヒーが存在するとして，それを飲むことから得る効用です．単純化のためどの消費者にとっても好みピッタリの甘さのコーヒーから得る便益は同じ水準（V）と仮定します．p は商品の価格です．やはり単純化のため複数の種類の缶コーヒーが販売されている場合でも，それらの価格は同一水準に設定されると仮定します．d はその消費者の好みと実際に購入し消費する商品との線分上の距離を表し，s は距離が離れることによる便益低下の程度，すなわち理想の甘さからの「ずれ」がもたらす便益の低下の程度を表しています．s の大きさは，消費者が得る便益が，自分の好みと実際の製品の「ずれ」にどれほど敏感に反応するかを数で捉えているので，消費者の「こだわり」の強さを示す数と解釈することもできます．

　この節では，ある飲料メーカーが考察の対象となっているコーヒー飲料市場を独占していると仮定し，この独占企業が利潤を最大化する際，水平的に差別化された異なる商品を何種類市場に投入するのかを考察します．

　まず，線分上の中点 B に商品 B を投入したとしましょう．図11 - 1 (b) は，商品 B を消費した場合に各点に位置する消費者が得る純便益を縦軸にとってグラフ化したものです．価格が p^1 のときは区間 $\beta_1 \beta_2$，価格を p^2 に下げれば区間 $\beta_3 \beta_4$ に位置する消費者が正の便益を得るので商品 B を購入します．したがって，価格を下げれば需要が増えるという独占企業の通常の需要パターンになっています．

　しかし，独占力をもつ企業は，価格を下げることなく需要を増やす方法をもっています．差別化された「新商品」を投入すればよいのです．商品 B の価格を下げなくても図11 - 1 (c) に示すように，点 C と点 D に商品 C と商品 D を価格 p^1 で投入すれば，直線上に位置するすべての顧客を獲得することができそうです．この論理を推し進めると，このメーカーは線分上を自社製品で埋め尽くせば，すべての消費者の好みにピッタリ合う商品を提供することになり，

価格を彼らの評価額 V に設定して線分上のすべての消費者を顧客とすることができそうです．

したがって，仮に1缶当たりの製造・販売に要する費用が投入する商品数にかかわらず一定だとすると「多種類の商品でマーケットを埋め尽くして価格を V に設定する」が利潤最大化行動になります．しかし，常識的に考えれば，新商品の開発・販売は追加的なコストを伴うので，商品の種類を増やしすぎると，かえって利潤は減少するはずです．実際，缶コーヒーのみならず，様々なフレーバーが楽しめる人気スナック菓子やアイスバーも，今現在製造・販売されているフレーバーの種類は限られていて，それほど多いわけではありません．最適な商品数（製品差別化の程度）はどのように決まるのか，モデルを用いて考えることにしましょう．

独占企業の利潤最大化行動

議論の道筋をわかりやすくするため，仮定を追加します．長さ1の線分 AZ 上には N 人の顧客が均等に分布しているとします．コーヒーの例で言えば，どのような甘さの商品でも，その甘さがちょうどよいと考える人が同じ人数いることを意味する仮定です．この仮定のもとで，先ほどの議論と同様に1種類の商品のみを線分の中点 B に価格 p^1 で商品を投入した場合，購入条件，

$$V - sd - p^1 \geqq 0 \quad \text{すなわち} \quad d \leqq \frac{V-p^1}{s} \equiv d^1$$

から，中点からの距離が d^1 以下の位置にいる顧客は商品を購入するはずです．線分全体の長さが1であることに注意すると獲得顧客数は，

$$2d^1 N = \frac{2N}{s}(V - p^1)$$

となります．この関係から線分上のすべての消費者にこの商品を購入してもらうには，価格を，

$$p = V - \frac{s}{2}$$

まで下げる必要があることがわかります．商品1単位当たりの限界費用 c に加え，商品1種類当たり固定費 FC が必要であるとすると，このときの利潤は，

$$N\left(V-\frac{s}{2}-c\right)-FC$$

となります.

　もし，同じ線分上を 3 種類の商品で，すべての顧客をカバーするのであれば 1 商品がカバーする範囲は顧客の 3 分の 1 でよいので，全消費者を顧客とするのに必要な価格水準は，

$$p=V-\frac{s}{6}$$

で，利潤は，

$$N\left(V-\frac{s}{6}-c\right)-3FC$$

となりますから，商品を l 種類投入すると利潤は，

$$N\left(V-\frac{s}{2l}-c\right)-lFC$$

となります．このモデルでは，商品の追加による増収効果は逓減していくのに対し，費用は比例的に増加するので，利潤最大化を実現する商品数は，商品数を 1 種類ずつ増やしていったとき，最初に次の条件式が成立するときの商品数 l に一致するはずです．

　　l 種類の場合の利潤 $>l+1$ 種類の場合の利潤

この条件式は，

$$N\left(V-\frac{s}{2l}-c\right)-lFC>N\left(V-\frac{s}{2(l+1)}-c\right)-(l+1)FC$$

と表せますから，最適な商品の種類は，

$$l(l+1)>\frac{sN}{2FC}$$

を満たす最小の $l=l^*$ となります．この式は，N の値が大きいほど，すなわち潜在的な顧客の数が多ければ多いほど，最適な投入商品数が多くなることを示しています．また，s の値が大きいほど，すなわち顧客の自分の好みへのこだわりが強ければ強いほど，やはり最適商品数は多くなります．一方，商品 1 種

類当たりの固定費については，小さければ小さいほど最適商品数が多くなり製品差別化が進むことを示しています．

この結果は，常識的なものなので「わざわざ，わかりにくいモデルを使ってたったそれだけのことしか言えないのか」と思う読者もいるかもしれません．また，上述した差別化のデメリット（商品数を増やすと1種類当たりの販売量が減ってコンビニやスーパーの商品棚に置いてもらえなくなることなど）が考慮されていないことに不満を感じるかもしれません．確かにこのモデルは計算を簡単にするために非常に強い仮定を置いていますから，このままで実用に堪えるものではありません．しかし，このような簡単なモデルは，より現実的な，あるいは実用的なモデルを構築し分析するための基礎として重要な役割を果たしうるのです．

【例題11-1】
　本節で説明したモデルを仮定し，$N=5000$，$s=0.1$，$FC=10$の場合の最適な商品数を計算しなさい．

【解説】
　上の式に数値を代入すると，$\dfrac{sN}{2FC}=25<l(l+1)$ となるので最適な商品数は5となる．

11.3　製品が差別化された複占市場における価格競争

ベルトラン・パラドックス再考

第10章でベルトラン・パラドックスを説明する3つのアイデアの一つは，製品差別化であることを述べました．事実，ほとんどの寡占市場では製品差別化が顕著に見られます．その結果，類似の製品間に価格差があっても相対的に高い価格で販売されている製品の需要が0になるということはありません．たと

えば，ミネラル・ウォーターの市場を考えてみましょう．特定のブランドを好む消費者は，他社製品よりも高くてもそのブランドを買い続けるでしょう．

製品差別化が顕著に見られる寡占市場で価格競争が行われる場合，各社は製品差別化と価格の両面で，ライバルの戦略選択を考慮して自らの戦略を練ることになります．ゲーム機のハードウェアを生産・販売している会社をイメージすると，自社の製品の機能を他社製品といかに差別化するか，また，他社製品の価格に対して，どのような価格設定を行うかという決定が非常に重要であることが想像できるでしょう．

この節では，競合他社との間の差別化の程度を所与とし，価格競争のみに焦点をあてたモデルを説明します．そして，続く4節で差別化の程度と価格の両面で競争が行われる複占市場について考察します．

まず，再びホテリング・モデルを用いて製品差別化の程度を固定します．具体的には，2つの企業がそれぞれ1種類の差別化された財を生産し，それぞれの商品は長さ1の線分の両端の点Aと点Zに位置すると仮定し，それぞれの財を生産する企業もA社，Z社と呼ぶことにします．そして，両社は線分AZ間に好みが一様に分布している消費者に自社商品を販売します．その際，自らの利潤を最大化するよう戦略的に価格を決定するものとします．先ほど述べたように，ここでは差別化の程度はすでに決定済みと考え，新商品の投入などによって，各社の位置の移動が起こることはないものとします．もう一度整理すると，ここで分析する状況は，ライバル関係にある2社が製品差別化の程度を所与として，顧客獲得のため戦略的に価格を決定する競争を行っている状況となります．

各社が自社商品の価格を決定すると，消費者は自分にとって便益が高くなる方の財を買うため，線分で表現された市場をある点を境界として分け合うことになります．その点から左側に好みが位置する消費者はA社の商品を，右側に位置する消費者はZ社の商品を購入することになるのです．そのような市場の分割点に位置する消費者にとっては2つの商品は無差別なので，点Aから分割点までの距離をx^*とすると，

$$V - p_A - sx^* = V - p_Z - s(1-x^*)$$

が成立します．整理すると，

$$x^* = \frac{(p_Z - p_A + s)}{2s}$$

となります．したがって両社の需要関数はそれぞれ，

$$D_A(p_A, p_Z) = x^* N = \frac{(p_Z - p_A + s)}{2s} N$$

$$D_Z(p_A, p_Z) = (1 - x^*) N = \frac{(p_A - p_Z + s)}{2s} N$$

となります．これまで同様，限界費用は一定とすると両社の利潤は，

$$\pi_A(p_A, p_Z) = (p_A - c) \frac{(p_Z - p_A + s)}{2s} N$$

$$\pi_Z(p_A, p_Z) = (p_Z - c) \frac{(p_A - p_Z + s)}{2s} N$$

となります．

ここからの論理展開は，第10章のクールノー・モデルとまったく同じです．これらの式を戦略変数であるそれぞれの価格で微分すると，両社の反応関数を次のように求めることができます．

$$p_A = \frac{p_Z + c + s}{2}, \quad p_Z = \frac{p_A + c + s}{2}$$

両社の反応関数には他社製品の価格が含まれており，ここに戦略的相互依存関係が存在することが明確になっています．自社にとっての最適な戦略（この場合は自社製品の価格水準）は他社の戦略（他社製品の価格水準）に依存しているのです．

2つの反応関数を連立方程式として解くと，ベルトラン・ナッシュ均衡と呼ばれる均衡価格の組が求められます．

$$p_A^* = p_Z^* = c + s$$

したがって，均衡では，両社は限界費用を s だけ上回る価格を設定することになります．すなわち，この市場で企業がどれだけ費用に上乗せした価格を設定できるか，すなわち1単位の販売からどれほど利潤をあげることができるか

図11-2 ベルトラン・モデル

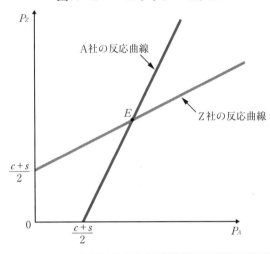

は，消費者の「こだわり」の強さによって決まるということになります．

戦略的代替関係と戦略的補完関係

　図11-2は両社の反応関数をグラフ化したものです．ここまで読み進まれた読者の皆さんには，交点Eがベルトラン・ナッシュ均衡に対応していることなどは，もはや説明を要しないことでしょう．しかし，この反応曲線の形状に注意して下さい．クールノー・モデルの反応曲線は右下がりでしたが，ベルトラン・モデルでは右上がりになっています．言い換えれば，クールノー・モデルの環境では，各社はライバルと逆方向の動きをすることが，具体的にはライバルが増産すれば減産することが最適の反応となっています．しかし，ベルトラン・モデルの環境では，ライバルと同じ方向の動きをすることが，具体的には，ライバルが値上げすれば自社も値上げすることが最適の反応になっているのです．前者のケースは**戦略的代替**関係，後者のケースは**戦略的補完**関係と呼ばれます．代替財，補完財の定義を思い浮かべればこれらの呼び方の理由が想像できると思います．

価格決定に時間差がある場合

次に，複占企業間で価格が時間をおいて決定される場合を考察します．具体的にはA社が最初に価格を決め，その価格を観察してからZ社が価格を決定するとどのような結果となるかを検討します．これは，製品差別化市場における価格競争モデルに，第10章で説明したシュタッケルベルク・モデルの先導者，追随者関係を取り入れることを意味します．そして，そのようなゲームの部分ゲーム完全均衡を求めて，先導者，追随者関係が均衡における各企業の利潤にどのように影響するのかを明らかにします．

早速，部分ゲーム完全均衡を求めることにしましょう．部分ゲーム完全均衡では，先導者A社は，自社の決定に対する追随者Z社の反応を予想して自社の利潤を最大化する価格を選択するはずです．したがって，A社は追随者であるZ社の反応関数，

$$p_Z^* = \frac{p_A + c + s}{2}$$

を読み込んで戦略を決定するので，自社の利潤を，

$$\pi_A(p_A, p_Z) = (p_A - c) \frac{(p_Z^* - p_A + s)}{2s} N = (p_A - c) \frac{c + 3s - p_A}{4s} N$$

と認識し，これを最大化するような価格 p_A を選びます．1階の条件から，すなわち価格 p_A で微分して0とおくと，

$$p_A^* = c + \frac{3}{2}s$$

が求められます．これに対するZ社の反応はこの式を上の反応関数に代入すると求められますから，

$$p_Z^* = c + \frac{5}{4}s$$

となります．両者がそれぞれこの均衡価格を選択すると，$x^* = \frac{3}{8}$ となるので，両者のマーケット・シェアは $\frac{3}{8}$ と $\frac{5}{8}$ となり，各社の利潤はそれぞれ，

$$\pi_A^* = \frac{9}{16} Ns, \quad \pi_Z^* = \frac{25}{32} Ns$$

となります.

　この結果は，第10章で議論した数量競争のシュタッケルベルク・モデルとは真逆の結果になっていることに注意して下さい．価格競争では追随者の方が大きな利潤を獲得するのです．ここで考察した状況は，いわば「先に動いた方が負け」というゲームになっています．先導者と追随者の有利・不利が，数量競争から価格競争に変わると逆転してしまったことになります．

戦略の信憑性

　ここまでの議論では，先導者の行動に反応して追随者が行動を決めた後，先導者が行動を再調整するという可能性が排除されていました．しかし，シュタッケルベルク価格競争の場合，先導者である A 社は相対的に小さいシェア，利潤に満足せず価格を下げて対抗する可能性があります．実際，通常は数量に比べ価格は調整しやすいでしょう．価格の再調整の可能性を Z 社が予想すると，価格の設定は先の分析結果とは異なったものになります．モデルが複雑なものになってしまうのでこれ以上詳しく議論できませんが，重要になるポイントだけ指摘しておきたいと思います．それは「コミットメント」です．自らの戦略的決定が意図した効果をもつためには，ライバルがその戦略が確かに選ばれると予想することが必要となるからです．

　企業は潜在的な参入を阻止する，もしくは，既存のライバルを市場から追い出して自らの市場支配力を高めることを目的とした戦略を実行することがあります．具体的には，自らの生産能力を増強する設備投資や，ライバルが対抗できないほどの低価格を設定することなどの行動がとられることがあります．そのような戦略が意図した効果をもつか否かは，潜在的な参入企業や既存のライバル企業が，そのような選択が当面継続すると予想するかどうかにかかっています．相手の予想をコントロールする鍵は，自らが決定した戦略に強いコミットメントを示すことにあります．たとえば，売却が困難な生産設備に大きな投資をするという行為は，大きな埋没費用を負担することを意味しますので，非常に強いコミットメントを示すシグナルになります．

11.4 製品差別化競争

本章3節では，製品差別化の程度を所与として複占市場における価格競争の帰結を説明しました．実際の不完全競争市場では，企業は製品差別化と価格の両面で競争しています．この節では，まず本章3節とは逆のケース，すなわち複占企業が価格競争を行わず製品差別化競争のみを行うケースを考察し，続いて複占企業が第1段階で製品差別化競争，第2段階で第1段階での製品選択を所与として価格競争を行う2段階競争ゲームを考察します．

ホテリング・モデルと最小差別化原理

複占企業がそれぞれ1種類の製品を市場に投入しようとしている状況で，両企業は価格競争を行わず，製品差別化競争のみを行うと仮定したモデルを分析します．具体的にはホテリング・モデルの線分上のどの位置に製品を投入するかを戦略的に決定するゲームの均衡を特定します．

本章2節と同様に，各企業が1種類の製品の製造・販売に要する費用は，固定費に加えて製品1単位当たり一定の変動費のみとすると，利潤最大化は製品の販売収入最大化によって実現できます．価格競争はないため価格は一定とすると販売収入最大化は販売量最大化，すなわち市場シェア最大化を意味します．この状況で各企業は線分上のどの位置に製品を投入すれば利潤を最大化できるでしょうか．結論を先に述べると，どちらの企業から購入しても便益が同じ場合は需要を半分ずつ分け合うと仮定すると，このゲームのナッシュ均衡では，両企業はともに線分の中点に商品を投入し，市場全体の需要を半分ずつ分け合います．これは均衡では両企業が同質な商品を販売することを意味し，**最小差別化原理**と呼ばれています．

なぜナッシュ均衡では両企業は中点を選ぶのでしょうか．その理由は直観的に簡単に説明できます．たとえばA社が中点以外の場所，たとえば中点の左（右）側の点を選択したとしましょう．このときZ社が市場シェアを最大化しようとするならば，A社のすぐ右（左）側の位置を選ぶはずです．しかし，このようなZ社の選択に対し，A社の最初の位置は最適戦略ではありません．

Z社を飛び越して背後に回れば元の位置よりも大きな市場シェアを獲得できるからです．この推論は，中点以外のどの点でも成立しますから，ナッシュ均衡の候補となるのは両者が中点に位置するときのみです．そして，両者が中点に位置するときには，どちらに移動しても市場シェアを減らすことになるので，互いに相手の戦略に対し最適な戦略を選択しています．両者ともに中点を選択することは確かにナッシュ均衡になっているのです．

　ホテリング自身が示した最小差別化原理は，その後の製品差別化研究に大きな影響を与えましたが，非常に限定的な状況でしか成立しないことが知られています．複占市場でも複数の製品を投入できる場合や，3社以上の企業が競争する寡占市場では（非常に限定的なケースを除いて）成立しません．たとえば，日本におけるカレーのルー市場は寡占市場ですが，各社とも非常に多様な多数の商品を市場に投入しています．イメージとしては，本章2節で議論したモデルのように線分市場を覆うかのように極甘口から極辛口まで多くの種類の製品が投入されているようです．複数の企業が利潤を最大化しようとして非常に多くの種類の製品を投入する結果，社会的総余剰が減少する可能性があることが理論的に導かれ，**過剰多様性問題**として知られています．

　また，コーヒー豆を売っているお店で見かけるテイスト・チャートは酸味，苦味，コクといった複数の尺度で豆の特性を表現しています．このように製品差別化が複数次元で認識されるケースについては，ある次元で見れば差別化が非常に大きくなるのに対し，他の次元では差別化がほとんど起こらない（最小差別化原理に近い）状況も発生することが知られています．

差別化競争と価格競争の2段階モデル

　次に製品差別化競争と価格競争の両方を考慮した複占企業による2段階競争モデルを考察することにしましょう．具体的には，第1段階では両企業はそれぞれ線分上の1点を同時に選択し（製品差別化競争），第2段階では第1段階で決まった位置を所与として，両企業が価格を同時に決定する（価格競争）モデルを考察します．このような2段階モデルが分析される背景には，一般に企業にとって製品の仕様の変更よりも価格変更の方が容易であることがあります．その意味でこの仮定はある程度現実を反映したものと言ってよいでしょう．そ

れでは，実際にこのモデルの部分ゲーム完全均衡を求め，均衡がどのような性質をもつか検討することにしましょう．

第1段階で製品の位置を検討する際，第2段階での価格競争を意識すると，先ほど議論した両企業が中点を選ぶという行動は合理的ではありません．その理由は単純です．もし，第1段階で両企業が同じ位置（中点）を選ぶと，すなわち同質な財を選択すると，第2段階での価格競争は第10章で扱った単純なベルトラン競争となり利潤は0となってしまうからです．一方，3節で説明したように，両企業が別の位置を選び差別化した製品で価格競争を行う場合には，均衡価格は限界費用までは下がりませんから，正の利潤を得ることができます．さらに踏み込んで，両企業は互いにどのくらいの距離を保とうとするのかを具体的に考察するためには，モデルが必要となります．ここでは，ダスプレモン（d'Aspremont）らによるモデルを使って分析を進めることにしましょう．

これから考察するモデルでは，本章で用いたホテリング・モデルの仮定を基本的に踏襲しますが，1点だけ重要な変更を行います．これまでは，消費者の便益は各消費者の理想点と商品との距離に比例して減少すると仮定してきましたが，以下では便益は距離の2乗に比例して減少すると仮定します．また，両企業は第1段階でそれぞれ自らの商品の位置を選択しますから，それぞれの選択した位置の，点Aの線分の左端からの距離をa，点Zの線分の右端からの距離をzとします．ここで点A，点Zはそれぞれ線分モデルの左右の端点です．そして，市場の分割点と線分の左端との距離をx^*とします．すると，市場の分割点に位置する消費者にとっては両企業の製品から得る便益が等しくなるという条件は，

$$V - p_A - s(x^* - a)^2 = V - p_Z - s(1 - z - x^*)^2$$

となり，これをx^*について解くと，

$$x^* = \frac{1}{2}\left\{(1 + a - z) + \frac{p_Z - p_A}{s(1 - a - z)}\right\}$$

となります．このとき，各企業の利潤関数は以下の通りとなります．

$$\pi_A(p_A, p_Z) = (p_A - c)x^* N = \frac{(p_A - c)N}{2}\left\{(1 + a - z) + \frac{p_Z - p_A}{s(1 - a - z)}\right\}$$

$$\pi_Z(p_A, p_Z) = (p_Z - c)(1 - x^*)N = \frac{(p_Z - c)N}{2}\left\{(1 - a + z) + \frac{p_A - p_Z}{s(1 - a - z)}\right\}$$

両製品間の距離を所与として，第2段階では，利潤を最大化するよう価格競争が行われますから，各企業の製品価格は選択される価格について，1階の条件 $\frac{\partial \pi_A}{\partial p_A} = \frac{\partial \pi_Z}{\partial p_Z} = 0$ から，

$$p_A^* = \frac{1}{2}\{p_Z^* + c + s((1-z)^2 - a^2)\}$$

$$p_Z^* = \frac{1}{2}\{p_A^* + c + s((1-a)^2 - z^2)\}$$

が成立します．さらに p_A^*, p_Z^* について解くと，

$$p_A^* = c + s + \frac{s}{3}(z^2 - a^2 - 4z - 2a)$$

$$p_Z^* = c + s + \frac{s}{3}(a^2 - z^2 - 4a - 2z)$$

となります．第1段階では，第2段階で価格がこの条件を満たすように決まることを見込んで利潤を最大化するよう位置が決定されます．各企業の利潤関数に p_A^*, p_Z^* を代入し，最適な位置を求めるためにそれぞれ a, z で微分すると，

$$\frac{\partial \pi_A}{\partial a} < 0$$

$$\frac{\partial \pi_Z}{\partial z} < 0$$

となることが確認できます．これは，A社にとって利潤を最大化する a は，第2段階で選択される価格に依存せず，0となることを意味します．同様にZ社にとって利潤を最大化する z も0となりますから，第1段階の差別化競争において，両企業は線分市場の両端を選択することになります．この結果は，差別化の程度が最大化されることから，上述の最小差別化に対し，**最大差別化**ないし**差別化最大化**と呼ばれます．

最大差別化は，「距離の2乗に比例して便益が減少する」という制約的な仮定のもとで導かれたもので，必ずしも一般的なものではありませんが，差別化の程度，すなわちライバル企業との間の最適な「距離」は，距離を短くすることによるプラス効果（市場シェア拡大）とマイナス効果（価格競争激化）のバランスで決まるという考え方自体は，本質的なポイントを捉えているといってよいでしょう．

Coffee Break　ビール系飲料の多様化

　日本のビール系飲料市場は典型的な寡占市場です．アサヒ，キリン，サントリー，サッポロの4社合計シェアは約99%（2017年）となっています．かつて1980年代半ばまでは，キリンのシェアが50%を超える状況が長く続いていたため，当時の教科書ではビール市場は「ガリバー型寡占市場」の例としてよく挙げられていました．

　この状況を大きく変えたのが1987年に発売されたアサヒスーパードライで，1つの商品によってアサヒのシェアが急速に伸びることになりました．その後，2000年代に入ると酒税の差を利用した低価格商品，発泡酒，第3のビールが次々と発売され，消費者の節約志向を捉えて人気を博しました．しかし，この間，本来のビール，発泡酒，第3のビールの合計出荷量は低下し続けました．発泡酒や第3のビールの伸びはビールの落ち込みを補うまでには至らなかったのです．

　各社は手をこまねいていたわけではありません．従来のビールよりも高価格に設定したプレミアムビール，ノンアルコールビールや，逆にアルコール度数を高めた高アルコールビールなどの新商品を上市し，一定の成功をおさめました．最近ではクラフトビールに力を入れ始めた企業もあります．それでもビール系飲料の出荷量低下には歯止めがかからず，暑い日が多いなどの理由で一時的な持ち直しはあっても大きなトレンドについては反転の兆しを見せるまでには至っていません．

　ビール系飲料市場が停滞している理由としては，人口ピラミッドの変

化，若者のビール離れ，缶チューハイなどの商品への需要シフトなどが指摘されていますが，本章の製品差別化モデルを分析した際に仮定したように，多品種化によるコスト増も無視できない要因かもしれません．ビール系飲料が多品種化することによって，研究開発投資や広告宣伝費などの負担が重くなり十分な投資や効果的な宣伝を行うことができなくなっている可能性があります．2017年度の酒税法改正によって2026年にビール類に適用される酒税が一本化されることになりましたから，将来，発泡酒や第3のビールは市場から消えると予想されています．酒税の一本化を契機にビール各社が本来のビールに集中的な投資をする結果，再び魅力的なビールが登場してビール市場を活性化させる，そんな期待をビール愛飲家は抱いてもよいのではないでしょうか．

本章のまとめ

1 独占力をもつ企業にとって製品差別化は，価格を下げることなく需要を増やす手段です．差別化の程度は，顧客数，顧客の「製品へのこだわり」の強さ，差別化に要する費用などによって決まると考えられます．
2 製品が差別化されている寡占市場では，競争均衡価格よりも高い価格が均衡価格となります．
3 シュタッケルベルク価格競争の部分ゲーム完全均衡では，追随者の利潤が先導者の利潤を上回ります．
4 複占市場において各企業が1商品のみを販売するという前提のもと製品差別化競争を行うと，価格競争を伴わない場合には実質的に同質な財が販売される（最小差別化原理）のに対し，価格競争が予想される場合には製品差別化が起こり，一定の仮定のもとでは差別化の程度が最大化されます．

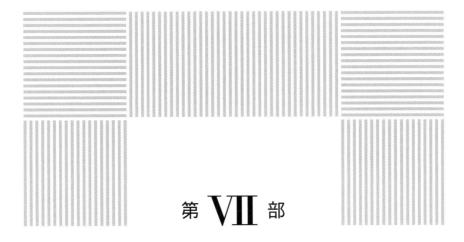

第VII部

オークション

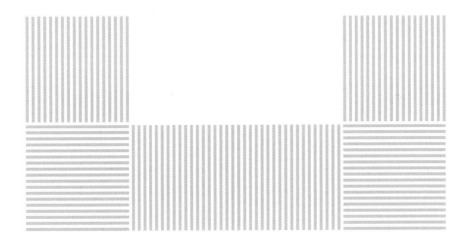

第12章 オークションとメカニズムデザイン

この章では，効率的に資源配分を行うための方法として，オークションを取り上げます．オークションの代表的なやり方を4つ取り上げ，それらの間の違いと共通点を考えることにします．また，オークションは，資源配分を行うための1つのメカニズムとして考えることができ，オークションを例にとり，望ましいメカニズムがどのようなものかを考えることにします．

12.1 オークションとはどのようなものか

　オークション（競売，せり）は，対象となる商品を，入札者たちに競って入札してもらい，指定された方法で買い手を決め，その財を売るという販売方法です．古くから骨董品の販売などに用いられていますが，近年はインターネット上で様々な財が，オークションにかけられています．
　オークションのやり方には様々なものがありますが，よく知られているものとしては，次のようなものがあります．
　第1価格封印オークション，**第2価格封印オークション**，**イギリス式オークション**，**オランダ式オークション**といったやり方です．オークションのやり方としては，入札価格を他の入札者にもわかる形で行う**公開型オークション**（open auction）と，わからない形で行う**非公開型オークション**（closed auction）があります．最初の2つの封印オークションは非公開型，残りの2つのオークションは公開型に分類されます．
　封印オークションは，たとえば，入札価格を書いた紙を封筒に入れ，それに封をして，入札箱の中に入れていき，それが終了した後，箱が開けられて入札価格がわかるというやり方をとります．つまり，入札者は，お互いの入札価格を知らない状況で入札を行うことになります．

表12-1　オークションの種類

		オークションの種類
非公開型	最大価格を支払う	第1価格（封印）オークション
	2番目に大きい価格を支払う	第2価格（封印）オークション
公開型	競り下げ式	オランダ式オークション
	競り上げ式	イギリス式オークション

　第1価格封印オークションでは，財を売る場合は，入札された価格のうち最大の価格で入札した人に，その価格で出品した財を売る，という手続きがとられます．第2価格封印オークションでは，財を売る場合は，財を手にするのは最大の価格をつけた人になりますが，支払う価格は最大ではなく2番目に高い入札価格になります（この章のコラムで扱っているように何らかの財を，オークションを用いて購入する場合は，売り手が入札を行います．第1価格の場合は，最小の入札価格をつけた人からその入札価格で購入し，第2価格の場合は，最小の入札価格をつけた人から2番目に低い入札価格を支払って購入する，という形になります）．

　イギリス式オークションやオランダ式オークションは，通常は，開始時点の価格が定まっています．イギリス式の場合は，開始時点の価格から出発して，入札者がそれよりも高い価格を提示し，その価格よりも高い価格を提示する入札者が現れなくなった時点でオークションは終了し，その最大価格を提示した人が，その価格で財を購入することができます．オランダ式の場合は，開始時点の価格から出発し，その価格に対し購入の意思を示す人がいなければ，次第に提示価格を下げていき，最初に購入の意思を示した人が，そのときの価格で財を購入できることになります．なおオークションでは，値段を上げていくやり方を**競り上げ式**オークション，値段を下げていくやり方を**競り下げ式**オークションと言います．

　これらのやり方は，オークションによって違いはあるものの，相互に結びつきがあることが，理論的な分析からわかっています．以下では，これらのオークションを，ゲーム理論を用いて考えることにしましょう．

　まず，このゲームの参加者ですが，財を売る場合，売り手（出品者）が1人，

買い手が n 人 ($n \geq 1$) いると考えることができます．ここで，売り手があるオークション形式を選ぶとしましょう．すると，買い手にとっての問題は，そのオークション形式で，入札価格をどのように決めるのかということになります．以下では，まず第1価格封印オークションを取り上げ，そのオークション形式がどのようにモデル化できるのかを考えることにしましょう．

12.2 第1価格封印オークション

2人ゲームの場合

第1価格封印オークションは，先に説明したように，出品した財を最大の価格で入札した人が，その価格でその財を手に入れることができるというオークションになります．単純化のために，売り手が1人，買い手（入札者）が2人 ($n=2$) の場合でこのオークションのモデルを考えることにします．そして，買い手2人を，入札者1と入札者2と呼ぶことにします．出品される財の評価額 v は，買い手のタイプによって決まり，タイプ1は $v=200$，タイプ2は $v=100$ とします．入札者1の財の評価額を v_1，入札価格を b_1 とし，入札者2の財の評価額を v_2，入札価格を b_2 とします．封印オークションなので，入札者はお互いにもう1人の入札者の入札価格を知ることはできません．このとき，入札者1の効用関数は次のようなものになります．

$$\begin{aligned} u_1 &= v_1 - b_1 & &\text{if} & b_1 &> b_2 \\ &= \left(\frac{1}{2}\right)(v_1 - b_1) & &\text{if} & b_1 &= b_2 \\ &= 0 & &\text{if} & b_1 &< b_2 \end{aligned}$$

つまり，入札者1は入札者2の入札価格を上回る価格で入札すると出品された財を手に入れることができますが，同じ価格の場合にはくじ引きになり（入手できる確率は $\frac{1}{2}$ になります），下回るとその財を手に入れることができなくなります．同様に，入札者2の効用関数は次のようになります．

$$u_2 = v_2 - b_2 \quad \text{if} \quad b_2 > b_1$$
$$= \left(\frac{1}{2}\right)(v_2 - b_2) \quad \text{if} \quad b_1 = b_2$$
$$= 0 \quad \text{if} \quad b_2 < b_1$$

ここで,問題を少し単純化して,入札者1も入札者2も,可能な入札価格が,

{200, 150, 100, 50}

という4個の選択肢に限定されるものとします.入札者はそれぞれ,自分の評価額は知っていますが,相手の評価額は不確実で,ここではタイプ1 ($v=200$) である確率を $\frac{1}{2}$,タイプ2 ($v=100$) である確率を $\frac{1}{2}$ と予想するものとします.ここでの確率は,このゲームプレイヤーたちがもつ信念(belief)を表しています.

この関係は,評価額がそれぞれ定まれば,戦略形のゲームで表すことができ,その利得表は,表12-2のようになります(行を選択するのが入札者1,列を選択するのが入札者2になります).

4人ゲームの場合

これらのゲームでは,各プレイヤーが,それぞれ相手の評価額を知っているのであれば,通常の(完備情報の)戦略形ゲームになり,ナッシュ均衡を求めることができます.ただし,この場合は,自分以外の入札者の評価額がわからないので,ゲームについての情報が不完備である不完備情報ゲームになります(不完備情報ゲームについては,第9章5節で扱っています).

そこで,タイプの異なる入札者を別のプレイヤーと捉えて,タイプ1の入札者1を $1h$,タイプ2の入札者1を $1l$ と示し,同様に,タイプ1の入札者2を $2h$,タイプ2の入札者2を $2l$ で示すことにします.そうすると,この不完備情報ゲームは,$\{1h, 1l, 2h, 2l\}$ の4人ゲームとして再定式化できます.以下では,入札者 $1l$ と入札者 $2l$ のとる行動を所与として,利得表を考えることにしましょう.ただし,以下では,タイプ2の入札者は,100以下(自分の評価額以下)で入札する場合のみを考察します.この制限は,自分の評価額より大

表12-2　2人ゲームの場合の利得表

(a) $v_1=200$, $v_2=200$ の場合

1 \ 2	200	150	100	50
200	0, 0	0, 0	0, 0	0, 0
150	0, 0	**25, 25**	**50**, 0	**50**, 0
100	0, 0	0, **50**	**50, 50**	**100**, 0
50	0, 0	0, **50**	0, **100**	**75, 75**

(b) $v_1=200$, $v_2=100$ の場合

1 \ 2	200	150	100	50
200	0, −50	0, 0	0, 0	0, 0
150	0, −100	**25**, −25	**50**, 0	**50**, 0
100	0, −100	0, −50	**50**, 0	**100**, 0
50	0, −100	0, −50	0, 0	**75, 25**

(c) $v_1=100$, $v_2=200$ の場合

1 \ 2	200	150	100	50
200	−50, 0	−100, 0	−100, 0	−100, 0
150	0, 0	−25, **25**	−50, 0	−50, 0
100	0, 0	0, **50**	0, **50**	0, 0
50	0, 0	0, **50**	0, **100**	**25, 75**

(d) $v_1=100$, $v_2=100$ の場合

1 \ 2	200	150	100	50
200	−50, −50	−100, 0	−100, 0	−100, 0
150	0, −100	−25, −25	−50, 0	−50, 0
100	0, −100	0, −50	0, 0	0, 0
50	0, −100	0, −50	0, 0	**25, 25**

(注) 太字は，最適反応に対応する利得を示す．両方太字になっているところに対応する戦略の組は，ナッシュ均衡に対応する．

きな額で入札すると，入札に勝利したときに損失が発生するので，実際に選ばれることがないと考えるからです．ナッシュ均衡を考えることには実質的に影響しませんが，そのことを明示的に確認したい場合は，章末の補論1（a）を参照して下さい．

以下の利得表では，それぞれ，入札者 $1l$ と入札者 $2l$ の入札価格 b_{1l}, b_{2l} を所与とし，行は入札者 $1h$ の入札価格 b_{1h}，列は入札者 $2h$ の入札価格 b_{2h} に対応し，利得は，$1h$ の利得，$1l$ の利得，$2h$ の利得，$2l$ の利得の順に表示してあります．

表12-2と表12-3の利得表で，異なる数字が出てくるのは，各入札者（プレイヤー）にとって，対戦するプレイヤーのタイプ（財の評価額）がわからないために，表12-3では，h タイプと l タイプの確率をそれぞれ $\frac{1}{2}$ として，利得の期待値を記してあるからです．

表12-3（a）を例にとって，表12-2と表12-3の対応関係を説明すると，次のようになります．入札者 $1h$ の入札価格を $b_{1h}=150$ とします．そして，入札者 $2h$ の入札価格を $b_{2h}=200$ とします．この場合の利得は，利得表12-3（a）の対応する箇所では，$(25, 0, 0, 0)$ となっています．この場合，$1h$ は確率 $\frac{1}{2}$ で $2h$ と対戦し，確率 $\frac{1}{2}$ で $2l$ と対戦することになります．そして仮定から，$b_{2h}=200$，$b_{2l}=100$ となります．つまり，$2h$ と対戦すると負け（$1h$ の利得0），$2l$ と対戦すると勝ち（$1h$ の利得50）になります．そこで，利得の期待値は，$\frac{1}{2} \times 0 + \frac{1}{2} \times 50 = 25$ となります．$1l$ は $b_{1h}=100$ なので，$2h$ と対戦すると負け，$2l$ と対戦すると引き分けますが，引き分けで確率 $\frac{1}{2}$ で勝ったとしても利得は0になり，利得の期待値は0になります．そして，$b_{2h}=200$ なので，$2h$ は $1h$ と対戦しても $1l$ と対戦しても勝ちますが，その場合の利得はいずれも0です．$2l$ は，$b_{2l}=100$ なので，$1h$ と対戦すると負け，$1l$ と対戦すると引き分けます．しかし，引き分けで確率 $\frac{1}{2}$ で勝利しても利得は0になるため，利得の期待値

表12-3　4人ゲームの場合の利得表

(a) $b_{1l}=100$, $b_{2l}=100$ の場合

1h \ 2h	200	150	100	50
200	0, 0, 0, 0	0, 0, **25**, 0	0, 0, **25**, 0	0, 0, 0, 0
150	**25**, 0, 0, 0	**37.5**, 0, **37.5**, 0	**50**, 0, 25, 0	50, 0, 0, 0
100	**25**, 0, 0, 0	25, 0, **50**, 0	**50**, 0, **50**, 0	**75**, 0, 0, 0
50	0, 0, 0, 0	0, 0, 50, 0	0, 0, **75**, 0	37.5, 0, 37.5, 0

(b) $b_{1l}=100$, $b_{2l}=50$ の場合

1h \ 2h	200	150	100	50
200	0, 0, 0, 0	0, 0, **25**, 0	0, 0, **25**, 0	0, 0, 0, 0
150	25, 0, 0, 0	37.5, 0, **37.5**, 0	50, 0, 25, 0	50, 0, 0, 0
100	**50**, 0, 0, 0	**50**, 0, 50, 0	**75**, 0, 50, 0	**100**, 0, 0, 0
50	37.5, 0, 0, 12.5	37.5, 0, 50, 12.5	37.5, 0, **75**, 12.5	75, 0, 37.5, 12.5

(c) $b_{1l}=50$, $b_{2l}=100$ の場合

1h \ 2h	200	150	100	50
200	0, 0, 0, 0	0, 0, 25, 0	0, 0, **50**, 0	0, 12.5, 37.5, 0
150	**25**, 0, 0, 0	**37.5**, 0, 37.5, 0	**50**, 0, **50**, 0	50, 12.5, 37.5, 0
100	**25**, 0, 0, 0	25, 0, 50, 0	**50**, 0, **75**, 0	**75**, 12.5, 37.5, 0
50	0, 0, 0, 0	0, 0, 50, 0	0, 0, **100**, 0	37.5, 12.5, 75, 0

(d) $b_{1l}=50$, $b_{2l}=50$ の場合

1h \ 2h	200	150	100	50
200	0, 12.5, 0, 12.5	0, 12.5, 25, 12.5	0, 12.5, **50**, 12.5	0, 25, 37.5, 12.5
150	25, 12.5, 0, 12.5	37.5, 12.5, 37.5, 12.5	50, 12.5, **50**, 12.5	50, 25, 37.5, 12.5
100	**50**, 12.5, 0, 12.5	**50**, 12.5, 50, 12.5	**75**, 12.5, **75**, 12.5	**100**, 25, 37.5, 12.5
50	37.5, 12.5, 0, 25	37.5, 12.5, 50, 25	37.5, 12.5, **100**, 25	75, 25, 75, 25

(注) 太字は，最適反応に対応する利得を示す．

はやはり0になります．表12-3の他の場合の利得も同様の手続きで導くことができます．

　（純粋戦略の）ナッシュ均衡となる候補は，入札者$1h$と入札者$2h$の入札価格が相互に最適反応になっている戦略の組になるので，（$1h$の戦略，$1l$の戦略，$2h$の戦略，$2l$の戦略）が，(150, 100, 150, 100)，(150, 50, 100, 100)，(100, 100, 100, 100)，(100, 100, 150, 50)，(100, 100, 100, 50)，(100, 50, 100, 100)，(100, 50, 100, 50) となるときになります．このうち，(150, 50, 100, 100)，(100, 100, 150, 50)，(100, 100, 100, 50)，(100, 50, 100, 100) の場合は，入札者$1l$もしくは入札者$2l$の観点から見ると最適でないことがわかります．まず，(150, 50, 100, 100) の場合，入札者$2l$が入札価格を100から50に変更することで，期待利得を0から12.5に増加させることができます．このことは，表12-3 (c) の$b_{1h}=150$，$b_{2h}=100$の利得 (50, 0, 50, 0) と表12-3 (d) の$b_{1h}=150$，$b_{2h}=100$の利得 (50, 12.5, 50, 12.5) を比較することで確認できます．同様に，戦略の組が (100, 100, 150, 50) の場合は，入札者$1l$が入札価格を100から50に変更することで利得を0から12.5に増加させることができます．これは表12-3 (b) と表12-3 (d) の$b_{1h}=100$，$b_{2h}=150$に対応する利得を比較することで確認できます．利得は，表12-3 (b) では (50, 0, 50, 0)，表12-3 (d) では (50, 12.5, 50, 12.5) となります．つまり，どちらの場合も100という入札価格はそれぞれの場合の最適反応になっていないことを意味します．さらに，戦略の組が (100, 100, 100, 50)，(100, 50, 100, 100) となる場合，やはり$1l$もしくは$2l$の100の入札価格を50の入札価格に変更することで，それぞれが利得を増加させることができます．したがって，これらは相互に最適反応という関係が成り立ちません．

　残った戦略の組は，相互に最適反応になるため，ナッシュ均衡になります．つまり，（純粋戦略の）ナッシュ均衡は，（$1h$の戦略，$1l$の戦略，$2h$の戦略，$2l$の戦略）が，(150, 100, 150, 100)，(100, 100, 100, 100)，(100, 50, 100, 50) となるときになります．この完備情報の4人ゲームのナッシュ均衡は，元の不完備情報の2人ゲームのベイジアン・ナッシュ均衡に対応するものになります．

　このゲームで自分の評価額で入札すると，入札の勝敗にかかわらず利得が0

になってしまうので，入札価格を評価額よりも下げる方が一般的には有利になります（ただしここでの設定では，評価額の低い入札者は，自分の評価額より低い入札価格で入札すると勝てないために，自分の評価額で入札することが不利になっていない場合があります）．

このうち入札価格が，評価額に依存するタイプの最適解，つまり $b_i = \alpha v_i$ ($\alpha > 0$) の形をとるナッシュ均衡を探してみましょう．そのような解は存在して，$(100, 50, 100, 50)$ になります．この場合，$b_i = \left(\frac{1}{2}\right) v_i$ ($i = 1, 2$) となっていることがわかります．

より一般的な場合

次に，この分析をもう少し一般的に考えることにしましょう．入札者は2人で，入札者の評価額 $v_i (i=1, 2)$ の値のとりうる範囲は，$[0, 200]$ とします（変数 x の範囲が $[A, B]$ という表記は，$A \leq x \leq B$ を意味します）．自分以外の入札者の評価額はわからず，相手の評価額 v の予想は $[0, 200]$ の区間の（連続な）一様分布 F_U に従うとします．一様分布というのは，どの値も同じ確率密度になるという分布です．したがって，評価額の値を x とすると，相手が x をもつ確率密度（つまり x の密度関数 $f_U(x)$）は $\frac{1}{200}$ であり，$[0, y]$ の範囲に x のある確率 $F_U(y)$ は，$\frac{y}{200}$ になります［この章では，離散的な確率ばかりではなく，区間上に定義された確率分布という概念で確率を捉えます．この点については，章末の補論2を参照して下さい］）．

入札者1の入札価格を b_1 とし，入札者2の入札価格を b_2 とします．$b_i (i=1, 2)$ は，$[0, 200]$ の範囲で選べるものとします．相手の入札価格は，先の場合よりもう少し一般的な形で，入札価格が評価額の（微分可能な）狭義の増加関数として表すことができるものとします．つまり，

$$b_2 = \phi(v_2) \quad \text{ただし，} \phi'(v_2) > 0$$

ここで，入札者は2人とも自分の評価額を除くとまったく同じ条件なので，

合理的な入札者であれば，同じやり方で入札を行うと考えます．つまり，

$b_1 = \phi(v_1)$　ただし，$\phi'(v_1) > 0$

入札に勝つためには，$b_1 > \phi(v_2)$ が必要になります．ϕ の逆関数を ϕ^{-1} と表すとすると，$\phi^{-1}(b_1) > v_2$ です．この場合勝つ確率は，$\dfrac{\varphi^{-1}(b_1)}{200}$ になります．

ここで，$b_1 = b_2 = \phi(v_2)$ であったら，どうなるでしょうか．この場合は引き分けになるので，先と同じように確率 $\dfrac{1}{2}$ でその財が得られることになります．ただし，その場合を特に考慮する必要は，ありません．なぜなら $[0, 200]$ 上に定義された連続な一様分布において，$0 \leq k \leq 200$ の範囲の中にある特定の値 k をとる確率は，0 と考えることができます．したがって，$b_1 = b_2 = \phi(v_2)$ となる確率は 0 とみなせるので，期待利得計算上は，その部分を無視することができるからです．そのため期待利得は，次のようになります．

$$u_1 = (v_1 - b_1) \dfrac{\varphi^{-1}(b_1)}{200}$$

（なお，確率分布を考える場合の期待利得，つまり利得の期待値，あるいは，期待効用については，章末の補論2を参照して下さい．）

この期待利得を b_1 について最大化すると，その1階条件は次のようになります．

$$-\dfrac{\varphi^{-1}(b_1)}{200} + (v_1 - b_1) \dfrac{\varphi^{-1'}(b_1)}{200} = 0$$

$v_1 = \varphi^{-1}(b_1)$, $\varphi^{-1'}(b_1) = \dfrac{1}{\varphi'(v_1)}$　なので，

$$\dfrac{1}{200}\left(-v_1 + (v_1 - \varphi(v_1)) \dfrac{1}{\varphi'(v_1)}\right) = 0$$

したがって，

$v_1 = \varphi'(v_1) v_1 + \varphi(v_1)$

が成り立ちます．ここで，入札者は1も2も同じ状況になるので，$v = v_1$ とお

きます．両辺を v で積分すると，

$$\frac{v^2}{2} = \varphi(v)v + C \quad \text{ただし，} C \text{は積分定数}$$

このとき，$v=0$ であるとすると，$0 = \phi(0) \cdot 0 + C$ となり，$C=0$ と考えることができます．したがって，

$$\varphi(v) = \frac{v}{2}$$

つまり，入札価格 b は，評価額 v の半分とするのが最適ということになります．この関数形は，当初の予想が $\phi(v)$ は厳密な増加関数というものだったので，その予想とも適合的です．したがって，これを最適な入札方法と考えることができます．

ただし，入札価格が評価額の半分になるのは入札者が2人の場合のみで，同様の条件の下で入札者の数が n になると，$\varphi(v) = \frac{(n-1)}{n}v$ となることが知られています（導出については，補論1(b)を参照）．つまり，競争相手が増えると，勝つためには入札価格を上げる必要があるということになります．

なお，この $\frac{v}{2}$ という値ですが，一様分布の場合，競争相手の入札者の評価額が自分よりも低い場合，つまり，入札者1の立場で考えたときの入札者2の評価額が，$v_1 > v_2$ である場合，その予想評価額は，ちょうど v_1 の半分の $\frac{v_1}{2}$ になります．つまり，このとき入札者1は，自分が勝つ場合にその次の入札者の評価額の期待値で入札していることになります．

12.3　第2価格封印オークション

第2価格封印オークションでは，オークションにかけられた商品を他の入札者の入札価格がわからない状態で，それぞれの入札者が入札価格を決めます．その中で，最大の入札価格で入札した者がオークションに勝利し，その商品を

受け取ることができます．ここまでは，第1価格封印オークションと同じですが，異なるのは，入札者が支払う金額が自分の入札した価格ではなく，2番目に高い入札価格になるという点です（一番高い入札価格の入札者が複数いるときは，第2価格＝第1価格と考えます）．これは，少し人工的な設定ですが，この設定が，入札戦略によい影響を及ぼす可能性があります．つまり，第2価格封印オークションでは，オークションにかけられる財の入札者の評価額で，入札することが最適な入札戦略となるからです．この点を確認してみましょう．

説明の便宜上，入札者の数は2人であるとします．1人目の入札者の評価額をv_1，入札価格をb_1，2人目の入札者の評価額をv_2，入札価格をb_2とします．ただし，入札者は相互に他の入札者の評価額を正確には知りません．

第2価格封印オークションを理解するために，第1価格封印オークションのときと同じ設定を考えましょう．つまり，入札者は，200, 150, 100, 50の入札価格を設定することが可能で，評価額は，200もしくは100とします．各入札者は相手のことをよく知らないので，評価額が200である確率を$\frac{1}{2}$，100である確率を$\frac{1}{2}$と予想するものとします．ここでの確率は，それぞれの入札者が相手の入札者の評価額に対してもつ信念を意味しています．入札者$i(i=1,2)$の効用は，下記のように定まるものとします．

$$u_i = v_i - b_j \quad \text{if} \quad b_i > b_j$$
$$= \frac{1}{2}(v_i - b_j) \quad \text{if} \quad b_i = b_j$$
$$= 0 \quad \text{if} \quad b_i < b_j$$

つまり，自分の入札価格は，オークションに勝つか負けるかには影響しますが，勝ち負けが決まった後の効用には影響しないことになります．

このゲームの利得表は表12-4のようになります．

この利得表を見ればわかるように，各入札者は，相手の入札価格を所与とすると，相手がその入札価格の時に，自分がオークションに勝つ方がよいのか，負けた方がよいのかのみを，考えればよくなります．$v_i=200$であれば，この設定では，常に勝ったとしても損はしないので，一般的には，できるだけ高い

表12-4　第2価格封印オークションの利得表（1）

1 \ 2	200	150	100	50
200	$\frac{1}{2}(v_2-200)$ $\frac{1}{2}(v_1-200)$	0 v_1-150	0 v_1-100	0 v_1-50
150	v_2-150 0	$\frac{1}{2}(v_2-150)$ $\frac{1}{2}(v_1-150)$	0 v_1-100	0 v_1-50
100	v_2-100 0	v_2-100 0	$\frac{1}{2}(v_2-100)$ $\frac{1}{2}(v_1-100)$	0 v_1-50
50	v_2-50 0	v_2-50 0	v_2-50 0	$\frac{1}{2}(v_2-50)$ $\frac{1}{2}(v_1-50)$

入札価格を選ぶ方がよくなります．そして，$v_i=100$ の場合，相手の入札価格が100より大きい場合，勝ってしまうと損失が発生することになります．したがって，100より大きな入札価格で入札することは，勝たないことが前提になります．

このゲームを入札者1の立場で考えると表12-5のようになります．

表12-5（a）と表12-5（b）を見ると，入札者1にとって，入札者2の評価額が200であっても100であっても，入札価格を200とすることは利得面で不利になりません（なぜなら，相手のどの戦略に対しても最適反応になっているからです）．

同様に，表12-5（c）と表12-5（d）を見ると，入札者1の評価額が100の場合，入札者2の評価額が200であれ，100であれ，入札価格を100とすることは，入札者1にとって不利になりません．

同様のことは，入札者2の立場に立って考えたときも成り立ちます．つまり，表からも確認できるように，$v_i=200$ の入札者は200，$v_i=100$ の入札者は100で入札することが，相手の評価額 v_j にかかわらず弱支配戦略になっていることになります．このことから，

表12-5　第2価格封印オークションの利得表（2）

(a) $v_1=200$, $v_2=200$ の場合

1＼2	200	150	100	50
200	0, 0	**50**, 0	**100**, 0	**150**, 0
150	0, **50**	25, 25	**100**, 0	**150**, 0
100	0, **100**	0, **100**	50, 50	**150**, 0
50	0, **150**	0, **150**	0, **150**	75, 75

(b) $v_1=200$, $v_2=100$ の場合

1＼2	200	150	100	50
200	0, -50	**50**, 0	**100**, 0	**150**, 0
150	0, -50	25, -25	**100**, 0	**150**, 0
100	0, 0	0, 0	50, 0	**150**, 0
50	0, **50**	0, **50**	0, **50**	75, 25

(c) $v_1=100$, $v_2=200$ の場合

1＼2	200	150	100	50
200	-50, 0	-50, 0	0, 0	**50**, 0
150	0, **50**	-25, 25	0, 0	**50**, 0
100	0, **100**	0, **100**	0, 50	**50**, 0
50	0, **150**	0, **150**	0, **150**	25, 75

(d) $v_1=100$, $v_2=100$ の場合

1＼2	200	150	100	50
200	-50, -50	-50, 0	0, 0	**50**, 0
150	0, -50	-25, -25	0, 0	**50**, 0
100	0, 0	0, 0	0, 0	**50**, 0
50	0, **50**	0, **50**	0, **50**	25, 25

(注) 太字は，入札者の最適反応を示す．

$$b_i = v_i \quad (i=1,2)$$

という戦略をとることは，ナッシュ均衡（ベイジアン・ナッシュ均衡）になり，同時に弱支配戦略均衡になることがわかります．

より一般的な場合

次に，この性質を，もう少し一般的な評価額で考えてみることにしましょう．

そこで評価額の予想は，入札者がいずれであっても，$[0, 200]$ の範囲で，一様分布関数 F_U に従うとします（F_U の密度関数 f_U は，任意の v で，$f_U(v) = \dfrac{1}{200}$ になります）．先の場合と同様に，入札者 1 の立場に立って考えます．入札者 1 は自分の評価額 v_1 は知っていますが，入札者 2 の評価額 v_2 は知らず，先の分布関数に従う予想をします．このとき入札者 1 はどのような入札価格で入札することが最適になるでしょうか．

入札者 1 が入札価格 b_1 で入札する場合，入札者 2 が評価額で入札すると考えると，入札に勝つ確率は，$F_U(b_1) = \dfrac{b_1}{200}$ になり，負ける確率は $1 - F_U(b_1) = \dfrac{(200 - b_1)}{200}$ になります．そして，入札に勝つ場合の予想第 2 価格は，$\dfrac{b_1}{2}$ になります．負けた場合の利得は 0 になるので，入札者 1 が b_1 で入札するときの期待利得は，

$$\left(v_1 - \frac{b_1}{2}\right) \times \frac{b_1}{200} = \frac{(2v_1 - b_1)b_1}{400}$$

になります．これを b_1 について最大化するとその 1 階条件は，$2v_1 - 2b_1 = 0$ となり，

$$v_1 = b_1$$

となります．同様の計算が入札者 2 についても成り立つので，

$$b_i = v_i \quad (i=1,2)$$

が相互に最適な行動となります．

この性質は，競争相手の評価額の予想分布が一様分布ではなく，一般的な微分可能な分布 F であるとしても同様の結論を示すことができますし，競争相手の数が 1 ではなく，$n-1$ である場合にも，各入札者がそれぞれ独立に行動するのであれば，同様の結果になります．つまり，そのような場合でも，自分の評価額で入札することは，最適な行動になります．

さらに，相手が評価額で入札しない場合もこの行動は不利にはなりません．それは，$b_i = v_i$ かつ $b_i > b_j$ であるとき，入札者 i は入札価格 b_i を変更する誘因をもたないからです．なぜなら，b_i を引き上げても利得は $v_i - b_j$ で変化しませんし，b_i を引き下げても利得は $v_i - b_j$ のまま変化しないか，入札に負けて利得が 0 になるかのいずれかだからです．同様に，$b_i = v_i$ かつ $b_i < b_j$ であるときも，入札者 i は入札価格 b_i を変更する誘因をもちません．この場合 b_i のみを引き上げても入札に勝たない限り，利得は 0 のままですし，もし入札に勝ってしまうと利得は $v_i - b_j < 0$ となり，損失が発生してしまいます．また，b_i のみを引き下げても，入札には勝てないので，利得は 0 のまま変化しません．$b_i = v_i$ かつ $b_i = b_j$ であるときも，同様です．このとき利得は 0 ですが，b_i のみを引き上げて入札に勝っても，利得は $v_i - b_j = 0$ のままですし，b_i のみを引き下げると，入札には勝てないので，利得は 0 のままになります．

イギリス式オークションとオランダ式オークション

前にも述べましたが，イギリス式オークションは購入価格を競り上げていくオークションで，オランダ式オークションは購入価格を競り下げていくオークションです．一見すると，これらのオークションとこれまで扱った第 1 価格封印オークションと第 2 価格封印オークションとの結びつきがはっきりしないかもしれませんが，実は密接な関係があります．

まず，イギリス式オークションですが，より高い価格を誰も言わなくなった段階で，オークションは終了し，その最高値を提示した買い手が，その価格で購入することになります．これは第 2 価格封印オークションと形式的には同内容であると考えられます．イギリス式オークションの場合，買い手は，自分の評価額をそのまま表明する必要はありません．それでは，むしろ第 1 価格に似

ているのではと思うかもしれませんが，そうではありません．買い手は，それまでの最高価格が自分の評価額よりも低い場合，その最高価格よりもわずかに高い価格を提示すれば，もし他の人がそれよりも高い価格を言わなければ，その商品を手にすることができます．逆に言うと，評価額に到達するまでは，それまでの最高価格 $+\varepsilon$（$\varepsilon > 0$）を言うというやり方がほぼ最適戦略になります．ということは，もし皆が同じ行動をとるとすれば，このオークションに勝利できるのは，自分の評価額が最も高いときで，購入価格は2番目に高い評価額 $+\varepsilon$ ということになります．ε は理論上いくらでも小さくできるので，ほぼ0と考えることができます．それゆえ，このオークションでは，評価額の最も高い人が（ほぼ）2番目に高い評価額で財を購入できる，ことになります．この性質は，第2価格封印オークションとまったく同じです．

次に，オランダ式オークションを考えることにしましょう．オランダ式オークションは，高い価格から始まり，最初に買ってもいいという意思表示をした人が，その価格で財を購入できます．この場合，購入者全員が，同じ最適戦略で行動したとすると，最も評価額の高い人がその財を購入できます．ただし，購入者は，自分の評価額で買おうとはしないでしょう．評価額で購入すると利得は0になってしまうからです．購入者は，自分の評価額が最高であった時に，2番目に高い評価額がいくらであるのかを予想し，その価格で購入しようとするはずです．実は，この行動パターンは第1価格封印オークションと同じになります．

このような観点から見ると，イギリス式オークションの最適行動は，現在の最高価格が自分の申し出たものでない場合，

　　　自分の評価額まで，現在の最高価格 $+\varepsilon$（$\varepsilon > 0$）

という行動をとることであり，この行動は，理論的には，自分が一番高い評価額をもっているとき，（ε を0で近似すると）2番目に高い評価額で競り落とせる，ことになります．

そして，オランダ式オークションでは，

　　　第1価格オークションでの入札価格と同じ価格まで下がったら，購入するという意思表示をする，

ということが最適戦略になります．

12.4 収入同値定理

それでは，第1価格封印オークションと第2価格封印オークションはどのような関係にあるのでしょうか．実は，この2つのオークションは，それを利用することによって得られる期待収入という観点からは，まったく等しく，その意味で，期待収入にのみ関心をもつ財の売り手の立場からは，この2つのオークションは無差別ということになります．

これまでの例を用いて，本当にそうか見てみることにしましょう．入札者は2人で，自分の評価額を知っていますが，相手の評価額vは，$[0, 200]$の区間での一様分布に従っているという予想をもつものとします．

この設定で，第1価格封印オークションの場合を考えます．2人のうち，高い方の入札価格がbである確率を求めると，（1人目がbで入札し，2人目の入札価格がb以下の確率）＋（1人目の入札価格がb以下で，2人目の入札価格がbという確率）を求めればよいことがわかります．1人目がbで入札するのは，$b=\dfrac{v}{2}$となるvという評価額をもつ場合に対応します．この確率密度は$\dfrac{1}{200}$になります．2人目の入札価格がb以下になるのは，評価額が$b=\dfrac{v}{2}$となるv以下になる場合なので，その確率は$\dfrac{v}{200}$になります．1人目がb以下で2人目がbになる場合の確率も同様なので，入札額bが購入価格になる確率密度は，$b=\dfrac{v}{2}$となるvを用いて表すと，

$$\frac{1}{200} \times \frac{v}{200} \times 2 = \frac{v}{20000}$$

となります．これは，$b=\dfrac{v}{2}$を考えると，

$$\frac{1}{200} \times \frac{b}{100} \times 2 = \frac{b}{10000}$$

と表すこともできます．このとき売り手は，b という収入が得られる期待値を

$$b \times \frac{b}{10000}$$

と考えることができます．先に示したように，この入札価格 b は，評価額 v と，$b = \frac{v}{2}$ という関係にあります．したがって，先の売り手の収入の期待値の式を，v を用いて表すと，

$$\frac{v}{2} \times \frac{v}{2} \times \frac{1}{10000} = \frac{v^2}{40000}$$

となります．このとき，v の値が $[0, 200]$ の範囲で可能なので，その範囲での期待値を求めると，

$$\int_0^{200} \frac{v^2}{40000} dv = \left[\frac{v^3}{120000} \right]_0^{200} = \frac{200}{3}$$

が求める期待収入ということになります．

次に第2価格封印オークションの期待収入を求めてみましょう．$b = v$ であるので，v という収入が期待できる確率は，（1人目の評価額が v 以上で2人目の評価額が v の確率）＋（1人目の評価額が v で2人目の評価額が v 以上となる確率）を求めればよいことになります．1人の評価額が v である確率密度が $\frac{1}{200}$ で，もう1人の評価額が v 以上となる確率は $1 - \frac{v}{200} = \frac{(200-v)}{200}$ となるので，

$$\frac{1}{200} \times \frac{(200-v)}{200} \times 2 = \frac{200-v}{20000}$$

が売り手にとって v という収入が得られる確率密度になります．つまり，収入の期待値は，

$$v \times \frac{(200-v)}{20000}$$

という値になります．この v の可能な範囲は，$[0, 200]$ なので，期待収入は，

$$\int_0^{200} \frac{v(200-v)}{20000}dv = \int_0^{200}\frac{v}{100}dv - \int_0^{200}\frac{v^2}{20000}dv = \left[\frac{v^2}{200}\right]_0^{200} - \left[\frac{v^3}{60000}\right]_0^{200}$$
$$= 200 - \frac{400}{3} = \frac{200}{3}$$

となります．このように財の売り手からすると，第1価格封印オークションであれ，第2価格封印オークションであれ，売り手にとってそこから得られる期待収入は等しい，ということになります．この内容は，第1価格封印オークションや第2価格封印オークションを含む一定の条件を満たすオークションすべてについて当てはまります．そして，そのことをオークションにおける**収入同値定理**（revenue equivalence theorem）と言います．

12.5 メカニズムとしてのオークション

　メカニズムというのは経済学において，資源配分を実現するシステムのことを意味します．この側面を強調したいときには，**資源配分メカニズム**と言います．これまでに扱った競争的市場というのも，広い意味でのメカニズムと考えることができますし，オークションもその意味で，1つのメカニズムとみなすことができます．

　経済の仕組みをメカニズムとして捉えることにすると，そのメカニズムは，効率性や経済厚生といった観点で評価されることになります．競争的市場などを考えるときは，経済全体の厚生が問題にされましたが，メカニズムはもっと小さな部分をも含みうる概念なので，ある経済主体にとっての経済厚生を最大化するメカニズムということも考えることが可能になります．つまり，このように考えると，望ましいメカニズムを設計する（デザインする）という**メカニズムデザイン**の問題は，経済政策からある企業の資材調達といった問題まで，幅広い問題を扱える枠組みと考えることができます．後で扱う契約理論も，ある主体が自分の目的を最大限実現する契約をデザインするので，広義のメカニズムデザインの理論の一部とみなすことも可能です．

　以下では，オークションの理論を例にとって，メカニズムデザインの問題を

考えることにしましょう（なお，この点とも関連する**顕示原理（revelation principle）**については，もう少し詳しく補論3の中で扱います）．

第1価格封印オークションを例にとって考えてみることにしましょう．これらのオークションでは，各入札者が入札価格という情報をオークションの出品者に提供します．この入札価格のベクトル $b = (b_1, b_2)$ に対して，（財の量，貨幣）というベクトルを（出品者，入札者1，入札者2）の形で示すことにすると，オークションの結果として，

$((0, b_1), (1, -b_1), (0, 0))$　　 $b_1 > b_2$ もしくは $b_1 = b_2$ で確率 $\frac{1}{2}$

$((0, b_2), (0, 0), (1, -b_2))$　　 $b_1 < b_2$ もしくは $b_1 = b_2$ で確率 $\frac{1}{2}$

という資源配分がもたらされることになります．

それでは，オークションを用いるとき，出品者の期待収入を最大化するためには，どのように入札したらよいのか，という問題を考えてみることにしましょう．

最適オークション

オークションでは，入札の際に**最低入札価格**（または，留保価格）が定まっていて，それ以上の入札でないと受け付けないということが行われることがあります．このような最低入札価格は経済学的にどのような意味をもつのでしょうか．実は，この最低入札価格を適切に設定することで，出品者は，自分の期待収入を最大化することが可能になります．これは，別の言い方をすると，期待収入最大化という目的を実現するためのメカニズムデザインとして適切な最低入札価格の設定というやり方が考えられる，ということを意味します．

最適入札価格が設定されると先の議論のどの部分を変更する必要があるのでしょうか．これまでと同様に，入札者の評価額が $[0, 200]$ で一様分布をしているという予想を出品者がもつとして，この問題を考えることにしましょう．

第1価格封印オークションの場合，最適な入札行動は次のようになります．

第1価格封印オークション：最低入札価格 r 未満の評価額をもっている人は入札をしません．したがって，入札者の評価額の範囲は，$[r, 200]$ に制限されることになります．

したがって，$b=\phi(v)$ で入札するときの入札者の期待利得は，$b=\phi(v) \geq r$ として，

$$\frac{(v-b)(\varphi^{-1}(b)-r)}{200-r}$$

最大化の1階条件は，

$$-\frac{\varphi^{-1}(b)-r}{200-r}+\frac{(v-b)\varphi^{-1\prime}(b)}{200-r}=0$$

となります．$v=\phi^{-1}(b)$, $b=\phi(v)$ なので，

$$v-r=\frac{(v-\varphi(v))}{\varphi'(v)}$$
$$v=\phi(v)+(v-r)\phi'(v)$$

となる．両辺を v で積分すると，

$$\frac{v^2}{2}=(v-r)\varphi(v)+C \quad \text{ただし，} C \text{は積分定数}$$
$$C=\frac{r^2}{2} \quad (v=r \text{のとき，上式より導ける})$$

したがって，

$$\varphi(v)=\frac{v^2-r^2}{2(v-r)}=\frac{v+r}{2} \quad \text{ただし} \quad v \geq r$$

となります．つまり最低入札価格を設定しない（$r=0$ の）場合と比較して $r(r>0)$ を設定することで入札価格を上昇させることができることになります．ただし，$v<r$ の人は，入札しなくなります．なぜならこのような人たちは，最低入札価格 r で入札すると，もし入札に勝利してしまうと，損失が発生してしまうことになるからです．このときありうる入札価格 b の範囲は，r から $100+0.5r$ までとなります．

この場合の期待収入は，収入同値定理が成り立つので，次の第2価格封印オークションの場合と結果的に同じになります．そこで，期待収入については，第2価格封印オークションの場合で確認することにしましょう．

第2価格封印オークション

評価額が r 未満の人は入札せず，r 以上の人は，自分の評価額で入札するこ

とが入札者にとって最適戦略（弱支配戦略）になります．そのためやはり，入札者の評価額の範囲は，$[r, 200]$ になります．

ここで，v という収入が得られる期待値は，

$$v \times \frac{1}{200} \times \frac{(200-v)}{200} \times 2 = \frac{v(200-v)}{20000}$$

になります．ただしこのとき，v の可能な範囲は $[r, 200]$ になります．

次に，r という収入が得られる期待値は，

$$r \times \frac{r}{200} \times \frac{(200-r)}{200} \times 2 = r \times \frac{r(200-r)}{20000}$$

という値になります（この場合，入札者の1人もしくは2人ともの入札価格が r 未満であるときは，この財の価値を r（留保価格）によって評価している）．
よって期待収入は，

$$\int_r^{200} \frac{v(200-v)}{20000} dv + r\frac{r(200-r)}{20000} = \left[\frac{v^2}{200}\right]_r^{200} - \left[\frac{v^3}{60000}\right]_r^{200} + \frac{r^2}{100} - \frac{r^3}{20000}$$

$$= \frac{200}{3} + \frac{r^2}{200} - \frac{r^3}{30000}$$

となります．この期待収入は，収入同値定理が成り立つので，第1価格封印オークションでも第2価格封印オークションでも変わりません．

この期待収入を最大化するように r を設定すればよいので，最大化の1階条件は，次のようになります．

$$\frac{r}{100} - \frac{3r^2}{30000} = \frac{r}{100}\left(1 - \frac{r}{100}\right) = 0$$

$r = 100$

このとき，$\frac{r^2}{200} - \frac{r^3}{30000} = \frac{50}{3} > 0$ となるので，最低入札価格 r を設定すると，r を設定しない場合よりも，期待収入を大きくできることがわかります．

このように最低入札価格を定めると，定めない場合よりも期待収入を大きくすることが可能になります．したがって，収入最大化という観点から，このように最低入札価格を設定するオークションを，**最適オークション**と呼ぶことがあります．

第12章 オークションとメカニズムデザイン

本章のまとめ

1 代表的なオークションとして，第1価格封印オークション，第2価格封印オークション，イギリス式オークション，オランダ式オークションがあり，これらの間には密接な結びつきがあります．
2 第1価格封印オークションの最適な入札の仕方は，自分の評価額から一定のやり方で低くした値で入札する，というものになります．
3 第2価格封印オークションの最適な入札の仕方は，自分の評価額で入札する，というものになります．
4 代表的なオークションとして取り上げた4種類のオークションにかけたときの期待収入は，等しくなります（収入同値定理）．
5 オークションは，目的を達成するためのメカニズムの一種と考えることができます．

補論1 4人ゲームの表現と入札者 n 人のオークション

(a) 4人ゲームの表現の補足

本文中では，入札者 $1l$ および入札者 $2l$ の入札価格が200もしくは150の場合を割愛しました．これは，タイプ2の入札者は評価額が100であるため，それよりも高い入札価格で入札して，入札に勝利してしまうと，損失が発生してしまうため，そのような行動をとらないと考えられるからです．このことを確認するため，表12-A1の利得表を見てみましょう．

$1l$ の立場に立った時の $1l$ の利得

$(2h$ の戦略$)/(2l$ の戦略$)$ を1行目に書き，以下，$1l$ の戦略とそれに対応する利得を示したのが，表12-A1です．

表12-A1 利得表

$2h/2l$ \ $1l$	200/200	200/150 or 150/200	200/100 or 100/200	200/50 or 50/200	150/150	150/100 or 100/150	150/50 or 50/150	100/100	100/50 or 50/100	50/50
200	-50	-75	-75	-75	-100	-100	-100	-100	-100	-100
150	0	-12.5	-25	-25	-25	-37.5	-37.5	-50	-50	-50
100	0	0	0	0	0	0	0	0	0	0
50	0	0	0	12.5	0	0	12.5	0	12.5	25

この表12-A1からわかるように $1l$ にとって，入札価格を200とする戦略は50の戦略に強支配されるので，200が選択される可能性はなくなります．同様のことは，$2l$ についても成立するので，表12-A2のように縮小することができます．

表12 - A2 縮小した利得表

2h/2l \ 1l	200/150	200/100	200/50	150/150	150/100 or 100/150	150/50 or 50/150	100/100	100/50 or 50/100	50/50
150	−12.5	−25	−25	−25	−37.5	−37.5	−50	−50	−50
100	0	0	0	0	0	0	0	0	0
50	0	0	12.5	0	0	12.5	0	12.5	25

　このように見ると，縮小した表12-A2では，150で入札することは50で入札することに強支配されています．したがって，150も選択される可能性はなくなります．これは，$1l$ についても $2l$ についても成り立ちます．

表12 - A3 さらに縮小した利得表

2h/2l \ 1l	200/100	200/50	150/100	150/50	100/100	100/50 or 50/100	50/50
100	0	0	0	0	0	0	0
50	0	12.5	0	12.5	0	12.5	25

　さらに縮小した表12-A3において，100で入札することは，50で入札することに弱支配されますが，強支配の関係は成立していません．そのため，本文中では，タイプ2の人の取りうる選択肢として，100と50の両方を残して検討しています．

(b) 入札者が n 人の場合

　入札者1が，オークションに勝つ確率は，それぞれが独立に入札価格を予想すると，入札価格を b_1 として次のようになります．$v_1 = \phi^{-1}(b_1)$ として，

$$\left(\frac{\varphi^{-1}(b_1)}{200}\right)^{n-1}$$

したがって，入札者1の期待利得は，

$$(v_1 - b_1)\left(\frac{\varphi^{-1}(b_1)}{200}\right)^{n-1}$$

最大化の1階条件は，

$$-\left(\frac{\varphi^{-1}(b_1)}{200}\right)^{n-1}+(v_1-b_1)(n-1)\left(\frac{\varphi^{-1'}(b_1)}{200}\right)\left(\frac{\varphi^{-1}(b_1)}{200}\right)^{n-2}=0$$

$$v_1=b_1+\frac{\varphi^{-1}(b_1)}{(n-1)\varphi^{-1'}(b_1)}$$

これを，$b_1=\phi(v_1)$ として，書き直すと，

$$(n-1)v_1=(n-1)\varphi(v_1)+v_1\varphi'(v_1)$$
$$(n-1)v_1^{n-1}=(n-1)v_1^{n-2}\varphi(v_1)+v_1^{n-1}\varphi'(v_1)$$

入札者は対称的なので，$v_1=v$ と表し，v で積分すると，

$$(n-1)\frac{v^n}{n}=[v^{n-1}\varphi(v)]+C \quad \text{ただし，} C \text{は積分定数}$$

$v=0$ のとき，$C=0$ と考えられるので，$C=0$．したがって，

$$\varphi(v)=\frac{(n-1)v}{n}$$

補論2　確率分布関数を用いる場合の期待値と期待利得

区間 $[a,b]$ 上に定義された確率という概念は，どのように考えることができるのでしょうか．$a \leq x \leq b$ となる実数 x の数は無数にあると考えられるため，点 x の確率という概念を，$\dfrac{1}{(\text{起こりうる } x \text{ の数})}$ で定義することは困難になります．そこで，x 以下となる確率を，$F(x)$ という増加関数で表すことにしましょう．ただし，$F(a)=0$，$F(b)=1$ と考えます．この関数は確率分布関数と呼ばれます．この場合，F は連続な関数となることも許容されます．ここでは，関数 F が微分可能で，$\dfrac{dF(x)}{dx} = f(x)$ という密度関数が存在する場合を考えましょう．この密度関数は，確率密度関数とも呼ばれ，点 x の確率に類似する概念になりますが，元々の確率概念とは異なるので，確率密度と呼んで区別します．そして，確率は，区間の確率，たとえば，$a \leq x < y \leq b$ とすると，区間 $[x,y]$ の確率は，$F(y)-F(x)$ という値によって捉えられることになります（F が連続な確率分布関数になる場合，1点 x の確率は，$F(x)-F(x)=0$ になります）．

この場合，期待値はどのように定義されるのでしょうか．もともと，期待値は，（起こりうる数値）×（その数値の起こる確率）の合計として，定義されていました．この場合の期待値は次のように定義されます．

確率変数 X が区間 $[a,b]$ 上の確率分布関数 $F(x), a \leq x \leq b$ をもち，その密度関数 $f(x)$ が存在するものとします．このとき，

$$E[X] = \int_a^b x f(x) dx$$

によって，X の期待値が定義されます．これは，（起こりうる数値）×（その数値の確率密度）の積分（つまりある種の合計）として，定義されているので，先の期待値と同様の意味をもつことがわかります．

期待利得および期待効用は，u を利得関数（効用関数）として，次のように定義されます．

$$E[u(X)] = \int_a^b u(x) f(x) dx$$

これは，利得（効用）の期待値を求めていることになります．

第7章では，X のとりうる数が有限の場合，その X から構成されるくじが期待効

用表現をもつことを論じましたが，同様の議論は，Xのとりうる値の範囲が区間になる場合にも拡張できることが知られています．そのため，本章およびそれ以降の章では，起こりうる数値が無数にある区間を考える場合には，ここで定義されたような期待値，期待利得（期待効用）の概念を用いて，様々な分析を行うことにします．

補論3 メカニズムデザイン

この補論では，メカニズムデザインについて，少し一般的に考えることにしましょう．$\mathcal{N}=\{1,2,\cdots,n\}$ を経済主体の集合と考えます．そして，$\mathcal{D}_i$ を経済主体 $i\in\mathcal{N}$ のとりうる選好の集合とします．選好の組（選好プロファイル）の集合は，$\mathcal{D}=\mathcal{D}_1\times\mathcal{D}_2\times\cdots\cdots\times\mathcal{D}_n$ となります．$\mathcal{X}$ を資源配分の集合として，

$$F:\mathcal{D}\to\mathcal{X}$$

を**社会的選択関数**と呼びます．$F(R)$ は，たとえば人々のもつ選好の組が $R\in\mathcal{D}$ であったとき，F に対応する観点から望ましいとされる資源配分 $F(R)\in\mathcal{X}$ を表します．もし社会的にこの $F(R)$ を実現したいとするならば，どのような方策が考えられるのでしょうか．たとえば，各経済主体が自分の選好 R_i を正直に表明するのであれば，各経済主体にその選好を尋ねて，その結果となる R に基づいて $F(R)$ を求めることができます．しかしながら，常に経済主体が自分の選好を正直に表明するという保証はありません．

この状況をもう少し一般的に考えることにしましょう．対象を選好のみに限定せず，経済主体 i が表明しうる内容の集合を $\mathcal{M}_i$ とします．そして，$\mathcal{M}=\mathcal{M}_1\times\mathcal{M}_2\times\cdots\cdots\times\mathcal{M}_n$ とします．このとき，各経済主体が表明した $\mathcal{M}$ の要素をメッセージと呼び，m で表すことにしましょう．それをもとに，資源配分を決めるとし，その関数を g で表すことにします．つまり $g(m)\in\mathcal{X}$ となります．これが決まれば，各経済主体は自分の $g(m)$ に対応する利得を見て，その利得が最大になるように，送るメッセージを決めることができます．これは，戦略形ゲームとみなすことができます．つまり，$G=<\mathcal{N},\{\mathcal{M}_i\}_{i\in\mathcal{N}},\{R_i\}_{i\in\mathcal{N}}>$ という戦略形ゲームです（本文の戦略形ゲームは，選好 R_i を表現する効用関数 u_i が存在して，G と同等の $G_u=<\mathcal{N},\{\mathcal{M}_i\}_{i\in\mathcal{N}},\{u_i\}_{i\in\mathcal{N}}>$ というゲームに置き換えられる場合を考えています）．このゲームの均衡戦略の組 m^* によって，資源配分 $g(m^*)$ が決まることになります．

メカニズムとは，この $<\mathcal{M},g>$ のペアのことを意味します．なかでも，メッセージを選好のみに限定したもの $<\mathcal{D},g>$ を**直接メカニズム**と言います．メカニズムデザインとは，上手にメカニズムを作ることで，$g(m^*)=F(R)$ となるようにすることを意味します．また，各経済主体が自分の選好 R_i を正直に報告することがそれぞれにとって最適な行動になっている場合を，**誘因両立性条件**（IC 条件）を満たすと言います．

ここでオークションを，財の出品者の期待収入を最大にするためのメカニズムとし

て考え直してみましょう．オークションにおけるメッセージは，各入札者の提示する入札価格 b_i の組，つまり $b=(b_1,\cdots,b_n)$ になります．一方，各入札者の選好は，評価額 v_i で表されます（これは評価額を，選好を表現する関数の値と考えることができるからです）．

この章で考えたようなオークションであれば，最大の入札価格を提示した人にオークションにかけられた財が与えられ，そのオークションのルールにしたがって，その入札価格に応じた支払いが求められることになります．つまり，$<\mathcal{D},g>$ が定まることになり，オークションを直接メカニズムと考えることができます．

説明を簡単にするために，ここでは，入札価格が一致しない場合で，かつ入札者についての配分に限定して説明することにします（この後説明する第1価格封印オークションと第2価格封印オークションは，財を提供する出品者の期待収入は先に説明した収入同値定理によって変わらないので，出品者まで考慮を広げても，結論は変わりません）．

第1価格封印オークションであれば，

$$g_i^{FP}=v_i-b_i \quad \text{if } b_i>b_j \quad \text{for all} \quad j\neq i$$
$$=0 \quad \text{if } b_i<b_j \quad \text{for some} \quad j\neq i$$

という結果 $g^{FP}=(g_1^{FP},\cdots,g_n^{FP})$ を引き起こすことに等しくなります．

同様に，第2価格封印オークションであれば，最大の入札価格を提示した人に，次に高い入札価格での支払いを求めるので，

$$g_i^{SP}=v_i-b_k \quad \text{if } b_i>b_k>b_j \quad \text{for all} \quad j\neq i,k$$
$$=0 \quad \text{if } b_i<b_j \quad \text{for some} \quad j\neq i$$

という結果 $g^{SP}=(g_1^{SP},\cdots,g_n^{SP})$ を引き起こすことに等しくなります．どちらのメカニズムも直接メカニズムになっています．ただし，本文の議論を考えると，誘因両立性条件を満たすのは，第2価格封印オークションのみであることがわかります．

顕示原理というのは，ある結果 $F(R)$ をメカニズム $<M,g>$ によって実現できるとき，同じ結果を実現できる，正直に選好を表明することが誘因両立的となる直接メカニズム $<\mathcal{D},g'>$ が存在する，というものです．

このことの1つの例が，第1価格封印オークションにおける期待収入を実現し，かつ正直に選好を表明させるメカニズム＝第2価格封印オークションが存在する，ということになります．

ここでもしメカニズムを設計する際の目的が，出品者の期待収入を最大化すること

であるなら，本文で扱ったような最低入札価格を適切に指定するタイプのオークション（第1価格封印オークションもしくは第2価格封印オークション）が望ましいことになります．この顕示原理のメリットの一つは，目的を設定して，それを実現するためのメカニズムデザインを行う場合に，メカニズムを誘因両立的なメカニズムに限定しても，その目的の実現可能性のチェックには影響しないということがあります．つまり，顕示原理の成り立つ状況であれば，メカニズムデザインの問題の分析をかなり単純化してくれます．たとえば，ここでの例であれば，第2価格封印オークションでその目的を実現できるかどうかをチェックすれば，他のタイプのオークションでその目的を実現できるかどうかわかる，ということになります．

顕示原理というものがもっと一般的に成立することを確認するために，例として，第1価格封印オークションで実現できる結果（資源配分）は，誘因両立的なオークションを用いて実現できることを見ることにしましょう．

第1価格封印オークションで，$b_i = b_i^{FP}(v_i)$ が入札者 i にとって最適な行動であるとします．そうであるならば，次のような修正版第1価格封印オークションを考えることができます．つまり，入札価格が v_i であるならば，最大の入札価格を提示した人に $b_{FP}(v_i)$ の支払いを求めるとするのです．つまり，

$$g_i^{MFP} = v_i - b_i^{FP}(v_i) \quad \text{if } b_i > b_j \quad \text{for all} \quad j \neq i$$
$$= 0 \quad \text{if } b_i < b_j \quad \text{for some} \quad j \neq i$$

とします．この修正版第1価格封印オークションにおける最適な行動は，

$$b_i = v_i \quad (i \in \mathcal{N})$$

になります．つまり，ある入札方法を採用したとき，その入札方法で最適な行動を組み込んでオークションルールを訂正することは，同様のやり方で常に可能と考えられます．つまり，このことは，先程の顕示原理があてはまっている，ということを意味することになるわけです．

より一般的なメカニズムにおいても，同様のやり方を適用できます．目的とする結果 x をメカニズム $<\mathcal{M}, g>$ で実現できるとしましょう．つまり，$x = g(m)$ で，m はゲーム $G = <\mathcal{N}, \{\mathcal{M}_i\}_{i \in \mathcal{N}}, \{R_i\}_{i \in \mathcal{N}}>$ の均衡解の一つと考えます．このメカニズムは，直接メカニズムとは限りませんし，誘因両立的とも限りません．さらに，このゲームの選好の組を R として，この均衡メッセージ m との間に，$m = \phi_G(R)$ という関係が成り立つものとします．ここで，先のオークションの場合と同様に，もしプレイヤーたちがそれぞれ R_i という選好を表明すると，その選好の組 R を自動的に $\phi_G(R)$ というメッセージに変換するという性質を先のメカニズムに付加した新しいメカニズム

（直接メカニズム）を考えることにします．どう考えるのかと言うと，$g \circ \phi_G(R) = g(\phi_G(R))$ という関数を定義します．そうすると，$\tilde{g}(R) = g \circ \phi_G(R)$ となるように $\tilde{g}$ という関数を定めると，$\tilde{g}(R) = g(\phi_G(R)) = g(m) = x$ となり，メカニズム $<\mathcal{D}, \tilde{g}>$ も x という結果を実現できることになります．この新しいメカニズムの下では，選好を正しく表明することが，望ましい結果 x を実現することになることがわかります．つまり，顕示原理が成り立つことになるわけです．

Coffee Break　リバースオークション
（逆オークション）

　本文では，ほとんど扱いませんでしたが，買い手が購入する財の値段を入札にかける（つまり売り手が入札を行う）**リバースオークション**（reverse auction）というものがあります．これは，政府や企業が資材を調達するときに用いられることのあるオークションです（リバースオークションに対して，売り手が財を入札にかける（つまり，買い手が入札をする）通常のオークションを，フォワードオークションと呼ぶことがあります）．

　こちらも，最低の価格で入札した者が，オークションに勝利するという形になる以外は，通常のオークションと同様のやり方で，第1価格封印オークションや第2価格封印オークションなどを行うことができます．日本の場合，イギリス式オークションのリバースオークション版に近い「競り下げ方式」が試行されています．これは，より低い入札価格がなくなるまで入札を継続させるやり方で，最低の価格で入札した者が，入札に勝利することになります．2013（平成25）年5月に出された「競り下げ試行の検証結果」（内閣官房行政改革推進本部事務局）によれば，リバースオークションの試行では，競り下げ方式が調達費用の低下につながったとは，結論付けてはいませんが，それまでのやり方に比べて経費の節減になった品目がかなりあったことが報告されています．このような試みを通じて，オークションという仕組みをうまく用いることができると，より効率的な資源配分ができる可能性があると言えるでしょう．

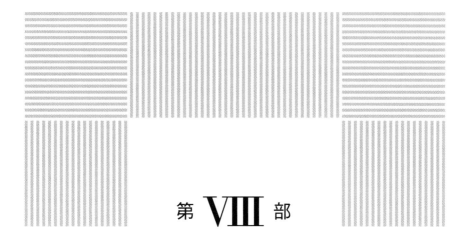

第VIII部

契約理論

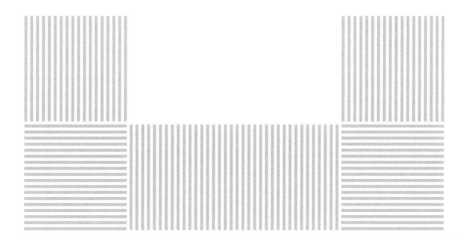

第13章 スクリーニングとシグナリング

この章では，取引を行う経済主体のうち，一部の主体のみが知る情報があるという非対称情報下の経済取引を考えます．情報をもつ経済主体と情報をもたない経済主体の間の取引においては，その情報の格差をどのようにカバーするのかということが，問題になります．ここでは，取引に関係するある特性について，その情報をもたない主体が，その情報をもつ主体を，契約条件によって選別するというスクリーニングの問題を考えます．またその逆に，ある特性についての情報をもつ主体が，その情報をもたない主体に，提示する契約によってその情報を開示することで，より有利な契約を結ぶというシグナリングの問題を考えることにします．

13.1 スクリーニング・ゲーム

情報をもたない主体が，情報をもつ主体のタイプを選別（スクリーン）することで，有利な契約を結ぼうとするゲームを，**スクリーニング・ゲーム**と呼びます．スクリーニング・ゲームは，不完備情報ゲームになります．

最初のケースとして，売り手が1人，買い手が1人いる場合を考えましょう．ただしこの場合，買い手には，売られる財に対する評価の高い H タイプと，相対的に評価の低い L タイプの2つのタイプがあるとします．そして，その1人の買い手は，H タイプの割合が α，L タイプの割合が $1-\alpha$ である買い手のプール（集団）の中からランダムで1人選ばれたものとします（以下では，$\alpha=\frac{1}{3}$ の場合を考えます）．この確率は，このゲームのプレイヤーたちのもつ信念に対応します．そして，x を財の数量，T を売り手に支払う代金，θ をタイプを表すパラメーター（$\theta=2$ が H タイプで，$\theta=1$ が L タイプ）とします．

図13-1 スクリーニング・ゲーム

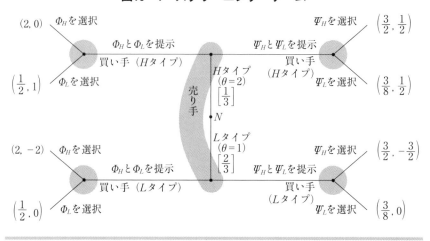

　図13-1は，このゲームの木（樹形図とも呼ばれます）を表しています．この場合，買い手のタイプが不確実なので，不完備情報ゲームと呼ばれるゲームになります．

　まず，この図の真ん中の点で，自然 N が θ の値が1（L タイプ）か2（H タイプ）か，つまり買い手が L タイプなのか H タイプなのかを選択します．次に売り手が，買い手に提示する契約条件を Φ_H, Φ_L のペアであるか，Ψ_H, Ψ_L のペアであるかのいずれかとします．このゲームでは，売り手は，買い手に Φ_H, Φ_L という買い手のインセンティブを考慮しない契約条件のペアを示す（左側に進む）のか，Ψ_H, Ψ_L という買い手のインセンティブを考慮する契約条件のペアを示す（右側に進む）のか2つの選択肢のみからの選択を考えます．そして，買い手が提示された契約条件のペアのうちいずれを選択するのかを決めます．図には，買い手がいずれかの契約条件を選んだとき，結果として得られる利得（売り手の利得，買い手の利得）が示されています．左側では，買い手は，Φ_H, Φ_L のいずれかの契約条件を選択しますが，この場合上でも下でも（つまり買い手がいずれのタイプでも），Φ_L を選択する方が，買い手の利得が大きくなります．一方，右側では，買い手は，Ψ_H, Ψ_L のいずれかの契約条件を選択しますが，上では Ψ_H, Ψ_L の買い手の期待利得は等しくなり，買い手は

いずれも選択可能ですが，ここでは Ψ_H を選ぶ場合を考えます．下では Ψ_L を選択すると買い手の期待利得が大きくなります．売り手は，この行動がわかると，上になる可能性が $\alpha=\frac{1}{3}$ で下になる可能性が $1-\alpha=\frac{2}{3}$ ですから，いずれの契約条件のペアの期待利得が大きいのかを計算します．この場合，買い手のインセンティブを考慮した契約条件 Ψ_H, Ψ_L のペアを提示した方が売り手の期待利得が大きくなっているので，売り手にとっての最適な行動は，契約条件 Ψ_H, Ψ_L のペアを買い手に提示することになります．そのとき，買い手の最適な行動は，H タイプであれば Ψ_H，L タイプであれば Ψ_L を選択することになります．

このゲームでは，もし売り手が契約条件 Φ_H と Φ_L のペアを買い手に提示したとき，買い手が H タイプであれば Φ_H，L タイプであれば Φ_L を選択してくれるのであれば，その場合の売り手の期待利得が，ここで求めた最適解の期待利得よりも大きくなります．しかしながら，この結果はこのゲームでは実現できません．なぜなら，H タイプの買い手にとっては，Φ_H と Φ_L を提示されたのであれば，Φ_L を選択する方が高い利得が得られるからです．つまり，売り手にとって，買い手に契約条件 Φ_H と Φ_L のペアを提示することは，買い手のインセンティブ（誘因）を考慮すると，望ましくないことになります．また，この売り手の提案は，買い手を選別することには役立ちません．それに対して，売り手が契約条件 Ψ_H, Ψ_L のペアを買い手に提示するとします．この場合，先に述べたように H タイプの買い手は Ψ_H を選択し，L タイプの買い手は Ψ_L を選択するので，買い手がどちらの契約を選ぶのかによって，買い手のタイプを選別できることになります．つまり，このゲームでは，売り手が買い手のタイプを選別できるような契約を提示することで，そうでない場合よりも有利な契約を結ぶことができたことになります．

13.2 スクリーニング

先のゲームの木で扱ったゲームを，もう少し一般化した形で考えることにし

ましょう．基本的な部分は先と同じで，売り手と買い手が1人ずつおり，買い手はHタイプ（$\theta=2$）とLタイプ（$\theta=1$）の2つのタイプがあって，その割合がαと$1-\alpha$になるとします．

買い手の効用関数が，次のようになるとします．

$U(x, T, \theta) = \theta u(x) - T$　ただし，$\theta = 1$または2
uは，$u(0)=0, u'(\cdot)>0, u''(\cdot)<0$となる関数

この効用関数は，**単一交差条件**（SCP; single crossing property）と呼ばれる条件を満たしています．単一交差条件というのは次のような条件です．

単一交差条件：

$$\frac{\partial U(x, T, \theta_1)/\partial x}{\partial U(x, T, \theta_1)/\partial T} < \frac{\partial U(x, T, \theta_2)/\partial x}{\partial U(x, T, \theta_2)/\partial T} \quad \text{if} \quad \theta_1 < \theta_2$$

つまり，θの値が大きくなったとき，xのTに対する限界代替率が増加する，という性質を意味します．この関係は，図13-2からも確認できます．この図の場合，2つのタイプの無差別曲線が交点をもつとき，その交点における接線の傾き（＝限界代替率）がθの大きなタイプの方が大きくなるので，θの小さなLタイプの無差別曲線を下から上にθの大きなHタイプの無差別曲線が切る形になります．この2つの無差別曲線が2つ以上の交点をもつためには，必ず，その反対の形，つまり，Lタイプの無差別曲線を上から下にHタイプの無差別曲線が切るという交点が必要になります．このことは，単一交差条件と矛盾します．したがって，単一交差条件が成り立つということは，2本の無差別曲線が複数の交点をもたないことを保証することになります．

一方，この財1単位の生産にはcの費用がかかるものとすると，売り手の利潤πは，

$\pi = T - cx$

になります．売り手の期待効用はリスク中立的とし，それにより，この利潤πが同時に売り手の期待効用を表す，と考えることができます．

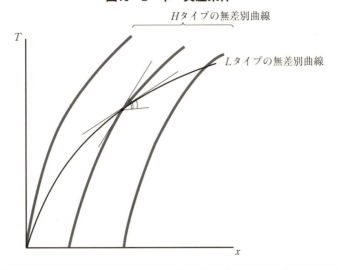

図13-2　単一交差条件

図による分析

次に，買い手と売り手の条件を図で見ておくことにしましょう．まず，買い手の無差別曲線について考えましょう．買い手の効用関数は，$U(x, T, \theta) = \theta u(x) - T$（ただし，$\theta = 1$ または 2 となる関数）であったので，この U の値を一定とすると，x-T 平面に無差別曲線を描くことができます．買い手にとって x は大きいほど，T は小さいほど望ましいので，図13-3では，右下方に行けば行くほど効用は増加し，左上方に行けば行くほど効用は減少します．

図13-4において，**参加制約**（**participation constraint；PC 制約**）は，契約可能な (x, T) の組み合わせが，斜線をひいてある領域でなくてはならないことを意味します．参加制約は，**個人合理性制約**（**individual rationality constraint；IR 制約**）とも呼ばれます．参加制約（個人合理性制約）とは，契約を提案された主体（この場合買い手）が代替的な機会（この場合効用 0）と比較して，契約を結ぶことによって不利にならない，つまり，効用が同じかより大きくなるための条件を示します．

次に，売り手の無差別曲線（等利潤線）について考えましょう．利潤関数は，

第13章　スクリーニングとシグナリング　　307

図13-3　買い手の無差別曲線

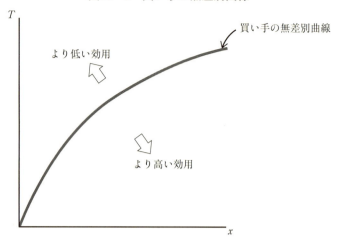

図13-4　買い手の参加制約

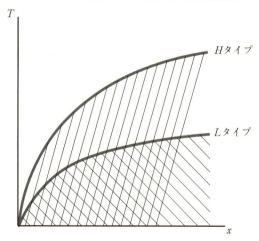

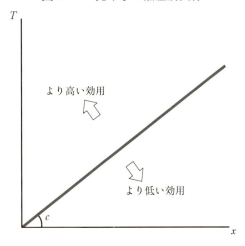

図13-5 売り手の無差別曲線

次のようなものでした.

$$\pi = T - cx$$

売り手は，リスク中立的であるので，利潤の値そのものを効用の値とみなすことができます．利潤 π の値を一定とすると，図13-5のように，T と x の平面に売り手の無差別曲線を描くことができます．

一般的には，T は x に依存して変化させることができますが，後で見るように，ここで扱う問題については，T をタイプごとに指定するだけで十分なので，無差別曲線を直線として描くことができます．T の増加は，利潤を増加させ，x の増加は利潤を減少させるので，図13-5で左上方への移動は利潤を増加させ，右下方への移動は利潤を減少させることがわかります．

この関係は，買い手の場合の効用の変化と逆になっており，契約が $x-T$ 平面上のどちらに動くかについては，売り手と買い手の利害が完全に対立していることがわかります．

もし売り手が買い手のタイプを見分けることができるのであれば，売り手が契約を提示できるものとすると，売り手は，買い手の参加制約のもとで，自分の利潤を最大化するような契約を提案することになります．これは，買い手の

第13章 スクリーニングとシグナリング　309

図13-6 買い手の参加制約のもとでの売り手の利潤最大化

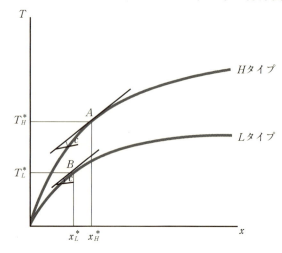

タイプごとに効用0に対応する無差別曲線を描き，その無差別曲線に接するような売り手の無差別曲線を考え，その接点に対応する契約を求めると，それが売り手の利潤最大に対応する契約ということになります．

図13-6の点Aに対応する契約$\Phi_H=(x_H^*, T_H^*)$と点Bに対応する契約$\Phi_L=(x_L^*, T_L^*)$を提案することは，売り手が買い手のタイプを区別できる対称情報下では，最適な行動になります．しかし，売り手が買い手のタイプを区別できない非対称情報下で，Φ_HとΦ_Lのペアを提案して，買い手に選ばせるというやり方は，有効ではありません．なぜならば，高評価タイプの買い手は，自分に対して提案されている契約Φ_Hよりも低評価タイプ向けの契約Φ_Lの方が魅力的な契約（つまり，効用が高くなる契約）となっているため，Φ_Lで契約しようとするからです．

このような問題が生じたのは，売り手が買い手のインセンティブ（誘因）を考慮せずに，契約を提案したためだと考えられます．

そこで，高評価向けの契約を高評価タイプが受け入れるためには，そこから得られる効用が，低評価向けの契約から得られる効用と同じかそれ以上である必要があります．この制約を**誘因両立制約**（**incentive compatibility con-**

図13-7　誘因両立制約のもとでの売り手の利潤最大化

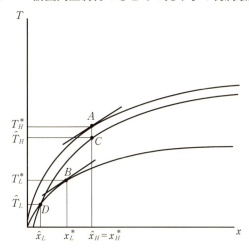

straint；IC 制約）と言います．図13-7において，これを考慮したときの高評価向けの最適契約は点 C に対応する契約 $\Psi_H=(\hat{x}_H, \hat{T}_H)$，低評価向けの最適契約は点 D に対応する契約 $\Psi_L=(\hat{x}_L, \hat{T}_L)$ になります．契約 C と契約 D は高評価タイプの同一の無差別曲線上にあるので，高評価タイプにとって無差別です．つまり，高評価タイプにとって，契約 C ではなく契約 D を好む積極的な理由はなくなります．したがって，高評価タイプが契約 C，低評価タイプが契約 D を結ぶことは，それぞれのタイプのインセンティブ（誘因）上，問題ないことになります．このことの結果として，図13-7の場合であれば，点 C は点 A よりも高い効用を高評価タイプにもたらすので，高評価タイプ（H タイプ）はより高い効用を享受できることになります．

　ここまでの関係を単純化したゲームの木で表した図13-1を見てみましょう．ゲームの木の左側では，買い手はどちらのタイプであっても Φ_H よりも Φ_L を好みます（その方が買い手の利得が大きくなるからです）．したがって，この2種類の契約を提示しても買い手のタイプを区別することができないことになります．一方，ゲームの木の右側では，買い手はそれぞれ，H タイプの人は Ψ_H の契約，L タイプの人は Ψ_L の契約を好みます（正確には，嫌がらないと

いう意味です）．

したがって，この場合は，売り手は買い手のタイプを区別することが可能になります．

ここまでの分析は，少しラフなので，モデル分析の形でこの問題を捉えることにしましょう．

数式による分析（モデル分析）

この問題において，売り手は，x という生産量は観察可能なので，$T(x)$ という形で買い手にオファーを出すことが可能です．つまり，x という数量を $T(x)$ という値段で販売する，というオファーです．すると問題は，

$$\max_{T(x)} \alpha(T(x_H)-cx_H)+(1-\alpha)(T(x_L)-cx_L)$$
$$\text{s.t.} \quad x_H=\arg\max_x 2u(x)-T(x) \quad \text{(ICH)}$$
$$x_L=\arg\max_x u(x)-T(x) \quad \text{(ICL)}$$
$$2u(x_H)-T(x_H)\geq 0 \quad \text{(PCH)}$$
$$u(x_L)-T(x_L)\geq 0 \quad \text{(PCL)}$$

と表すことができます．

制約条件のうち，最初の2つの条件が誘引両立制約（IC 制約）に対応します．この場合であれば，この条件は買い手が自分の効用を最大化する量を需要することを意味します．このうち，H タイプ向けのものを ICH，L タイプ向けのものを ICL と表すことにします．後の2つの条件は，参加制約（PC 制約）もしくは個人合理性制約（IR 制約）に対応します．これは，買い手が自発的にこの契約を結んでもよいと想定するための条件で，買い手がこの契約を結ぶことによって契約を結ばない場合の効用よりも効用を低下させることがない，という条件になります．先の場合と同様に，H タイプ向けのものを PCH，L タイプ向けのものを PCL と表すことにします．

顕示原理を考えると，このように各タイプが自分のタイプ向けの契約を自発的に選択する形に問題を制限しても，得られる最大利潤が変わらないはずです．

そこで問題を次のように書き換えた上で，その解き方を考えることにしましょう．

[**STEP 1**] IC 制約と PC 制約を用いて，最適化問題を定式化する．

$$\max_{T_H, x_H, T_L, x_L} \alpha(T_H - cx_H) + (1-\alpha)(T_L - cx_L)$$
s.t. $2u(x_H) - T_H \geq 2u(x_L) - T_L$ (ICH)
$u(x_L) - T_L \geq u(x_H) - T_H$ (ICL)
$2u(x_H) - T_H \geq 0$ (PCH)
$u(x_L) - T_L \geq 0$ (PCL)

と表すことができます．$2u(x_H) - T_H \geq 2u(x_L) - T_L$，$u(x_L) - T_L \geq u(x_H) - T_H$，の2つの条件は IC 制約で，最初の不等式は，$H$ タイプは H タイプ向けの契約，2番目の不等式は，L タイプは L タイプ向けの契約を選択する方が，買い手は同じかそれ以上の効用が得られることを意味します．$2u(x_H) - T_H \geq 0$，$u(x_L) - T_L \geq 0$，の2つの条件は PC 制約で，それぞれ，契約を結んだ方が結ばない場合と比べて同じかそれ以上の効用が得られることを意味しています．

[**STEP 2**] PC 制約のうち，不必要なものがあれば，制約条件からはずす．

$$2u(x_H) - T_H \geq 2u(x_L) - T_L \geq u(x_L) - T_L \geq 0$$

が成り立つので，$2u(x_H) - T_H \geq 0$ という制約条件は，ICH と PCL の条件を課すのであれば，不要になります．

[**STEP 3**] IC 制約のうち自動的に成立する可能性の高い制約を一度はずしてみる．

具体的には，まず売り手が H と L を見分けることができる場合の最適契約を考えます．このとき，$T_H = 2u(x_H)$，$T_L = u(x_L)$ が成り立ちます．すると，

$$2u(x_L) - T_L > 0, \quad 0 > u(x_H) - T_H$$

が成り立つので，L タイプが H タイプ向けの契約を魅力的と思わない一方，H タイプは L タイプ向けの契約を魅力的と考えることがわかります．つまり，ICH は成立しづらく，ICL という条件は成立しやすいと考えられます．そこで，ICL を一度はずしてみます．

[**STEP 4**] 制約条件が等号で成立するかどうかをチェックする．

現在の問題は,

$$\max_{T_H, x_H, T_L, x_L} \alpha(T_H - cx_H) + (1-\alpha)(T_L - cx_L)$$
s.t. $2u(x_H) - T_H \geqq 2u(x_L) - T_L$
$u(x_L) - T_L \geqq 0$

という形になります.売り手と買い手の利害は完全に対立するので,この場合も2つの制約条件は等号で成立すると考えられます.つまり,$2u(x_H) - T_H = 2u(x_L) - T_L$, $u(x_L) - T_L = 0$です.したがって,$T_L = u(x_L)$, $T_H = 2u(x_H) - u(x_L)$ が成立します.これを用いて問題を書き換えると,

$$\max_{x_H, x_L} \alpha(2u(x_H) - u(x_L) - cx_H) + (1-\alpha)(u(x_L) - cx_L)$$

となります.

[**STEP 5**] 最大化のための条件(1階条件)を使って,最適解を求める.

最大化の1階条件は,$2u'(x_H) - c = 0$, $-\alpha u'(x_L) + (1-\alpha)(u'(x_L) - c) = 0$ より,

$$u'(x_H) = \frac{c}{2}, \quad u'(x_L) = \frac{(1-\alpha)c}{1-2\alpha}$$

を満たすような x_H^* と x_L^* が最適解になります.なお,STEP 4で等号制約にならなかったときは,数学付録4.3で説明されているクーン・タッカー条件(KT条件)を用いる必要があります.

[**STEP 6**] 最適解が元の制約条件を満たすかをチェックする.

x_H^* と x_L^* がSTEP 3ではずした制約条件を満たすかどうかを確認する.

$$u(x_L^*) - T_L(x_L^*) = 0 \geqq u(x_H^*) - T_H(x_H^*) = u(x_L^*) - u(x_H^*)$$

という条件を満たしていれば,先に求めた解が最適解になる.満たしていなければ,今度は,ICLを残して,ICHをはずして,STEP 4から繰り返します.

以上の手順を踏むことで,問題を解くことができます.求めた解(契約)は,図13-7からわかるように,誘因両立制約のためにそれぞれのタイプに提示する契約条件が,それぞれのタイプの買い手にとって不利にならないものになります.つまり,この契約は,スクリーニング・ゲームのベイジアン・ナッシュ

均衡に対応することがわかります．
　次に，実際に，例題を使って，このやり方で問題を解いてみましょう．

13.3　スクリーニング・ゲームの例

【例題13-1】
　売り手が1人，買い手が1人いるとする．売られる財についての高評価タイプ（$\theta=2$）と低評価タイプ（$\theta=1$）がおり，その効用関数は，

$$u(x)=\theta\sqrt{x} \qquad (\theta=1 \text{ or } 2)$$

とする．売り手がこの財を売るときの代金を，高評価タイプには T_H，低評価タイプには T_L とする．つまり，(x_H, T_H) という契約と，(x_L, T_L) という条件が提示されることになる．売り手の費用関数は，$C(x)=\frac{1}{2}x$，財の価値は1とする．Hタイプの割合を $\frac{1}{3}$，Lタイプの割合を $\frac{2}{3}$ とする．

　もし売り手が買い手のタイプをわかるのであれば，次のような契約を提示する．$T-\frac{1}{2}x=\theta\sqrt{x}-\frac{1}{2}x$ を最大化するので，最大化の1階条件は，$\frac{\theta}{2\sqrt{x}}-\frac{1}{2}=0$ になり，$x=\theta^2$，$T=\theta^2$ が成り立つので，$x_H=4$，$T_H=4$；$x_L=1$，$T_L=1$．一方，HタイプとLタイプを見分けることができない場合は，先の分析にしたがって，次のような契約を提示することになる．先の関係式を使って，$x_H=4$，$T_H=\frac{7}{2}$；$x_L=\frac{1}{4}$，$T_L=\frac{1}{2}$．対応する（売り手の利得，買い手の利得）については，図13-1を参照しなさい．ちょうどこの場合に対応する利得の数値になっている．

【例題13-2】

経営者が1人,労働者が1人いるとする.労働者には2つのタイプがあり,1つは高生産性タイプ,もう1つは低生産性タイプとする.経営者は労働者がいずれのタイプであるかは知っておらず,労働者のプールの中で,高生産性タイプの割合は $\frac{1}{2}$,低生産性タイプの割合は $\frac{1}{2}$ であることを知っており,労働者の外部報酬機会の期待効用は0であるとする.

高生産性タイプの労働者は,産出量 x を生産するときに次のような不効用が生じる.

$$D_H(x) = x^2$$

同様に,低生産性タイプの労働者は,x を生産するときに,次のような不効用が生じる.

$$D_L(x) = 2x^2$$

このとき,経営者は,x という生産量に対して,T という報酬を労働者に払う契約を提示するものとする.それにより,経営者の効用は,次のようになる.

$$u^M(x, T) = x - T$$

そして,労働者の効用は,それぞれのタイプで次のようになる.

$$u_H(x, T) = u(T) - D_H(x)$$
$$u_L(x, T) = u(T) - D_L(x)$$

ここで単純化のために $u(w) = w$ とする.つまり,

$$u_H(x, T) = T - x^2$$
$$u_L(x, T) = T - 2x^2$$

となる.

まず，労働者のタイプという情報を労働者も経営者もともに知ることができる，という対称情報の場合を考えることにする．

H タイプの買い手向けの売り手の問題は，次のようになる．

$$\max_{x_H, T_H} \ (x_H - T_H) \qquad \text{s.t.} \quad T_H - x_H^2 \geqq 0$$

この場合，労働者と経営者の利害は，完全に対立するので，

$$\max_{x_H, T_H} \ (x_H - T_H) \qquad \text{s.t.} \quad T_H - x_H^2 = 0$$

が成立する．よって，$T_H = x_H^2$ より，問題は次のように書き直せる．

$$\max_{x_H} \ (x_H - x_H^2)$$

最大化の1階条件から，$1 - 2x_H = 0$ となる．よって，

$$x_H = \frac{1}{2}, \quad T_H = \frac{1}{4}$$

L タイプの買い手向けの売り手の問題は，次のようになる．

$$\max_{x_L, T_L} \ (x_L - T_L) \qquad \text{s.t.} \quad T_L - 2x_L^2 \geqq 0$$

やはり，売り手と買い手の利害が対立しているので，

$$\max_{x_L, T_L} \ (x_L - T_L) \qquad \text{s.t.} \quad T_L - 2x_L^2 = 0$$

よって，$T_L = 2x_L^2$ となる．つまり，

$$\max_{x_L} \ (x_L - 2x_L^2)$$

最大化の1階条件より，$1 - 4x_L = 0$ となる．よって，

$$x_L = \frac{1}{4}, \quad T_L = 2\left(\frac{1}{16}\right) = \frac{1}{8}$$

となる．

ここで，先に求めた対称情報のときに売り手にとって最適となる H タイプ向けの契約と L タイプ向けの契約を，同時に買い手に提案し，買い手にいずれかを選択させるとする．H タイプと L タイプのそれぞれが，

H タイプ向けの契約と L タイプ向けの契約を結んだときの効用を次ページの表にまとめておく.

この表から, H タイプの人も L タイプの人も両方とも L タイプ向けの契約を結ぶ方が望ましいということがわかる. したがって, いずれのタイプも L タイプ向けの契約を選択し, 売り手が対称情報の場合と同じ利益を得ることはできなくなる.

つまりこのような場合, H タイプの人に H タイプ向けの条件, L タイプの人に L タイプ向けの条件が, それぞれ魅力的になっていないと, 2つの条件を同時に買い手に提示することで, それぞれのタイプ向けの契約を選んでもらうことができなくなる.

そこで, 次のような誘因両立 (IC) 制約が必要になる.

$$T_H - x_H^2 \geq T_L - x_L^2 \quad \text{(ICH)}$$
$$T_L - 2x_L^2 \geq T_H - 2x_H^2 \quad \text{(ICL)}$$

ここで, 問題をまとめると次のようになる **[STEP 1]**.

$$\max_{x_H, T_H, x_L, T_L} \frac{1}{2}(x_H - T_H) + \frac{1}{2}(x_L - T_L) \quad \text{s.t.} \quad T_H - x_H^2 \geq 0 \quad \text{(PCH)}$$
$$T_L - 2x_L^2 \geq 0 \quad \text{(PCL)}$$
$$T_H - x_H^2 \geq T_L - x_L^2 \quad \text{(ICH)}$$
$$T_L - 2x_L^2 \geq T_H - 2x_H^2 \quad \text{(ICL)}$$

さて, 解き方は, 次のようになる.

[STEP 2] PC 制約を整理する.

$T_L - 2x_L^2 \geq 0$ (PCL) が成り立つと, ICH から $T_H - x_H^2 \geq 0$ (PCH) が成り立つので, PCH は制約条件からはずすことができる.

[STEP 3] IC 制約を整理する.

ICH と ICL のうちいずれが成立しやすく, いずれが成立しづらいのかを調べる. もし, H タイプと L タイプを見分けることができるとすると, それぞれの最適解のうち, H タイプは L タイプ向けの契約を好み, L タイプも L タイプ向けの契約を好むことがわかる. つまり, 成立しづらそ

H タイプ・L タイプの効用

	H タイプ向けの契約	L タイプ向けの契約
H タイプの効用	0	$\dfrac{1}{16}$
L タイプの効用	$-\dfrac{1}{4}$	0

うなのは，ICH の方であり，ICL は自動的に成立する可能性がある．そこで，当面 ICL を制約からはずして，解を求め，その解が ICL を満たすかどうかチェックすることにする．すると問題は次のようになる．

$$\max_{x_H, T_H, x_L, T_L} \frac{1}{2}(x_H - T_H) + \frac{1}{2}(x_L - T_L) \quad \text{s.t.} \quad T_L - 2x_L^2 \geqq 0$$

$$T_H - x_H^2 \geqq T_L - x_L^2$$

ここで，経営者と労働者は x と T に関して完全に利害が対立している．なぜなら，経営者は x が大きく T は小さい方がよく，労働者はその逆になるからである．したがって，労働者の効用が最小のときが，経営者の利益が最大になる．

したがって，先の問題は，

$$\max_{x_H, T_H, x_L, T_L} \frac{1}{2}(x_H - T_H) + \frac{1}{2}(x_L - T_L) \quad \text{s.t.} \quad T_L - 2x_L^2 = 0$$

$$T_H - x_H^2 = T_L - x_L^2$$

と書き換えることができる [**STEP 4**]．制約条件を使って，目的関数を書き換えることができ，

$$\max_{x_H, x_L} \frac{1}{2}(x_H - (x_H^2 + x_L^2)) + \frac{1}{2}(x_L - 2x_L^2)$$

となる．最大化のための1階条件は，次のようになる [**STEP 5**]．

$\dfrac{1}{2}(1 - 2x_H) = 0$．したがって，$x_H = \dfrac{1}{2}$．

$\dfrac{1}{2}(-2x_L) + \dfrac{1}{2}(1 - 4x_L) = 0$．したがって，$x_L = \dfrac{1}{6}$．

Hタイプ・Lタイプの効用

	Hタイプ向けの契約	Lタイプ向けの契約	契約しない
Hタイプの効用	$\dfrac{1}{36}$	$\dfrac{1}{36}$	0
Lタイプの効用	$-\dfrac{2}{9}$	0	0

$T_H = x_H^2 + x_L^2,\ T_L = 2x_L^2$ より,

$$T_H = \frac{5}{18},\quad T_L = \frac{1}{18}$$

$$T_L - 2x_L^2 = 0 \geqq T_H - 2x_H^2 = -\frac{2}{9}$$

であるため,省略した制約条件を満足することがわかる.

[STEP 6] このような形で,契約を提示すればよいことになる.

この場合,Hタイプの買い手の効用,Lタイプの買い手の効用は,上の表のようにまとめることができる.この表を見ると,HタイプがHタイプ向けの契約を選ぶことで損はしないし,LタイプがLタイプ向けの契約を選ぶことで損をしないことがわかる.

13.4 逆選択とシグナリング

最初に,売り手が1人,買い手が1人という場合を考えます.ただし,売り手は,高品質な財を保有しそれを売ろうとしているHタイプ,低品質な財を保有しそれを売ろうとしているLタイプ,という2つのタイプがあるとします.売り手にとって,高品質な財の価値はv_H,低品質の財の価値はv_Lとします.また,売り手は,売り手のプールの中から1人選ばれ,そのプールの中でHタイプの割合は$\alpha(0<\alpha<1)$,Lタイプの割合は$1-\alpha$とします.そして,売り手は財の価値未満ではその財を売らないものとします.

買い手の効用関数は，売り手から価格 p で購入する場合，次のようになります．

$$u(p) = \alpha v_H + (1-\alpha)v_L - p \quad p \geq v_H$$
$$v_L - p \quad\quad\quad\quad\quad\quad\quad v_L \leq p < v_H$$
$$0 \quad\quad\quad\quad\quad\quad\quad\quad\quad 0 < p < v_L$$

$p \geq v_H$ という条件の下では，買い手の効用は，$\alpha v_H + (1-\alpha)v_L - p < 0$ となるので，この場合，価格 p で取引のオファーを出すことは，買い手にとってむしろ損失をもたらします．同様に $v_L < p < v_H$ の場合，この価格 p でオファーを出すと，買い手の効用は $v_L - p < 0$ となり，やはり買い手の損失をもたらします．$p < v_L$ のときには，買い手が価格 p でオファーを出したとしても，このオファーに応じてくれる売り手がいません．したがって，残されたのは，$p = v_L$ の場合のみです．このとき買い手の期待効用は，ちょうど $u(p) = 0$ となり，損失は発生しません．したがって，買い手にとっての最適戦略は，$p = v_L$ というオファーを出すことになります．

さて，この場合，売り手のプールの中には，一定割合で高品質の財をもつ人たちがいますが，財の品質が区別できない状況下では，そのような売り手が取引をしようとしても，取引を成立させることができなくなってしまいます．つまり，高品質の財の売り手が市場から締め出されるという**逆選択**（**アドバース・セレクション**；**adverse selection**）の状況が生じることになります．

このような状態が発生したのは，買い手が売り手のもつ財の品質という情報を知ることができなかったことが原因と考えられます．この場合，高品質の財をもつ売り手はどのような対策がありうるでしょうか．その1つの方策が，品質に関する情報を表すシグナルを買い手に送ることです．これについて，次に考えることにしましょう．

シグナリング

シグナリング（**signaling**）というのは，情報をもっている主体がもっていない主体に自分の情報を伝達することによって，自分に有利な取引を行おうとすることを指します．その際，重要になることは，その情報を受け取る主体に

とっても，その情報が信頼できるものになることです．

先のスクリーニングの場合（例題13-2），情報をもたない経営者が，情報をもつ労働者に契約を提示しましたが，今度は逆の場合を考えてみましょう．つまり，情報をもつ労働者が，情報をもたない経営者に契約を提示すると考えるのです．この場合，生産性の高い労働者は，生産性が高いということを経営者にわかってもらえれば，より条件のよい契約を引き受けてもらえる可能性があります．この場合，提案する契約が労働者の生産性のシグナルになるわけです．

ここでシグナリングの例として，生産性の高い労働者が，経営者に労働条件を提示するという問題を考えてみましょう．このような問題は，スクリーニングの場合と同様に，不備情報のゲームとして捉えることができます．

参加制約と誘因両立制約を考慮することにすると，問題は次のように表せます．

$$\max_{x_H, T_H} T_H - x_H^2 \quad \text{s.t.} \quad x_H - T_H \geq 0$$

同様に，生産性の低い労働者が，経営者に労働条件を提示する場合，

$$\max_{x_L, T_L} T_L - 2x_L^2 \quad \text{s.t.} \quad x_L - T_L \geq 0$$

が成り立つ必要があります．

この場合，経営者がその契約を受諾するかどうかにとって重要なのは，損失を生まないということで，労働者が自分のタイプについての情報を正しく伝えているかではありません．そのことを考慮すると，問題は下記のようになります．

$$\max_{x_H, T_H} T_H - x_H^2 \quad \text{s.t.} \quad x_H - T_H = 0$$

$$\max_{x_L, T_L} T_L - 2x_L^2 \quad \text{s.t.} \quad x_L - T_L = 0$$

ここでは，$x_H = \frac{1}{2}$, $T_H = \frac{1}{2}$, $x_L = \frac{1}{4}$, $T_L = \frac{1}{4}$ というのが，この問題の最適解になります．つまり，いずれのタイプも自分にとって最適な契約を提案することになるので，労働者に契約を提案させる場合，この問題であれば，情報の非

図13-8 シグナリング・ゲーム

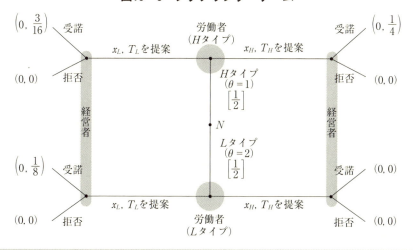

対称性はあまり問題にならないことになります.

これは結果的に,提案する契約がシグナルとなって,労働者のタイプが明らかになるからです(図13-8).

このことを労働者が2つの契約のみを選べるとして,ゲームの木で考えてみましょう.このゲームでは,労働者がそれぞれ自分にとって望ましい契約を提案することが最適になることを確認できます.ただし,このような性質が常に成り立つわけではないことも注意しておいてください.

認証検査

次に,契約とは別のものがシグナルになる場合を考えることにしましょう.簡単な品質の認証検査があり,それを受ければ,高品質の財は正しく高品質,低品質の財は正しく低品質と判定されるものとします.ただし,認証検査を受けるのには費用cがかかるものとします.また,高品質の財の割合はα,低品質の財の割合は$1-\alpha$であるとします.

この品質に関する予想確率は,取引を行うプレイヤーたちの事前の信念に対応します.認証結果は,その結果によって,プレイヤーたちの信念を変化させ,この場合は,認証されれば確率1になり,認証されなければ確率0になるとい

うことを想定していることになります．

この場合，低品質の財の保有者は，低品質であることを明らかにする誘因は何もありません．一方，高品質の財の持ち手は，高品質であることを明らかにすることは有利なので，費用によっては，検査を受ける誘因をもつことになります．

ここで，高品質の財であることがわかれば，価格 v_H で売れるものとします．また，低品質の財であるとわかると，価格は v_L になるとします．そして，$v_H > v_L$ とします．

ここで，高品質の財の保有者が認証検査を受けた場合，期待できる利得は，次のようになります．

$$v_H - c$$

もし高品質の財の保有者全員が認証検査を受けたとすると，低品質の財の保有者が期待できる利得は，v_L になります．この状態が均衡になる場合，その均衡は，**分離均衡**（separated equilibrium）ということになります．分離均衡というのは，異なるタイプが異なる契約を結ぶ均衡になります．その場合，結果的に，それぞれのタイプが明らかになります．

高品質の財の保有者全員が認証検査を受けない場合，高品質の財の保有者が期待できる利得は，$\alpha v_H + (1-\alpha) v_L$ になり，この利得は低品質の財の保有者と同じになります．この状態が均衡になる場合，その均衡は，**一括均衡**（pooling equilibrium）ということになります．一括均衡というのは，異なるタイプが同一の契約を結ぶ均衡になります．

$$v_H - c > \alpha v_H + (1-\alpha) v_L \quad \text{すなわち，} \quad v_H - v_L > \frac{c}{1-\alpha}$$

であれば，高品質の財の保有者は，認定を受けた方がよいことになります．逆に，

$$v_H - c < \alpha v_H + (1-\alpha) v_L \quad \text{すなわち，} \quad v_H - v_L < \frac{c}{1-\alpha}$$

であれば，高品質の財の保有者は，認定を受けるメリットがないので，認定を受けない方がよいことになります．

次に，この2つの場合の中間の場合を考えることにします．

$$v_H - c = \alpha v_H + (1-\alpha) v_L \quad \text{すなわち，} \quad v_H - v_L = \frac{c}{1-\alpha}$$

この場合，全員が認証を受けない場合と認証を受ける場合の利得が等しくなっているため，高品質の財の保有者の一部（割合 β）が認証検査を受け，残り（割合 $1-\beta$）が認証検査を受けないという場合が存在するかもしれません．そのような場合があるのかどうかを検討してみましょう．

この場合，認証検査を受けない高品質の財の保有者が期待できる利得は，次のようになります．

$$\frac{\alpha(1-\beta)v_H + (1-\alpha)v_L}{\alpha(1-\beta) + 1-\alpha}$$

このとき，低品質の財の保有者が期待できる利得は，認証検査を受けない場合の高品質の保有者と同じになります．

高品質の財の保有者の一部のみが認証検査を受けることがありうるのは，認証検査を受けても受けなくても期待利得が等しい場合のみです．

$$\frac{\alpha(1-\beta)v_H + (1-\alpha)v_L}{\alpha(1-\beta) + 1-\alpha} = v_H - c$$

がその条件になります．これは書き換えると次のようになります．

$$\beta = \frac{c - (1-\alpha)(v_H - v_L)}{\alpha c}$$

これは，$\beta = 0$ の場合，つまり $v_H - v_L = \frac{c}{1-\alpha}$ の場合としか両立しません．

この結果，高品質の財の保有者全員が認証検査を受けるか，全員が認証検査を受けないか，のいずれかということになります．

ここまでの話をまとめることにしましょう．どの均衡が成立するのかは，ここでの v_H, v_L, c の値によります．そこで，これらがどのような値のときにどう均衡が成立すると考えられるのかを考えてみることにしましょう．

まず，$v_H - v_L > \frac{c}{1-\alpha}$ という場合ですが，これは先に見たように高品質の財の保有者が認証検査を受ける分離均衡が成立します．

表13-1　分離均衡と一括均衡

条件	均衡のタイプ
$v_H - v_L > \dfrac{c}{1-\alpha}$	分離均衡
$v_H - v_L = \dfrac{c}{1-\alpha}$	分離均衡 もしくは，一括均衡
$v_H - v_L < \dfrac{c}{1-\alpha}$	一括均衡

　次に，$v_H - v_L = \dfrac{c}{1-\alpha}$ という場合ですが，これは，高品質の財の保有者全員が認証検査を受けるか，全員が認証検査を受けないか，いずれかの状態としか両立できません．

　そして，$v_H - v_L < \dfrac{c}{1-\alpha}$ という場合ですが，この場合は誰も認証検査を受けない一括均衡が成立します．まとめると表13-1のようになります．

　なお，シグナルになりうるものとしては，ここで扱ったように品質の認証のような直接的なものもありますが，そのように直接的でないものがシグナルになることもあります．そのような例として次のような場合を考えてみましょう．大学に合格するための勉強をすることの（心理的なものまで含めた）費用が，その人の仕事の能力と結びついているとしましょう．たとえば，高能力（高い生産性をもつという意味）の人は低い費用で合格でき，低能力の人は高い費用を払わないと合格できないとすると，高能力の人のみがその大学の入学試験を受け合格し，低能力の人は受けないということがありうることになります．企業が高能力な人を採用したいと思う場合，大学の入学試験の合否をシグナルに採用を行うというような場合も考えることができます．

本章のまとめ

1 非対称情報下のゲームのうち，契約を提案する側が情報をもたず，その契約の諾否を決める側が情報をもつ場合をスクリーニング・ゲームと言います．

2 スクリーニング・ゲームを解く場合，提案する側は，参加制約と誘因両立制約の2つの制約を考慮して，自分の目的を最大化します．

3 品質の高い財の保有者が財を売れなくなってしまうような状況を逆選択（アドバース・セレクション）と言います．

4 契約を提案する側が情報をもち，その契約の諾否を決める側が情報をもたない場合を，シグナリング・ゲームと言います．

5 シグナリング・ゲームを解く場合も，提案する側は，参加制約と誘因両立制約の2つの制約を考慮して，自分の目的を最大化する必要があります．

第14章 モラルハザードとモニタリング

経済主体のもつ情報が非対称のとき，自分の選択した行動が取引相手にわからないことを利用して，自分の利益を追求することが，「モラル」に反する行動となってしまうことがあります．このような現象をモラルハザードと呼びます．それを防ぐための1つの方法が行動の監視（モニタリング）になります．この章では，簡単なモデルを利用して，モラルハザードやモニタリングについて考察します．

14.1 モラルハザードのモデル

この章では，依頼人（プリンシパル）と代理人（エージェント）という2つのタイプの主体がいて，依頼人が代理人にある行動をとってもらうことを依頼するという**依頼人－代理人のモデル**（principal-agent model；PAモデル）を主に用いることにしましょう．PAモデルでは，依頼人が代理人のコントロールする何らかの変数について関心をもっているにもかかわらず，その変数についての正確な情報を知ることができない場合がよく扱われます．以下では，依頼人が代理人の行動について不完全な情報しかもたないとき，どのような契約を提示したらよいのかという問題を考えることにしましょう．

依頼人が代理人にある財の生産を依頼する場合を考えることにします．その場合，代理人の努力水準をeとするとき，その財が1単位生産される確率を$p(e)$とし，0単位生産される（つまり生産できない）確率を$1-p(e)$とします．つまり，生産量をxとすると$x \in \{0, 1\}$と表すことができます．代理人の努力水準eも同様に，$e \in \{0, 1\}$とします．また，$e=1$のときのみ，努力費用$c(c>0)$が代理人に発生します．この努力をすることで，財を生産できる可能性が上がり，$0 \leq p(0) < p(1) \leq 1$が成立します．そして，代理人は，この仕事

を引き受けなかった場合，kの利得を得ることができるものとします．つまり，kは代理人の留保効用です．依頼人は，代理人の作る生産物の量xは観察できますが，努力の量eは観察できないものとします．また，依頼人は生産に対する見返りとして，報酬wを払うものとします．この報酬wというのは，生産物の価値を1と考えたときに対応する金額になります．

まず，努力水準eを直接観察できた場合，どのような報酬を支払うことが依頼人にとって望ましいのかを見ることにしましょう．

ここでは，依頼人はリスク中立的とします．そのため，代理人への支払いをw，財の生産できる確率を$p(e)$とすると，依頼人の利得は，$p(e)-w$になります．代理人もリスク中立的とし，その利得は，努力をすれば$w-c$，努力をしなければwになります．

まず，代理人が努力したときに支払う報酬を$w(e_1)$とします．e_1という記号は，$e=1$，つまり努力水準が1であることを意味します．同様に努力水準が0のときは，e_0で表します（この表記は，努力に対応している賃金を支払う場合と，生産量に応じて賃金を支払う場合を区別するためのものです）．このとき代理人の参加制約は，$w(e_1)-c \geq k$　(PCe_1)となります．つまり，依頼人の問題は，次のようになります．

$$\max_{w(e_1)} p(1)-w(e_1) \quad \text{s.t.} \quad w(e_1)-c \geq k$$

この場合，$w(e_1)$を最小化することが，依頼人の利得の最大化につながるので，$w(e_1)=c+k$が求める答えになります．

同様に，代理人が努力しないときに支払う報酬を$w(e_0)$とすると，代理人の参加制約は，$w(e_0) \geq k$　(PCe_0)となります．この場合の依頼人の問題は，$p(0)-w(e_0)$を(PCe_0)の制約のもとで最大化することですが，この問題も$w(e_0)$の最小化と考えることができるので，$w(e_0)=k$が求める答えになります．依頼人は，$p(1)-(c+k)$と$p(0)-k$の大小を比較し，大きい方に対応する契約を代理人に提示することになります．これがこの場合の**最善（ファーストベスト；FB）**の解になります．

ただし，この契約を努力水準を観察できないときに提示したとしても，前章と同じ理由でうまくいくとは限りません．ここで，努力させること（$e=1$）

表14-1 代理人の選択肢と利得

代理人の選択肢	代理人の利得
努力すると言って,努力する	$w(e_1)-c=k$
努力すると言って,努力しない	$w(e_1)=c+k$
努力しないと言って,努力する	$w(e_0)-c=k-c$
努力しないと言って,努力しない	$w(e_0)=k$

を想定して$w(e_1)$を提示したとしてみましょう.このとき,代理人の問題は,努力をして$w(e_1)-c$を受け取る,という行動と,努力をしないで$w(e_1)$を受け取る,という行動の比較になります.明らかに,$w(e_1)-c<w(e_1)$ですから,代理人は努力しないことを選択することになります.

このことは,設定が少し異なりますが,代理人が事前に努力をするかしないかを申し出て,その申し出に応じて報酬を支払う形で考えると,よりはっきりとわかります.その場合は,表14-1のような関係が成り立ちます.

利得が最大になるのは,努力すると言って,努力しないになるので,この場合,代理人の申し出に応じて報酬を支払うことは,依頼人にとってよい方法ではないことがわかります.

このような事態を経済学では,**モラルハザード**(**moral hazard**)と呼びます.努力を期待されて報酬が支払われているのに,努力がなされないという状態,つまりモラルに反する結果が生じた,と解釈できるからです.

このような状態を避けるためには,依頼人は契約を提示したときに,代理人がどのように行動するのかという,代理人の行動の動機あるいは誘因(インセンティブ)を考慮する必要があります.

この設定で,依頼人はどのような契約を提示すればよかったのでしょうか.その問題を考える前に,次の**単調尤度比**(**monotone likelihood ratio**)**条件**を確認しておきましょう.

$$\text{単調尤度比条件 (MLR)}: \frac{p(0)}{1-p(0)} < \frac{p(1)}{1-p(1)}$$

つまり,努力した場合の方が,しない場合よりも,成功する確率/失敗する確率の比率は,より大きくなる,という条件です.ここでの設定では,

$p(0) < p(1)$ なので，この MLR の条件は満たされています．

　先に考えた依頼人の報酬の支払い方は，代理人の努力という依頼人にとって観察可能でない情報に基づいて支払いをするという点が，代理人の行動をコントロールするための手段としては，有効でなかったと考えられます．それに対し，生産量は観察可能なので，それが1か0かに依拠して代理人に支払うことは，依頼人が代理人をコントロールするための，よりよい手段となる可能性があります．そこで，生産量が1であったときの報酬を $w(1)$，生産量が0であったときの報酬を $w(0)$ と表すことにしましょう．

　まず，代理人が努力する場合を考えましょう．この場合，依頼人の利得関数は，次のようになります．

$$p(1)(1-w(1))+(1-p(1))(-w(0))$$

同様に，努力する場合の代理人の利得関数は，次のようになります．

$$p(1)(w(1)-c)+(1-p(1))(w(0)-c)$$

次に，代理人が努力しない場合を考えます．この場合，依頼人の利得関数は，

$$p(0)(1-w(1))+(1-p(0))(-w(0))$$

代理人の利得関数は，

$$p(0)w(1)+(1-p(0))w(0)$$

となります．

　この場合，$p(1)w(1)+(1-p(1))w(0) \geqq c$ かつ $(p(1)-p(0))(w(1)-w(0)) \geqq c$ が成り立つならば，代理人がこの契約以外の代替的な収益機会をもたないならば，努力を選択させることができるようになります．最初の不等式 $p(1)w(1)+(1-p(1))w(0) \geqq c$ は，この場合の参加制約（PC）で，努力したときの代理人の期待利得が非負であることを要求しています．もし，代理人にこの契約以外に代替的な収益機会が存在し，その利得を k とすると，この式は，$p(1)w(1)+(1-p(1))w(0) \geqq c+k$ と書く必要があります．以下では，この表記を用いて説明します．$(p(1)-p(0))(w(1)-w(0)) \geqq c$ は，努力をさせたい場

表14-2 代理人の選択肢と代理人の利得

代理人の選択肢	代理人の利得
努力する	$p(1)w(1)+(1-p(1))w(0)-c$
努力しない	$p(0)w(1)+(1-p(0))w(0)$

表14-3 代理人の行動と依頼人の利得

代理人の行動	依頼人の利得
努力する	$p(1)(1-w(1))+(1-p(1))(-w(0))$
努力しない	$p(0)(1-w(1))+(1-p(0))(-w(0))$

合の誘因両立(IC)制約になります.代理人に努力をさせる必要がない場合は,誘因両立制約は必要ないので,$p(0)w(1)+(1-p(0))w(0) \geq c+k$のみが制約条件になります.これは努力しないときの期待利得が非負であることを要求しています.

依頼人の利得は,$1>w(1) \geq w(0)>0$となるとき,単調尤度比条件によって,代理人が努力してくれる方が大きくなります.つまり,$(1-w(1))>0$,$-w(0)<0$なので,$\dfrac{p(0)}{1-p(0)}<\dfrac{p(1)}{1-p(1)}$という条件が,努力させることの有利性をもたらすことになります.したがって,依頼人にとって代理人の努力を阻止する理由はありません.

このような支払い方をするときの依頼人の問題を,代理人の行動の誘因を考慮せずに,定式化すると次のようになります.まず代理人が努力することを想定した問題を考えます.

$$\max_{w(0),w(1)} p(1)(1-w(1))+(1-p(1))(-w(0))$$
$$\text{s.t.} \quad p(1)(w(1)-c)+(1-p(1))(w(0)-c) \geq k \quad \text{(PC1)}$$

上記の場合の(PC1)は,代理人が努力する場合の参加制約を意味します.

$$p(1)w(1)+(1-p(1))w(0)=c+k$$

第14章 モラルハザードとモニタリング

を満たす $w(1)$ と $w(0)$ が最適になります.

たとえば,$w^*(1)=\dfrac{(c+k)}{p(1)}$,$w^*(0)=0$ がその解になります.これは,$p(1)w^*(1)+(1-p(1))w^*(0)=c+k$ ですから,$w^*(1)=w(e_1)$ となることがわかります.ただし,この条件を満足するだけであれば,$w(1)=w(0)=c+k$ という解も,条件を満たしています.

同様に,代理人が努力しないことを想定した場合は,次のようになります.

$$\max_{w(0),w(1)} p(0)(1-w(1))+(1-p(0))(-w(0))$$
$$\text{s.t.} \quad p(0)w(1)+(1-p(0))w(0) \geq k \quad \text{(PC0)}$$

この場合は,$p(0)w(1)+(1-p(0))w(0)=k$ となる $w(1)$ と $w(0)$ が最適なので,たとえば,$w^{**}(1)=\dfrac{k}{p(0)}$,$w^{**}(0)=0$ が最適になります.これは,$p(0)w^{**}(1)+(1-p(0))w^{**}(0)=k$ であるので,$w^{**}(1)=w(e_0)$ であることがわかります.ただし,この条件を満足することだけを考えるならば,$w^{**}(1)=w^{**}(0)=k$ も条件を満たします.

次に,代理人の行動の誘因を明示的に考慮した依頼人の問題を考えることにしましょう.まず,代理人が努力することを想定した場合を考えます.

$$\max_{w(0),w(1)} p(1)(1-w(1))+(1-p(1))(-w(0))$$
$$\text{s.t.} \quad p(1)(w(1)-c)+(1-p(1))(w(0)-c) \geq k \quad \text{(PC1)}$$
$$p(1)(w(1)-c)+(1-p(1))(w(0)-c) \geq p(0)w(1)+(1-p(0))w(0) \quad \text{(IC)}$$

となります.ここで IC というのは誘因両立制約を意味します.

$p(1)(w(1)-w(0))+w(0)-c \geq p(0)(w(1)-w(0))+w(0)$ なので,
$(p(1)-p(0))(w(1)-w(0)) \geq c$ となり,
$w(1) \geq w(0) + \dfrac{c}{p(1)-p(0)}$ となります.

そして,ここで $w(0)=0$ とおくと,$w(1) \geq \dfrac{c}{p(1)-p(0)}$ となります.

（PC1）の条件が，$w^*(1) \geq \dfrac{c+k}{p(1)}$ であったので，

$$w^*(1) = \max\left[\dfrac{c+k}{p(1)}, \dfrac{c}{p(1)-p(0)}\right]$$

であれば，所望の条件を満たすことになります．ここで，

$$\dfrac{p(1)}{p(1)-p(0)} > \dfrac{c+k}{c}$$

が成り立つとき，次善の解は最善の解と異なることになります．

次に，代理人に努力を求めない場合を考えます．この場合の問題は，

$$\max_{w(0),w(1)} \quad p(0)(1-w(1))+(1-p(0))(-w(0))$$

s.t. $p(0)w(1)+(1-p(0))w(0) \geq k$ （PC0）

になります．この場合，努力をさせる必要はなくなるので，IC制約を付加する必要はなくなります．この場合の最適解は，$p(0)w(1)+(1-p(0))w(0)=k$ から，$p(0)(w(1)-w(0))+w(0)=k$ になります．したがって，$p(0) \neq 0$ ならば，たとえば，$w(1)=\dfrac{k}{p(0)}$，$w(0)=0$ が解になります．つまり，この場合は最適化問題が同じものになるので，解も先に求めたものと同じになります．このときの依頼人の期待利得は，$p(0)-k$ になります．

したがって，依頼人は，$p(1)(1-w^*(1))$ と $p(0)-k$ を比較して，大きい方の行動を引き出す契約を代理人に提示することになります．

14.2 モラルハザードのいくつかの例

次に，先の場合と同様に，代理人の行動の誘因の考慮を契約に反映する必要性のある場合の例として，保険契約を考えることにしましょう．

保険契約の例

第一の例として，リスク中立的な保険会社と，リスク回避的な消費者を考えます．この消費者の効用関数は，$u(x)=\sqrt{x}$ とします．そして，消費者はもと

もと W だけ資産をもっているとします．もし事故が起こると消費者に D だけ損失が発生します（$D<W$ と仮定します）．この事故の発生する確率 p は，この消費者自身が事故回避の努力をするかどうかで変わり，$p(1)=a$, $p(0)=b$ となります．$0 \leq a < b \leq 1$ と仮定します．$p(1)$ は努力する場合の確率を意味し，$p(0)$ は努力しない場合の確率を意味します．そして，努力することによる効用の損失を c とします．保険は，保険料を q だけ支払って，事故が起こったときの補償が C というものを考えます．以下では，例として，$W=100$, $D=64$, $a=\frac{1}{4}$, $b=\frac{3}{4}$, $c=1$ とします．

保険加入者は，保険に加入しない場合の効用は次のようになります．

努力する場合： $\quad \frac{1}{4}u(36) + \frac{3}{4}u(100) - 1 = 8$

努力しない場合： $\quad \frac{3}{4}u(36) + \frac{1}{4}u(100) = 7$

つまり，保険に加入しないのであれば，事故回避のための努力をすることになります．

ここで，この保険が努力をすることを前提に，$q = \frac{1}{4}C$ かつ $C=D=64$ という完全保険（損失をすべて補償する保険）であったとします．このとき $q=16$ になります．

すると，保険加入者の効用は，

努力する場合： $\quad u(100-16) - 1 = 2\sqrt{21} - 1$

努力しない場合： $\quad u(100-16) = 2\sqrt{21}$

となり，保険加入者は，保険会社の想定と異なり，努力をしなくなってしまうことになります．

なぜこのようなことが生じたのかというと，保険会社が保険加入者のインセンティブを考慮しなかったためです．

比較のために，この保険加入者に保険を提示する同様な保険会社がもう1社以上あるとしましょう．このような場合，保険会社の期待利潤は0になります

（そうでなければ，競争に負けます）．そのため，$q = p(1)C$ が成立します．

このような場合，保険会社の問題は，次のように定式化できます．

$$\max_C \quad q - p(1)C$$
s.t. $p(1)u(36+C-q) + (1-p(1))u(100-q) - 1 \geq 8$ （PC）
$p(1)u(36+C-q) + (1-p(1))u(100-q) - 1$
$\geq p(0)u(36+C-q) + (1-p(0))u(100-q)$ （IC）
$q = p(1)C$

先の数値例にしたがって，問題を書き換えると，

$$\max_C \quad q - \frac{1}{4}C$$
s.t. $\left(\frac{1}{4}\right)\sqrt{36+C-q} + \left(\frac{3}{4}\right)\sqrt{100-q} - 1 \geq 8$ （PC）
$\left(\frac{1}{4}\right)\sqrt{36+C-q} + \left(\frac{3}{4}\right)\sqrt{100-q} - 1 \geq \left(\frac{3}{4}\right)\sqrt{36+C-q} + \left(\frac{1}{4}\right)\sqrt{100-q}$ （IC）
$q = \left(\frac{1}{4}\right)C$

PC 条件は書きなおすと，

$$\sqrt{36+C-q} + 3\sqrt{100-q} \geq 36$$

となります．同様に IC 条件を書きなおすと，次のようになります．

$$\sqrt{100-q} - \sqrt{36+C-q} \geq 2$$

もし双方が等号で成立すると，

$$\sqrt{100-q} = \frac{19}{2}$$

$$100 - q = \frac{361}{4}$$

となり，$q = \frac{39}{4}$ になります．したがって，$q = \left(\frac{1}{4}\right)C$ より，$C = 39$ ということになります．この保険料 q と補償額 C の組み合わせが，保険会社の最適解に

なります．この場合，$C=39<64$ となり損失を部分的にしかカバーしなくなります．これは，損失を完全にカバーしないことで，事故を起こした場合に補償されない損失（$D-C$）を正にして，消費者（保険加入者）が，事故を避けようとするインセンティブを保つようにするためと考えられます．

株主と経営者の例

第二の例として，株主と経営者の関係を取り上げることにしましょう．

依頼人を株主，代理人を企業の経営者とします．経営者は努力する（$e=1$）と努力しない（$e=0$）の2つの場合を選択可能です．企業の経営者が努力したときには，その企業の生産量が250になる確率が $\frac{2}{3}$，生産量が100になる確率が $\frac{1}{3}$ であるとします（産出物の価格は1とし，生産量と収入は等しいとします）．また，経営者が努力しないときには，その企業の生産量が250になる確率が $\frac{1}{3}$，100になる確率が $\frac{2}{3}$ とします．そして，経営者は，努力した場合には費用が1かかり，努力しない場合には費用がかからない，とします．株主は，経営者の努力水準は観察できませんが，生産量は観察できるものとします．このとき，株主はどのような報酬を経営者に支払うべきでしょうか．なお，この場合，株主はリスク中立的で期待利潤を最大化し，経営者の効用関数は，$u(w,e)=\sqrt{w}-e$ であり，経営者の留保効用は2とします．

この問題を，式で定式化してみましょう．生産量は観察可能なので，生産量が大きいときの報酬 w_H と小さいときの報酬 w_L に分けて支払うことは可能です．

まず，株主の目的関数ですが，経営者が努力する場合と，経営者が努力をしない場合に分けて表すことができます．

経営者が努力をする場合は，利潤は，

$$\pi_H = \left(\frac{2}{3}\right)250 + \left(\frac{1}{3}\right)100 - \left(\frac{2}{3}\right)w_H - \left(\frac{1}{3}\right)w_L = 200 - \left(\frac{2}{3}\right)w_H - \left(\frac{1}{3}\right)w_L$$

になります．

同様に，経営者が努力をしない場合は，

$$\pi_L = \left(\frac{1}{3}\right)250 + \left(\frac{2}{3}\right)100 - \left(\frac{1}{3}\right)w_H - \left(\frac{2}{3}\right)w_L = 150 - \left(\frac{1}{3}\right)w_H - \left(\frac{2}{3}\right)w_L$$

となります．

次に，経営者が努力するための条件（誘因両立制約；IC）を考えることにしましょう．経営者が努力をするためには，

$$\frac{2}{3}\sqrt{w_H} + \frac{1}{3}\sqrt{w_L} - 1 \geq \frac{1}{3}\sqrt{w_H} + \frac{2}{3}\sqrt{w_L} \quad \text{(IC)}$$

という条件を満たす必要があります．つまり，

$$\frac{1}{3}(\sqrt{w_H} - \sqrt{w_L}) \geq 1 \quad \text{(IC′)}$$

という条件が満たされる必要があります．次に，経営者がこの契約を受け入れるための参加制約を考えましょう．

努力するときの参加制約（PC1）は，留保効用が2でしたので，

$$\frac{2}{3}\sqrt{w_H} + \frac{1}{3}\sqrt{w_L} - 1 \geq 2 \quad \text{(PC1)}$$

となります．同様に，努力しないときの参加制約（PC0）は，

$$\frac{1}{3}\sqrt{w_H} + \frac{2}{3}\sqrt{w_L} \geq 2 \quad \text{(PC0)}$$

となります．

この場合，努力させたいときには，(IC) と (PC1) の2つの式を連立させて解ければ，誘因両立制約も参加制約も満たす解があることになります（この場合，株主の期待効用は，支払う経営者の報酬が小さければ小さいほど大きくなっています．そのため，ICの不等号は，等号に置き換えることができます）．

また，努力させなくてよいときは，誘因両立制約は満たす必要がないので，(PC0) の制約のもとで，期待利潤を最大化すればよいことになります（この場合も，株主の利害と経営者の利害が対立するので，PC0の式の不等号は等号に置き換えることができます）．

まず先に，努力させなくてよい場合を考えましょう．

$$\max_{w_H, w_L} 150 - \frac{1}{3}w_H - \frac{2}{3}w_L \quad \text{s.t.} \quad \frac{1}{3}\sqrt{w_H} + \frac{2}{3}\sqrt{w_L} = 2$$

となります．これにより，$w_L = 9 + \frac{w_H}{4} - 3\sqrt{w_H}$ なので，

$$\max_{w_H} 144 - \frac{1}{2}w_H + 2\sqrt{w_H}$$

となるので，1階条件は，$-\frac{1}{2} + \frac{1}{\sqrt{w_H}} = 0$ となり，$w_H = 4$ となり，$w_L = 4$．

そして，この場合の株主の期待効用は，146となります（努力を引き出す必要がないので，固定的な報酬になります）．

一方，努力を引き出す場合，

$$\max_{w_H, w_L} 200 - \frac{2}{3}w_H - \frac{1}{3}w_L \quad \text{s.t.} \quad \frac{1}{3}\sqrt{w_H} - \frac{1}{3}\sqrt{w_L} \geq 1$$

$$\frac{2}{3}\sqrt{w_H} + \frac{1}{3}\sqrt{w_L} - 1 \geq 2$$

となります．まず，2つの制約条件を等号で満たす解があるかどうかを確かめてみます．

$$\sqrt{w_H} - \sqrt{w_L} = 3$$
$$2\sqrt{w_H} + \sqrt{w_L} = 9$$

この連立方程式を解くと，$\sqrt{w_H} = 4$，$\sqrt{w_L} = 1$ となります．つまり，最適な解が，$w_H = 16$，$w_L = 1$ となることがわかります．

この場合の株主の期待効用は，189になります．この期待効用は，経営者に努力させない場合の期待効用146よりも大きいので，株主にとって，経営者を努力させる方が望ましいことがわかります．したがって，この場合の株主の最適な行動は，$w_H = 16$，$w_L = 1$ という報酬を経営者に払って努力させることになります．

14.3 モニタリング

　モラルハザードを防ぐには，前節で見たように，代理人に支払う報酬の支払い方に気を使うというやり方もありますが，何らかの方法で，直接的に代理人の行動を調べることによって，実現できる場合もあります．たとえば，そのような場合の1つの例として，監督者（モニター）を置き，代理人の行動を監視する（**モニタリング**）ということが考えられます．確かに，監督者を置けばある程度，代理人に依頼人の望む行動をさせることが可能になります．次のような場合を考えてみましょう．

　依頼人が代理人に，依頼人にとってVの価値のある財を生産してもらう場合を考えることにします．代理人は，努力する（$e=1$）と努力しない（$e=0$）のいずれかを選択することができます．努力をするとその財を生産できる確率が$p(1)=1$，できない確率が$1-p(1)=0$になります．同様に，努力をしないと，その財を生産できる確率が$p(0)=p$，できない確率が$1-p(0)=1-p$になります（ここで$0<p<1$とします）．そして努力をして生産する場合，代理人にはcの費用が発生し，努力をしないで生産する場合0の費用が発生するものとします．これまで同様，依頼人は代理人の努力は観察できませんが，生産物は観察できるものとします．依頼人は，財が生産できたときにはw，できなかったときには0の支払いをするものとします．このとき，代理人の期待効用は，努力をすると$w-c$，努力をしないと$p(0)w$になります．また，単純化のために，代理人の留保効用は0であるとします．

　このときの依頼人の問題は，wを代理人に対する支払いとして，

$w(e_1)=c$ 　if 　$e=1$
$w(e_0)=0$ 　if 　$e=0$

という支払いをできるのが最善（FB）ですが，努力水準は直接観察できません．

　依頼人が財の生産によって得る価値Vが，$V>0$を状態1（財の生産量が1），$V=0$のときを状態2（財の生産量が0）と考え，それぞれの状態に対

応する賃金を $w(1)$, $w(0)$ で表すことにします．契約を受け入れてもらうには，$w(1)-c\geqq 0$ および $pw(1)+(1-p)w(0)\geqq 0$ が必要になり，努力をしてもらうためには，$w(1)-c\geqq pw(1)+(1-p)w(0)$ が必要になります．

そこで2つの制約を同時に満たすためには，次善 (SB) として，

$w(1)=\dfrac{c}{1-p}$　　if　$V>0$

$w(0)=0$　　　　if　$V=0$

という支払いをすることになります．

ここで，監督者に報酬 z で監督を依頼できるものとしましょう．

監督者は，確率 q で監視した人が努力をしているのかいないのかがわかるものとします．つまり，確率 q で $e=1$ であるか $e=0$ であるかがわかり，確率 $1-q$ で何の情報も得られないものとします．

この場合，

　　代理人の e の値が，監督者の監視によって判明する：　確率 q
　　代理人の e の値が，監督者の監視によって判明しない：確率 $1-q$

ということになります．

努力水準が判明したときは，最善 (FB) の場合と同様に，もし努力していたならば $w(e_1)=c$ を支払い，もし努力していなかったならば $w(e_0)=0$ を支払うことが望ましくなります．

努力水準が判明しない場合，次善 (SB) を考える必要があります．$w(1)$ を $V>0$ のとき（つまり生産量1の場合）の代理人への支払いとし，$w(0)$ を $V=0$ のとき（つまり生産量0の場合）の代理人への支払いとします．今までと同様に，$w(0)=0$ と置くことができます．このような支払いをすると依頼人の利得は次のようになります．

$(V-c-z)$　　　if　$e=1$ と判明する場合
$pV-z$　　　　if　$e=0$ と判明する場合
$V-w(1)-z$　　if　e は不明だが，$e=1$ を誘導する場合
$pV-z$　　　　if　e は不明で，$e=1$ を誘導しない場合

この場合，賃金報酬は以下の条件を満たす必要があります．

$$qc+(1-q)w(1)-c \geqq 0 \quad (\text{PCe}_1)$$
$$(1-q)pw(1) \geqq 0 \quad (\text{PCe}_0)$$
$$qc+(1-q)w(1)-c \geqq (1-q)pw(1) \quad (\text{IC})$$

$w(1) \geqq 0$ を考えるとき，PCe_0 は自動的に成立し，IC が成り立つとき，PCe_1 も成立します．したがって，IC を等号にする $w(1)$ が依頼人にとって効用の最大化につながります．よって，

$$w(1)=\frac{c}{1-p}$$

がこの場合の賃金になります．これは，監視のない場合の次善（SB）の場合と同じになります．

したがって，依頼人の利得は，

$$q(V-c-z)+(1-q)\left(V-\frac{c}{1-p}-z\right)=V-z-c\left(q+\frac{1-q}{1-p}\right)$$
$$=V-z-c\left(\frac{1-pq}{1-p}\right)$$

となります．この利得が，次善の場合の依頼人の効用 $V-\frac{c}{1-p}$ よりも大きければ，監督者をお願いすることになります．つまり，

$$z \leqq \frac{cpq}{1-p}$$

が成り立てば，監督者を置くことが望ましくなります．

さて，次に問題になるのは，監督者が常に真面目に監督し，その結果を報告してくれるかどうかです．努力水準のわかってしまった代理人は，そのことを依頼人に報告されてしまうと損をしてしまうからです．なぜなら，努力水準がわかった場合，その証拠に基づいて，報酬を支払うという契約が可能だからです．つまり，努力をした代理人の場合，報酬が $\frac{c}{1-p}$ から c に減少し，努力をしなかった代理人の場合，$V>0$ の場合，報酬が $\frac{c}{1-p}$ から 0 に減少するこ

とになります（$V=0$ の場合は，代理人の報酬はいずれも 0 なので，変わりません）．

努力水準がわかってしまった代理人が情報を明らかにしないように T を支払って，監督者に頼むとしましょう．監督者はこれにより αT の収入があるものとします．α は $0<\alpha\leq 1$ です．つまり，$\alpha<1$ の場合，情報を明らかにしないために何らかの費用が生じたことを意味します．

このような場合，依頼人は努力水準が $e=1$ である証明を出したときには，報酬 $r(1)$，努力水準が $e=0$ である証明を出したときには $r(0)$ を追加で支払うものとしましょう（この場合，証明そのものは正しいものとします）．このとき，代理人が支払える最大の T は $e=0$ のときは $pw(1)$，$e=1$ のときは $w(1)-c$ になります．したがって，

$$r(0)\geq \alpha pw(1) \quad \text{かつ} \quad r(1)\geq \alpha(w(1)-c)$$

が成り立つのであれば，監督者と代理人の共謀を防ぐことができることになります．つまり，この2つの条件が，この場合の**共謀阻止条件**になります．ここで，支払いは最小の方が依頼人には望ましいことを考えると，

$$r(0)=\alpha pw(1) \quad \text{かつ} \quad r(1)=\alpha(w(1)-c)$$

が成り立つことになります．

ここでは，IC 条件である $w(1)\geq \dfrac{c}{1-p}$ の下では，$r(1)\geq r(0)$ が成り立ち，$w(1)=\dfrac{c}{1-p}$ の下では，$r(1)=r(0)$ となっています．したがって，

$$r(0)=r(1)=\alpha \dfrac{cp}{1-p}$$

と考えることができます．先の，監督を依頼するための条件と合わせると，

$$\alpha \dfrac{cp}{1-p}\leq z \leq \dfrac{cqp}{1-p}$$

であるような z を支払って証明書の提出を求めるのであれば，監督してもらうことが望ましくなります．このような z が存在するためには，$\alpha \leq q$ であることが必要になります．監督者への支払いは少ない方がよいので，$\alpha \leq q$ という

条件のもとに,

$$z = \frac{\alpha cp}{1-p}$$

という支払いを監督者に対して行うことになります.そしてここでは,そもそもIC条件を満たすように報酬を決めているので,代理人と監督者が共謀しなければ,代理人は努力をするものと考えられます.

そのため,このときの依頼人の利得は,$\alpha \leq q$として,

$$V - \frac{\alpha cp}{1-p} - c\left(\frac{1-pq}{1-p}\right)$$

となります.

本章のまとめ

1 モラルハザードは,契約を受ける側の行動を,契約を提示する側が直接観察できないときに発生する,契約を受ける側の望まれない行動のことを意味します.

2 モラルハザードを回避するための契約を提案するためには,契約を提案する側は,参加制約と誘因両立制約の2つを考慮する必要があります.

3 モラルハザードの1つの例として,保険契約があり,保険契約はそのために完全保険ではなく部分保険になることがあります.

4 モラルハザードを回避するために,監督者をおき代理人を監督させること(モニタリング)ができますが,その場合,監督者のインセンティブも考慮する必要があります.

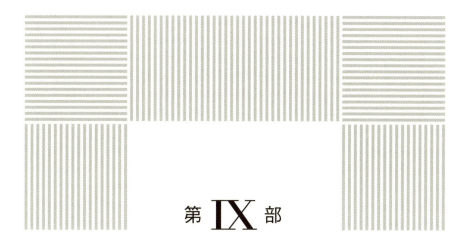

第 IX 部

市場の失敗

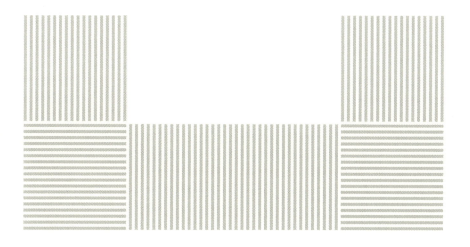

第15章 収穫逓増と外部性

この章では，市場が効率的な資源配分を実現することに失敗するという市場の失敗の問題について簡単に説明し，市場の失敗をもたらす例として，収穫逓増と外部性の問題を取り上げます．そして，それぞれの場合について効率性を改善する手段について考察します．

15.1 市場の失敗とはどのような現象か

　競争的な市場は効率的な資源配分をもたらす，というのが厚生経済学の第1基本定理（第6章4節を参照）ですが，この前提となる競争的な市場という条件は，現実の世界では，厳密には成立しないことが少なくありません．そこでまず，完全競争の条件を確認しておくことにしましょう．

　完全競争の条件は，売り手買い手の多数性，完全情報（利潤最大化，効用最大化に必要な情報の完全性），財の同質性，参入退出の自由の4つの条件からなります．

　売り手買い手の多数性という条件は，生産関数が一定の条件を満たしていることが前提となります．たとえば，（規模に関する）収穫逓増という性質が成り立つ生産関数の場合，後で見るように平均費用が逓減するため，売り手が多数存在するという条件とは両立しない可能性が高くなります．また，これは参入退出の自由という条件とも関係しますが，生産をするには免許が必要というような場合，参入の自由という条件に抵触することになりますが，そのことにより，売り手の多数性が成り立たなくなる場合も考えられます．また，完全情報（価格や生産関数，効用関数に関する情報が確実で費用をかけずに入手できる）という条件は，生産や効用についての不確実性がある場合には成立しないことがあります．さらに，財の同質性も，品質のばらつきのある財を考える場

合には想定しづらくなります．このように，近似的に完全競争の諸条件が成立しているとみなせないときには，必ずしも市場が効率的な資源配分をもたらすとは言えなくなります．市場が効率的な資源配分を実現できなくなるとき，その現象は**市場の失敗**（market failure）として，言及されることになります．

市場の失敗の問題を考える前に，それが失敗していない場合，つまり，市場が効率的である場合を，もう少し詳しく考えてみることにしましょう．

完備市場

完全競争の条件のところで，完全情報という想定について触れましたが，情報の不確実性の問題と市場はどうかかわっているのでしょうか．この問題を考えるために**条件付の財**という概念を導入しましょう．

よく考えられる不確実性は，結果の不確実性で，この不確実性は，ある行動の結果が，x, y, z の3つの結果のうちどれになるのかわからない，というような場合の不確実性を意味します．このとき，起こりうる状態を a, b, c の3つの状態に分け，a が起こったら x が生じ，b が起こったら y が生じ，c が起こったら z が生じるという対応関係を想定できるのであれば，結果の不確実性を $\{a, b, c\}$ という起こりうる状態の不確実性に変換することができます．条件付の財という概念は，この状態の不確実性を用いて，財の分類を細分化することで導かれる概念です．

ある日の天気が晴れ，曇り，雨の3つの状態に分けられるとしましょう．想定した日の傘という財の効用は，このうちどの状態が生じるかによって影響を受けます．そこで，晴れの状態の傘，曇りの状態の傘，雨の状態の傘をそれぞれ別の財と考えることにします．このような財の概念を条件付の財と言います．ここで考えたある日の傘の効用は起こりうる状態によって異なるので不確実になりますが，条件付の財の傘の効用は確実になります．もし，人々が不確実性の原因について十分詳しい知識をもっており，結果の不確実性を状態の不確実性に変換できるのであれば，適切な状態集合に対して定義された条件付の財については，不確実性はなくなります．この手法は，効用の不確実性に対して適用できるだけではなく，生産技術や財の品質などにも適用できる一般的な手法です．そのため，様々な不確実性を，適切に構成された状態の不確実性に変換

することができ，条件付の財については，不確実性は発生しないことになります．もちろん，人間の感じる不確実性を，このような手法ですべて解決できるのかどうかには疑問も残りますが，かなり強力な手法であることは間違いありません．適切に構成された条件付の財に対して，市場が存在するのであれば，各市場の取り扱う財は，確実な財として扱って問題がないことになります．このように，条件付の財が適切に定義され，それに対する市場が形成されている場合，そのような市場を**完備市場**（complete market）と呼びます．

この問題に関連して，もう1つ重要な要因となるのは，時間という要因です．財の生産など様々な経済活動は，時間を通じて行われます．生産活動を例にとると，生産要素を購入する時点では，まだ生産物ができていないので，生産物の価格が不確実になってしまうかもしれません．つまり，時間を通じて行われる経済活動の場合，時点の異なる経済活動についての情報が必要になる可能性があります．この問題については，現時点の現物市場（spot market）ばかりではなく，将来時点の先物市場（future market）の概念を導入することで原理的には解決できます．つまり，時間軸上の各 t 時点での市場という考え方を導入するのです．この考え方を一般的な形で導入すると，時間軸上のどの将来時点であっても，その時点の財を取引する先物市場が現時点に存在することになります．

このように条件付の財を各時点で取引する市場というものがあるのであれば，財の数はものすごく大きくなってしまうかもしれませんが，市場の分析の適用対象を大きく広げることができます．ただし，問題点がないわけではありません．1年後の穀物（たとえば小麦）という財を扱う先物市場は実際に存在しますが，すべての財についてこのような先物市場があるわけではありませんし，先物市場を形成できる時点も，かなり限られています．これは，市場を形成するためにはそれに応じた費用が必要になるため，それに見合うだけの取引量を生み出せない場合は，市場取引が難しくなるために市場の数が少なくなると考えられるからです．また，取引そのものはある程度なされる場合でも，そのような市場が完全競争市場とみなせるかどうかには，問題が残ります．なぜなら，そのような場合には，売り手と買い手の多数性の条件に合わないことが少なくないと考えられるからです．

表15-1 完全競争市場と不完全な市場

完全競争市場の特徴	不完全な市場の特徴
売り手買い手の多数性	売り手もしくは買い手のどちらかの数が少数
財の同質性	財の異質性
完全情報（価格，生産関数，効用関数など）	不完全情報
参入退出の自由	参入障壁，退出障壁など

　市場が完備市場でない場合，市場で取引される財の資源配分が効率的であるとしても，市場で取引されない財まで考慮に含めたときの資源配分が効率的になる保証はありません．その意味では，厚生経済学の第1基本定理のもつ意味は，市場が完備市場でない場合は，限定的なものだと言えるかもしれません．しかしながら，限定的であったとしても，市場を通じて効率的な資源配分が達成されるという第1基本定理の意義は少なくないものと考えられています．なぜなら，一部の市場を効率化することが全体としての市場の効率性を損なう場合というのは，それほど一般的とは考えられないからです．そのため，市場取引がなされる財について，効率的な資源配分が実現するということは，全体としての資源配分の効率化に寄与すると考えられています．しかし，市場の存在する財に問題を限定しても，そのことから直ちに効率的な資源配分が生じると考えることはできません．なぜなら，市場が存在していたとしても，その市場で完全競争の条件が満たされないならば，資源配分の効率性が損なわれる市場の失敗の問題が発生しえるからです．

　この章では，市場の失敗をもたらす原因の中から，収穫逓増と外部性の問題を取り上げ，その改善策を考えることにしましょう．

15.2　収穫逓増

　収穫逓増の問題を考えるにあたって，自然独占の場合を例にとって考えることにしましょう．ここでは，特に，収穫逓増と売り手の数の関係を考えます．

たとえば，$x=f(l,k)$ のような生産関数を考えたとき，任意の $\lambda>1$ に対して，$\lambda x < f(\lambda l, \lambda k)$ という関係が成立するとき，この生産関数は**規模に関して収穫逓増**であると言えます．この関係が成立するのであれば，$\lambda C(x) > C(\lambda x)$，$\lambda>1$ が成立することがわかります．したがって，$\dfrac{C(x)}{x} > \dfrac{C(\lambda x)}{\lambda x}$ が成り立つので，平均費用が λ の減少関数になる（ただし $\lambda>1$）ことがわかります．

自然独占というのは，外部からの規制などの影響なしに，自然に発生する独占のことを言います．このような独占が発生するのは，たとえば次のような場合になります．費用関数を次のようなものとします．

$$C(x) = ax^2 + A$$

この費用関数に対応する平均費用関数は，次のようになります．

$$AC(x) = ax + \frac{A}{x}$$

$$\frac{dAC(x)}{dx} = a - \frac{A}{x^2} < 0 \quad \leftrightarrow \quad 0 < x < \sqrt{\frac{A}{a}} \quad (x>0 \text{を考慮})$$

ここで，この財の（逆）需要関数を，$p = B - x$ としましょう（ただし，$0 < B < \sqrt{\dfrac{A}{a}}$ とします）．この場合，需要量が正となる範囲においては，平均費用が生産量の減少関数になることがわかります．このような場合，この企業の利潤は，次のように表せます．

$$\pi = (p - AC(x))x = \left(p - ax - \frac{A}{x}\right)x$$

ここで $p - AC(x)$ を p を所与として x で微分すると，$-a + \dfrac{A}{x^2}$ となり，$x < \sqrt{\dfrac{A}{a}}$ ならば，正になります．つまり，$p - AC(x)$ は生産量の増加とともに増加することになるのです．したがって，利潤 $\pi = (p - AC(x))x$ も生産量の増加とともに増加します．このことは，もし価格 p が動かないのであれば，この企業は，需要があればあるだけ生産したいと考えるということを意味します．そしてまたこのような状況においては，生産量を増やせば増やすほど平均

図15-1 自然独占

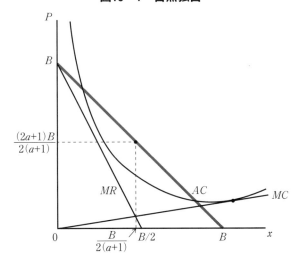

費用を下げられるので，1社で需要の全量を生産する企業が一番有利になります．これは，次のような過程に由来します．まず，個々の企業の生産量の増加に伴い市場供給量が増加し，価格の下落が発生します．価格の下落は，平均費用を十分に下げられない企業の $p - AC(x)$ を減少させ，$p - AC(x) < 0$ となった企業は，市場からの退出を迫られることになります．それゆえ，$AC(x)$ を下げるために，生産量の大きいことが重要になり，これが，自然独占の原因となると考えられるのです．

しかし，もしライバル企業がすべてこの市場から退出してしまい1社のみで生産を行う状況になれば，独占の理論にしたがって，$MR = B - 2x$，$MC = 2ax$ なので，$x = \dfrac{B}{2(a+1)}$ ($p = \dfrac{(2a+1)B}{2(a+1)}$) で生産を行うことになるでしょう（ただし，ここで利潤 $\pi = \dfrac{B^2}{4(a+1)} - A \geqq 0$ とします）．しかし，生産が行われたとしても，その場合には独占の死重的損失が発生し，経済厚生上の損失が発生することになります．

価格規制

独占のもたらす経済厚生上の損失を避けようとする場合，価格規制という手段が用いられることがあります．代表的なものは，平均費用価格規制と限界費用価格規制です．平均費用価格規制というのは，価格を平均費用と等しくさせ，$p=AC(x)$ とする価格規制です．同様に，限界費用価格規制というのは，価格を限界費用と等しくさせ，$p=MC(x)$ とする価格規制です．経済厚生上は，限界費用価格規制が最も効率的な生産をもたらすのですが，自然独占の発生するような平均費用逓減の状況下では，生産する企業の利潤を負にしてしまいます．つまり，

$$\pi = (MC(x) - AC(x))x = \left(2ax - ax - \frac{A}{x}\right)x = ax^2 - A = a\left(x - \sqrt{\frac{A}{a}}\right)\left(x + \sqrt{\frac{A}{a}}\right)$$

なので，$x \leq B$ という条件の下では，$x - \sqrt{\frac{A}{a}} \leq B - \sqrt{\frac{A}{a}} < 0$ となり，$\pi < 0$ が成り立つことになります．

生産する企業の利潤を負にしないためには，$p \geq AC(x)$ が必要になるので，平均費用価格規制を考えることにすると $p = B - x = ax + \frac{A}{x}$ となり，$(a+1)x^2 - Bx + A = 0$ が成り立ちます．よって，$x = \dfrac{B + \sqrt{B^2 - 4A(a+1)}}{2(a+1)}$ となります．

この関係を次の例題で見てみることにしましょう．

【例題15-1】
　ある財の費用関数が，その財の生産量を x として，$C = 2x + 10$ であるとする．市場の需要曲線が，その財の価格を p として，$x^d = 20 - p$ であるとする．このとき以下の問いに答えなさい．
(1)　独占均衡を求めなさい．
(2)　独占均衡総余剰を計算しなさい．
(3)　平均費用価格規制を行ったときの価格と取引量と総余剰を答えな

さい（平均費用と需要が等しくなる数量が複数ある場合，大きい方が総余剰が大きくなるので，大きい方を考えること）．

(4) 限界費用価格規制を行ったときの価格と取引量と総余剰を答えなさい．

【解説】

(1) $p=20-x$ となるので，独占企業の利潤は，$\Pi=(20-x)x-2x-10=-10+18x-x^2$ となり，最大化の1階条件は，$\dfrac{d\Pi}{dx}=18-2x=0$．よって，$x=9$ となる．したがって，独占均衡は，$x=9$，$p=20-x=11$．

(2) 消費者余剰（CS）は，価格の最大値20から均衡価格を引いた数×均衡取引量÷2なので，$9\times 9 \div 2=40.5$．一方，生産者余剰（PS）は，利潤＋固定費用と等しいので，利潤$\Pi=-10+99-18=71$，固定費用は10なので，PS＝81．よって，総余剰はCS＋PS＝40.5＋81＝121.5．

(3) 平均費用曲線は，$AC=2+\dfrac{10}{x}$．需要曲線は，$p=20-x$ なので，$p=AC$ より，$20-x=2+\dfrac{10}{x}$ となり，$x^2-18x+10=0$．よって，$x=9\pm\sqrt{71}$ となり，（余剰を大きくしたいのであるから）この大きい方を考えればよいので，$x=9+\sqrt{71}$．価格は $p=11-\sqrt{71}$．このとき，CS＝$76+9\sqrt{71}$ となり，PS＝10．よって総余剰は，$86+9\sqrt{71}$ で，これは158より大きく，161.84よりも小さい（$\sqrt{71}\cong 8.426$ なので，$9\sqrt{71}\cong 75.835$ となる）．これは独占均衡の場合よりも大きくなっている．

(4) 限界費用曲線は，$MC=2$．$p=MC$ より，$20-x=2$．$x=18$．価格は $p=2$．CS＝162となり，PS＝0．総余剰は，162．これは平均費用価格規制の場合よりも大きい（またこのときの利潤は−10）．

次に，価格規制の問題点を考えることにしましょう．問題点は，主に2つあります．まず，規制を行う規制当局が，そのために必要な情報を入手することが難しい，ということが考えられます．現在の生産量と現在の費用についての

情報は，入手できる場合も考えられますが，各生産量から1単位生産を増加させたときの限界費用という情報は，一般的には入手が難しいと考えられています。したがって，正確な限界費用価格規制をかけることは，一般的には難しいと考えられます。それに比べると特定の生産量とそれに対応する費用という情報は，入手しやすい場合もあると考えられますが，各生産量とそれに対応する費用という情報は，限界費用の場合と同様に入手が難しいと考えることができます。

また先の例と同様に，収穫逓増の場合，限界費用価格規制をかけると，その財を生産する企業の利潤は負になってしまいます。そのため，企業にその財の生産を求めるのであれば，政府が損失（負の利潤）を補填する必要が生じます。損失を出してもそれは補填してもらえる（そして，より効率的な生産に変更しても，対応する限界費用価格に変更される）ということになると，効率的な生産を行って利潤を生み出そうというインセンティブが阻害されると考えられます。平均費用価格規制の場合，損失補填の必然性はなくなるので，限界費用価格規制よりは，効率的な生産へのインセンティブが阻害されませんが，より効率的な生産を行っても利潤が出ない価格に変更されるので，より効率的な生産を行おうというインセンティブは弱まることになります。

以上をまとめると，価格規制は，収穫逓増のある産業において，有効である場合も考えられますが，それを行うために必要な情報の入手や，実行する企業のインセンティブの確保などに問題を抱えている，ということになります。

その他の方法

それでは収穫逓増の発生する産業の場合，効率性を実現するためにできることは価格規制以外にないのでしょうか。その例として，公営企業の場合を考えてみましょう。収穫逓増のある産業は，独占の非効率性を避けるために公営企業が生産を行う場合があります。公営企業が利益を出さない水準まで供給を行うとすると，先の平均費用価格規制と同等になりますが，やはり同様のインセンティブの問題が生じることになります。そこで考えられるのは，企業分割という方法です。ある財の生産をする技術が収穫逓増であるといっても，その生産のために必要な過程のすべてが収穫逓増というわけではありません。たとえ

ば，電力などであれば，送電設備といったインフラ部分は固定費となって，収穫逓増を引き起こす原因となりえます（これは，先に扱った平均費用 $AC(x)=ax+\dfrac{A}{x}$ の A が大きい場合に対応します．A が大きいと，費用逓減（収穫逓増）になる x の範囲が拡大することになります）．しかし，発電に関しては，それほどでもありません．そのような場合，1つであった電力会社を，送電を行う企業と発電を行う企業に分割し，前者のみを公営とし，後者は民営化して他の参入してくる企業と競争させる，という方法も考えられます．あるいは，高速道路の運営などであれば，その一定期間の運営権を設定し，それを競売（オークション）にかけるということも可能です．

15.3 外部性と直接規制

　ある経済主体の活動が，市場を経由せずに他の経済主体に影響を及ぼすことを**外部効果**（external effect）と言います．外部効果は，他の経済主体によい影響を与える場合と悪い影響を及ぼす場合があり，前者を**外部経済**，後者を**外部不経済**と呼んで区別することがあります．

　外部経済の典型的な例としては，果物を作る農家と養蜂業者，コンピューターのハードウェアメーカーとソフトウェアメーカーなどが知られています．また外部不経済の典型的な例としては，煤煙を出す工場をもつ企業とその工場周辺の住民，汚れた工場排水を川に流す川上の企業とその川の水を利用する川下の農家などがあります．より現代的な例としては，同じ文書作成のソフトウェアを利用する人が増えると，そのソフトウェアを利用する人の便益が上がると考えられるネットワーク外部性の問題，各経済主体が排出する温暖化ガスが地球の温暖化をもたらし，そのことが気候変動をもたらして，様々な負の影響をもたらす可能性があるというような地球温暖化問題もこの外部性のもたらす問題と考えられます．

　このような外部性は，市場を経由しないので，経済効率性を妨げる原因となりうると言えます．

以下では，外部性によって発生する非効率性を回復させるための経済学的な手段について考えることにしましょう．その前に，法律などを用いて外部効果を直接規制する手段について見ておくことにしましょう．

直接規制

外部効果が非効率性をもたらすのは，経済主体の行動が，外部効果のもたらす効果を無視してなされることが理由と考えられます．そのため，経済的に見て効率的な結果をもたらすために，経済主体の行動を直接変化させることを考えます．

外部性の効果を考えるために次のような単純な場合を考えます．

ここで2つのタイプの経済主体を考えます．第1のタイプの経済主体は，企業とします．この企業の生産する財の量を x とし，その費用関数を $C(x)$ とし，$C(0)=0$，$C'(\cdot)>0$，$C''(\cdot)>0$ とします．この財の市場は競争的でこの企業は，価格 p を所与として生産を行います．つまり，利潤関数は，次のようになります．

$$\pi(x)=px-C(x)$$

一方，この生産活動の影響を受ける経済主体を，第2のタイプの経済主体とし，ここでは家計であるとします．ここで，x は企業の生産量を表し，x 以外の財の消費量を y とし，

$$U=U(x,y)=u(x)+y$$

とします．x はこの家計の購入量でないのに対し，y はこの経済主体が市場で購入する財の量になりますが，単純化のためにここでは量は一定であるとします．$x>0$ として，

$$v(x)=u(x)-u(0)$$

と表すことにします．つまり，$v(x)$ が0でないとき，外部効果が発生することになります．ここでは，$v(x)<0$，つまり負の外部効果が発生するものとしましょう．

図15-2 外部効果とピグー税

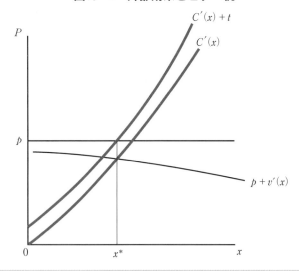

　直接規制というのは，たとえば，負の外部効果を発生させるこの財の生産を禁止するというような規制に当たります．$x=0$ になれば，確かに，$v(x)=0$ になるので負の外部効果はなくなります．ただし，その場合，利潤 $\pi(x)$ も 0 になってしまいます．また，状況によりますが，この財 x を消費する人の効用が減少することも考えられます．そのため，次のようなことも考えられます．なおここでの設定では，この財以外の財をあたかも「貨幣」のように扱える設定になっているので，$\pi(x)=px-C(x)$ は効用と同じ単位で測られていると考えることができます．

　ある $T>0$ が存在して，$\pi(x)-T>0$ かつ $v(x)+T>0$
つまり，この企業が生産を行い，その利潤の一部を外部効果の影響を受けている家計に T の補償をすることで，2 つの経済主体の双方が良化することになります．つまり，状況によりますが，単純に直接規制をすることは，経済の状態をよくするとは限らないことになります（もちろん，このような補償が難しい場合もあります．そのような場合，直接規制を行うことは妥当性をもちます）．

　もちろん，経済学的に見たときに，最適な生産量 x^* までの生産を認めると

いう直接規制のやり方もあります．この場合は，資源配分上は問題を起こさないかもしれませんが，その場合は，経済効率性の観点から見て最適な生産量 x^* を計算する必要があります．

ここでの仮定のもとでは，利潤と効用を足せるので，社会的に最適な生産量は次のように計算することができます．

$$\max_x \pi(x) + v(x)$$

最大化の1階条件は，$p - C'(x) + v'(x) = 0$ となります．この式を満たす x が x^* となります．もし政府がこの規制を行うのであれば，企業の限界費用と家計の限界効用を知る必要があります．直接規制を行うためには，的確な情報を入手する必要があります．つまり，情報の入手可能性の問題が生じます．さらに，生産量が適切な量までしか生産されていないことを確認する手段が必要です（この問題は生産量を0にする場合でも発生します）．

このように，直接規制を行うことは，効率性の面から望ましくない場合がありますし，おおよそ望ましいとしても，それをあまり費用をかけずに実行できるのか，という問題が残ることがわかります．

15.4 外部性と間接規制（経済的規制）

直接規制が難しい場合であっても，**間接規制**であればより効率性の高い状態を実現できる可能性があります．以下では，その例として，課税・補助金政策，権利を設定しそれを取引する市場を創設する，権利を設定しそれを自由に売買することを認める，という3つの場合を取り上げることにします．

その前に，1つ考慮しておいた方がよい可能性があります．それは，外部性を出す側，外部性を受ける側を一体化できないかということです．たとえば，その双方が企業であるのであれば，企業合併ということがそれを実現する手段になります．もしこのようなことが可能であれば，外部効果による利益と損失は，その経済主体の目的関数の中で考慮されることになるので，効率性上の問題は発生しなくなる可能性があります．しかし，これはあまり普遍性のある手

段とは言えそうもありません.たとえば,先の例で言うと企業が外部効果を発生させ,家計がその影響を受けていたのですが,企業と家計を合併させるということはあまり,現実性をもちません.しかし,このように仮想的に考えると効率的な資源配分を求める場合にはわかりやすい方法と言えるかもしれません.

課税・補助金政策

A・C・ピグーに由来する政策なので,**ピグー的課税・補助金政策**と呼ばれたり,**ピグー税**と呼ばれたりすることがあります.この政策の場合,経済主体の行動を変えさせる手段として,課税と補助金を使います.先の例を用いて説明しましょう.

まず,課税から考えましょう.外部効果の原因となっている財の生産1単位に対して,tの課税をします.そうすると,生産量xに対しては,txの課税がなされることになります.これにより,企業の利潤最大化問題は,次のように変わります.

$$\max_{x} \quad px - C(x) - tx$$

最大化の1階条件は,$p = C'(x) + t$となります.したがって,$t = -v'(x)$とすれば,社会的厚生を最大化できることになります.

次に補助金の場合を考えましょう.社会的に最適な生産量をx^*とします.つまり,$p = C'(x^*) - v'(x^*)$となるx^*です.補助金を$S = s(x^* - x) + k$とします.つまり,$s(x - x^*) < k$という関係が成り立つときには,補助金が出るわけです.ただし,xが増加し,$s(x - x^*) > k$になると,負の補助金,つまり課税されることになりますが,kは任意の定数なので,ここではxがこの条件を満たしていて補助金が出されているものとして議論をすることにします.そうすると企業の利潤最大化問題は,次のように変わります.

$$\max_{x} \quad px - C(x) + sx^* - sx + k$$

すると,最大化の1階条件は,$p = C'(x) + s$となります.したがって,$s = -v'(x)$とすれば,社会的厚生を最大化できることになります.

ここで注意が必要なのは,効率的な生産をもたらすのかどうかという点に関

しては，課税と補助金のもたらす効果は同じという点です．ただし，当然，当事者の受け取る便益が変化するので，その点にも注意が必要です．

課税・補助金政策が行えるかどうかは，ある程度，企業の費用関数や家計の効用関数についての情報を規制する主体（規制当局）がもてるかどうかにかかっています．CO_2の排出を規制するための炭素税などは，このような考え方に立って設定されることになります．

権利の市場の創設

（権利の）市場の創設は，外部効果を発生させる経済活動を行える権利というものを設定し，それを市場で売買させることで，効率性をもたらそうという考えに立っています．これまでの例に沿って，考えることにしましょう．まず，政府がこの財を生産する権利を設定し，企業はその権利を購入しないと，この財を生産できないものとします．この財1単位を生産する権利の価格をqとします．そして，この権利が家計に与えられている場合を考えることにしましょう．ここで，権利の市場は，競争的であるとします．この場合，企業の利潤最大化問題は次のようになります．

$$\max_x \quad px - C(x) - qx$$

次に家計の効用最大化問題を考えます．

$$\max_x \quad v(x) + qx$$

企業および家計それぞれの最大化の1階条件を考えることにします．まず企業の1階条件は次のようになります．

$$p - C'(x) - q = 0$$

次に，家計の1階条件を考えると，次のようになります．

$$v'(x) + q = 0$$

すると，qを消去することで，

第15章 収穫逓増と外部性

$$p - C'(x) = -v'(x)$$

が成り立ちます．これは社会的厚生を最大化するための1階条件と同じになり，効率的な生産が可能になることを意味します．

次に，このような生産権を企業自身がもつ場合について考えることにしましょう．効率性という観点からは，この場合でもうまくゆきます．企業が自由にこの財を生産できる場合に利潤最大化の観点から選択する生産量に対応する量の，この財を生産する権利をもつものとします．この量を x^{**} とします．このとき，この企業は生産量を z 単位削減すること，言い換えると，この企業が財の生産権を z だけ販売することで，生産権の買い手から rz の支払いが受けられるものとしましょう．ここで権利の市場はやはり競争的であるとします．

この場合，企業の利潤最大化問題は次のようになります．

$$\max_{z} \; p(x^{**} - z) - C(x^{**} - z) + rz$$

この問題の1階条件は，

$$-p + C'(x^{**} - z) + r = 0$$

となります．そして，家計の効用最大化問題は，次のようになります．

$$\max_{z} \; v(x^{**} - z) - rz$$

最大化の1階条件は，

$$-v'(x^{**} - z) - r = 0$$

となります．権利の価格 r を消去すると，

$$p - C'(x) = -v'(x) \quad \text{ただし，} x = x^{**} - z$$

が成り立ちます．これは先の場合とまったく同じです．つまり，この場合効率的生産ということに関しては，設定した権利をどちら側がもつのかということには依存しないということがわかります．ただし，両者の便益は2つの場合で異なるので，やはり，その点には注意が必要です．

図15-3　権利の需要と供給

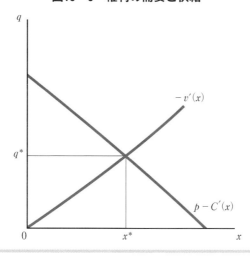

この手法の良い点は，規制をする主体が，企業の限界費用や家計の限界効用についての情報を知る必要がないという点です．悪い点は，市場を創設するのには，費用がかかることが多く，それが大きい場合には，効率性を高めたとしても見合わなくなってしまう可能性があること，創設した権利の市場の売り手買い手の数が十分大きくなり，市場が競争的になる必要があることです．したがって，どのような場合に対してもあてはめることができるというわけにはいきませんが，たとえばCO_2の排出権取引は，このような条件をある程度満たしているという考え方に基づいてなされています．

権利の自由な売買

（生産をする）権利を設定するという手法は，売り手と買い手の数が多い場合のみにしか適用できないのでしょうか．必ずしもそうとは言えません．売り手と買い手が少数であっても両者が直接交渉することで，事態は改善する可能性があるからです．

まず，設定した権利を家計がもつ場合を考えます．この場合，追加的な1単位の生産権に対して，家計に支払う金額をkとすると，

図15-4　コースの定理

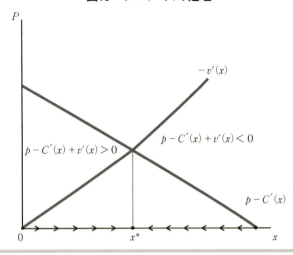

$$p - C'(x) \geqq k$$

である限り生産権を購入することが企業にとって損失にはなりません。仮に十分な量の生産権を購入すると考えたときに，

$$p - C'(x) \leqq k$$

が成立する限り，購入する量を減らしてもよいということになります。家計にとってはどうでしょうか。家計の場合，追加的な1単位を販売してもよいのは，

$$-v'(x) \leqq k$$

が成り立つ場合です。同様に，追加的な1単位を販売しなくともよいのは，

$$-v'(x) \geqq k$$

以上を総合すると，

$$p - C'(x) \geqq -v'(x) \text{ と } p - C'(x) \leqq -v'(x)$$

が成り立つときです。つまり，最適な生産量は，

$$p - C'(x) = -v'(x)$$

という条件の成り立つときです．つまり，効率的な生産をしていない場合は，当事者間で何らかの契約を結ぶことで，双方に有利な状況をもたらしうることになります．ここまでの説明は，権利を家計がもっているものとして進めてきましたが，どちらがもっていても同じ形になっていることがわかると思います．つまり，この場合も，効率的な生産という観点だけからは，権利をどちらの側がもつかということに結論は依存しないことになります．

これは，かなり強力な議論で，適切に権利を設定しさえすれば，外部効果の問題は解消できることを意味します．これは，R・コースによって導かれたコースの定理という，よく知られた経済学の定理に対応する内容です．コースの定理とは次のような内容の定理です．

[コースの定理] 外部性が発生しているとしても，適切な権利の設定が行われ，その権利の自由な売買が認められるならば，取引コストが無視しうるほど小さいと考えられるときは，効率的な資源配分が達成できる．

ここで注意が必要なのは，取引コストが無視しうるほど小さいという条件です．残念ながら，外部性の出し手と受け手の人数が大きくなると，交渉のための時間や労力は大きくなり，取引コストは無視できなくなると考えられています．つまり，この手法は，むしろ人数が大きくない場合に適用可能な方法と考えられます．

このように，万能な解決策はありませんが，経済的な手法を活用することで，外部性のもたらす非効率性の問題もある程度解決することが可能になると考えられます．

ネットワーク外部性

ある商品を消費する人の数が変化することによって，その商品を消費する人の効用が変化することを**ネットワーク外部性**（network externality）と呼びます．人々が共通のワープロソフトを用いることで，文書ファイルのやり取り

表15-2 バンドワゴンタイプ（正のネットワーク外部性）

	財Aを購入	財Bを購入	非購入
財Aを購入	**10, 10**	5, 3	5, 0
財Bを購入	3, 5	**7, 7**	3, 0
非購入	0, 5	0, 3	0, 0

(注) 太字は最適反応戦略に対応する利得を示す.

が容易になったり，共通の仕様の商品を用いることで，その商品を利用する際の利便性があがったりするというような場合が，ネットワーク外部性の典型例になります．

　これが正の効果を持つとき，つまり，その商品を消費する人の数の増加が，その商品を消費する個人の効用を増加させるとき，ある財の消費者の数が増えるとその財の需要量が増えるという**バンドワゴン効果**（**bandwagon effect**）を生む原因になると考えられます．同様に，これが負の効果をもつとき，つまり，その商品を消費する人の数の増加が，その商品を消費する個人の効用を減少させるとき，その財の消費者の数が増えるほどその財の個々の消費者の需要量が減るという**スノッブ効果**（**snob effect**）を生む原因になると考えられます．

　以下では，消費量の増加の問題というよりも，財の消費が集中する場合，ばらつく場合をこのネットワーク外部性を考慮して考えることにします．

　説明のために消費者が2人いて，財A，財Bという2つの消費財が存在する場合を考えます．単純化のために，消費者2人の購入する財の量は1つのみ（財A 1単位，財B 1単位，もしくはいずれも購入しない，のいずれか）とします．

　2人の効用関数は，次の形であると仮定します．

$$u_i = x_i + y_i + \alpha x_i \cdot x_j + \beta y_i \cdot y_j \quad (i, j = 1, 2 \text{ and } i \neq j)$$

u_iは消費者iの効用で，x_iは消費者iが財Aを消費したときの効用を表し，$x_i=0$（消費しなかったときの効用）または10（消費したときの効用），y_iは消費者iが財Bを消費したときの効用を表し，$y_i=0$（消費しなかったときの効

表15-3 スノッブタイプ（負のネットワーク外部性）

	財Aを購入	財Bを購入	非購入
財Aを購入	0, 0	**5, 3**	**5, 0**
財Bを購入	**3, 5**	-1, -1	**3, 0**
非購入	0, **5**	0, **3**	0, 0

(注) 太字は最適反応戦略に対応する利得を示す．

用）または8（消費したときの効用）を表すとします．ただし，いずれの財を購入した場合も，代金支払いの結果，5単位分の効用が減るものとします．また，$\alpha = \frac{1}{20}$, $\beta = \frac{1}{16}$ とします．この場合，2人の効用は，表15-2の利得表で表すことができます．

この場合，ともに財Aを購入する，ともに財Bを購入するは，いずれも純粋戦略のナッシュ均衡になります．つまり，消費が特定の財に集中するという効果をもたらすことがわかります．また，財Aばかりではなく，財Bに集中する可能性も排除されません（ただし，このような場合，長期的には，財Aに集中する働きがあると想定する方がよい，という考え方もあります）．

スノッブタイプ（負のネットワーク外部性）

2人の効用関数を少し変化させて，次の形であると仮定します．

$$u_i = x_i + y_i - \frac{1}{20}x_i \cdot x_j - \frac{1}{16}y_i \cdot y_j \quad (i, j = 1, 2 \text{ and } i \neq j)$$

すると，表15-3のような利得表を考えることができます．

この場合は，財Aと財Bをそれぞれが購入する組み合わせが純粋戦略のナッシュ均衡になります．つまり，消費がばらばらになり，特定の財に集中しなくなることになります．

2つのタイプの混合

次に，消費者1は正の外部性を受けるタイプ，消費者2は負の外部性を受けるタイプであるとします．つまり，

表15-4　2つのタイプの混合

	財 A を購入	財 B を購入	非購入
財 A を購入	**10, 0**	5, **3**	**5**, 0
財 B を購入	3, **5**	**7**, -1	3, 0
非購入	0, **5**	0, **3**	0, 0

(注) 太字は最適反応戦略に対応する利得を示す．

$$u_1 = x_1 + y_1 + \frac{1}{20}x_1 \cdot x_2 + \frac{1}{16}y_1 \cdot y_2$$
$$u_2 = x_2 + y_2 - \frac{1}{20}x_2 \cdot x_1 - \frac{1}{16}y_2 \cdot y_1$$

このとき，表15-4のような利得表を考えることができます．

この場合は，純粋戦略でのナッシュ均衡は存在しないことになります．そこで，消費者1が財 A を購入する確率を p，財 B を購入する確率を $1-p$ とします．また，消費者2が財 A を購入する確率を q，財 B を購入する確率を $1-q$ とします（いずれの消費者にとっても非購入は，相手のどの戦略の最適反応戦略にもならないので，選択される可能性はありません）．

このとき，$p = \frac{2}{3}$，$q = \frac{2}{9}$ の確率で財 A を購入と財 B を購入を混合する戦略の組が，混合戦略ナッシュ均衡になります．つまり，どの財を購入するかは事前に決められないので，確率的に決めて購入するという形がとられることになるわけです．

ここまでの分析では，需要量の変化は考慮の外においていますが，それぞれの場合の効用の違いを考えに入れると，消費者行動における効用関数のシフトに関する議論に立ちかえれば，正のネットワーク外部性とバンドワゴン効果，負のネットワーク外部性とスノッブ効果の関係は，容易に類推できるのではないかと思います．つまり，正のネットワーク外部性がその財の消費の集中を促し，それが効用の上昇をもたらすために，消費量の増加が生まれると考えられるのです．また，負のネットワーク外部性は，その財を消費する人が増えると，効用の低下が生じるため，消費量の減少が生まれると考えられます．

本章のまとめ

1. 市場の効率性の議論は，市場が完備かつ完全競争であるときに最も強力になります．
2. 市場の効率性は，競争が不完全であるときは保証されません．その典型的な例が市場の失敗として扱われます．
3. 収穫逓増は，売り手もしくは買い手の多数性の条件に抵触し，それによって非効率的な資源配分をもたらすことがあります．その対策としては，価格規制などがありますが，実行上の問題が存在します．
4. 外部性は，市場を経由しない影響が存在することで，非効率的な資源配分の原因になります．外部性の弊害を防ぐには，直接規制をすることも考えられますが，それが有効でないこともあります．
5. 外部性のもたらす非効率性を改善するためには，経済的規制という方法も存在します．代表的なものは，課税・補助金政策，権利の設定とその市場での売買，権利の設定とその自由な交換，という方法です．それぞれの方法には長所と短所があります．
6. ネットワーク外部性は，複数の個人が相互に（市場を経由しない）影響を与えあうことを意味します．ネットワーク外部性は，バンドワゴン効果やスノッブ効果の原因にもなります．

第16章 公共財と供給メカニズム

この章では，市場の失敗をもたらす重要な要因として，公共財の問題を取り上げます．公共財がどのような性質をもった財であり，公共財を最適に供給するための条件，そして公共財をできるだけ効率的に供給するための手段としては，どのようなものがあるのかについて，考えることにします．

16.1 公共財とフリーライド問題

公共財というのは，次の2つの条件を満たす財を意味します．
[排除不可能性] その財をある人が消費するとき，同時に他の人がその財を消費することを排除することができない．
[非競合性] その財をある人が消費するとき，同時に他の人がその財を消費したとしても，それぞれの消費は競合せず，相互に影響を与えない．

この2つの条件をほぼ満たしているという財を**純粋公共財**あるいは単に**公共財**と呼ぶことにします．排除不可能に近いが，かなり競合するという財は，**共有資源**あるいは**コモン・プール財**と呼ばれ，非競合的とみなせるが，排除は可能というような財は**クラブ財**あるいは**地域公共財**と呼ばれます．そして，競合してかつ排除できる財が，**私的財**と呼ばれます（通常の場合，財というとこの私的財を意味します）．

公共財は，私的財と異なり，自分がもっていなくとも，他の人がもっていれば，その人と同じように自分も消費をすることができる，という性質があります．そのため，公共財を生産するために対価が必要ということになると，生産のための費用負担を誰が行うべきなのか，という問題が発生します．これは，自分で投資を行うには費用が伴うが，他の人が投資を行ってくれると費用を伴わずに，公共財の消費という便益を享受できるためです．このように負担をせ

表16-1 公共財と私的財

	競合する	競合しない
排除できる	私的財	クラブ財，地域公共財
排除できない	共有資源，コモン・プール財	（純粋）公共財

ずに便益を享受しようとすることをただ乗り（フリーライド）と呼び，その財の性質上，しばしばフリーライドが生じてしまう問題を，ただ乗り（**フリーライド**）**問題**と呼びます．

　フリーライド問題を考えるために，次のようなゲームを考えることにしましょう．今，2人の人がおり，この2人をAとBとします．AとBそれぞれが，お金を100単位渡されるものとします．このお金は，0単位から25単位ずつ増やして，100単位まで投資をすることが可能とします．つまり，AとBいずれも，$\{0, 25, 50, 75, 100\}$の中の一つが，選択可能な投資金額ということになります．この2人の投資金額の合計の$\frac{\alpha}{2}(1<\alpha<2)$倍が戻ってくるとしましょう．つまり，2人の人が同じxだけ投資すると，その利得は，$(100-x)+\alpha x$になります．$\alpha=1.4$として，このゲームの利得行列を考えると次のようになります．

　このゲームの場合，AもBも投資額が0になることがナッシュ均衡になります（A，Bともに投資額0が支配戦略になっています）．ただし，2人の金額の合計が最大になるのは，AもBも投資額が100になる場合になります．つまり，このゲームにおいては，自分以外の人が投資してくれるとその恩恵に自分もあずかれるため，自分の所持金を減らして投資をしようという誘因が失われてしまうのです．つまり，このゲームでは，AもBも相手にフリーライドしようとして，結果として，誰も投資を行わないという状態が発生してしまったということになります．

　このフリーライド問題を引き起こすゲームの構造は，ちょうど囚人のジレンマと呼ばれるゲームの構造と類似のものです（投資金額を2種類，たとえば，0または100しか選べないものとすると，表16-2のゲームは，囚人のジレンマゲームになっています）．そのため，個人的に最適な行動をとると，どうし

表16-2 フリーライド問題

A\B	0	25	50	75	100
0	**100**, **100**	**117.5**, 92.5	**135**, 85	**152.5**, 77.5	**170**, 70
25	92.5, **117.5**	110, 110	127.5, 102.5	145, 95	162.5, 87.5
50	85, **135**	102.5, 127.5	120, 120	137.5, 112.5	155, 105
75	77.5, **152.5**	95, 145	112.5, 137.5	130, 130	147.5, 122.5
100	70, **170**	87.5, 162.5	105, 155	122.5, 147.5	140, 140

(注) 太字は最適反応に対応する利得を示す.

てもフリーライドが発生してしまうことになります(この問題をもう少し詳しく考えると,この章の「Coffee Break」の共有地の問題と類似の問題があることがわかります.共有地の問題を公共財供給の問題と読み替えて考えてみて下さい).

このようなゲームの構造を考えると,フリーライド問題を抑制することは,かなり難しいと考えられます.この問題は,また後で少し別の形で,公共財のより効率的な生産の問題を考えるときに扱うことにします.

地域の公園への投資

ここである地域に n 人の人が住んでおり,その n 人の人が利用可能な公園を建設するべきかどうかという問題を考えてみましょう.

この公園の広さ S は,この地域の個々の住民の拠出額 s_i の合計,つまり,$S = \sum_{i=1}^{n} s_i = s_i + S_{-i}$, $S_{-i} = \sum_{j \neq i} s_j$ (S_{-i} は住民 i 以外の住民の拠出額の合計)によって決まるものとします.ここで,住民の効用関数は,すべて同一で,

$$u_i(s_i, S_{-i}, n) = (s_i + S_{-i})^{\frac{3}{4}} \cdot n^{-\frac{1}{4}} = (S)^{\frac{3}{4}} \cdot n^{-\frac{1}{4}}$$

とします.この場合,住民の効用は n の減少関数なので,競合性が少しあることがわかります.このとき,個々の住民にとって最適な拠出額は,

$$\max_{s_i} \ (s_i + S_{-i})^{\frac{3}{4}} \cdot n^{-\frac{1}{4}} - s_i$$

で求めることができます．最大化の1階条件は，

$$\left(\frac{3}{4}\right)S^{-\frac{1}{4}} \cdot n^{-\frac{1}{4}} - 1 = 0$$

になります．これは，$S \cdot n = \left(\frac{3}{4}\right)^4 = \frac{81}{256}$，$S = \frac{81}{256n}$ になります．ここで，住民はすべて対称なので，$s_i = \frac{S}{n}$ と考えると，最適な拠出額は，$s_i = \frac{81}{256 \cdot n^2}$ となります．

次に，社会的に最適な公園の広さを考えると，問題は次のようになります．社会的な純便益（＝便益－費用）は，n 人の（便益（効用）－費用）の合計なので，$n \cdot (S)^{\frac{3}{4}} \cdot n^{-\frac{1}{4}} - S = (S)^{\frac{3}{4}} n^{\frac{3}{4}} - S$ となります．これを最大にする S を求めましょう．

$$\max_{S} \quad S^{\frac{3}{4}} \cdot n^{\frac{3}{4}} - S$$

最大化の1階条件は，

$$\left(\frac{3}{4}\right)S^{-\frac{1}{4}} \cdot n^{\frac{3}{4}} - 1 = 0$$

よって，$S = \left(\frac{3}{4}\right)^4 n^3 = \left(\frac{81}{256}\right)n^3$ になります．ここで注意する点としては，個々の住民の拠出額の合計として出てくる S は n の減少関数であるのに対し，社会的に最適な S は n の増加関数になるということです．このことは，住民の数 n が増加すると，フリーライド問題が深刻化することを意味します．また，明らかに，社会的に最適な公園の規模 $S = \left(\frac{81}{256}\right)n^3$ に対して，個々の住民の拠出額の合計から造られる公園の規模 $S = \frac{81}{256n}$ は，（$n > 1$ として）小さくなることがわかります．

次に，S は一定であるとして，n 人の公園を利用する住民1人に対して $\frac{S}{n}$ の負担を求めることにし，n 人に利用制限をする費用が kn であるとすると，社会的に最適な人数はどうなるのかを求めてみましょう．これは排除に費用が

掛かる場合を想定しています．

$$\max_{n} \; S^{\frac{3}{4}} \cdot n^{\frac{3}{4}} - S - kn$$

最大化の1階条件は，

$$\left(\frac{3}{4}\right) S^{\frac{3}{4}} \cdot n^{-\frac{1}{4}} = k$$

ここから，$n = \left(\frac{3}{4k}\right)^4 S^3$ となります．この場合，利用制限（つまり排除）の費用 k が小さければ小さいほど，そして利用の便益と結びつく公園の広さ S が大きければ大きいほど，最適な利用人数は大きくなることがわかります．たとえば，$S=40$，$k=1.5$ とすると，$n=4000$ となり，4000人に制限すると，社会的な余剰を最大化できることがわかります．つまり，このように排除不可能性が完全には成り立たないクラブ財の場合であると，会員を4000人に制限するクラブとしての運営もありうることがわかります．

16.2 共有地の悲劇

ある魚の漁場を考えます．この漁場で漁をできる漁師が，n 人 $\left(4 < n < \dfrac{p}{p-c}\right)$ いるとします．そして，魚を獲ることのできる期間が2期間あるとします．このとき，第1期に獲ることのできる最大の魚の数を X_1 とします．一方，第2期に獲ることのできる魚の数を X_2 とします．第1期で獲られずに残った魚の数を R_1 とします．$X_2 = 4R_1$ という関係があるものとします．個々の漁師の獲ろうと計画する魚の数は，$x_{11}, \cdots, x_{1n}$，および $x_{21}, \cdots, x_{2n}$ と表すことにします（ここで x_{ij} は，第 i 期に j が獲ろうと計画する魚の数を表します）．

$$x_1 = \sum_{i=1}^{n} x_{1i}, \; x_2 = \sum_{i=1}^{n} x_{2i}$$

とします．魚は1期も2期もともに1単位 p で売れるものとします．また魚を1単位獲るための費用は一定で c とします（この費用は計画に対して発生するとします）．ここで，$p-c>0$ とします．ただし，$x_1 > X_1$ となったときは，

$y_{1i} = \frac{x_{1i}}{x_1} X_1$ だけ,実際には獲ることができるものとします.この関係は 2 期目も同様とします.つまり,$x_2 > X_2$ となったときは,$y_{2i} = \frac{x_{2i}}{x_2} X_2$ だけ,実際には獲ることができるものとします.漁師 i の利潤は次のようになります.

$$\pi = p \cdot \min(x_{1i}, y_{1i}) - cx_{1i} + p \cdot \min(x_{2i}, y_{2i}) - cx_{2i}$$

さて,この問題を,バックワード・インダクションを用いて解いてみましょう.2 期目の部分ゲームの対称ナッシュ均衡戦略は,

$$x_{2i} = \frac{X_2}{n} = \left(\frac{1}{n}\right) \max(4(X_1 - x_1), 0)$$

というものになります.すると問題は,

$$\pi = p \cdot \min(x_{1i}, y_{1i}) - cx_{1i} + (p - c) \cdot \left(\frac{1}{n}\right) \max(4(X_1 - x_{1-i} - x_{1i}), 0),$$
$$x_{1-i} = \sum_{j \neq i} x_{1j}$$

この場合,$x_1 < X_1$ の場合,漁師 i は,$(p-c)\left(1 - \frac{4}{n}\right) > 0$ のため,できるだけ x_{1i} を増やそうとします.そこで,単純な場合,つまり $x_1 = X_1$ の場合で,対称解があるかどうかをチェックしてみます.すると,$x_{1i} = y_{1i} = \frac{X_1}{n} (i = 1, 2, \cdots, n)$ が考えられます.

一方,漁師 i にとって,$\frac{X_1}{n}$ 以上に計画量 x_{1i} を増やすことの意味はなくなります.なぜなら,限界収入は小さくなるのに,限界費用は c のままなので,限界収入<限界費用が成り立つからです.同様に,x_{1i} を減らすと今度は $p-c$ が失われるので,やはり選択できません.したがって,$x_{1i} = \frac{X_1}{n} (i = 1, 2, \cdots, n)$ がナッシュ均衡ということになります.つまり,この場合,1 期だけで漁業資源が獲りつくされてしまうことになるのです.

ただし,この場合の社会的に最適な漁獲量は,$(p-c)x_1 + 4(p-c)(X_1 - x_1)$ を最大化する量なので,最大化の 1 階条件は,$p-c > 0$ であれば,$4(p-c) > p-c$ なので,$x_1 = 0$ になります.つまり,1 期目は魚を殖やすこと

にして，2期目に収穫することが最善ということになるわけです．
　つまり，全体的な最適性から見るとまず資源を殖やしてから，それを収穫することが望ましい場合でも，個人的な最適性を考えると，できるだけ早く収穫するという行動をとってしまうという事態が生じることになります．このことを，**共有地の悲劇**と呼ぶことがあります．

Coffee Break　共有地の問題

　共有地の問題というのは，資源を共同利用する場合に一般的に発生する問題です．しかし，この問題がどの程度深刻になるのかというのは，状況によるという考え方もあります．実際に，資源を共同利用するすべての場合に，資源の過剰な利用が発生しているというわけではなさそうです．これはどのように考えたらよいのでしょうか．もし固定的なメンバーが十分長い期間にわたって，共有資源を利用するのであれば，そのような状況は1回限りのゲームではなく，繰り返しゲームとして捉える方が適切なのかもしれません．もし近似的に無限回繰り返しゲームとみなすことができるのであれば，その場合の解は，もっと協調的なものになる可能性があります．もう1つの可能性としては，固定的なメンバーが長い期間にわたって関係をもつような状況であると，相互に相手の効用も考慮するというようなある種の「利他性」が発生する可能性もあるかもしれません．この場合も，結果的に協調的な解が発生する可能性があります．あるいは，暗黙の契約のような意味合いで，ある種の「規範」のようなものが形成される可能性もあります．「公共性」をもつ領域の場合，どのような解決策をとることが望ましいのかについては，通常の利己的なメカニズムのみにとどまらない複雑なものを考える必要がある場合も考慮する必要があります．とはいえ，何らかの社会制度に依存しない解決の場合は，その結果を生んでいるメカニズムが維持されるかどうかも定かではありません．その意味では，共通資源を利用する状況は，現実に問題が表面化していなくとも，潜在的に問題を抱えている

と考える方が安全だと考えられます．

16.3 公共財の最適供給条件とリンダール・メカニズム

　資源配分の効率性の観点から見たとき，効率的な公共財の供給量というものはどのような条件を満たしている必要があるのでしょうか．この問いに答えるのが，公共財の最適供給条件になります．

　公共財の最適供給をもたらすための条件としては，サミュエルソン条件が知られています．この条件を，次のような単純化された場合で考えることにしましょう．

公共財の最適供給条件

　私的財，公共財の2種類の財の存在する経済を考えます．経済全体に存在する私的財の量を1とし，それを1対1で公共財に変換できるものとします．私的財の量をxとし，公共財の量をzとすると，$x+z=1$となります．この関係は，この経済の生産可能性フロンティアを意味し，この経済の資源制約を表すと考えられます．そして，この経済には，2人の消費者があり，その効用関数を$u_1(z,x_1)$，$u_2(z,x_2)$とします．そして，u_1とu_2は狭義凹関数であるとします．ここで，私的財については，$x_1+x_2=x$が成り立つと考えられます．zは公共財なので，2人が同時に消費することができるので同じzとして扱えます．すると，$u_2=k$で一定として，u_1についての効用を最大化すれば，効率性の条件を求められることになります．

$$\max_{x_1, x_2, z} u_1(z, x_1) \quad \text{s.t.} \quad u_2(z, x_2) = k$$
$$x_1 + x_2 + z = 1$$

　この問題は，制約条件$u_2(z,x_2)=k$に対するラグランジュ乗数をλ，制約条件$x_1+x_2+z=1$に対するラグランジュ乗数をμとして，ラグランジュ関数の形に書き直すと，次のようになります．

$$\max_{z, x_1, x_2, \lambda, \mu} u_1(z, x_1) + \lambda(u_2(z, x_2) - k) + \mu(x_1 + x_2 + z - 1)$$

この最大化の1階条件は，次のようになります．

$$\frac{\partial u_1}{\partial z} + \lambda \frac{\partial u_2}{\partial z} + \mu = 0$$

$$\frac{\partial u_1}{\partial x_1} + \mu = 0$$

$$\lambda \frac{\partial u_2}{\partial x_2} + \mu = 0$$

これに $u_2(z, x_2) = k$, $x_1 + x_2 + z = 1$ という2つの制約条件が加わります．ここで，λ と μ は，次のようになります．この λ と μ を先の1階条件に代入すると，

$$\frac{\partial u_1}{\partial z} + \left(\frac{\partial u_1/\partial x_1}{\partial u_2/\partial x_2}\right) \frac{\partial u_2}{\partial z} - \frac{\partial u_1}{\partial x_1} = 0$$

となります．変形すると，次の式が求められます．

$$\frac{\partial u_1/\partial z}{\partial u_1/\partial x_1} + \frac{\partial u_2/\partial z}{\partial u_2/\partial x_2} = 1$$

この式は，次の関係が成り立つことを意味します．ここで，$x + z = 1$ なので，限界変形率である $-\frac{dx}{dz}$ が1となっていることを確認下さい．

消費者1の限界代替率＋消費者2の限界代替率＝限界変形率

一般的に，

消費者1と消費者2の公共財と私的財の限界代替率の和
＝公共財と私的財の限界変形率

が成り立つと，公共財のある経済における資源配分の効率性が満たされます．この公共財のあるときの資源配分の効率性の条件を**サミュエルソン条件**と言います．

このサミュエルソン条件を考えると，公共財が含まれる経済でなぜ競争的市場で効率的な資源配分を達成できないのかがよくわかります．

消費者の効用最大化行動は，限界代替率と価格比の均等を要求します．また，企業の利潤最大化行動は，限界変形率と価格比の均等を要求します．つまり，私的財の価格を p_x，公共財の価格を p_z とすると，

$$\frac{\partial u_1/\partial z}{\partial u_1/\partial x_1} = \frac{p_z}{p_x} = \frac{\partial u_2/\partial z}{\partial u_2/\partial x_2} = \frac{p_z}{p_x} = 1$$

が成立することになります．この条件とサミュエルソン条件は，両立できません．そのため，競争市場においては，非効率的な資源配分が生じることになります．

リンダール・メカニズム

公共財の効率的供給を可能にするメカニズムを考えるために，市場メカニズムで，公共財の効率的な供給が難しい理由を再度見ておくことにしましょう．

通常の私的財のみの競争的な市場経済では，任意の消費者 i が効用最大化をすると，

$$消費者 i の財 1 に対する財 2 の限界代替率 = \frac{p_1}{p_2}$$

が成り立ちます．また，財 1 と財 2 を生産する企業が利潤最大化行動をとるのであれば，

$$財 1 の財 2 に対する限界変形率 = \frac{p_1}{p_2}$$

が成立します．このため，財 1 を公共財，財 2 を私的財とすると，サミュエルソン条件を考えるならば，その経済では効率的な資源配分が実現できないことになります．

この問題を解決するための提案として，リンダール・メカニズムを取り上げましょう．**リンダール・メカニズム**というのは，公共財を生産するための費用負担の分担率を価格のように上下させた場合の均衡で取引を行うというメカニズムのことです．

ここで単純化のために消費者 1 が最初に w_1，消費者 2 が w_2 だけの私的財をもち，$w_1+w_2=1$ であるとします．このとき，私的財の価格を 1，公共財の費用分担率を公共財の「価格」とみなして，消費者 1 は t，消費者 2 は $1-t$

を公共財の価格として，それぞれの私的財の需要 x_i と公共財の需要 $z_i(i=1,2)$ を求めます．

消費者1の問題は次のようになります．

$$\max_{z_1, x_1} u_1(z_1, x_1) \quad \text{s.t.} \quad tz_1 + x_1 = w_1$$

この最大化の1階条件は，

$$\frac{\partial u_1}{\partial z_1} - \lambda t = 0$$

$$\frac{\partial u_1}{\partial x_1} - \lambda = 0$$

$$tz_1 + x_1 = w_1$$

となるので，

$$t = \frac{\partial u_1/\partial z_1}{\partial u_1/\partial x_1}$$

が成り立ちます．

同様に，消費者2の問題は次のようになります．

$$\max_{z_2, x_2} u_2(z_2, x_2) \quad \text{s.t.} \quad (1-t)z_2 + x_2 = w_2$$

この最大化の1階条件は，

$$\frac{\partial u_2}{\partial z_2} - \lambda(1-t) = 0$$

$$\frac{\partial u_2}{\partial x_2} - \lambda = 0$$

$$(1-t)z_2 + x_2 = w_2$$

となるので，

$$1 - t = \frac{\partial u_2/\partial z_2}{\partial u_2/\partial x_2}$$

が成り立ちます．

ここで，2人の公共財の需要が一致するように t を調整することにすると，

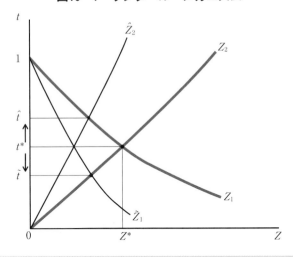

図16-1 リンダール・メカニズム

$$tz + x_1 = w_1, \quad (1-t)z + x_2 = w_2$$

が成り立ちます.この2つの制約式を合わせると,$z+x=1$が成り立つので,資源についての制約条件は満たすことになります.また,

$$\frac{\partial u_1/\partial z}{\partial u_1/\partial x_1} + \frac{\partial u_2/\partial z}{\partial u_2/\partial x_2} = t + 1 - t = 1$$

が成り立つので,サミュエルソン条件を満足し,効率的な資源配分を達成できることになります.

このような枠組みで,費用分担率 t を価格のように変化させることで,リンダール均衡が成立し,リンダール均衡の下では効率的な資源配分が実現できることになります.

しかしながら,それが成り立つためには,人々が費用分担率を所与として行動することが求められます.したがって,少数の消費者しかいない場合は,この条件は満たされない可能性があります.また,この場合注意が必要なのは,各消費者が自分の選好(あるいは効用関数)を正直に表明する理由はない,ということです.

図16-1で見るように，各消費者は，公共財に対する自分の需要をすこし小さく表明すれば，費用負担割合が小さくなり，得をすることができます（たとえば先の場合，限界代替率を小さく申告すると，t を下げることができます）．このため，リンダール・メカニズムにおいては，公共財需要の過少申告というフリーライド問題が，依然として発生する可能性があるといえます．

16.4 グローブス・メカニズム

このような選好の正直な表明を求めるという立場からは，正直に表明することが損にならないメカニズムであることが要求されます．

そのようなメカニズムとしては**グローブス・メカニズム**などがあります．次のような，公園の建設の例を考えましょう．

n 人が住む地域で，その地域の公有地を，地域の人々が利用する公園として整備するかどうかという問題を考えることにしましょう．この場合，公園の利用から得られる便益は人によって異なり，利用者 i の便益は v_i であるとします．n 人の全員の便益の合計は，$V = \sum_{i=1}^{n} v_i$ となります．ただし，この整備をするのには C の費用（機会費用も含むとします）がかかるものとします．このような場合，地域住民に費用負担を求めずに，単純に各個人の便益を申告してもらい，その合計が C を上回れば公園として整備するというやり方はうまくゆきません．なぜなら，利用者 i が申告する便益を m_i とすると，もし $v_i > 0$ であるとすると，その個人はたとえば $m_i \geq C$ を表明すれば，費用なしで v_i の便益を得ることができるからです．それでは，費用負担のルールとして，リンダール・メカニズムを用いてはどうでしょうか．この場合は，先に述べた理由で，過少申告がなされる可能性が理論的にはあります．それでは，正しく自分の便益を表明させるメカニズムは考えられないのでしょうか．

そのようなメカニズムとしては，これから説明するグローブス・メカニズムがあります．グローブス・メカニズムの特徴は，費用負担を自分の申告する値から独立させるという点にあります．

まず，ここで実現したい資源配分のあり方は次のようなものになります．

$V \geqq C$ ならば，公園を整備する．

$V < C$ ならば，公園を整備しない．

次に，この資源配分を実現するための手続きを見てみましょう．

地域の利用者1人1人に，自分の便益を申告させます．利用者iの申告額は，m_iとします．このとき，利用者iの費用負担額t_iは，次の式によって決まるものとします．

$$t_i = I(m)\left(C - \sum_{j \neq i} m_j\right)$$

ただしここで，$I(m)$は，

$$I(m) = 1 \quad \text{if} \quad \sum_{i=1}^{n} m_i \geqq C$$
$$ = 0 \quad \text{if} \quad \sum_{i=1}^{n} m_i < C$$

利用者i以外の人々が皆，正しく自分の評価額を申告している，つまり，$m_j = v_j (j \neq i)$を仮定します．このとき，利用者iの目的関数は，

$$v_i - t_i = v_i - \left(C - \sum_{j \neq i} v_j\right) \quad \text{if} \quad m_i + \sum_{j \neq i} v_j \geqq C$$
$$v_i - t_i = 0 \quad \text{if} \quad m_i + \sum_{j \neq i} v_j < C$$

となります．これを最大化するm_iは，

$$m_i \in \left[C - \sum_{j \neq i} v_j, +\infty\right) \quad \text{if} \quad v_i + \sum_{j \neq i} v_j \geqq C$$
$$m_i \in \left[0, C - \sum_{j \neq i} v_j\right) \quad \text{if} \quad v_i + \sum_{j \neq i} v_j < C$$

となります（ただし，ここで$x \in [A, B)$という表記は，$A \leqq x < B$を意味し，[は，端点を含み，)は，端点を含まないという意味になります）．

最適なm_iの範囲から，$m_i = v_i$は，最適な戦略の一つであることがわかります．このことは任意のiで成立するので，すべての人が正直に申告する（任意のiで$m_i = v_i$）は，ナッシュ均衡になることがわかります．

次に，正直な申告が，弱支配戦略になっていることを確認しましょう．他の利用者の申告する価値$m_j (j \neq i)$は，v_j以外の値もとりうるとします．

利用者iの目的関数は，

$$v_i - \left(C - \sum_{j \neq i} m_j\right) \quad \text{if} \quad m_i + \sum_{j \neq i} m_j \geq C$$
$$0 \qquad\qquad\qquad\quad \text{if} \quad m_i + \sum_{j \neq i} m_j < C$$

となります．これを最大化する m_i は，

$$m_i \in \left[C - \sum_{j \neq i} m_j, +\infty\right) \quad \text{if} \quad v_i + \sum_{j \neq i} m_j \geq C$$
$$m_i \in \left[0, C - \sum_{j \neq i} m_j\right) \qquad \text{if} \quad v_i + \sum_{j \neq i} m_j < C$$

となります．この場合も，$m_i = v_i$ は，最適な戦略の一つであることがわかります．このことは任意の i について成立するので，したがって，正直に申告すること（任意の i で $m_i = v_i$）は，ナッシュ均衡であるばかりではなく，弱支配戦略になっていることがわかります（正直に申告することが最適戦略になりうるということは，第12章の補論3で扱った顕示原理にも合致しています）．

次に，このメカニズムで徴集される資金の合計を求めましょう．公園整備が実行されなければ，0になるのは明らかなので，各利用者が正直に申告したときに整備が実行される場合（$\sum_{i=1}^{n} v_i > C$）を考えます．

$$\sum_{i=1}^{n} t_i = \sum_{i=1}^{n} \left(C - \sum_{j \neq i} v_j\right) = nC - (n-1)\sum_{i=1}^{n} v_i = C + (n-1)\left(C - \sum_{i=1}^{n} v_i\right) < C$$

ここで，$\left(C - \sum_{i=1}^{n} v_i\right)$ は負なので，$C + (n-1)\left(C - \sum_{i=1}^{n} v_i\right) < C$ が成り立つことになります．そのため，このメカニズムでは，徴収する費用では公園の整備費用がまかなえないことになります．したがって，グローブス・メカニズムは，自分の評価を正しく申告する誘因を与えるという意味で優れた性質をもっていますが，このままの形で，適用できる例は限られていると言えるのかもしれません．

本章のまとめ

1 公共財とは，排除不可能性と非競合性という性質をもつ財のことを意味します．排除がある程度可能な場合をクラブ財と呼び，競合性がある程度ある場合を共有資源またはコモン・プール財と呼びます．
2 公共財は，フリーライド問題のために過少供給に陥る可能性があり，共有資源は，過剰消費がなされてしまう可能性があります．
3 公共財の最適供給の条件は，サミュエルソン条件と呼ばれます．
4 公共財を最適に供給するためのメカニズムとしては，リンダール・メカニズムがありますが，需要量を正直に表明するかどうかについて疑念が存在します．
5 公共財に対する需要を正しく表明させるためのメカニズムとしては，グローブス・メカニズムがありますが，グローブス・メカニズムは費用に対して収入が不足するという問題点があります．

数学付録

　ここでは，本書の内容を理解するために必要な数学を，とりわけその使い方に重点をおいて説明します．したがって，本文で使われる多くの概念が登場しますので，一種の用語解説のような役割も果たすことになります．さらに，各種の公式や定理の具体的な応用例も解説してありますので，読者の皆さんは，これを本文と照らし合わせながら，ミクロ経済学の学習に役立てて下さい．

　数学は，厳密であろうとすればするほど記述は煩雑になり，慣れていない人には理解が困難になります．この付録は，文科系の学生を念頭において，数学の適用の仕方のみを説明するものですから，厳密性は相当程度犠牲にされることを，あらかじめお断りしておきます．

1　関数

　1つの実数に1つの実数を対応させる写像を，**1変数関数**と言います．いくつかの実数の組に1つの実数を対応させる写像を，**多変数関数**と言います．その対応関係で出発点となる実数を**独立変数**，終点となるそれを**従属変数**と呼びます．経済学で現れる多くの関数では，その対応関係に因果関係の意味づけが与えられます．

1.1　1変数関数の例

　短期の生産関数（第2章1節）：本書では，短期と言うとき可変的な生産要素を1つと考えます．そこでその要素量を l とし，生産物の生産量を x とすれば，短期の生産関数は次のように表せます．

$$x = f(l)$$

　費用関数（第1章3節）：生産量 x に対しどれほどの費用がかかるかを表すのが，費用関数です．費用額を c とすれば，費用関数は次のようです．

$$c = c(x)$$

　収入関数：生産量 x の販売から得られる収入を表す関数です．生産物の価格を p とすれば，明らかに次の通りです．

$$R = px$$

効用関数：消費財の各消費量に対し得られる満足の程度を示すのが，効用関数です．消費財が1つでその数量を x とし，効用の値を u で表せば，効用関数は次のようです．

$$u = u(x)$$

反応関数（第10章3節）：同質複占において，1企業が他企業の供給量に対し示す最適な供給量を表す関数を，反応関数と言います．たとえば企業1の反応関数は企業2の供給量を x_2 とすれば次のように表せます．

$$x_1 = f(x_2)$$

分析の上で関数に要求される基本的な条件として，**連続性**があります．これは要するに，そのグラフをノートに描くとき，書いている鉛筆を途中で紙面から離さずに書き切ることができるような関数のことです．

1.2 多変数関数の例

長期の生産関数（第1章1節）：本書では，長期と言うとき可変的な生産要素を2つと考えます．それらの数量を l, k で表せば，長期の生産関数は次のようになります．

$$y = f(l, k)$$

効用関数（第4章1節）：2つの消費財に直面する家計の効用関数は，各消費財の数量を x, y とすれば，次のようになります．

$$u = u(x, y)$$

需要関数（第3章3節）：2つの消費財に直面する家計の場合，1つの消費財に対する需要量は，各消費財の価格と家計の所得水準によって決まります．この関係を表すのが，個別家計の需要関数です．各消費財の価格を p_x, p_y とし，所得の大きさを I で表せば，消費財 X に対する家計の需要関数は次のようです．

$$x = x(p_x, p_y, I)$$

（**注意**）この需要関数において，p_y, I を一定として p_x と x の関係だけに着目し関数表現した $x = x(p_x)$ を，需要関数と呼ぶことがあります．そのときの需要関数をグ

ラフ表示したものが，個別家計の**需要曲線**です．ただし，そのグラフでは横軸に x をとり縦軸に p_x をとるのが慣例です（第3章3節）．

総需要関数（第3章3節）：個別需要関数をすべての家計について合計したものが総需要関数です．各家計の需要関数を $x^i(p_x, p_y, I^i)$，総需要量を x と表せば，総需要関数は次のようになります．

$$x = \sum_{i=1} x^i(p_x, p_y, I^i)$$

ここで $\sum_{i=1}$ は $x^i(p_x, p_y, I^i), i=1, 2, \cdots$ のすべてを足し合わせることを示す**総和記号**です．

（**注意**）個別需要曲線のときと同様に，この総需要関数に対しても，p_x と x の関係だけに着目したものを総需要関数と呼ぶ場合があります．そのとき得られる需要曲線は，**市場需要曲線**と呼ばれます．グラフの上で見ると市場需要曲線は個別需要曲線の水平和として導かれます（第3章3節）．

供給関数（第2章4節）：生産要素の価格と生産物の価格が決まれば，その生産物の最適な供給量が決まります．この関係を表すのが供給関数です．いま，生産要素が2つあり，それらの価格を w_1, w_2 で表し，当該生産物の供給量を y，その価格を p とすれば，個別企業の供給関数は次のようです．

$$y = y(p, w_1, w_2)$$

（**注意**）この供給関数において，w_1, w_2 を一定として p と y の関係だけに着目し関数表現した $y = y(p)$ を，供給関数と呼ぶことがあります．そのときの供給関数をグラフ表示したものが，個別企業の**供給曲線**です（第2章3節）．

多変数関数から導かれる1変数関数によりもたらされると見ることのできる，重要な概念があります．

無差別曲線（第4章1節）：効用関数 $u = u(x, y)$ において，一定の効用水準をもたらす (x, y) の間に1対1の関係があるときには，関数 $y = y(x)$ が得られて，次が成り立ちます．

$$u(x, y(x)) = \bar{u}$$

ここで $\bar{u}$ は，一定とおかれる効用水準を表します．このときの関数 $y=y(x)$ をグラフ表示したものを，$(u=\bar{u}$ の) **無差別曲線**と言います．異なる $\bar{u}$ ごとに別の無差別曲線が得られますので，それらをすべて表示すれば，無差別曲線群が得られます．

　(**注意**) 一般に関数 $z=f(x,y)$ において，ある定数 c に対し，関数 $y=y(x)$ が存在して，恒等的に $f(x,y(x))=c$ が満たされるとき，この関数 $y=y(x)$ は $f(x,y)=c$ から定まる**陰関数**と言います．したがって，無差別曲線は効用関数において $u(x,y)=\bar{u}$ から定まる陰関数のグラフであると言うことができます．

　等量曲線（第 1 章 3 節）：長期の生産関数 $y=f(l,k)$ において，一定量の生産量をもたらす (l,k) の間に 1 対 1 の関係があるときには，関数 $k=k(l)$ が得られて，次が成り立ちます．

$$f(l,k(l))=\bar{y}$$

ここで $\bar{y}$ は一定とおかれる生産量を表します．このときの関数 $k=k(l)$ をグラフ表示したものを，$(y=\bar{y}$ の) **等量曲線**と言います．異なる $\bar{y}$ ごとに別の等量曲線が得られますので，それらをすべて表示すれば等量曲線群が得られます．なお，上の注意と同様に，等量曲線は長期の生産関数において $f(l,k)=\bar{y}$ から定まる陰関数のグラフであると言うことができます．

1.3　具体的な関数形

　経済学でよく使われる具体的な 1 変数関数は，1 次関数です．これは一般に，次のような形をしています．

$$y=ax+b$$

この関数をグラフ表示すると直線になりますが，その形状から a は**傾き**と呼ばれます．また b は，**y 切片**と呼ばれます．

　たとえば，需要曲線の式としてよく使われるのは次のようなものです．

$$x=-ap+b \quad a,b>0$$

　また，多変数関数としてよく使われるのが**コブ＝ダグラス型関数**です．2 変数 (x_1,x_2) の場合につきそれを表現すると次のようです．

$$y=ax_1^\alpha x_2^\beta$$

たとえば l と k の2生産要素からなるコブ=ダグラス型関数は，次のように表せます．

$$y = al^\alpha k^\beta \quad a, \alpha, \beta > 0$$

(**注意**) 経済分析では，コブ=ダグラス型関数を構成する変数の指数（上付きの α や β）が分数になる場合が多いので，ここで念のために，指数が分数であることの意味を説明しておきます．一般に，$x^{1/n}(n>0)$ は x の n 乗根を表します．つまり n 乗したら x になる数のことです．たとえば $x^{1/2}$ は $\sqrt{x}$ のことであり，$x^{1/3}$ は $\sqrt[3]{x}$ のことです．一方，たとえば $x^{2/3}$ は $(x^{1/3})^2$（または $(x^2)^{1/3}$）と解釈できますので，$(\sqrt[3]{x})^2$（または $\sqrt[3]{x^2}$）のことです．ついでに指数が負の数の場合を再確認しておきましょう．x^{-n} は $\frac{1}{x^n}$ を表します．ここで n は正の整数でも分数でもかまいません．

1.4 逆関数

1変数関数の独立変数と従属変数の間に1対1の関係があれば，その関係を逆に見て，従属変数を出発点とし独立変数を終点とする対応関係を機械的に考えることができます．こうしてできる新たな関数は，もとの関数の**逆関数**と呼ばれ，もとの関数の関数記号を f とすれば，f^{-1} という関数記号で表されます．経済学では次の逆関数がよく使われます．

逆需要関数（第10章2節）：価格と需要量の間の関係として捉えられるときの需要関数 $x = x(p)$ は，通常単調減少ですので，これに対し逆関数 $p = x^{-1}(x) = p(x)$ を考えることができます．これを逆需要関数と言います．

1.5 合成関数

ある1変数関数あるいは多変数関数 f の，すべての可能な値を定義域に含む別の関数 g が存在するとき，f の独立変数 x（または $(x_1, x_2, \cdots, x_n)$）に $g(f(x))$（または $g(f(x_1, x_2, \cdots, x_n))$）を対応させる写像を，$f$ と g の**合成関数**と言います．合成関数は通常 $g \circ f$ という記号で表されます．合成関数は要するに，独立変数が f のみならず g まで経由して終点に至るものです．合成関数にはいろいろなバリエーションが考えられますが，次に挙げる経済学上の例もその一つです．

間接効用関数（第4章2節）：2消費財に直面する家計にとって，それらの価格と所得が与えられれば，各財に対する需要量が需要関数により決まります．したがって，そのときの需要量から得られる効用も決まります．これは需要関数と効用関数からなる一種の合成関数で，間接効用関数と呼ばれます．それを明示すれば次のようです．

数学付録 393

$$u = u(x(p_x, p_y, I), y(p_x, p_y, I))$$

1.6　特殊な性質の関数

同次関数（第6章2節）：経済学でよく使われる特殊な性質の関数として**同次関数**があります．同次関数は実際上は0次同次，1次同次，2次同次，…，r次同次というように次数を特定して使われます．1変数関数 $y=f(x)$ が r 次同次であるというのは，任意の正の実数 λ に対し次が成り立つことを言います（なおこのとき，より正確に正の r 次同次と言うこともあります）．

$$\lambda^r y = f(\lambda x)$$

同様に多変数関数 $y=f(x_1, x_2, \cdots, x_n)$ に関してもそれが r 次同次と言うのは，任意の正の実数 λ に対し，

$$\lambda^r y = f(\lambda x_1, \lambda x_2, \cdots, \lambda x_n)$$

が成り立つことを言います．r 次同次関数とは要するに，独立変数がすべて λ 倍されると従属変数のほうは λ^r 倍されるような関数のことです．前述のコブ=ダグラス型関数は独立変数の指数の和に等しい次数をもつ同次関数です．たとえば，

$$y = a x_1^{1/3} x_2^{2/3}$$

は1次同次です（読者の皆さんは各自確かめてみて下さい）．

【具体例】 同次性をもつ関数の1例は，家計の需要関数 $x=x(p_x, p_y, I)$ です．これは0次同次の関数となります．実際，p_x, p_y, I がすべて $\lambda(>0)$ 倍されても予算制約式にはまったく変化がありませんので，選択できる (x, y) の範囲は変わらないからです．

（準）凹関数と（準）凸関数（第1章2節）：経済分析を行う上で，理論的帰結が矛盾なく導かれるためには，扱う関数に何らかの簡単化仮定をしておくことが多く要求されます．その仮定の代表的なものに，凹性（凸性）があります．

関数 $y=f(x)$ の任意の2点 x_1, x_2 において次が成り立つとき，f は凹関数と呼ばれます．ただし，λ は $0<\lambda<1$ を満たす任意の実数です．

$$f(\lambda x_1 + (1-\lambda) x_2) \geq \lambda f(x_1) + (1-\lambda) f(x_2)$$

ここで不等号が狭義（$>$）で成り立つとき，f は**狭義凹関数**と呼ばれます．

なお，$\lambda x_1+(1-\lambda)x_2$ は x_1 と x_2 の**凸結合**と呼ばれます．したがって，この不等式は，2つの変数の凸結合の関数値は各変数の関数値の凸結合より小さくないことを表します．

上で不等号の向きが逆になるとき，f は**凸関数**（**狭義凸関数**）と呼ばれます．

凹（凸）性が意味することを図の上で示せば，x_1, x_2 に対応する値 $f(x_1), f(x_2)$ を結ぶ線分上の点が，その間の f のグラフ上の点より，凹関数の場合は下に，凸関数の場合は上にあるということです．大まかに言えば，そのグラフが横軸から上に見てくぼんだ形のようなものを凹関数，逆に突き出しているような形のものを凸関数と言います．

以上では，1変数関数を前提としていましたが，多変数関数の場合もその定義は変わりません．ただ，変数の凸結合が，それぞれの変数ごとに行われることに注意して下さい．たとえば，2変数関数の場合，2つの変数の組 (x_1, y_1) と (x_2, y_2) の凸結合は，$(\lambda x_1+(1-\lambda)x_2,\ \lambda y_1+(1-\lambda)y_2)$ となります．

準凹（準凸）関数は凹（凸）関数とだいぶ違います．すなわち関数 $y=f(x)$ の任意の2点 x_1, x_2 において，

$$f(\lambda x_1+(1-\lambda)x_2) \geq \min\{f(x_1),\ f(x_2)\}$$

が成り立つとき f は**準凹関数**であると言われます．また，この不等号が狭義で成り立つとき，f は**狭義準凹関数**と呼ばれます．一方，**準凸関数**の方は，任意の2点 x_1, x_2 において，

$$f(\lambda x_1+(1-\lambda)x_2) \leq \max\{f(x_1),\ f(x_2)\}$$

が成り立つ関数のことを言います．不等号が狭義で成り立つときには**狭義準凸関数**と呼ばれることは，準凹関数のときと同じです．なお，（狭義）準凸関数というのは $-f$ が（狭義）準凹関数になる関数のことであると言うこともできます．

定義が意味することを図の上で示せば，x_1, x_2 の間の f のグラフ上の点が，$f(x_1)$ と $f(x_2)$ の小さな方の値より上にあるときは準凹，$f(x_1)$ と $f(x_2)$ の大きな方の値より下にあるときには準凸ということです．したがって，どちらの場合も f のグラフにはある程度のでこぼこが許されるわけで，凹（凸）関数よりもずいぶん緩い関数です．なお，言うまでもなく凹関数であれば準凹関数（凸関数であれば準凸関数）であると言えます．

準凹（凸）関数は凹（凸）関数と大いに異なるのに凹（凸）という呼び名が使われているのは，奇妙に思われるかもしれませんが，話を多変数関数の場合に拡張すると，

準凹（凸）関数にもその名にふさわしい顕著な性質が浮かび上がってきます．たとえば，2変数関数 $z=f(x,y)$ の場合を例にとると，f が準凹関数であれば，任意の定数 c に対し，$f(x,y) \geqq c$ を満たす点 (x,y) の集合は，そこに含まれるどの2点を結ぶ線分もその集合の外に出ないという性質（このような性質をもつ集合は**凸集合**と呼ばれます）をもちます．したがって，その集合の境界を形作る部分，すなわち $f(x,y)=c$ を満たす (x,y) の集合は，でこぼこをもたない曲線となります．特に f が狭義準凹関数であれば，その境界ははっきり凸の形をなします．

【具体例】効用関数 $u=u(x_1, x_2)$ が狭義準凹関数であれば，無差別曲線は $\{(x,y)\,|\,u(x_1,x_2)=\bar{u}\}$ と表せますので，原点に対して凸の形をなします．

【具体例】長期の生産関数 $x=f(l,k)$ が狭義準凹関数であれば，等量線は $\{(l,k)\,|\,f(l,k)=\bar{x}\}$ と表せますので，原点に対して凸の形をなします．

2　微分

2.1　微分とは

1変数関数 $y=f(x)$ において，$x=a$ の近傍で次の極限，

$$\lim_{h \to \pm 0} \frac{f(a+h)-f(a)}{h}$$

が定義されて有限の値に確定するとき $f(x)$ は $x=a$ で微分可能と言います．ここで $h \to \pm 0$ と記されているのは，a に正と負の両方向から近づいても極限が同じになることを意味しています．この極限値は，$f(x)$ の $x=a$ における**微分係数**と呼ばれ，一般に $f'(a)$ で表されます．独立変数の定義域のどこでも微分可能ならば，その関数は単に微分可能と呼ばれます．そのときには各点 x に微分係数 $f'(x)$ を対応させる写像を考えることができます．この写像は $y=f(x)$ と定義域を同じくする1変数関数で，$f(x)$ の**導関数**と呼ばれます．導関数自体，記号 $f'(x)$ で表現されることが多いのですがそれ以外にも，

$$y',\quad \frac{df(x)}{dx},\quad \frac{d}{dx}f(x),\quad \frac{dy}{dx}$$

等の記号も使われます．

$y=f(x)$ をグラフで表すとき，微分係数 $f'(a)$ はそのグラフ上の点 $(a, f(a))$ におけるそのグラフへの接線の傾きを表します．したがって，$f'(a)>0$ であれば a のと

ころで関数の値は増加傾向にあり，逆に $f'(a)<0$ であれば減少傾向にあります．これからたとえば定義域のすべての点で $f'(x)>(<)0$ が成り立てば関数 f は増加（減少）関数ということになります．

さて微分係数はその定義から，$x=a$ からの x の限りなく小さな変化に対し生ずる y の値の変化の割合と解釈することができますが，これこそは経済学における**限界概念**に他なりません．たとえば短期の生産関数 $x=f(l)$ に対する $l=\bar{l}$ での**限界生産力**とは，$f'(\bar{l})$ のことです．経済学ではこのような限界概念が頻繁に使われます．いくつかを表示記号とともにまとめておきましょう．

(1) 限界生産力（MP）：$f'(l)$（第1章2節）
(2) 限界費用（MC） ：$c'(x)$（第1章3節）
(3) 限界収入（MR） ：$R'(x)$（第1章3節）
(4) 限界効用（MU） ：$u'(x)$（第4章1節）

こうして各限界概念の実体は，幾何学的には対応するそれぞれの関数をグラフ表示したときのグラフ上の点における接線の傾きで捉えられます．

（**注意**）経済学の場合は現実の現象に照らして分析を行いますので，「限りなく小さい」というものを考えることは困難です．そこで最も小さな単位として1単位をとり，限界概念を追加1単位のもたらすものという形で近似的に表現する場合が多いのです．たとえば上の限界生産力 $f'(\bar{l})$ は $l=\bar{l}$ から l の追加1単位がもたらす x の変化量という形で表現するのです．

以下，経済学でよく使われる初等関数の導関数を示しておきます．

$$y=c\ （定数）\qquad \to\quad y'=0$$
$$y=x^n\ （n は有理数） \to\quad y'=nx^{n-1}$$
$$y=\ln x \qquad\qquad \to\quad y'=\frac{1}{x}$$

これから次が得られます．

$$y=x \qquad\qquad \to\quad y'=1$$
$$y=\sqrt{x}=x^{1/2}\quad \to\quad y'=\frac{1}{2}x^{-1/2}=\frac{1}{2\sqrt{x}}$$
$$y=\frac{1}{x}=x^{-1}\quad \to\quad y'=-x^{-2}=-\frac{1}{x^2}$$

なお，微分と密接に関係する経済学の概念に次があります．

価格弾力性（第3章3節）：需要量または供給量が価格の変化にどのように反応するかを計る尺度に，需要（供給）の価格弾力性があります．これは一口で言えば，価格の変化率でそのとき発生する需要量（供給量）の変化率を除したものですが，正確には次のように定義されます（需要について記していますので，値を正にするために前にマイナスの符号を添えていますが，供給の場合には必要ありません）．

$$-\frac{\dfrac{dx}{x}}{\dfrac{dp}{p}} = -\frac{dx}{dp}\frac{p}{x}$$

これから明らかにこの尺度は，（価格と需要量の関係だけを見たときの）需要関数の微分係数の絶対値（言い換えれば需要曲線への接線の傾きの絶対値）にそのときの価格・数量比 $\dfrac{p}{x}$ を乗じたものに他なりません．したがって，一般に需要曲線上の各点でその値は異なります．なお，需要の価格弾力性は ε という記号で表される場合が多いようです．

2.2 関数の和・積・商の微分

関数の和（差），積および商に関する微分については次のような公式があります．以下，2つの関数 $f(x)$ と $g(x)$ は同じ定義域において，ともに微分可能とします．

$$(f(x) \pm g(x))' = f'(x) \pm g'(x)$$
$$(cf(x))' = cf'(x) \quad (c \text{ は定数})$$
$$(f(x)g(x))' = f'(x)g(x) + f(x)g'(x)$$
$$\left(\frac{f(x)}{g(x)}\right)' = \frac{f'(x)g(x) - f(x)g'(x)}{(g(x))^2}$$

これから，

$$y = ax \pm b \rightarrow y' = a$$

が得られます．

【具体例】 積の微分の1例として，限界収入を挙げておきます．1生産物を生産する企業の収入（R）は，生産量を x，価格を p とすれば，明らかに，

$$R = px$$

と表せます．よってこの企業が価格受容者であれば，価格は定数ですので，限界収入（MR）は，

$$MR = (px)' = p$$

と価格に等しい定数となります．またこの企業が独占企業で，その直面する市場需要の逆需要関数を $p = p(x)$ とすると，限界収入は，

$$MR = (p(x)x)' = p'(x)x + p(x)$$

と x に依存する関数になります．特に逆需要関数が1次関数，

$$p = ax + b \quad a < 0$$

で与えられるときには，独占企業の限界収入関数は，

$$MR = (px)' = (ax^2 + bx)' = 2ax + b$$

となります．

2.3 逆関数の微分

微分可能な関数 $y = f(x)$ が逆関数 $x = f^{-1}(y)$ をもつとき，この逆関数も微分可能でその微分係数は次のようになります．

$$\frac{dx}{dy} = \frac{1}{\frac{dy}{dx}}$$

要するに逆関数の微分係数は，もとの関数の微分係数の逆数になります．

【具体例】（第10章2節）逆関数の例として，上に述べた独占企業の限界収入 $MR = p'(x)x + p(x)$ を考えてみましょう．$p = p(x)$ は需要関数 $x = x(p)$ の逆関数でしたので，この式は次のように変形されます．

$$MR = p'(x)x + p(x) = \frac{1}{\frac{dx}{dp}} x + p(x)$$

$$= p(x)\left[1 + \frac{1}{\frac{dx}{dp} \frac{p(x)}{x}} \right]$$

ここで前述の需要の価格弾力性（ε）を想起すれば，上式は正に，

$$MR = p(x)\left(1 - \frac{1}{\varepsilon}\right)$$

となります．したがって，この独占企業の直面する需要が価格に弾力的でないとき（$\varepsilon<1$）限界収入は負になりますが，弾力的なとき（$\varepsilon>1$）にはそれが正になります．

2.4 合成関数の微分

関数 $y=f(x)$ が微分可能で，その可能なすべての値を定義域に含む関数 $z=g(y)$ が微分可能であるならば，合成関数 $z=g(f(x))$ は x について微分可能であり，その微分係数は次のようになります．

$$\frac{dz}{dx} = \frac{dz}{dy}\frac{dy}{dx}$$

あるいはこれは次のようにも書けます．

$$(g \circ f)'(x) = g'(f(x))f'(x)$$

要するに合成関数の微分係数はそれを構成する各関数の微分係数の積になります．

3 偏微分

3.1 偏微分とは

1変数関数の微分を多変数関数に拡張したのが，偏微分です．変数の数はいくつでも同じですので，最も簡単な2変数関数 $z=f(x,y)$ の場合について説明します．この関数において独立変数 y を一定として $f(x,y)$ を x だけの関数と見たとき，次の極限が存在するならば，

$$\lim_{h \to \pm 0} \frac{f(x+h, y) - f(x, y)}{h}$$

$f(x,y)$ は x で偏微分可能であると言い，この極限値を関数 $f(x,y)$ の x に関する**偏微分係数**あるいは**偏導関数**と言います．同様に，独立変数 x の方を一定として f を y の関数と見たとき，上式に対応する極限が定義できれば，f は y で偏微分可能であると言い，その極限値を関数 $f(x,y)$ の y に関する偏微分係数あるいは偏導関数と言い

ます．偏導関数の表し方はいろいろあります．x に関する偏導関数について代表的なものを挙げれば，次のようになります．

$$\frac{\partial z}{\partial x}, \frac{\partial f}{\partial x}(x, y), \ f_x, \ f_x(x, y)$$

偏導関数の値は x のみならずそのとき一定とおかれる y の値にも依存します．したがって，偏導関数自体 (x, y) に関する2変数関数となることに注意しなければなりません．

経済学では，前述の限界概念を多変数関数の場合に適用したものが多く使われますが，それらはいずれも偏微分係数（あるいは偏導関数）に他なりません．その際，「限界」という形容詞に代わる特別な用語が使われるわけではなく「～に関する（あるいは～の）」という但し書きが添えられるにすぎません．

【具体例】（第4章1節）1例として，2消費財に直面する家計の効用関数 $u(x, y)$ について言えば，$u_x(x, y)\left(=\dfrac{\partial u}{\partial x}(x, y)\right)$ は「x に関する（あるいは x の）限界効用」と表現されます．

なお本文中では u_x を，上式の右辺にあるように $\dfrac{\partial u}{\partial x}$ のように表現していましたが，以下では記号の煩雑さを避けるために経済学の例の説明には誤解のおそれがない限り，u_x 式の簡単な表記法を用いていきます．

3.2 合成関数の微分

多変数関数が合成関数の一部を構成するときに，偏導関数を求めることがしばしば要求されます．そのような場合には，次の公式が基本となります．以下，2変数関数 $z = f(x, y)$ の場合につき表示しますが，これは変数がいくつあっても同様です．なお，関数 $z = f(x, y)$ は定義域の全体で x，y の両方に関し偏微分可能で，両方の偏導関数とも定義域上で連続とします．

(1) x と y がともに t の微分可能な関数であるとき $f(x(t), y(t))$ は t に関して微分可能で，次が成り立ちます．

$$\frac{df}{dt} = f_x \frac{dx}{dt} + f_y \frac{dy}{dt}$$

(2) x と y がともに2変数 u，v の関数で，かつ両変数に関し偏微分可能である

とき，$f(x(u,v), y(u,v))$ は u，v に関し偏微分可能で，次が成り立ちます．

$$\frac{\partial f}{\partial u} = f_x \frac{\partial x}{\partial u} + f_y \frac{\partial y}{\partial u}$$

$$\frac{\partial f}{\partial v} = f_x \frac{\partial x}{\partial v} + f_y \frac{\partial y}{\partial v}$$

この公式を使うと，次の経済学上の概念を定義することができます．

限界代替率（第4章1節）：無差別曲線が次を満たす関数 $y=y(x)$ のグラフで表されたことを想起します．

$$u(x, y(x)) = \bar{u}$$

ここで関数 u は偏微分可能で，関数 y も微分可能であるとします．そこで両辺を x で微分すると，まず左辺は次のようになります．

$$u_x \frac{dx}{dx} + u_y \frac{dy}{dx} = u_x + u_y \frac{dy}{dx}$$

一方，右辺は定数ですので x で微分しても明らかに0です．よって，

$$\frac{dy}{dx} = -\frac{u_x}{u_y}$$

が得られます．この左辺は明らかに関数 $y=y(x)$ の微分係数ですが，グラフの観点から言えば，無差別曲線に対する接線の傾きを表します．この傾きの絶対値（したがって $-\frac{dy}{dx}$）を限界代替率と言い，MRS で表します．これは近似的に言えば，同じ効用を得ることを前提としたときに，財 X の追加1単位の増加に対し放棄しなければならない財 Y の量を表します．上の式から明らかなとおり，これは x に関する限界効用と y に関する限界効用 $\frac{u_x}{u_y}$ の比に等しくなります．

技術的限界代替率（第1章3節）：無差別曲線に対して行った上の操作を，等量線に施すことで，

$$\frac{dk}{dl} = -\frac{f_l}{f_k}$$

が得られますが，この左辺（すなわち等量線に対する接線の傾き）の絶対値（すなわち $-\frac{dk}{dl}$）を技術的限界代替率（$MRTS$）と言います．それは同じ産出量を得るために生産要素 L の追加 1 単位の増加に対し放棄せねばならない要素 K の量を表し，上の式から l に関する限界生産物と k に関する限界生産物の比 $\frac{f_l}{f_k}$ に等しくなります．

3.3 全微分

関数 $z = f(x, y)$ が x と y の両方に関し偏微分可能であり，それらの偏導関数が連続なときには任意の (x, y) において次が成り立ちます．

$$f(x+h, y+k) - f(x, y) = f_x(x, y)h + f_y(x, y)k + \varepsilon(h, k)\sqrt{h^2 + k^2}$$

ただし，ここで h と k がともに 0 に近づけば $\varepsilon(h, k)$ も 0 に近づきます．さて h と k をともに 0 に十分近い微小な大きさとし，それらをそれぞれ dx，dy で表せば上式の左辺は，それに対する関数値の微小な変化分とみなせますので，df と書くことができるでしょう．一方，このとき右辺の第 3 項はほぼ 0 と見ることができますので，上式は次のように変形することができます．

$$df = f_x(x, y)dx + f_y(x, y)dy$$

この df を変動 (dx, dy) に対する f の**全微分**と言います．また，上のような演算をすることを関数 $f(x, y)$ を (x, y) に関し全微分する（または全微分をとる）と言います．3 変数以上の場合についてもまったく同様に全微分を考えることができます．

【具体例】全微分を利用して，前述の限界代替率を導いてみましょう．まず無差別曲線を形作る (x, y) が，$u(x, y) = \bar{u}$ を満たすことに注意します．そしてこの式の両辺を (x, y) に関し全微分してみます．すると右辺が定数であることに注意すれば，次が得られます．

$$u_x dx + u_y dy = 0$$

これからただちに，

$$\frac{dy}{dx} = -\frac{u_x}{u_y}$$

が得られます．

全微分は経済学の分析上，たいへん有用です．特に，**比較静学分析**と呼ばれる分野で大きな力を発揮します（第5章4節）．

4　最大・最小問題

微分・偏微分を用いて関数の最大や最小を特徴づけることができます．経済学では主体の合理的行動が何らかの目的関数の最大ないし最小化として記述されるため，微分・偏微分によるその特徴づけを理解することは死活的に重要です．

4.1　1変数関数の最大・最小問題

1変数関数 $y=f(x)$ が $x=a$ において十分小さな $h(>0)$ に対し $f(a±h)<f(a)$ が成り立つとき $f(x)$ は $x=a$ で極大になると言い，そのときの値 $f(a)$ をその極大値と言います．上の不等式の不等号が逆向き（すなわち>）のとき，$x=a$ で極小になると言い，$f(a)$ をその極小値と言います．以下，関数 $y=f(x)$ は微分可能でその導関数は連続とします．すると次が成り立ちます．

極大・極小の必要条件：$f(x)$ が $x=a$ で極大値または極小値をとるならば $f'(a)=0$ が成り立つ．

導関数 $f'(x)$ が微分可能であれば極大か極小かを簡単に判断する方法があります．なお，導関数の導関数 $(f'(x))'$ は $f''(x)$ と表記され f の第2次導関数と呼びます．

極大・極小の十分条件

$f'(a)=0$ であれば，

$f''(a)<0$ のとき $f(x)$ は $x=a$ で極大となり，

$f''(a)>0$ のとき $f(x)$ は $x=a$ で極小となる．

関数 $y=f(x)$ がその定義域の中で最大（小）の値をもつとき，その値を f の最大（小）値と言います．最大（小）値が定義域の端点（x の動ける区間の端の点）で達成されるのでなければ最大（小）値は極大（小）値のうちで最大（小）のものです．したがって，$y=f(x)$ の最大（小）値を求めるには $f(x)$ の極大（小）値をすべて求めることから始めねばなりません．これは言い換えれば，$f'(x)=0$ を満たす x を求めることです．

【具体例】（第1章3節）1例として，完全競争企業の利潤最大化を考えてみましょう．まずその企業の利潤（Π）は次のように表せます．

$$\Pi = px - c(x)$$

企業はこの利潤を最も大きくする生産量を供給することを望みます．その大きさは上の議論から，

$$\frac{d\Pi}{dx} = p - c'(x) = 0$$

を満たすものでなければなりません．これは $p = c'(x)$ を満たす x を求めることですので，言い換えれば「価格＝限界費用」（$p = MC$）を成り立たせる生産量 x を求めることに帰着します．ただし，注意すべきはこの条件が必要条件であることです．したがって，こうして求められる x は利潤を最小にしてしまうものかもしれません．それを確かめるには，Π の2次導関数をとらねばなりません．そして上に述べた十分条件から最大値のためには，$\Pi''(x) < 0$ となることが確認されねばならないのです．これから $c''(x) > 0$ でなければならないことがわかります．これは言い換えれば，限界費用 $c'(x)$ が増加傾向にあることです．つまり，価格＝限界費用を満たして限界費用が増加しつつある生産量の中に，利潤を最大化するものがあるということです（詳しくは可能な x の区間の端点——ここでは 0 と ∞——も吟味しなければなりませんが，そこでは最大値が得られないことは容易に確認できます）．

微分可能な関数が数学付録1.6項で述べた凹（凸）性をもっているときには最大・最小を求めることが容易になります．それは次の性質によります．

微分可能な凹（凸）関数の必要十分条件：関数 f が凹関数であるための必要十分条件は $f'' \leqq 0$ となります．さらに $f'' < 0$ であれば f は狭義の凹関数となります．

ここで，f が凸関数（狭義凸関数）のときには不等号の向きが逆になります．

この性質の有用性は，極大値のための十分条件が $f'' < 0$ であったことを想起すれば明らかです．つまり，もしも関数 f がはじめから狭義凹関数であるならば，極値のための必要条件を満たす x が求められさえすれば，それは自動的に極大値となります．否そればかりでなく，それは一意であることが容易に証明されますので，最大値にもなるのです．最小値と凸関数の関係も同様です．このことから経済学では，関数に凹（凸）性を仮定することがしばしば行われます．以下にいくつかの例を挙げておきます．

限界生産力逓減の法則（第1章2節）：経済学では技術的な経験則として限界生産

力が要素の投入量とともに（少なくとも最終的には）減少していくことが認められています．限界生産力は $f'(l)$ でしたから，これが減少するということは，$f'' < 0$ を意味しますので，この法則から微分可能性を前提するなら生産関数（短期）は（少なくとも最終的には）凹関数になると言えます．

限界効用逓減の法則：これも上と同じで，限界効用は $u'(x)$ ですので，その逓減は（微分可能な）効用関数が凹関数であることを意味します．

4.2 多変数関数の最大・最小問題

多変数関数の場合も極値の特徴づけをもとにして最大・最小が判定されます．ここでは簡単のため 2 変数関数 $z = f(x, y)$ の場合について説明します．関数 f が点 $P_0 = (x_0, y_0)$ で極大（小）値をとるというのは，点 P_0 の近傍で見る限り，f の値は P_0 におけるときが最大（小）となることを言います．以下，関数 f は偏微分可能で偏導関数は連続とします．すると 1 変数関数の場合と同様に次が得られます．

極大・極小の必要条件

$f(x, y)$ が $P_0 = (x_0, y_0)$ で極大値または極小値をとるならば，

$f_x(x_0, y_0) = 0$ かつ $f_y(x_0, y_0) = 0$ が成り立つ．

さらに偏導関数が微分可能で連続であれば極大・極小を判定する十分条件が得られます．なお，第 2 次偏導関数は f_{xx} とか f_{xy} のように添え字を並べて表現します．

極大・極小の十分条件

$f_x(x_0, y_0) = 0$ かつ $f_y(x_0, y_0) = 0$ であれば，

$(f_{xy}(x_0, y_0))^2 - f_{xx}(x_0, y_0) f_{yy}(x_0, y_0) < 0$ を条件として，

$f_{xx}(x_0, y_0) < 0$ のとき $f(x, y)$ は P_0 で極大となり，

$f_{xx}(x_0, y_0) > 0$ のとき $f(x, y)$ は P_0 で極小となる．

上で $(f_{xy}(x_0, y_0))^2 - f_{xx}(x_0, y_0) f_{yy}(x_0, y_0) < 0$ という条件は死活的に重要です．もし $(f_{xy}(x_0, y_0))^2 - f_{xx}(x_0, y_0) f_{yy}(x_0, y_0) > 0$ となってしまうと，関数 f は点 P_0 で極値をとりません．

多変数関数の最大・最小も 1 変数関数の場合同様，基本的にはこれらの極大・極小をもとに判定すればよいのですが，ただし，多変数の場合は，変数の定義域が一般に 1 変数のときのように簡単には表現されませんので，その境界部分での関数値の評価が面倒になります．

4.3 制約条件付きの最大・最小問題

多変数関数の最大・最小問題を,実際の問題に即して考える場合,各独立変数みな独立と言うよりは,一定の関係を保つことがよく見られます.このようなときには,問題を解くのに便利な方法が知られています.

(1) 等式制約条件を伴う最大・最小問題

始めに制約式が等式で表される場合を説明します.最適化すべき目標が多数の変数により表されるときまず注意すべきは,それらの変数を縛る制約式は互いに独立である限り変数の数より少なくなくてはいけないということです.独立な制約式が変数の数より多ければそれらを満たす変数は一般に存在しませんし,制約式と変数の数が同じであれば,それだけで解が決定してしまうかあるいは解がないことが判明しますので,目的関数を最大あるいは最小にする変数を選ぶこと自体に意味がなくなります.このことに留意しながらまず2変数の場合から議論しましょう.

このときには制約式は1つとなります.2変数のときの制約条件付き最大化問題に対する一般的な定式化は次のようになります.

$$\max_{x,y} f(x,y) \quad \text{s.t.} \quad g(x,y)=0$$

ここで注意すべきは x と y の関係を規定する制約の表現です.たとえば,x, y の間に $x^2+y^2=1$ という関係があったとします.これをグラフで見れば (x,y) は半径1の円周上に制限されるということを意味しますが,関数の観点からは少し違った見方をすることができます.まず条件を $x^2+y^2-1=0$ と変形し,左辺を (x,y) の関数とみなします.するとこの条件は,その関数が0という値をとることである,換言すればその関数値が0となる (x,y) だけが問題であると見ることができます.このように一般に制約条件の表現においては,0という値で (x,y) の動きを縛る関数を明示することができます.この関数のことを,**制約関数**と呼びます.上の定式における関数 $g(x,y)$ が正にそれです.一方,最大化されるべき関数 $f(x,y)$ は**目的関数**と呼ばれます.

さて,目的関数,制約関数ともに偏微分可能で,それらの偏導関数は連続であるとします.すると次の有用な結果が得られます.

条件付き最大化問題の必要条件:(x_0, y_0) が上記の条件付き最大化問題の最大値を与える点であれば,それは目的関数と制約関数から作られる次の関数(**ラグランジュ関数**と呼ばれる)

$$L(x, y, \lambda) = f(x, y) - \lambda g(x, y)$$
　　（λは**ラグランジュの未定乗数**と呼ばれる実数）

の最大値を与えます．したがって，次が成り立ちます．

$$f_x(x_0, y_0) = \lambda g_x(x_0, y_0), \quad f_y(x_0, y_0) = \lambda g_y(x_0, y_0)$$

この必要条件は，条件付き最大化問題を解く上で極めて有効です．ただし，この2つの条件式は3つの変数 (x, y, λ) を含んでいますので，これだけからでは最適な (x, y) を求めることはできません．これにもう1つ，もとの制約条件 $g(x, y) = 0$ を加えることで方程式体系は完結し，初めて解を得ることができます．ところでこの制約式は，実はラグランジュ関数の λ に関する極値条件，$\frac{\partial L}{\partial \lambda} = 0$ に他なりません．したがって，この点を考慮すると，条件付き最大化問題の必要条件は次のように書く方が便利です．

$$\frac{\partial L}{\partial x} = 0, \quad \frac{\partial L}{\partial y} = 0, \quad \frac{\partial L}{\partial \lambda} = 0$$

つまり，ラグランジュ関数のすべての変数に関する最大値の必要条件が，条件付き最大化問題の必要条件となるわけです．このようにして必要条件を求める方法を，**ラグランジュの未定乗数法**（あるいは単に**ラグランジュ乗数法**）と言います．

さて条件付き最大化問題の場合を論じてきましたが，条件付き最小化の方はどうでしょう．しかし実は，最小化問題は容易に最大化問題に変換できます．というのも，$\min_{x, y} f(x, y)$ は $\max_{x, y} \{-f(x, y)\}$ と同値だからです．つまり最小化しようとする目的関数の符号を変えれば最大化問題に変換されるのです．したがって，その点だけに留意して，上に述べた結果をそのまま使うことができます．

以上は必要条件ですから，そこから得られる解は最大・最小の候補にすぎません．真の解はその中から選択しなければなりません．そのための判定方法もありますが，少し複雑になりますので，ここでは省略します．

経済学では主体の合理的行動はほとんどの場合何らかの制約を受けます．したがって，ここで述べた条件付き最大・最小の議論は，その分析に非常に有効です．以下いくつかの例を挙げましょう．

【具体例】（第1章3節）始めに，企業の長期の生産行動における費用最小化を取り上げましょう．長期においては一定の生産量を得るのに2つの要素 L, K の色々な組み合わせが可能です．そこで企業はまず，どのような組み合わせを選ぶべきか判断

しなければなりません．その際の基準になるのは，利潤最大化という根本原則です．これに照らせばおのずから最も費用のかからない組み合わせが選ばれることになります．いま，要素 L の価格を w とし，要素 K のそれを r とすれば，企業の選択行動は次のように要約されます．

$$\min_{l,k} \ wl+rk \quad \text{s.t.} \quad f(l,k)=\bar{y}$$

ここで $\bar{y}$ は生産されるべき一定の生産量です．ここで制約関数として $g(l,k)=f(l,k)-\bar{y}$ をとればラグランジュ乗数法により次の条件が得られます．

$$\frac{w}{r}=\frac{f_l}{f_k}, \ f(l,\ k)=\bar{y}$$

これは $y=\bar{y}$ の等量線において技術的限界代替率が要素価格の比に等しくなることを意味します．つまり費用最小化をもたらす (l,k) はグラフの上ではそこでの等量線への接線の傾き（絶対値）が要素価格比に等しくなる点でなければならないということです．

【具体例】（第4章2節）次に2つの消費財 X，Y に直面する家計の需要行動を取り上げましょう．家計は消費財を需要しようとするときに使える所得に制限があるため，いわゆる予算制約に従わねばなりません．その下で家計は効用の最大化を図りますから家計の効用関数を $u(x,y)$ とし，その所得を I とすれば，需要行動は次のように要約されます．

$$\max_{x,y} \ u(x,y) \quad \text{s.t.} \quad p_xx+p_yy=I$$

ここで制約関数として $g(x,y)=p_xx+p_yy-I$ をとればラグランジュ乗数法により次の条件が得られます．

$$\frac{u_x}{u_y}=\frac{p_x}{p_y}, \ p_xx+p_yy=I$$

これは予算線において限界代替率が価格比に等しくなることを意味します（限界効用の比＝限界代替率であったことに注意しましょう）．つまり需要量は無差別曲線が予算線と接するところでしか達成されないということです．

【具体例】（第4章2節）上の問題に密接に関係したものとして，一定の効用をもたらす (x,y) の組み合わせのうちで支出が最小になるものを選ぶ問題があります．それを定式化すれば，次のようになります．

$$\min_{x, y} p_x x + p_y y \quad \text{s.t.} \quad u(x, y) = \bar{u}$$

ここで $\bar{u}$ は達成されるべき一定の効用水準です．この問題を前の具体例で述べた問題と比べてみると，最大化が最小化に変えられ目的関数が制約関数を構成し，制約関数が目的関数を形作るというように，両者がはっきりとした対称的な構造をしていることがわかります．このような対称性をもった問題は，互いに**双対である**と言い，一方は他方の**双対問題**と呼ばれます．さてこの支出最小化の問題にもやはりラグランジュ乗数法が使え次の必要条件が導かれます．

$$\frac{u_x}{u_y} = \frac{p_x}{p_y}, \quad u(x, y) = \bar{u}$$

これは，与えられた無差別曲線の上で予算線が接することを要求するもので，前の問題と比べたとき，固定されるのが予算線か無差別曲線かの違いしかないことがわかります．なお，このとき得られる需要量を，ここでのパラメータ $(p_x, p_y, \bar{u})$ に関係づけそれを関数とみなしたものは，**補償需要関数** ($x = x(p_x, p_y, \bar{u}), y = y(p_x, p_y, \bar{u})$) と呼ばれます．また各財の補償需要関数において，当該の財の価格以外を一定とし，その財の価格と補償需要量の間の関係にのみ着目してそれをグラフ表示したものは，**補償需要曲線**と呼ばれます．

【具体例】（第6章3節）最後にパレート最適な資源配分の特徴づけを取り上げましょう．簡単のためにエッジワース・ボックスを前提とし，2財 (X, Y)，2消費者 (A, B) の場合を考えます．この社会における各財の存在量を $(\bar{x}, \bar{y})$ とし，各消費者への配分量は (x_A, y_A), (x_B, y_B) で表すことにしましょう．パレート最適配分は，一方の消費者が任意に与えられた効用水準を確保することを条件に，他方の消費者がもはやこれ以上高い効用を得ることができないという状態において達成されるはずです．したがって，これを定式化すると，次のようになります．

$$\max_{x_A, x_B} u^A(x_A, y_A) \quad \text{s.t.} \quad u^B(\bar{x} - x_A, \bar{y} - y_A) = \bar{u}$$

これは制約条件付き最大化問題に他なりませんので，ラグランジュ乗数法を適用することができます． $\frac{\partial u^B}{\partial x_A}(\bar{x} - x_A, \bar{y} - y_A) = u_x^B(-1) = -u_x^B$, $\frac{\partial u^B}{\partial y_A}(\bar{x} - x_A, \bar{y} - y_A) = u_y^B(-1) = -u_y^B$ に注意すれば，その結果次のような必要条件が導かれます．

$$\frac{u_x^A}{u_y^A}=\frac{u_x^B}{u_y^B}, \quad x_A+x_B=\bar{x}, \quad y_A+y_B=\bar{y}$$

これは2財の存在量が両消費者の間に分配し尽くされ，かつ両消費者の限界代替率が等しくなることを意味します．したがって，エッジワース・ボックスの中で両消費者の無差別曲線が互いに接する状態です．

(2) 等式制約が多数あるときの最大・最小問題

変数が3つ以上あるときには等式制約が2つ以上になることが可能です．このときでも問題の解き方は前に述べたラグランジュ乗数法と実質的に変わりありません．変わるのは多数ある制約式の扱いだけです．まず問題を一般的に定式化しておきましょう．説明は最大化問題に沿って行うことにします．

$$\max \quad f(x_1, \cdots, x_n) \quad \text{s.t.} \quad g_1(x_1, \cdots, x_n)=0, \cdots, g_k(x_1, \cdots, x_n)=0 \quad (k<n)$$

ここで上の $(k<n)$ は制約式の数が変数の数より少ないことを表していることに注意して下さい．このときラグランジュ関数は次のように定義されます．

$$L(x_1, \cdots, x_n, \lambda_1, \cdots, \lambda_k) = f(x_1, \cdots, x_n) + \lambda_1 g_1(x_1, \cdots, x_n) + \cdots + \lambda_k g_k(x_1, \cdots, x_n)$$

要するにすべての制約関数に別々のラグランジュ乗数を掛けて目的関数と足し合わせることでラグランジュ関数が作られるのです．この関数に基づき解の必要条件は次のように表されます．

$$\frac{\partial L}{\partial x_1}=\cdots=\frac{\partial L}{\partial x_n}=0, \quad \frac{\partial L}{\partial \lambda_1}=\cdots=\frac{\partial L}{\partial \lambda_k}=0$$

これは前に述べた2変数の場合の必要条件を単純に拡張したものに他なりません．

(3) 不等式制約条件付き最大・最小問題

制約式が等式でなく不等式である場合も経済学ではしばしば現れます．等式制約と不等式制約の大きな違いは後者の場合，制約の数が変数の数による縛りを受けないことです．したがってたとえば2変数の場合であっても不等式制約が3つ以上あることが許されます．

まずこの問題を一般的な形で定式化しておきましょう．ここでも最大化問題を基に話を進めます．

$$\max \quad f(x_1, \cdots, x_n) \quad \text{s.t.} \ g_1(x_1, \cdots, x_n) \geqq 0, \cdots, g_k(x_1, \cdots, x_n) \geqq 0$$

ここで n と k の間には何の関係も規定されていないことに注意しましょう．またすべての不等式制約は非負の形に揃えてあることに注意して下さい．この問題に対する解法は次のような以前と同様のラグランジュ関数を基にして行われます．

$$L(x_1, \cdots, x_n, \lambda_1, \cdots, \lambda_k) = f(x_1, \cdots, x_n) + \lambda_1 g_1(x_1, \cdots, x_n) + \cdots + \lambda_k g_k(x_1, \cdots, x_n)$$

不等式制約条件付き最大化問題の必要条件：上のラグランジュ関数を用いて導かれる解の必要条件は等式制約の場合と少し異なり次の2つのパートから構成されます．

[KT-1] $\lambda_i \geqq 0, \lambda_i g_i(x_1, \cdots, x_n) = 0 \quad i = 1, \cdots, k$

[KT-2] $\dfrac{\partial L}{\partial x_1} = \cdots = \dfrac{\partial L}{\partial x_n} = 0$

この条件は**クーン・タッカー条件**と呼ばれます（上の各パートの名称として使われているKTはその頭文字です）．ただし正確に言うと，この必要条件が適用できるためには制約想定と呼ばれる解と制約式の関係にかかわる一定の条件が満たされねばなりません．それは解において制約式が等式となる制約関数の（解における）勾配ベクトルが互いに1次独立となるというものですが多くの場合この要件は満たされます．

この条件の内で注意すべきは [KT-1] です．この条件のために解を求めるには，各 λ_i に対し正と0の場合分けが必要となります．というのはそれが正か0かで別の条件が加えられることになるからです．たとえば λ_i が正であれば [KT-1] のもう1つの条件により $g_i(x_1, \cdots, x_n) = 0$ という新たな条件が発生します．一方それが0であれば [KT-2] で記述される条件に大きな変更が加えられます．

不等式制約というのは経済分析の上でそれほど馴染みがないかもしれません．しかし実際は，経済変数の多くは始めから非負性という条件を背負っていることに注意しなければなりません．多くの分析ではそれが無視されていますが，それは求めるべき経済変数の値が正となることが暗黙のうちに仮定されているからです（そう仮定すればたとえクーン・タッカー条件を使っても [KT-1] より変数に乗ぜられるラグランジュ乗数は0となるので，他の制約式が等号で満たされる限りクーン・タッカー条件から得られる条件と通常のラグランジュ乗数法により導かれるそれとが同じになるからです）．しかし場合によってはその想定が無効になることもあります．次の具体例を見て下さい．

【具体例】 2財に直面する家計の効用関数が $u(x, y) = x^2 + 2y$ で表されるとします．

x, y の価格が $(2, 1)$ であり，家計の所得が12であるときこの家計の各財に対する需要量はどのくらいになるでしょうか？

この問題においては効用関数が単調性をもっているので，予算制約式を等号で表すことが許されます．したがって，次のような定式化が自然に導かれます．

$$\max \quad x^2+2y \quad \text{s.t.} \quad 2x+y=12$$

これに対し通常のラグランジュ乗数法を適用すると，必要条件として限界代替率＝価格比と予算制約式が得られることを前の具体例で確認しましたので，次の連立方程式が導かれます．$x=2, 2x+y=12$ これを解いて $x^*=2, y^*=8$ が得られます．

ところが実はこれは正解でないのです．この問題では変数の非負性を明示的に考慮する必要があるからです．つまり問題は次のように定式化されねばなりません（実際は予算制約式は等式でよいのですが，上で述べたクーン・タッカー条件を適用するために形式上このように扱うことにします）．

$$\max \quad x^2+2y \quad \text{s.t.} \quad 2x+y \leqq 12, \quad x \geqq 0, \quad y \geqq 0$$

そこで解の必要条件としてクーン・タッカー条件を考えねばなりません．このときのラグランジュ関数は，

$$L(x, y, \lambda_1, \lambda_2, \lambda_3) = x^2+2y+\lambda_1(12-2x-y)+\lambda_2 x+\lambda_3 y$$

と表されます（1つ目の制約式を非負の不等式に改めていることに注意して下さい）．よってクーン・タッカー条件は次のようになります．

[KT-1] $\lambda_i \geqq 0$ $(i=1,\cdots,3)$, $\lambda_1(12-2x-y)=0$, $\lambda_2 x=0$, $\lambda_3 y=0$

[KT-2] $\dfrac{\partial L}{\partial x}=2x-2\lambda_1+\lambda_2=0$, $\dfrac{\partial L}{\partial y}=2-\lambda_1+\lambda_3=0$

ではこれを解いてみましょう．

本文で説明したようにこれを解くには［KT-1］より λ_i に関して正と0の場合分けをしなければなりません．λ_i は3つあるので全部で $2\times 2\times 2=8$ 通りの場合が生じます．これをいちいち吟味するのは大変な作業のように見えますが，しかし実際の計算では可能な場合のすべてをカバーしなくて済むことが多いのです．

まず λ_1 が正の場合と0の場合に分け，始めに正の場合から見ていきます．このとき［KT-1］より $12-2x-y=0$ を得ます（ただしこの問題の場合効用関数の単調性より λ_1 が正でも0でも予算制約は等号で成り立たねばなりませんので $2x+y=12$ は

常に成立するとしてよいのです).

さて次に λ_2 が正と0の場合に移ります．そして始めにそれが正の場合を考えます．このとき [KT-1] より $x=0$ となりますので予算制約から $y=12$ が得られます．つまり解の候補が確定するわけです．したがってこれから先さらに λ_3 に対し正と0の場合分けに進んでも，得られるのはラグランジュ乗数の値だけですので λ_2 が正の場合の吟味はここで止めるのが得策です．

そこで λ_2 が0の場合に移ります．このときには [KT-1] からも [KT-2] からも解を確定するための十分な情報は得られませんので，さらに進んで λ_3 の場合分けへと向かいます．

まず λ_3 が正のときには [KT-1] より $y=0$ となるので予算制約から $x=6$ が得られます．さらに [KT-2] から $\lambda_1=6, \lambda_3=4$ という結果も得られます．

一方 λ_3 が0のときには [KT-2] から $x=2, y=8, \lambda_1=2$ という結果が得られます．こうして λ_1 が正のときの吟味は終わりますので，次に λ_1 が0の場合に移ります．ところがこの場合は [KT-2] の $\frac{\partial L}{\partial y}=2-\lambda_1+\lambda_3=0$ という条件により，$\lambda_3=-2$ となって [KT-1] の条件（ラグランジュ乗数の非負性）に反してしまいますので，解は得られません．こうして場合分けに関する吟味は8つあるうちのすべてをカバーすることなく終えることができたわけです．

さてクーン・タッカー条件からは結局，3つの解の候補が得られたことになります．すなわち (x^*, y^*) として $(0, 12), (6, 0), (2, 8)$ です（この最後のものは上で述べたラグランジュ乗数法によるものと同じであることに注意して下さい）．そこでそれぞれの候補点がもたらす効用関数の値を見てみましょう．最初の候補は24，次の候補は36，そして最後のものは20です．これから正しい解は2番目のもの，すなわち $x^*=6, y^*=0$ であることが判明します．

なおこのように解の要素の中に0が含まれるようなものは一般に**コーナー解**と呼ばれます．それに対し解の中のどの要素も正であるような解は**内点解**と言います．

（**注意**）経済変数の非負性は常に考慮しなければいけないものでしょうか？　だとすると経済分析に現れる最適化問題のほとんどは不等式制約付最大・最小問題となり手間のかかるクーン・タッカー条件を調べねばならなくなります．

実は必ずしもそうではありません．問題によっては変数の非負性を明示しなくて済むものもあります．それにはおおむね2つの場合があります．

1つは目的関数がある性質をもつときです．たとえば最大化問題であれば目的関数 $f(x_1, \cdots, x_n)$ が任意の正の実数 a について $f(x_1, \cdots, x_n)=a$ を満たす $(x_1, \cdots, x_n)$ がすべ

て正のベクトルになるのであれば解のどの要素も正となりますから，当然変数の非負性を考慮する必要はありません．たとえば家計の効用関数がコブ=ダグラス型で表されるのであればこのことがあてはまり，効用最大化問題において制約式の中に変数の非負性を表す式を入れる必要はありません．

　もう1つは制約関数にかかわるものです．すなわち制約式のすべて（ただし変数の非負性は除く）を満たす変数ベクトルが必ず正となるならば，当然解は正となりますから変数の非負性を考慮する必要はありません．たとえば企業の生産関数がやはりコブ=ダグラス型で表されるときには，費用最小化問題において制約式の中に変数の非負性条件を入れる必要はありません．

　こうして，経済分析の中で現れる最適化問題ではまず目的関数と制約関数の両方に対して上記の性質をチェックしてみることが有用です．

さらなる学習のために

【第 1 章〜第 6 章】永田担当

　第Ⅰ部から第Ⅲ部までは基礎的な価格理論であり，どのミクロ経済学のテキストでも論及される．しかし最後の第 6 章を除いて各部あるいは各章が単独のテーマとして取り上げられ単行本の形でさらに深く掘り下げて論じられることはほとんどない．そこで第 5 章までについては，さらなる学習のために本書よりも内容が詳しく多岐にわたるテキストを以下に掲げる．

[1] 西村和雄『ミクロ経済学』東洋経済新報社，1990年．

[2] 奥野正寛・鈴村興太郎『ミクロ経済学Ⅰ』岩波書店，1985年．

英語の書籍では，

[3] Mas-Colell, A., M. D. Whinston, and J. R. Green, *Microeconomic Theory*, Oxford University Press, 1995.

[4] Jehle, G. A. and P. J. Reny, *Advanced Microeconomic Theory*, 3rd ed., Pearson, 2011.

　最後の「第 6 章　一般均衡」は前世紀の後半とりわけ数理経済学の分野でさかんに研究され，多くの専門書が出版された．以下に挙げる 3 冊はそのうちでも古典といってよいものばかりだが，数学的に高度な内容を含んでおり本格的に勉強しようとする人向きである．

[5] G・ドブリュー『価値の理論――経済均衡の公理的分析』丸山徹訳，東洋経済新報社，1977年．

[6] K・J・アロー，F・H・ハーン『一般均衡分析』福岡正夫・川又邦雄訳，岩波書店，1976年．

[7] 福岡正夫『一般均衡理論』創文社，1979年．

【第 7 章〜第11章】荒木担当

　第 7 章および第 8 章で扱った「不確実性の下での意思決定理論」を体系的に学ぶことができる書籍として以下の 2 冊がある．[8] は入門レベル，[9] は上級レベルの読者を対象としている．

[8] I・ギルボア『意思決定理論入門』川越敏司・佐々木俊一郎訳，NTT 出版，2012年．

[9] I・ギルボア『不確実性下の意思決定理論』川越敏司訳，勁草書房，2014年．

第9章で解説した「ゲーム理論」ついては次の3冊など優れた入門書が多い。

[10] 武藤滋夫『ゲーム理論入門』日経文庫，2001年．
[11] 渡辺隆裕『ゼミナール　ゲーム理論入門』日本経済新聞出版社，2008年．
[12] 岡田章『ゲーム理論・入門——人間社会の理解のために（新版）』有斐閣，2014年．

一方，上級レベルの日本語教科書は少なく，代表的なものとしては，

[13] 岡田章『ゲーム理論（新版）』有斐閣，2011年．

がある。

第10章および第11章のトピック「産業組織論の理論的研究」に関しては，

[14] Tirole, J., *The Theory of Industrial Organization*, MIT Press, 1988.

が古典的名著とされ，1990年代以降の産業組織論の教育と研究に大きな影響を及ぼした。

しかし，近年は理論的なアプローチよりも実証的なアプローチをとる産業組織論が研究をリードしているためか，日本語で出版される産業組織論の教科書は非常に少ない。次の書籍は出版から20年近く経っているが，産業組織論の過去から現在への流れを知ることができる良書である。

[15] 小田切宏之『新しい産業組織論——理論・実証・政策』有斐閣，2001年．

最近の実証的産業組織論にふれたい読者には，

[16] 伊神満『「イノベーターのジレンマ」の経済学的解明』日経BP社，2018年．

を勧めたい。また，トピック網羅的で新しい入門書としては，

[17] Cabral, L. M. B., *Introduction to Industrial Organization*, 2nd ed., MIT Press, 2017.

がある。

【第12章〜第16章】荻沼担当

第12章でオークション理論，第13章および第14章で非対称情報下の契約理論，第15章と第16章で市場の失敗を扱っている。ここでは，比較的新しい内容のミクロ経済学を扱っており，上級レベルのミクロ経済学への橋渡しになることを目指している。

この範囲の全体を通じた参考文献としては，内容はこの本よりも難しいが，次の本がある。

[4] Jehle, G. A. and P. J. Reny, *Advanced Microeconomic Theory*, 3rd ed., Pearson, 2011.

第12章で扱ったオークション理論全般に関するテキストとしては，次の本がよく知

られている.

[18] Krishna, V., *Auction Theory*, 2nd ed., Academic Press, 2009.

日本語の文献としては,下記の2冊などがあり,[19]は専門的なテキスト,[20]はオークション理論に関する平易な説明がなされている.

[19] 坂井豊貴・藤中裕二・若山琢磨『メカニズム・デザイン――資源配分制度の設計とインセンティブ』ミネルヴァ書房,2008年.

[20] 坂井豊貴『マーケットデザイン入門――オークションとマッチングの経済学』ミネルヴァ書房,2010年.

第13章および第14章で扱った契約理論に関するより詳しい専門書としては,下記の3冊などがある.

[21] Bolton, P. and M. Dewatripont, *Contract Theory*, MIT Press, 2004.

[22] 伊藤秀史『契約の経済理論』有斐閣,2003年.

[23] Laffont, J. and D. Martimont, *The Theory of Incentives: The Principal-Agent Model*, Princeton University Press, 2002.

第15章および第16章で扱った市場の失敗について解説した,より上級のテキストとしては,下記の2冊がある.

[3] Mas-Colell, A., M. D. Whinston, and J. R. Green. *Microeconomic Theory*, Oxford University Press, 1995.

[24] 奥野正寛・鈴村興太郎『ミクロ経済学Ⅱ』岩波書店,1988年.

公共財の最適供給については,メカニズム・デザインについての知識が必要になる.下記の著作などを読むとより理解が深まるだろう.

[19] 坂井豊貴・藤中裕二・若山琢磨『メカニズム・デザイン――資源配分制度の設計とインセンティブ』ミネルヴァ書房,2008年.

索 引

A〜Z

IC 制約　311
IR 制約　307
PA モデル　329
PC 制約　307
y 切片　392
β　182

ア 行

アドバース・セレクション　321
イギリス式オークション　267
1次同次関数　122
1変数関数　389
一括均衡　324
一般均衡　98
依頼人−代理人のモデル　329
陰関数　392
エッジワース・ボックス図　128
エンゲル曲線　55
オークション　267
オッファー曲線　135
オランダ式オークション　267

カ 行

外部経済　358
外部効果　358
外部不経済　358
価格差別化　228
価格受容者　8
価格―消費曲線　58

価格弾力性　398
価格のフィードバック　119
下級財　54
確実性等価額　168
拡張経路　30
過剰多様性問題　260
傾き　392
可変費用　22
間隔尺度　79
間接規制　361
間接効用関数　82, 393
完全競争市場　8
完全情報　203
完全に弾力的　61
完全に非弾力的　61
完備市場　351
完備情報ゲーム　215
完備性　45, 154
技術的限界代替率　13, 402
記述できる　156
基数的効用　78
ギッフェン財　58
規模に関して収穫逓増　353
逆関数　393
逆需要関数　393
逆選択　321
狭義凹関数　394
狭義準凹関数　395
狭義準凹性　6
狭義準凸関数　395
狭義凸関数　395

供給関数　391
供給曲線　391
強支配する　194
共謀阻止条件　344
共有資源　373
共有知識　197, 215
共有地の悲劇　379
極大・極小の十分条件　404, 406
極大・極小の必要条件　404, 406
均衡経路　208
くもの巣過程　103
クラブ財　373
繰り返しゲーム　210
クールノー・ナッシュ均衡　237
グローブス・メカニズム　385
クーン・タッカー条件　412
契約曲線　129
結合生産　4
ゲームの木　203
限界概念　397
限界効用　77
限界効用逓減の法則　406
限界収入　15
限界生産力　5, 397
限界生産力逓減の法則　405
限界代替率　47, 77, 402
限界代替率逓減の法則　47
限界費用　15
限界変形率　140
顕示原理　287, 297
公開型オークション　267
公共財　373
交差価格効果　69
交差代替効果　69
合成関数　393
厚生経済学の第1基本定理　135
厚生経済学の第2基本定理　138

効用関数　73, 390
個人合理性制約　307
コースの定理　367
固定費用　22
コーナー解　414
個別供給関数　37
個別供給曲線　21
個別需要関数　52
個別需要曲線　58
コブ=ダグラス型関数　392
コモン・プール財　373
混合戦略　199

サ　行

最小差別化原理　259
最善　330
最大差別化　262
最低入札価格　287
最適オークション　289
差別価格　228
差別化最大化　262
サミュエルソン条件　381
参加制約　307
シェファードの補題　19
シグナリング　321
資源配分　124
資源配分メカニズム　286
支出関数　83
支出最小化問題　83
市場供給関数　37
市場供給曲線　36
市場需要関数　60
市場需要曲線　58, 391
市場の失敗　350
市場ポートフォリオ　181
実質所得　63
私的財　373

資本資産価格モデル　177
資本市場線　181
社会的選択関数　296
弱支配する　197
奢侈財　56
囚人のジレンマ　192
私有制　116
従属変数　389
収入関数　389
収入同値定理　286
需要関数　390
需要曲線　391
需要の価格弾力性　60
需要の所得弾力性　56
準凹関数　395
準凹性　5
純粋交換経済　132
純粋公共財　373
純粋戦略　199
準線形　88
準凸関数　395
上級財　54
証券市場線　183
条件付き最大化問題の必要条件　407
条件付の財　350
消費者主権　125
消費集合　44
序数　76
序数の効用　78
序数の効用関数　76
序数的尺度　79
所得効果　64
所得―消費曲線　53
信念　216
推移性　45, 154
垂直的差別化　247
水平的差別化　247

スクリーニング・ゲーム　303
ステージ・ゲーム　210
スノッブ効果　368
スルツキー分解　64
スルツキー方程式　87
生産可能性曲線　139
生産可能性フロンティア　139
生産関数　4
生産者余剰　28
正常財　54
制約関数　407
絶対的リスク回避度　170
説明できる　156
競り上げ式　268
競り下げ式　268
0次同次関数　122
選好関係　44
全微分　403
戦略形　190
戦略集合　191
戦略的相互依存関係　189
戦略的代替　256
戦略的補完　256
操業停止価格　28
総需要関数　391
相対価格　133
相対的リスク回避度　170
双対問題　410
総和記号　391
粗代替財　62
粗補完財　62
損益分岐価格　28

タ　行

第1価格封印オークション　267
代替効果　64
代替財　70

第2価格封印オークション　267
タイプ　216
多変数関数　389
単一交差条件　306
短期　4
短期限界費用関数　22
短期限界費用曲線　22
短期総費用　22
短期総費用曲線　22
短期の生産関数　389
短期平均総費用関数　25
単調性　45
単調尤度比条件　331
弾力的　61
地域公共財　373
中級財　54
中立財　54
長期　4
長期の生産関数　390
長期費用関数　30
直接規制　360
直接メカニズム　296
展開形　190
導関数　396
同次関数　394
投資信託定理　181
等費用線　12
等量曲線　392
等量線　12
独立性　154
独立変数　389
凸関数　395
凸結合　395
凸集合　396
凸性　46
トリガー戦略　214

ナ 行

内点解　414
ナッシュ均衡　190
2部料金制　230
ネットワーク外部性　367

ハ 行

バックワード・インダクション　206
パレート効率性　126
パレート最適性　126
パレート優越　126
バンドワゴン効果　368
反応関数　390
比較静学分析　404
ピグー税　362
ピグー的課税・補助金政策　362
非公開型オークション　267
非弾力的　61
ヒックスの需要関数　83
必需財　56
微分可能な凹（凸）関数の必要十分条件　405
微分係数　396
費用関数　15, 389
比率尺度　78
ファーストベスト　330
フォーク定理　213
不完全情報　203
不完備情報ゲーム　215
不等式制約条件付き最大化問題の必要条件　412
部分均衡分析　98
部分ゲーム完全均衡　207
フリーライド問題　374
プレーヤー集合　191
プロスペクト理論　162

分離均衡　324
平均可変費用関数　25
平均固定費用関数　25
ベイジアン・ナッシュ均衡　217
ベータ　182
変形曲線　140
偏導関数　400
偏微分係数　400
包絡線　32
補完財　70
補償需要関数　83, 410
補償需要曲線　410
補償所得　66
ホテリングの補題　40
保有効果　162

マ 行

マーシャル的調整過程　101
マーシャルの需要関数　83
マッケンジーの補題　84
無差別　44
無差別曲線　46, 391
無差別曲線群　46
メカニズム　286, 296
メカニズムデザイン　286
目的関数　407
モニタリング　341
モラルハザード　331

ヤ 行

誘因両立性条件　296

誘因両立制約　310
要素価格比　13
予算集合　49
予算制約集合　49
予算線　50

ラ 行

ラグランジュ関数　407
ラグランジュ乗数法　408
ラグランジュの未定乗数　408
ラグランジュの未定乗数法　408
ラーナー指数　227
利潤関数　16
リスク　150
リスク愛好的　168
リスク回避的　168
リスク中立的　168
リスク・プレミアム　168
利得関数　191
利得行列　191
リバースオークション　300
リンダール・メカニズム　382
劣等財　54
連続性　46, 154, 390
ロアの恒等式　82

ワ 行

枠組み効果　161
ワルラス法則　117

著者紹介

永田　良（ながた　りょう）──────── はじめに・第Ⅰ部〜第Ⅲ部・数学付録
1950年生まれ．早稲田大学大学院経済学研究科博士後期課程単位満了退学．早稲田大学政治経済学部助手，早稲田大学政治経済学術院教授等を経て，現在，早稲田大学名誉教授．博士（経済学）．主な著書・論文に，*Theory of Regular Economies*（World Scientific, 2004年），『経済数学』（共著，培風館，2012年），"Inefficiency of Equilibria with Incomplete Markets,"（*Journal of Mathematical Economics*, Vol. 41, 2005年），"Organizational Dynamics with Symmetric Responses of Members,"（*Mathematical Social Sciences*, Vol. 63, 2012年）等．

荻沼　隆（おぎぬま　たかし）──────────── 第Ⅶ部〜第Ⅸ部
1958年生まれ．早稲田大学政治経済学部卒業．東京大学大学院経済学研究科単位取得退学．兵庫県立神戸商科大学講師・助教授等を経て，現在，早稲田大学政治経済学術院教授．主な論文・著書に"A Theory of Expected Utility with Nonadditive Probability,"（*Journal of Mathematical Economics*, Vol. 23, 1994年），「経済学における合理性概念の意義──限定合理性の観点から」（永田良編『経済学の数理と論理』早稲田大学出版部，2001年，所収）等．

荒木一法（あらき　かずのり）──────────── 第Ⅳ部〜第Ⅵ部
1964年生まれ．早稲田大学政治経済学部卒業．ケンブリッジ大学大学院経済理論・計量経済学専攻修士課程修了．ユニバーシティ・カレッジ・ロンドン経済学博士課程修了単位取得．現在，早稲田大学政治経済学術院准教授．主な著書に『経済学入門（初版）』（共著，東洋経済新報社，2000年），『スティグリッツ早稲田大学講義録──グローバリゼーション再考』（共編著，光文社新書，2004年）等．

標準 ミクロ経済学(第2版)
2019年4月11日 第1刷発行
2025年8月1日 第2刷発行

著　者──永田　良／荻沼　隆／荒木一法
発行者──山田徹也
発行所──東洋経済新報社
　　　　〒103-8345　東京都中央区日本橋本石町1-2-1
　　　　電話＝東洋経済コールセンター　03(5605)7021
　　　　https://toyokeizai.net/

本文レイアウト・装丁……吉住郷司
印刷・製本………………丸井工文社
編集担当…………………中山英貴

©2019 Nagata Ryo / Oginuma Takashi / Araki Kazunori　Printed in Japan　ISBN 978-4-492-31515-6

本書のコピー、スキャン、デジタル化等の無断複製は、著作権法上での例外である私的利用を除き禁じられています。本書を代行業者等の第三者に依頼してコピー、スキャンやデジタル化することは、たとえ個人や家庭内の利用であっても一切認められておりません。

落丁・乱丁本はお取替えいたします。